全面实施预算绩效管理系列丛书

丛书主编　刘国永

刘国永　李文思　王萌　编著

全面实施预算绩效管理

专业基础（第二版）

江苏大学出版社

镇江

图书在版编目(CIP)数据

全面实施预算绩效管理专业基础/刘国永,李文思,
王萌编著. —2版. —镇江:江苏大学出版社,
2021.12
ISBN 978-7-5684-1695-5

Ⅰ. ①全… Ⅱ. ①刘… ②李… ③王… Ⅲ. ①财政预
算—经济绩效—财政管理 Ⅳ. ①F810.3

中国版本图书馆 CIP 数据核字(2021)第 231527 号

全面实施预算绩效管理专业基础. 2 版
Quanmian Shishi Yusuan Jixiao Guanli Zhuanye Jichu. 2 Ban

编　　著/刘国永　李文思　王　萌
责任编辑/常　钰
出版发行/江苏大学出版社
地　　址/江苏省镇江市梦溪园巷 30 号(邮编:212003)
电　　话/0511-84446464(传真)
网　　址/http://press.ujs.edu.cn
排　　版/镇江文苑制版印刷有限责任公司
印　　刷/南京艺中印务有限公司
开　　本/718 mm×1 000 mm　1/16
印　　张/18
字　　数/405 千字
版　　次/2019 年 8 月第 1 版　2021 年 12 月第 2 版
印　　次/2021 年 12 月第 2 版第 1 次印刷　累计第 2 次印刷
书　　号/ISBN 978-7-5684-1695-5
定　　价/60.00 元

如有印装质量问题请与本社营销部联系(电话:0511-84440882)

序 一 [*]

. . . .
. . . .

刘仲藜

　　财政是国家治理的基础和重要支柱，财税体制在国家治理中发挥着基础性、制度性、保障性作用。1993年初夏，党中央做出了实施财税体制改革的重大战略部署，一场影响深远的财税体制改革自此拉开了序幕。十八届三中全会以来，财税体制改革全面发力、多点突破、纵深推进，预算管理制度更加完善，财政体制进一步健全，税收制度改革取得重大进展，现代财政制度框架基本确立。2017年，党的十九大报告从全局和战略高度要求加快建立现代财政制度，建立全面规范透明、标准科学、约束有力的预算制度，全面实施绩效管理。

　　回顾这些年财税体制改革的历程，全面实施预算绩效管理是深化财税体制改革的重要内容，也是新形势下的必然之举。深化财税体制改革的内容涵盖预算管理制度、税收制度和财政管理体制三个领域，其中预算管理制度改革是基础。十八大以来，中期财政规划、预算公开、地方政府债务管理等一系列预算管理制度改革举措的落地实施，为全面实施预算绩效管理夯实了基础条件。从另一个角度看，全面实施预算绩效管理要求强化预算为民服务的绩效理念，促进预算更加公开透明，增强对重大战略任务的财力保障，平衡好促发展和防风险的关系，这些要求则进一步明确了预算改革的目标导向原则，拓展了预算管理的广度和深度，加快了财税体制改革的实施进程。

　　进一步讲，全面实施预算绩效管理是推进国家治理体系和治理能力现代化的内在要求。我国的财税体制改革始终紧密围绕推进国家治理体系和治理能力现代化的总目标推进。随着改革的逐步深入，国家治理体系中一些深层次问题仍有待解决，如政府和市场资源配置效率不高、事权和支出责任关系未理顺、公共服务供给不平衡不充分、绩效理念尚未牢固树立、政府部门履职成效有待提高等。全面实施预算绩效管

---

[*] 本序作者刘仲藜系中华人民共和国财政部原部长。

理，不单单是财政资金的管理，其实是在更深层次上将理财与理政结合在一起，将全面实施预算绩效管理转化为完善国家治理体系、促进发展质量效益提升的动力和重要手段。

纵观我国预算绩效管理的发展过程，自 20 世纪 90 年代探索绩效评价试点开始，我们先后历经了绩效评价扩点增面、全过程预算绩效管理等阶段。历经多年探索，2018 年《中共中央 国务院关于全面实施预算绩效管理的意见》正式发布，为全面实施预算绩效管理做出统筹谋划和顶层设计，预算绩效管理改革按照"全方位、全过程、全覆盖"的框架体系进入全面深化阶段。

当前，我国已进入新发展阶段，随着国内外形势发生深刻复杂的变化，为推动构建新发展格局，必须持续深化财税体制改革。"十四五"时期的财政改革发展各项工作，从强化高质量发展目标引领，注重宏观政策协调配合，促进财政政策提质增效，到深入推进预算管理制度改革、进一步理顺财政体制等，都对绩效管理提出了更高更新的要求。

作为一项长期的、系统性的工程，全面实施预算绩效管理需要在工作实践中不断完善和动态改进。在这个过程中，需要解决的难题很多，需要理顺的关系很多，需要研究的课题很多；在这个过程中，需要汇聚各方力量，各尽其责、各展所长，广泛深入开展研究，为全面实施预算绩效管理建言献策。

刘国永教授及其团队在预算绩效管理领域深耕多年，长期奋战在业务一线，不仅具有深厚的理论基础、专业素养，同时也积累了丰富的实践经验，并于 2019 年推出《全面实施预算绩效管理系列丛书》。几年时间里，我国预算绩效管理体系不断完善，预算绩效管理的范围和层次较以往均有了较大的拓展。刘国永教授及其团队本着与时俱进、精益求精的一贯精神，结合新的实践经验，组织对《全面实施预算绩效管理系列丛书》进行修订，并增编了《政府购买服务绩效评价：理论、实践与技术》《政府债务预算绩效管理路径探索：基于代际公平和投融资机制的视角》等新著，对绩效如何融入全口径预算管理的具体实施路径进行了诸多有益的探索，对如何推动绩效和预算更全面、更实质性地融合等问题的研究更为深入系统，还重点关注了基层政府如何开展预算绩效管理等，案例也很有新意、很具有代表性，应该会激发一些有价值的讨论。

相信系列丛书的新出版发行，会加深读者对"全面实施预算绩效管理"的认识和理解。书中提供了颇多开展绩效管理的方法体系和技术工具，有助于绩效管理改革创新，希望能够给各类读者提供有益的借鉴。

忝为序。

刘仲藜

序 二*

· · · ·
· · · ·

马蔡琛

财政为庶政之母，预算乃邦国之基。2018 年 9 月发布的《中共中央 国务院关于全面实施预算绩效管理的意见》（以下简称《意见》）提出："力争用 3 至 5 年时间基本建成全方位、全过程、全覆盖的预算绩效管理体系，实现预算和绩效管理一体化，着力提高财政资源配置效率和使用效益，改变预算资金分配的固化格局，提高预算管理水平和政策实施效果，为经济社会发展提供有力保障。"三年多以来，财政部门围绕落实《意见》目标，精心谋划、认真组织、大力推动，经各方共同努力，全国各地区各部门强化绩效意识，努力推进改革，已取得诸多成绩。然而，全面实施预算绩效管理这项工程庞大而复杂，由于各地实践的具体环境与所处阶段各有不同，当前对于预算绩效管理先进经验的总结、理念和方法的探讨非常有必要。

上海财经大学公共绩效研究院刘国永教授及其团队多年来一直基于实践，系统性地展开预算绩效管理领域的研究，这套《全面实施预算绩效管理系列丛书》（修订版）就是他们不断探索的重要成果。这确实是一件值得祝贺的事情。

这套丛书在 2019 年版本的基础上进行了修订和拓展，更成体系，内容更广泛。前两册专业基础和实践指导围绕"四本预算"进行了修订，包括理论梳理、实践论证；全新编撰的第三册《全面实施预算绩效管理案例解读（2021）》则基于各地实践，筛选近年来的典型案例特别是绩效管理探索创新的实践内容，进一步丰富案例积累；新纳入的第四册《政府购买服务绩效评价：理论、实践与技术》立足于政府购买服务绩效评价亟待解决的问题，搭建形成包括理论基础、实施路径、指标体系、评价机制在内的政府购买服务绩效评价理论体系；第五册《政府债务预算绩效管理路径探索：基于代际公平和投融资机制的视角》对全面实施预算绩效管理背景下政府债务如何

---

* 本序作者马蔡琛系南开大学经济学院教授，博士生导师。

"全方位、全过程、全覆盖"绩效管理的实施路径进行了探索。丛书内容丰富，相关经验及方法的分享实践指导意义颇大，其体例在国内亦为新颖，编者的研究视野和成书勇气都非常值得肯定。该丛书对于推进全面实施预算绩效管理实践具有很大价值，不仅可为预算绩效领域的研究者提供参考资料，还可以为各级政府部门、第三方绩效评价机构提供有用的实践方法。

我们可以看到，自新《预算法》实施以来，我国一般公共预算、政府性基金预算、社会保险基金预算、国有资本经营性预算这一整套全口径预算管理体系已然基本形成。在此基础之上，考虑到全面实施预算绩效管理的新要求，如何将预算绩效管理的覆盖面从一般公共预算延展到其他"三本预算"，加快建成全方位、全过程、全覆盖的预算绩效管理体系，对当前的预算绩效管理提出了全新的挑战。

将政府性收支最大限度地纳入政府预算管理之中，是全覆盖预算绩效管理行之有效的重要前提，而我国目前"四本预算"之间的界限并不十分清晰，这将在相当程度上制约预算绩效管理的改革进程。这种界限不清集中体现在以下三个方面：

第一，目前我国的"四本预算"之间仍存在"交叉重叠"部分。举例来说，一般公共预算和政府性基金预算存在相同或相似科目。譬如，二者均设置了"城乡社区支出""交通运输支出"的类级科目。其中一般公共预算设置了"城乡社区公共设施""城乡社区环境卫生"两个款级科目，政府性基金预算则设置了"城乡基础设施配套费安排的支出"这一相似的款级科目。对于此种相似领域资金的重复覆盖，将会导致预算绩效实时监督的障碍和矛盾。

第二，政府性基金预算的界限模糊，内容范围规定尚待完善。目前，新《预算法》中已然对政府性基金的征收方式、征收对象和征收依据做出了说明，但由于政府性收费本身数量和种类都较为繁杂，且地方政府性收费一度随意性较强，实际上难以统计和管理。因而，很多具有政府基金性质的杂项收费都并未在法律层面提供有效的划分依据，而各种政府性基金的盈利和增值，也并未纳入政府性基金管理。

第三，国有资本经营预算存在覆盖缺口。目前，国有金融类企业和国家政策性企业的收入尚未纳入国有资本经营预算范围，且未能全面反映国有资本的存量和增量。

而在"四本预算"绩效管理体系的建立之中，需要重点关注两个问题。一是，目前的预算编制、调整权力集中在各级财政部门，由于行政隶属关系的制约，财政部门实际上很难深入国有资本经营预算和社会保险基金预算的编制与决策过程。以国有资本经营预算为例，预算编制的视角应下沉到具体项目和项目承载企业中去，充分考虑实际项目情况。因而预算管理部门在编制预算的过程中，为保证其科学性和合理性，需要适当考虑业务部门的实际，但也不宜过于放权，否则将会致使管理混乱。二是，原来的预算绩效管理主要针对的是一般公共预算，对另外"三本预算"的绩效管理不够规范和完整。不仅难以对其提炼出高质量的绩效信息，对"四本预算"整体预算绩效进行评估更无从谈起。实际上，另"三本预算"的绩效管理各有其特点，政府性基金预算绩效管理应重点关注基金政策设立延续依据、征收标准、使用效果等情况，国有资本经营预算绩效管理要重点关注贯彻国家战略、收益上缴、支出结构、使用效果等情况，社会保险基金预算绩效管理要重点关注各类社会保险基金收支政策效果、基金管理、精算平衡、地区结构、运行风险等情况。因而，规范化"四本预算"的资金管理，精准定位不同评价主体和不同评价对象在预算活动中的功能特点，制定与之契合的绩效目标和评价体系，既是"四本预算"绩效管理中的重点，也是痛点。

在全面实施预算绩效管理背景下，通过全口径预算绩效管理体系的构建，不仅对各本预算进行独立绩效管理，更要将之有机衔接起来，最终织就一张全覆盖的预算绩效管理网。在理论和实践上还有诸多具体问题有待解决，我们在《全面实施预算绩效管理系列丛书》的前三册中可以看到实践者是如何用智慧化解的，也能看到将来还有哪些问题有待更好地完善。

再说对政府购买服务进行绩效评价。当下，"政府购买服务"已然成为包括我国在内的世界主要国家公共治理的核心政策工具，而政府"花钱必问效，无效必问责"已被提至新高度，因此与老百姓关系密切的约1万亿元规模的政府采购服务绩效评价备受关注，也是"全面实施预算绩效管理"需纳入讨论的重要内容。近年来，《财政部关于推进政府购买服务第三方绩效评价工作的指导意见》《政府购买服务管理办法》等先后发布，政府购买服务绩效评价规则进一步细化，但是在评价过程中可能依然会出现以下几个误区：第一，过分强调形式上的"结果"，违背满足社会公众需求的最初目标。如果执着于绩效评价结果，过度强调供给规模，可能反而导致服务质量、供给有效性和效率性下降。第二，政府购买服务的边界不清晰。对于不同性质的公共服务，政府部门和社会组织应当承担的责任是有差别的。因而，应当结合实际情况，明确政府购买服务清单或负面清单，有选择性地推广政府购买服务。第三，不同层级政府和社会公众之间职责分工不明确。应当合理界定政府与社会之间的角色定位和责任分工，充分协调合作，尽可能避免不同合作部门之间的"踢皮球"现象。如何走出误区，更为高效、科学地进行政府购买服务绩效评价？本丛书第四册《政府购买服务绩效评价：理论、实践与技术》给出了最新的探索与实践案例。

最后，我们谈谈丛书第五册《政府债务预算绩效管理路径探索：基于代际公平和投融资机制的视角》涉及的话题"政务债务预算绩效管理"。党的十九大报告中指出："我国经济已由高速增长阶段转向高质量发展阶段。"当前，我国财政运行处于紧平衡状态，经济下行压力加大的同时，财政收入增长动力会有所减弱。一些地方收支矛盾更为突出，有的财力紧张，资金使用固化、僵化问题不同程度存在，保工资、保运转、保基本民生面临困难。地方政府债务能不能发挥预期效果，关系到我国财政长期预算平衡，以及能否为经济社会发展持续提供税源。构建全覆盖预算绩效管理体系过程中，推进政府债务预算绩效管理体系建设也是重要的一环，有助于科学合理配置财政资源，防范地方政府债务风险，提高地方债资金使用效益，实现积极财政政策的

"提质增效"。这本书的探索能够给当前的研究和实践带来一些启发：一是根据债务管理主体职责、债务项目生命周期、债务偿还渠道和债务资金投向等特征，如何构建多位绩效目标体系；二是从债务管理、预算管理和绩效管理一体化的视角，如何构建符合政府债务特征的全过程绩效管理模式。

加快建立现代财政制度，建立全面规范透明、标准科学、约束有力的预算制度，必须以全面实施预算绩效管理为关键点和突破口，推动财政资金聚力增效，提高公共服务供给质量，提升政府公信力和执行力。在实践中，我们需要以预算推动治理，以绩效看待发展，将实施落到实处，《全面实施预算绩效管理系列丛书》（修订版）确实进行了实实在在的探索，取得了颇为可观的研究成果，相信阅览此书的读者诸君一定会获益良多。

是为序。

自　序[*]

·　·　·　·

·　·　·

构建预算绩效管理新范式：
数据驱动、标准支撑、业财绩融合

刘国永

自《中共中央 国务院关于全面实施预算绩效管理的意见》发布以来，各地纷纷按照3 至 5 年时间基本建成全方位、全过程、全覆盖的预算绩效管理体系的目标推进各项工作。在"三全"的框架体系之内，各地还不断尝试创新突破，有的实施基于成本核算的预算绩效管理，有的开展下级政府财政运行综合绩效评价试点，有的开展绩效标准建设，应该说都具有各自的亮点和特色。当然，各地也都面临一些问题和挑战，并总结了一些经验和教训。目前，各地的预算绩效管理工作，既处在阶段收官的成果验收期，也处在再度出发的未来展望期。值此全面实施预算绩效管理的关键时刻，基于对历史的总结和未来的期待，我们重新修订了《全面实施预算绩效管理系列丛书》，从各地已经面临或即将面临的挑战出发，有针对性地总结出五个亟待进一步深化破解的难题，并对应地提出了一系列看法，以期帮助读者把握未来预算绩效管理工作的主要方向。

一、质量为基：预算绩效管理提质扩围

构建全方位、全过程、全覆盖的预算绩效管理体系，是全面实施预算绩效管理的主要目标。随着各项工作的不断深入，预算绩效管理改革也进入了"深水区"，管理对象进一步拓展，延伸到政府性基金预算、国有资本经营预算和社会保险基金预算其他三本预算，以及一般公共预算中的政府采购项目、政府购买服务项目、政府和社会资本合作（PPP）项目、政府债务项目、政府投资基金等。从这些管理对象的特点来

---

* 本序作者刘国永系上海财经大学公共绩效研究院副院长、全国财政信息化标准化工作组委员、上海闻政管理咨询有限公司董事长、上海市公共绩效评价行业协会会长、海南省财政绩效评价行业协会会长。

看，与以往纳入绩效管理的对象相比，主要有以下四个特点：一是管理目标更综合、更立体，例如，上述对象可能与国家关于政府职能转变、理顺政府间财政关系、国有资本保值增值等目标相关联，也会涉及具体某个管理环节的特定要求；二是对财政收入绩效管理提出了明确要求，其他"三本预算"均可能涉及预算收入的绩效管理内容；三是财政管理与其他行业管理特征交织，例如基金、债务等项目还需要结合金融及资金运行风险的相关管理要求；四是管理对象的层次更高，例如一级政府的财政运行情况、某个社会保险基金整体运行情况等。由于这些管理对象存在上述特点，导致在全面实施预算绩效管理之前，大多数财政部门不将这些对象纳入管理范围。

但是，"三全"的管理要求，使得对这类对象的管理需求与日俱增，相关的研究和试点也在陆续展开中，如何有效地将管理范围拓展到这些对象、推动全面实施预算绩效管理工作持续深入，已经成为摆在各级财政部门乃至各级党委政府面前的重大课题。因此，要实现全面实施预算绩效管理的持续深入，有待于进一步明确目标、把握特征、完善路径。明确目标，就是要基于全方位的视角，将目标定位于建立管理对象的目标体系、内容体系、方法体系和标准体系；把握特征，就是要按照全覆盖的要求，在管理过程中充分体现不同对象的不同特征；完善路径，就是要提炼全过程的经验，搭建形成相关管理对象覆盖事前评估、目标管理、运行监控、绩效评价、结果应用等环节的闭环系统。

二、标准为本：预算管理一体化科学化

实现预算与绩效管理一体化是全面实施预算绩效管理的根本目标，集中体现了绩效为预算管理服务，通过绩效管理提升预算管理水平，进而推进预算管理科学化的基本方向。绩效标准体系是全面实施预算绩效管理的基础，也是预算和绩效管理一体化的核心，包括目标标准、支出标准和评价标准三项内容。其中，目标标准是支出标准的依据，支出标准是目标标准的约束，评价标准是目标标准和支出标准的调节机制。"十三五"期间，我国通过推进全面实施预算绩效管理，在完善绩效管理流程、加大绩效管理覆盖范围、强化预算和绩效管理衔接等方面取得了较大进展。但是，在绩效管理的深度上，由于绩效目标标准和支出标准缺乏衔接，绩效管理和预算管理的一体化仅停留在流程和形式上，绩效和预算"两张皮"、预算编制和执行"两张皮"等问题仍然没有解决。只有健全绩效标准体系，以绩效标准作为支出标准的依据，才能进一步发挥绩效标准在预算和绩效管理中的基础支撑作用，从而实现预算和绩效管理全过程的实质性一体化融合。

健全预算绩效标准体系，应以绩效指标建设为基础，包含三方面内容：一是以目标标准与基本公共服务标准、支出标准衔接匹配为原则，建立以规划政策和部门职责为先导，以质量和效益为核心的目标标准；二是要在保障财政资源统筹的基础上，坚持先有目标再有预算，分析实现目标标准的科学合理支出水平，建设财政支出标准；

三是要健全各类绩效评价方法、规则、模型和管理标准等，研判支出安排和目标标准的匹配性，以评价标准的建立促进目标标准和支出标准的动态调整。目标标准、支出标准和评价标准等三项构成了绩效标准的完整体系，需要整体设计和全面推进。绩效标准体系建设的水平和质量，也反映了预算绩效管理的水平，也是实质性通过预算绩效推进预算管理科学化的关键。这也是党的十九大对预算管理改革的要求。

三、主体责任：业、财、绩融合的行业绩效管理体系

在全面实施预算绩效管理的整体背景下，通过若干年的工作实践，预算绩效管理工作已不再是财政部门的"独角戏"，相关要求已经转化为不少行业领域主管部门的自身诉求。这种转变得益于以下三点：一是预算绩效管理正在成为行业主管部门开展内部管理的重要工具，通过将业务和财务相互融合，厘清主管部门和单位之间、机构内部不同处室之间的权责利关系，将绩效管理作为预算部门开展内部管理的新手段、新方法；二是预算绩效管理有助于明确政府开展行业监管和补贴的标准，建立以绩效数据为支撑的行业监管体系，确立行业监管的绩效标杆；三是预算绩效管理可以实现行业管理的进一步科学化、精细化，树立绩效标杆，解决部门预算资源配置效率最大化的问题。

这种转变的产生，来自行业领域主管部门不同的管理诉求，主要包括：第一，行业领域主管部门是预算绩效管理的责任主体，更多的部门预算自主管理权限体现为对行业领域特征的关注；第二，与财政部门更关注资金相比，行业领域主管部门更关注预算绩效管理与部门运转、项目管理、业务开展、部门履职等方面的联系；第三，由于还存在业务方面相关的考核评估，行业领域主管部门还对预算绩效管理与各种形式的督导、考核、评估、评价能否相互融合较为关注。因此，在后续搭建行业领域绩效管理体系的过程中，主要要做到以下三点：一是立足绩效，建立覆盖部门内部所有绩效管理需求的管理体系，覆盖管理的多个层次，实现多类绩效管理需求的统合；二是聚焦财务，抓住资金管理主线，以绩效视角改变传统记账式财务、向管理会计转型，以融合创新支撑财务治理能力现代化；三是专精业务，涵盖运转、人事、资产等各个方面的管理内容，以数据驱动行业领域智能管理、智能决策。因此，预算绩效管理对于部门单位的最大价值是通过优化资源配置，提升部门决策和管理水平。

四、治理规制：基层政府预算绩效决策体系

基层政府是我国政府治理的基础，承担着多数公共服务的主体责任，既向普通民众直接提供教育、卫生、公共安全、住房、文化等基本公共服务，也通过国有企业间接提供供水、供热、公交、环卫等公用事业服务。在履行上述政府职能的过程中，基层政府始终面临着财权事权不匹配、经济基础薄弱、人力资源紧张、管理手段匮乏、预算标准缺失等诸多问题。不同于其他更高层级政府的管理现状，对于基层政府而

言，如何紧紧抓住全面实施预算绩效管理的改革契机，充分发挥绩效"指挥棒"的工具属性，厘清县乡两级政府的财政事权和支出责任，最大限度简化管理流程和降低管理难度，将预算绩效与基层财政资源的整合及配置决策联系起来，既是最为迫切的需求，也是亟待解决的难点。

相对于其他层级政府将项目和政策作为主要绩效管理对象的通行做法，基层政府应立足于自身财政资源的整体配置规划，缩短绩效管理行为与财政资源投入决策之间的半径，按照基层政府财力与事权相匹配的原则，通盘考虑如何有效率、均等化、可持续地回应普通民众希望获得公共服务的基本诉求。为此，对于基层政府而言：一是要推进基本公共服务绩效分析及标准建设，以绩效标准为引领全面盘活县乡两级财政资源，破解当前有限资源和高质量发展目标之间的矛盾难题；二是要加快公用事业国有企业财政补贴标准及机制建设，合理划分政府与市场的边界，提升公用事业的服务供给效率；三是要推进一级政府财政运行综合绩效决策分析，提供县级和乡镇经济社会发展状况的衡量工具，及时发现影响高质量发展的重大风险因素。

五、数据驱动：预算绩效管理大数据分析应用

当前，大数据应用日益成为"数字政府"转型的重要基础和新的驱动力，推动政府数据开放共享，促进社会事业数据融合和资源整合，开展数据应用，将极大提升政府履职能力。财政和预算部门作为绩效管理的责任主体，既有条件，也有必要依托这一抓手，加快推进绩效大数据应用，充分整合和挖掘数据资源，促进政务信息化由传统流程化管理向数据资源价值发挥，支持科学决策的重大转变。预算绩效管理作为贯穿预算编制、执行、监督和决算全过程的管理活动，预算绩效管理的大数据分析应用不应局限于财政自身数据，也需要将各个预算部门和单位的业务数据纳入进去，同时还需要整合政务数据之外的外部数据。

要整合内外数据，开展预算绩效管理大数据分析应用，就需要进一步完善具体的应用路径，具体来说：一是要建立应用机制，加快推动形成以党委领导、政府统筹、政务信息化主管部门协调、行业需求部门主导参与、相关部门单位积极配合的工作格局，深度挖掘行业领域预算绩效管理的需求，通过多种方式支持与专业企业开展合作，理顺大数据建设过程中的权责关系，建立预算绩效大数据的统一标准规范；二是要明确应用场景，将相关场景完全贴合预算管理实践，面向实践工作中面临的难点问题，使得大数据分析应用在预算编制、执行、监督和决算的全流程中充当监管工具、衡量工具、模拟工具；三是要设计应用功能，按照应用场景的基本定位，提供全景现状、问题诊断、仿真模拟等分析功能，有效满足财政部门和预算部门掌握预算绩效全景现状、识别资源配置主要风险、了解不同配置策略下预算绩效变化趋势等管理诉求。

在我国全面实施预算绩效管理即将取得阶段性成果，但预算绩效管理工作亟待持

续深化的大背景下，今天呈现在大家面前的《全面实施预算绩效管理系列丛书》（修订版），是我们近年来按照预算与绩效管理一体化的要求不断探索和实践的结果，凝结了我们多年的心血。与上一版相比，本次修订主要有以下特点：第一，按照目前政府治理、财政和预算管理的一系列新形势、新背景、新政策，对丛书涉及的相关概念、数据和知识体系进行了完善更新，特别对四本预算、部门行业绩效管理、绩效标准和大数据建设应用进行了丰富和拓展；第二，基于我们近两年的深耕，结合我们在各地开展预算绩效管理实务工作的经验，形成了全新的案例解读，更贴近读者工作实际；第三，按照预算绩效管理范围不断拓展的要求，依托近年来我们参与财政部政府购买服务、政府债务等部省共建联合研究课题的成果，特别撰写形成了关于政府购买服务和政府债务预算绩效管理两册专著，以期帮助读者进一步深入理解预算绩效管理在各个财政专题中的深入应用。

从整体内容上看，本套丛书从理论、实践到案例，内容完整，且更加丰富；从篇章结构上看，在知识梳理、路径划定、经验描述方面，也尽量做到简洁清晰、相互呼应。因此，我们有理由相信，本套丛书的再次修订出版，一定会对读者了解预算绩效管理、认识预算绩效管理乃至开展预算绩效管理有所助益。

我们也希望预算绩效管理领域的有志之士能够不断创新，持续研究，大胆实践，共同承担更多责任，为我国深化预算绩效管理改革贡献更多力量。

是为序。

目 录

本书导读

· · · ·
· · · ·

预算绩效管理是一种以目标为导向的预算管理模式，是实现财政科学化、精细化管理的重要抓手。自 20 世纪七八十年代起，西方国家开始了轰轰烈烈的政府绩效管理改革，使得西方政府在提高公共资金使用效率、改进政府部门绩效等方面取得了明显成效。随着国外绩效管理理念的逐步成熟，90 年代后期，我国开始尝试引入绩效评价的思想，通过一系列的试点，取得了较好的效果，并开始逐步建立面向全过程的预算绩效管理体系。2017 年，党的十九大报告更是明确提出"建立全面规范透明、标准科学、约束有力的预算制度，全面实施绩效管理"，将预算绩效管理提高到前所未有的高度。2018 年 9 月，《中共中央　国务院关于全面实施预算绩效管理的意见》发布，从顶层设计出发，对全面实施预算绩效管理进行统筹谋划，做出重大部署。《全面实施预算绩效管理系列丛书》在这一背景下应运而生。此后，中央和地方关于推进全面实施预算绩效管理的制度文件陆续出台，实践工作也按照"三个全面"的部署不断向纵深推进。基于此，丛书修订版面世。

《全面实施预算绩效管理专业基础（第二版）》为丛书第一册，共分为五章，主要从预算绩效管理概述、公共财政与财政管理体制、预算绩效管理专业知识，以及国内外实践几个方面对预算绩效管理及其相关基础知识进行了专业而系统的阐述，使读者对预算绩效管理有较为清晰、全面地认识。

第一章为"预算绩效管理概述"。该章解读了预算绩效管理基本概念，分析了其理论基础及发展演变历程，并对全面实施预算绩效管理的新要求进行了解读。

第二章为"公共财政与财政管理体制"。该章主要介绍了公共财政与预算，中央与地方政府间的财政关系，政府间收支划分、转移支付的制度安排，以及我国中央与地方财政事权和支出责任划分改革的相关内容，从而使读者对公共财政管理有所了解。

第三章为"预算绩效管理专业知识"。该章介绍了预算绩效管理相关专业知识，主要包括公共管理、政府会计、项目管理、资产评估与造价、公共政策等，以帮助读者更全面、系统地了解预算绩效管理与各学科之间的关系。

第四章为"发达国家绩效预算管理实践"。该章介绍了美国、英国、日本等发达国家预算绩效管理的产生与发展、管理模式、典型特征及其对我国的启示。

第五章为"我国预算绩效管理实践"。该章首先介绍了我国中央层面预算绩效管理总体发展情况，其次从地方层面展示了部分地区预算绩效管理的先进经验，最后对预算绩效管理在行业（部门）的实践探索进行了总结与展示。

预算绩效管理概述

第一章

预算绩效管理是在我国公共财政演进和预算改革深化过程中，为适应我国国情和预算管理实践而提出的一种预算管理模式。它源于绩效预算，并被赋予了特定的内涵，是我国预算管理思维和方式的创新与尝试，意义重大。为方便读者对预算绩效管理有一个清晰的了解，有必要对预算绩效管理的相关概念、理论基础及发展渊源作一个完整的介绍。

本章第一节首先对预算绩效管理相关概念的内涵进行了界定，使读者对预算绩效管理有直接的认知；第二节梳理和归纳了预算绩效管理的理论渊源，并介绍各理论与预算绩效管理的内在联系；第三节系统展示了预算绩效管理的产生与发展演变；第四节对"全面实施预算绩效管理"的要求与内容进行了解读，阐述"全面实施预算绩效管理"的内涵。

|第一节| 预算绩效管理基本概念

一、绩效

"绩效"一词最初来源于企业，其原意为"履行""执行""表现""行为""完成"，后被引申为完成的结果、执行的效果，是一项活动或行为最后结果的反映。有关其含义主要有两种观点：一种观点认为绩效是行为，强调的是实现目标、采取行动的过程；另一种观点认为绩效是结果，强调的是目标实现程度、责任履行程度。英国学者伯拉丁（Bernardin，1995）持后一种观点，认为"绩效应定义为工作的结果，因为结果与组织的战略目标、顾客满意度及所投资金的关系最为明确"。姆维塔（Mwita，2000）认为，绩效是一个综合的概念，它应包含三个因素：行为、产出和结果。[①] 亚洲开发银行的萨尔瓦托雷·斯基亚沃—坎波（Salvatore Schiavo—Camp，2001）认为，绩效可以用努力和结果来概括，通过投入、过程、产出和结果几个方面来描述，它一方面表示一种主观努力程度，体现为一种过程；另一方面也包含外部的

[①] MWITA J I. Performance management model：A systems-based approach to public service quality[J]. International Journal of Public Sector Management,2000.

客观效果，最终表现为结果的反映。[①] 普雷姆詹德（A. Premchand）认为，绩效包含了效率、产品与服务的质量及数量、机构所做贡献的质量，体现了节约、效益和效率。[②] 经济合作与发展组织（OECD）发展援助委员会对绩效的定义是：绩效是活动或合作伙伴的运行对于特定的准则（标准或指南）的符合程度，也可以指结果对确定的目标或计划的相关程度。

在管理学领域的理论和实践中，"绩效"的基本含义是"成绩和效果"，反映的是人们从事某一种活动的投入产出情况，投入表现为人力、物力、时间等资源，产出表现为工作任务在数量、质量及效率方面的完成情况。绩效是结果和进展情况的最后体现，是投入了要素之后的产出，付出了成本之后的收益，直接反映产出和结果的合理性、有效性，即效益、效率和效果情况。

综上所述，我们认为，在绩效管理的具体实践中，应采用相对宽泛的概念，即包括行为与结果两个方面的内容。其中，行为是指资源的投入是否合理、合规；结果则包括产出与投入相比是否有效率、是否达到预期目标。因此，绩效不仅应注重资源使用过程的合理性，还应注重所实现结果的效率及目标实现程度。

二、绩效评价

"绩效评价"是指依照预先确定的标准和一定的评价程序，运用科学的评价方法、按照评价的内容和标准对评价对象的绩效情况进行考核和评价。根据世界银行的观点，"绩效评价是对有关计划或政策执行情况的一项研究，侧重投入、活动和产出，通常用来评估执行者的绩效"。绩效评价一般具有几个共同特征：一是评价依据的合理性，二是评价标准的客观性，三是评价方法的科学性，四是评价结果的可比性。[③]关于财政支出绩效评价，英国学者戴维德尔在其《八百年以前的绩效审计》中做了深刻论述："为防止国家财政支出无限制增长，同时保证财政资金的合理使用，新兴资产阶级和广大民众迫切要求对财政资金使用的合理性和效果性进行审查，从而推动了西方国家财政支出绩效评价工作的蓬勃开展。"更进一步探析，财政支出绩效评价不仅是对财政支出使用情况进行评价和监督，更主要是考察政府提供的公共产品和服务的数量与质量，并以财政支出效果为最终目标，考察政府职能实现程度，即考核政府提供的公共产品和服务的数量与质量。从这个意义上讲，财政支出绩效评价是以财政部门为主体，政府其他职能部门共同配合而形成的管理公共产品和服务的一项制度。

三、绩效预算

绩效预算（Performance-Base Budgeting），是美国政府在 20 世纪 50 年代首次提

---

① 萨尔瓦托雷·斯基亚沃-坎波，丹尼尔·托马斯. 公共支出管理 [M]. 张通，译校. 北京：中国财政经济出版社，2001.
② A. 普雷姆詹德. 公共支出管理 [M]. 北京：中国金融出版社，1995.
③ 冯鸿雁. 财政支出绩效评价体系构建及其应用研究 [D]. 天津：天津大学，2004.

出的一个概念。关于绩效预算，并没有一个统一的定义，比较有代表性的主要有以下几种观点：

（1）国际组织的定义。世界银行认为：绩效预算是一种以结果为导向、以项目成本为衡量、以业绩评估为核心的一种预算制度，具体来说，就是把资源分配的增加与绩效的提高紧密结合在一起的预算系统。国际货币基金组织（IMF）认为，绩效预算是系统地利用绩效评价和其他正式绩效信息，把公共机构所获得的资金和它们实现的最终结果联结起来，以改进公共支出的分配和技术效益。OECD认为，绩效预算是把资金分配与可度量的结果联结起来的预算形式，为了更好地实现结果责任，管理者拥有与此相增加的灵活性，以决定怎样提供最好的公共服务。

（2）西方国家政府的定义。很多国家将绩效预算定义为显示每个支出机构的产出或服务的预算体系；少部分国家的绩效预算系统会将每一预算资源的增量与每一产出的增量或结果的变化相联系。美国总统预算管理办公室（Office of Management and Budget）提出："绩效预算是阐明请求拨款所要达到的目标，为实现这些目标而拟定的计划需要花费多少钱，以及用哪些量化的指标来衡量其在实施每项计划的过程中取得的成绩和完成工作的情况的一种预算。"瑞典的决策部门认为，绩效预算并不是单纯的一些措施或方法，而是一个非常广义的概念，绩效管理的目的是实现成效和效率，成效是指应该做的事，效率是指要合理、高效地做事。澳大利亚政府认为，绩效预算是关于政府行政活动的资金支持体系的一种评价模式，具体包括：明确政府要做的事，为政府所做的事配置预算资源，以结果为中心制定绩效目标，确定评价目标实现状况的标准，建立绩效评价的指标体系等。

（3）专家的定义。著名预算专家艾伦·希克（Allen Schick）在《当代公共支出管理方法》一书中，将绩效预算描述为表达"特定政府机构用所得到的拨款做了哪些事情或希望做哪些事情"等信息的预算，并进一步地将其严格定义为"明确地将每一项资源的增加与产出或其他成效的增长相联系的预算"。[①] 西格尔（Segal）和萨默斯（Summers）认为，绩效预算包括三个要素：一是结果或产出；二是战略（实现生产的不同方法）；三是生产或行动（实现生产的实际行动）。[②] 公共预算专家凯瑟琳·G.威洛比（Katherine G Willoughby）和莱莉亚·E.梅格尔（Julia E Melkers，2000）将绩效预算定义为："要求对政府机构的使命、目的和目标进行战略性规划，是一个采用可量化数据，提供项目结果有意义的信息的过程。"[③] 学者菲利普·G.乔伊斯（Philip G Joyce，2005）认为，采用基于绩效的预算可保证在分配政府的资源并进行

---

① 艾伦·希克. 当代公共支出管理方法 [M]. 王卫星，译. 北京：经济管理出版社，2000.

② SEGAL G F,SUMMERS A B. Citizen's budget reports：Improving performance and accountability in government[J]. Policy Study,2002(292).

③ MELKERS J E,WILLOUGHBY K G. Budgeters' views of state performance-budgeting systems：distinctions across branches [J]. Public Administration Review,2001,61(1):54—64.

管理的过程中考虑效果，因此，它有时被称为"资源和效果相结合"的预算。[①] 皮兹瓦达和罗丝杰科认为，绩效预算的关键在于确定项目成本与项目实施效果之间的关系，即绩效预算着眼于提高资源经济效率。而林奇（Lynch，1997）则将其表述为："公共管理者为开源而进行的一系列支出控制活动，这些活动从投入到产出，经过规划、评估、选择及绩效衡量的程序，以提高生产力及效率。"

归纳起来，以上定义的核心是将资源分配、预算安排围绕支出绩效进行，以产出和结果作为绩效评价的内容和预算拨款的依据。一般认为，绩效预算是一种以结果为导向的预算管理方式，符合新公共管理所倡导的理念，遵从政府部门改革的需要，并融入市场经济的一些概念，将政府预算建立在可衡量的绩效基础上，以提高财政支出效率，改进公共产品和服务质量。具体来讲，即按照设立的既定目标对政府职能部门分配财政资金，运用合理、规范的评价指标，对财政资金的使用情况、目标的完成情况和取得的效果进行评价并报告的一种预算管理模式。

四、预算绩效

"预算绩效"是由于预算实施所产生的效益、效率和效果，反映因预算安排和执行所达到的产出和结果。关于预算绩效的进一步阐述，1995 年，学者芬维克提出了"3E"标准，即"经济性"（Economy）、"效率性"（Efficiency）和"效益性"（Effectiveness），被理论界广泛接受。随着社会的不断进步和发展，又引入了公平性（Equity）原则，合称"4E"原则。其中："经济性"是成本与投入的关系，关心的是资源节约问题，是指以最低的资源耗费获得一定数量和质量的产出，即如何实现支出最小化；"效率性"是投入和产出间的比例关系，关心的是手段问题，注重手段性、过程性的产出和单位产出，是指在一定的产出或投入情形下使得投入最小化或产出最大化，表现为预算活动的产出同所消耗的人力、物力、财力等投入要素之间的比率关系，追求效率，即追求产出投入比的最大化；"效益性"是产出与目标（结果）的关系，侧重于所提供的公共服务和产品符合政策目标的程度，关心的是目标或结果问题，注重结果性的产出和目标的实现程度，表现为预算支出结果在多大程度上达到社会、经济、政治等方面的预期目标，是指既定目标的实现程度或一项活动预期影响与实际影响之间的关系，即支出是否得当，强调的是效果，追求效益的最优化；"公平性"是目标与社会公平的关系，即社会公众（尤其是弱势群体）能否得到公平待遇和享受公共服务，注重社会性和公众满意度，追求社会公平。四个方面相互融合，基本诠释了"预算绩效"的内涵。

---

① JOYCE P G. Linking performance and budgeting: opportunities in the federal budget process[J]. Managing for Results, 2005: 83－140.

五、 预算绩效管理

（一） 预算绩效管理的内涵

本书所称的预算绩效管理，就是以"预算"为对象开展的绩效管理，它将绩效理念和管理方法融入预算过程中，使之与预算编制、预算执行、决算、预算监督一起，成为预算管理的有机组成部分，是一种以绩效目标为导向、以绩效监控为保障、以绩效评价为手段、以评价结果应用为关键的全过程预算管理模式。[①] 其根本目的是改进预算管理，优化资源配置，控制节约成本，提高公共产品质量和公共服务水平。

财政部将其定义为：预算绩效管理是以"预算"为对象开展的绩效管理，也就是将绩效管理理念和绩效管理方法贯穿于预算编制、执行、决算和监督的全过程，并实现与预算管理有机融合的一种预算管理模式。它强化政府预算为民服务的理念，强调预算支出的责任和效率，要求在预算编制、执行、决算和监督的全过程中更加关注预算资金的产出和结果，要求政府部门不断改进服务水平，花尽量少的资金、办尽量多的实事，向社会公众提供更多、更好的公共产品和公共服务，使政府行为更加务实、高效。

关于预算绩效管理的内涵，一般包括以下几方面的内容：

其一，预算绩效管理是一种先进的预算理念。它强调绩效的思想，强化支出责任和效率意识，树立产出和结果的导向，注重提高资金的使用效益，要求提高公共产品和服务的数量与质量。

其二，预算绩效管理是一种有效的技术工具。它是借鉴绩效管理的手段和方法，用于改进预算管理、完善预算管理的一种工具，主要侧重于技术方面的改进，而忽略政治上的衡量和淡化体制上的改革，因而更多地是作为一种技术方法应用到现行预算管理工作中去。

其三，预算绩效管理是一种完善的全过程机制。它以目标为导向，在此基础上实现对预算过程的管理，将预算作为一个管理的闭环，贯穿于预算编制、预算执行、决算和监督之中，实现全方位、全覆盖，侧重于机制上的控制与改善，每一个环节都是上一个环节的续接，体现了全过程的特征。

其四，预算绩效管理是一种创新的预算管理模式。它在本质上仍是预算管理，服务并服从于预算管理，是对现有预算管理模式的改革和完善，并不是与预算管理相割裂、相并行的一个单独体系，而是利用绩效管理理念、绩效管理方法等对现有的预算管理模式的创新与提升，形成了一个有机融合、全面衔接的全新预算管理模式，以强调资金使用效益，增强预算支出效率，实现资源的优化配置，提高财政管理水平。

---

① 财政部基层财政干部培训教材编审委员会. 全过程预算绩效管理基本知识问答 ［M］. 北京：经济科学出版社，2013.

（二）预算绩效管理与绩效预算、政府绩效管理的区别与联系

1. 预算绩效管理与绩效预算的关系

预算绩效管理是借鉴绩效预算的理论，参考发达国家的经验与做法，结合我国国情，在财政预算管理中引入绩效理念，通过完善绩效评价手段和方法，建立绩效导向的管理机制，从而不断提高财政资金使用效益的一种预算管理模式。它与绩效预算既有联系，又有区别，更有发展。

一是预算绩效管理与绩效预算在理念和方法上有共通之处。比如，两者均以结果为导向，以提高财政支出效率、改进公共服务质量为最终目标；再如，两者都要对预算进行考核和评价，明确预算支出绩效目标，然后依据一定的评价指标体系对其目标完成程度进行评价；等等。

二是预算绩效管理与绩效预算在发展上有着交叉的联系。从产生发展阶段来看，先有绩效预算概念的提出，并在西方国家的实践中被重新认识和重视；反过来，绩效预算理论与实践的发展，则进一步加深了我们对预算绩效管理的理解，强化了有关绩效管理的理念，进而在此基础上提出建立一种基于绩效管理的全新预算管理模式。因此可以说，预算绩效管理在一定程度上源于绩效预算，同时又可融入中国国情因素，丰富其相关内容，推进我国预算管理的创新。

三是预算绩效管理和绩效预算在具体管理上有着明显不同。如前定义所述，绩效预算是一个将资金分配与绩效紧密结合的预算系统，它侧重于预算编制环节，围绕产出来编制预算，强调预算编制的前瞻性、科学性和一定的灵活性，其实质是按照实现的产出和效果来分配预算、评价预算，是"按照办事的效果给钱"，即以绩效为基础来分配预算；而预算绩效管理在实践前期则是"先给钱、后看花钱的效果"，即在分配预算的基础上关注绩效、评价绩效，预算额度分配确定给部门后，由部门提出预期实现的绩效目标和指标，在预算完成后进行绩效评价，并作为下年预算安排的参考。这种模式主要基于我国仍沿袭传统的"以收定支"、以投入控制为主的预算管理方式而确定的，加上政治体制、行政决策等因素制约，预算资金安排目前还难以完全以产出和结果作为决定性因素。但是我国的预算绩效管理又加入了全新的管理因子，即强调从预算编制、执行到决算和监督全过程的绩效管理，相对于绩效预算将重点放在预算编制环节上的做法有所拓展。

2. 预算绩效管理与政府绩效管理的区别与联系

预算绩效管理与政府绩效管理的根本目的相同。预算绩效管理，是以某一层级政府的全部预算收支为对象开展的绩效管理。预算绩效管理是政府绩效管理的重要组成部分，二者相互联系。预算是政府履行职能的物质基础、体制保障、政策工具和监管手段，是政府的主要职能和施政理念的体现。由于现代预算制度是政府公共支出的核心，因此，政府预算绩效既是衡量政府绩效的主要指标和重要内容，也是影响政府其他功能性绩效的关键因素；预算资金使用的高效、责任、透明，又是政府履职高效、

责任、透明的前提。预算绩效管理服务于政府绩效管理，与政府施政方向是一致的，推行政府预算绩效管理有利于提高公共服务质量，进一步转变政府职能，有效提升政府绩效。

预算绩效管理与政府绩效管理的侧重点不同。政府绩效是包括预算因素在内的多种因素综合作用的结果。一般来讲，政府绩效主要包括政府业绩维度、政府行政效率维度、政府效能维度、政府行政成本维度等四个维度。其中，政府业绩和行政成本维度与预算绩效管理密切相关。但从整体角度来看，政府绩效管理往往更重视政府履职结果，其评价结果强调政府整体层面的绩效，预算投入及其管理只是其中一个重要的方面。预算绩效管理注重支出的责任和效率，关注公共资源的科学合理配置，强调财政投入和产出的关系，主要目的是改进政府预算管理，提高公共支出效率和资金使用效益。

|第二节| 预算绩效管理理论基础

一、新公共管理理论

新公共管理理论以现代经济学和企业管理理论为基础，是对传统行政层级控制管理和官僚行为模式的反思与发展，代表了一种新的公共行政理论和管理模式。它主张在政府公共部门广泛采用私营部门成功的管理方法和竞争机制来提高行政管理效率、服务质量和服务水平，重视公共服务的产出，强调在解决公共问题、满足公共需要方面增加有效性和回应力，要求对政府实行更加灵活而富有成效的管理。新公共管理理论是近年来西方国家规模空前的行政改革的指导思想之一，推动了政府绩效改革，是预算绩效管理的理论支撑和管理基础。

（一）新公共管理理论的产生与发展

20 世纪 70 年代末以来，为解决政府机构臃肿、管理成本增长和效率低下等问题，西方发达国家以新公共管理理论为指导，广泛发起了以"重塑政府"为核心内容的政府改革，引入企业管理精神和市场化理念，强调提高政府运作效率和产出绩效，引起了极大的社会反响。正如赫克谢尔（C. Heckscher）所指出那样：政府改革打破了单向的等级指挥关系，建立了互动交流和导向管理，并开始向"后官僚组织"变迁。这场席卷西方范围的政府改革运动的浪潮推动和丰富了新公共管理运动，是对以往行政理论的重大发展，并使新公共管理在实践中得到进一步融合发展。

（1）弗里德曼（Milton Friedman）和哈耶克（Hayek）提出的"小政府理论"。"小政府理论"的核心是将政府活动范围限于非市场领域，缩小政府管辖的空间范围，使政府从"万能政府"中解脱出来，减少国家干预主义，提高政府行政服务能力和水平，强调提供具有非排他性、非竞争性的公共产品，解决市场不能提供的服务活动。

（2）迈克尔·哈默（Michael Hammer）与詹姆斯·钱皮（James Champy）发展的"流程再造"理论。该理论主要针对官僚制的种种弊端，强调对其进行重新改造以实现政府或组织效率的提升。其主要内容包括：一是对工作流程进行重新设计，以提高效率、效能和质量；二是以业务流程为改造对象和中心，以顾客需求和满意度为目标，对现有业务流程进行根本的再思考和彻底的再设计，建立全新的过程型组织结构，从而实现组织在成本、质量、服务和速度等方面的巨大改善。

（3）马克·霍哲（Marc Holzer）的绩效评估管理和全面质量管理理论。马克·霍哲将绩效评估作为改进绩效的一种管理工具，以政府绩效作为切入点，提出并设计了一整套具体的绩效评估流程，注重提高公民参与绩效评估的程度，更好地改进政府政策和项目管理。同时，他提倡引入政府全面质量管理体系，要求以顾客为中心，强调机构授权和协作，消除由于官僚制、利益集团及专业化的结构所带来的回应性障碍，推动服务的持续改进，建立更具回应性和以顾客为中心的公共机构。

（4）戴维·奥斯本（David Osborne）和特德·盖布勒（Ted Gaebler）的"重塑政府"理论。在《改革政府：企业精神如何改革着公共部门》一书中，他们将"新公共管理"模式概括为十项基本特征，认为政府的职能是"掌舵"而不是"划桨"，是授权而不是服务，是满足顾客而不是官僚政府的需要，提倡竞争性政府、有使命的政府、分权的政府，要求政府以市场为导向，按效果而不是按投入拨款，有收益而不浪费，预防而不是治疗，将企业经营管理的方法移植到政府等公共组织中以提高效率。其核心是强调服务提供者即政府等部门应对顾客负责，奉行顾客至上的价值理念和文化，要求在提供服务过程中不断进行革新，寻求减少成本和增进质量的方法。

（二）新公共管理理论的基本理念

新公共管理理论强调用企业精神改造政府，主张采用私人部门的管理理论、方法及技术，引入市场竞争机制，以市场或顾客为导向，重新调整国家、社会、市场三者的关系，提高公共管理水平及公共服务质量。其基本的理念主要如下：

（1）以市场为导向，重塑政府与公众的关系。新公共管理理论主张重新对政府职能及政府与社会关系进行定位，提倡政府以顾客为导向，增强对社会公众的响应力。政府定位为"企业家"，主要任务是实现经济资源从生产效率较低的地方，转移到效率较高的地方，但并非以营利为目的；公众则是向政府提供税收的纳税人和享受政府服务的顾客，可以"用脚投票"自由选择服务机构。新公共管理基于这种关系的重构，建立起以顾客或市场为导向的理念及文化。

（2）引入竞争机制，提高工作效率。新公共管理提出在政府管理中广泛引入市场竞争机制，创造"以竞争求生存、以竞争求质量、以竞争求效率"的环境，让更多的私营部门、非营利组织参与提供公共服务，以节约成本，提高服务供给的效率，强调公共行政从"内部取向"转变为"外部取向"，即由重视政府机构、过程和程序转变到重视项目、结果和绩效。对此，学者巴扎雷（Micheal Barzelay）曾做过精彩的描述："摒弃官僚制的时代已经到来，公共管理由重视效率转而重视服务质量和顾客满意度，由自上而下的控制转向争取成员的认同和争取对组织使命、工作绩效的认同。"

（3）采用私营部门的做法，提升服务质量。新公共管理理论强调，公共部门应从私营部门管理中汲取营养，广泛采取私营部门成功的管理方法、先进的管理方式和手段、服务理念等；取消公共供给的政府垄断性，对政府实行全面质量管理和目标管理，提高公共产品和服务的质量；从投入为主转向产出，高度重视产出和结果，实行成本—效益分析，加强绩效评估；放松严格的行政规则管制，通过授权和分权增强政府部门决策自主权和灵活性，与机构签订绩效合同，明确对等的责任机制等。

（三）新公共管理理论与预算绩效管理

新公共管理重视公共服务效率，强调政府低成本运作，注重公共服务的质量和效果，从关注投入转到关注效果，直接催生了政府绩效管理，而政府绩效管理则进一步影响预算管理行为，推动了以绩效管理为牵引的预算管理创新。

1. 新公共管理要求构建服务、责任、效率的政府

新公共管理促进了行政管理理念和方式的转变。一方面，行政管理理念向以"市场导向""顾客导向"的服务理念转变，以契约精神明确责任，构建服务型政府，重视对公共产品和服务的提供，因为只有顾客驱动的政府才能满足多样化的社会需求，并促进政府服务质量的提高；另一方面，在行政管理方式中引入市场化、企业化管理方法，完善绩效评估体系，讲求投入和成本的核算理念，开始重视对产出的管理，提高了公共部门直接提供服务的效率和质量，缓解了财政压力，主张对外界情况的变化，以及不同的利益需求做出主动、灵活、低成本、富有成效的反应，从而使政府行为更加高效务实。这些提升政府绩效的做法，与建设服务、责任、效率政府的目标是一致的，构成了政府绩效管理的基本框架，为预算绩效管理的实施奠定了基础。

2. 政府绩效的核心是提升预算绩效

以新公共管理理念改造政府和提升政府绩效的行政管理直接带来了政府预算理念和控制机制的变化，因为预算是政府施政的落脚点，是政府职能的集中表现。正如德国学者盖劳德·格鲁尼格（Gernod Gruning）所指出的，新公共管理特征至少包括削减预算、绩效责任、绩效稽核、绩效测评、财政管理的改革等 20 项。[①] 其对预算管理的影响主要是：一方面，预算理念从投入预算转变为产出预算，并由此带来了预算模式的转变。各国传统的预算理念注重对投入的管理，预算编制、执行均以投入为基础，而忽视了对产出的管理。新公共管理理论引导各国将更多注意力转移到结果管理，强化政府对公共资金使用结果的关注。另一方面，预算控制机制也发生了深刻变化，要求重视绩效衡量和绩效评价，建立问责机制，采取弹性自主的预算执行方式，

---

① 朱仁崎，彭黎明. 新公共管理研究综述［J］. 求索，2003（1）：84－86.

在预算执行过程中赋予部门自主权，目的在于降低生产或提供公共产品和服务的成本，提高资源配置和使用的效率。

二、委托—代理理论

委托—代理理论（Principal-agent Theory）是制度经济学契约理论的重要内容，是在研究内部信息不对称和激励问题上发展起来的一项重要理论，其中心任务是在利益相冲突和信息不对称的环境下，委托人如何有效激励代理人。这一理论为预算绩效管理提供了较好的理论支点。

（一）委托—代理理论的产生与发展

委托—代理理论最初产生于企业的授权与被授权关系，由于其在企业管理中具有较强的指导意义，因此得到了众多学者的重视，在实践中形成了多样化的模型解释，并推动了公共部门委托—代理关系的发展。

1. 委托—代理理论的起源

20 世纪 30 年代，针对企业所有者兼任经营者这一做法存在的极大弊端，美国经济学家伯利（Berie）和米恩斯（Means）主张所有权和经营权分离，企业所有者保留剩余索取权，而将经营权让渡，提出委托—代理理论，从而使委托—代理理论成为现代公司治理的逻辑起点。1973 年，罗斯将"委托—代理"的概念和理论从企业扩展到各种组织和事项，形成一般化的理论，他指出："如果当事人双方，其中代理人一方代表委托人的利益行使某些决策权，则代理关系就随之产生了。"授权者就是委托人，被授权者就是代理人。

在委托—代理理论发展中，杰纳森（Jensen，1983）等针对公司经理的代理人机会主义，提出了若干有力的遏制机制，包括审计、强制性预算控制、激励性报酬等从内在机制上约束机会主义，定期评估公司绩效，利用财经新闻等外部监督、竞争性经理市场报偿诚实高效的代理人、产品市场状况等，对具有机会主义倾向的经理构成潜在的威胁和惩戒，从而增强了股东的控制。由于委托—代理理论的理论优势和强大的解释力，多纳休（Donahue，1989）、欧文·E. 休斯（Owen E. Hughes，2001）、柯武刚和史漫飞（Wolfgang Kasper and Mfred E. Streir，2002）等进一步将委托—代理理论运用于公共部门。多纳休和欧文·E. 休斯均认为，由于公共部门自身的特性和责任机制方面的问题，需要通过外包签订合同的形式，将公共部门的代理关系变成私营部门的代理关系，以减少公共部门中的代理人问题。柯武刚、史漫飞认为，在公共部门利益上，公民们即委托人往往不可能从政府官员那里得到自己想要的东西，因为议员和官员们追求他们自己的目标，所以在解决委托—代理这个资本主义的"阿喀琉斯之踵"（Achilles' Heel）时，需要环绕一个企业的竞争性（产品和要素）市场保证追求委托人的利益——而非追求代理人的机会主义目标，因为竞争市场机制是有利于资本所有者利益的，从而可以消除 X—无效率现象（由哈佛大学教授 Leibenstein 在

1966 年提出，即"弱化的成本控制、少承担风险及在职消费"等现象）。

2. 委托—代理理论的基本模型

一些学者对委托—代理理论做了进一步拓展，并试图建立不同的模型来解释其机制内容。概括起来，其基本模型主要有三种：一是"状态空间模型化方法"（Statespace Formulation），由威尔逊（Wilson，1969）、斯宾塞和泽克豪森（Spence and Zeckhauser，1971）、罗斯（Ross，1973）首先提出，该模型使每种技术关系都很自然地表现出来，但此方法无法得到经济上有信息的解（Informative Solution）；二是"分布函数的参数化方法"（Parameterized Distribution Formula），由莫里斯（Mirrlees，1974）最初使用，并由霍姆斯特姆（Holmstorm）进一步发展成为标准化方法；三是"一般分布方法"（General Distribution Formula），该模型更为抽象，且没有很好地解释和说明代理人的行动及发生的成本，但却是一种非常简练的模型。

3. 委托—代理理论的动态模型

上述基本模型都是基于静态中的假设而表述的。在静态模型中，委托人为了激励代理人实现委托目标或达到其所希望的行动，需要根据可观测的结果来奖惩代理人，从而这种激励机制就成为"显性激励机制"。但是在现实经济活动中，委托—代理关系更多的是多层次的关系，表现为一种动态的链条。在这种情况下，如果没有显性激励机制来传递代理人的导向型信号，则多层次的委托—代理关系仅靠"时间"本身，是无法在不付出任何成本的情况下有效地解决代理问题的。于是，一些经济学家便将委托—代理的基本模型扩展到动态模型，以求对委托—代理理论做出更为合理的经济学解释。

（二）委托—代理理论的核心内容

委托—代理理论主要是从信息不对称条件下契约的形成过程出发，探讨委托人如何以最小的成本去设计一种契约或机制，从而消除信息不对称问题，建立激励约束机制，减少代理人的引致需求，以最大限度地增加委托人的效用。涉及的核心问题可归纳为以下三方面。

1. 解决信息不对称问题

在对称信息情况下，代理人的行为是可以被观察到的，委托人可以根据观测到的代理人行为对其实行奖惩。此时，可以实现帕累托最优风险分担和帕累托最优努力水平。

在所有权与经营权"两权"分离的情况下，由于委托—代理双方的目标函数不同，相关信息在双方之间的分布及其获得是不对称、不均匀的，于是便产生了基于委托人与代理人之间的"信息不对称"（Information Asymmetric）情形。契约经济学认为，经济学中的一切问题都可以从信息不对称中找到本源。信息不对称主要产生于契约关系下的委托人和代理人之间，双方当事人都只掌握了一些自己最为清楚的私人信息，而对另一方当事人的信息则不完全了解。由于双方对有关信息的了解是有差异的，掌握信息比较充分的代理人，往往处于比较有利的地位，而信息贫乏的委托人，则处于比较不利的地位。同时，代理人有其自身独立的经济利益，有可能利用信息不对称来损害委托人的权益，实现自身利益最大化，这时如果委托人对其约束不力，就会产生一些损人利己的"违约"和"败德"行为。

一般地，信息不对称分为两类：一是事先的"逆向选择"（Adverse Selection）。代理人一方于事前有意隐瞒于己不利的信息，或制造、发送扭曲甚至是虚假的信息，使委托人不能预测其代理行为。此时，若委托人对代理人的选择监督不力，无法找到最好的代理人来满足委托人的要求，将会导致一些能力低劣的人被委托人选中而占据经营岗位。实际上不是委托人选择代理人，而是委托人被蒙蔽，代理人选择了委托人，造成"劣币驱逐良币"的结果。二是事后的"道德风险"（Moral Hazard）。代理人在双方签订契约后，由于其行为的不可完全监督性，利用信息不对称优势"偷懒"或实施其他影响企业效率的机会行为。这时，若委托人不能把代理人的行为后果与其不能控制的不确定性因素区分开来，代理人可能会为增进自身利益而把承担自己行为后果的责任转嫁到委托人身上，致使委托人利益受损。

2. 建立激励和约束机制

在信息不对称情形下，由于代理人基于理性人的假定，有其自身的效用函数并且总是追求自己的利益，其效用函数往往与委托人的效用函数不尽一致。委托人不能观察到代理人的行为，只能观察到相关变量，这些变量由代理人的行动和其他外生的随机因素共同决定。因此，委托人需要通过对代理人进行适当激励或承担用以约束代理人越轨活动的监督费用来缩小与代理人的效用偏差，设计满足代理人参与约束（Participation Constraint）和激励兼容约束（Incentive Compatibility Constraint）的契约关系，以最大化自己的期望效用，即建立有效的激励约束机制，将代理成本控制为最佳水平。

激励机制（Motivate Mechanism）也称激励制度（Motivation System），从管理学角度看，它是通过一套理性化的制度来反映激励主体与客体相互作用的方式。只要利益不一致、信息不对称的条件不能消除，代理人就有可能利用这一利于自己的条件进行"寻租"，导致"败德"行为，委托人加强对代理人的有效激励与约束，就会使识别、监察、约束等方面的代理成本增加。同时，委托—代理中因信息不对称、约束不到位也会出现激励不相容的现象，导致出现"逆向选择"，影响激励约束机制作用的有效发挥。

对于委托人来说，只有使代理人行动效用最大化，才能获得自身效用最大化的目标，这就必须对代理人的工作进行有效的激励：一方面，通过强调目标导向机制，建立"对结果负责"的制度安排，使代理人在实现了委托人的绩效目标后得到奖励，促使代理人在追求自身利益的同时实现委托人利益的最大化，有效实现"激励相容"；另一方面，加强对代理人的监督，建立惩罚性机制，消除代理人利用信息不对称问题来为自己谋求合约之外的权利租金的行为。为此，委托人可以通过实现信息透明，加强对代理人的有效监督，明确代理人没有完成绩效目标时应受到的相应惩罚，使代理人能够按照委托人的利益行事，而不会因采取违规"寻租"活动致使公共资源遭受损失。通过建立制度机制，委托人和代理人之间的关系问题可以从对代理人的激励与约束上得到较好解决。

3. 明确多层委托—代理关系

相对于企业而言，公共事务领域更多地表现为多层委托—代理关系。一般情况下，社会公众自身无法直接提供社会发展所需要的公共产品和服务，需要把资金（以税收的方式）委托给政府来经营，由政府以政府预算的形式，委托各职能部门来实现，由此形成多层多级、多类型的委托—代理关系。根据委托—代理理论，政府预算也可视为一种契约，是一种建立在公众、政府及政府内部间的契约关系。相应地，在财政资金分配过程中，就可以分解为多个委托—代理关系。

一是"公众—议会—政府"间的委托—代理关系。在政府预算过程中，公众通过纳税及承担政府公债等形式，成为财政资金的提供者，也是财政资金的所有者，即所谓集公众之财。议会代表公众对预算享有最高决策权，是公众与政府之间施政的中介，政府作为具体的预算决策和执行机构，按照议会的决定负责财政资金的分配和使用，三者之间形成了第一层级的委托链条。其中，相对于公众和议会，政府拥有公共产品供给成本方面的充分信息，公众属于处于信息劣势的委托人，按照"经济人"假说，政府（代理人）的效用函数与公众委托人的目标并不一致，因此必然会产生委托—代理问题，即政府为了自身利益而损害公众的利益。

二是"财政部门—其他职能部门"间的委托—代理关系。在预算分配过程中，财政部门拥有资金分配权，追求预算收支的平衡、财政状况的不断改善，处于委托人地位，但在财政资金的具体使用及公共品的供给成本上处于信息劣势；而职能部门作为政府职能的具体执行机关，是财政资金使用的代理人，处于信息优势。由于二者委托—代理关系的成立及信息不对称的存在，在通常情况下，职能部门会基于自身部门利益而导致支出扩张冲动，在财政资金分配和使用中，也会出现损害财政部门利益的行为。

三是部门内部上下级决策者之间的委托—代理关系。在部门预算的编制、执行过程中，同样存在委托—代理关系。高层部门领导通常将个人利益的取得建立在整个部门的长远发展之上；而对中层官员来说，职位的晋升是其主要目标，职位晋升经常是与本机构预算扩张结合在一起的；作为基层官员，现期的货币收入可能更有意义。

由此可见，上述不同利益追逐主体带来的多层委托—代理问题，可能会严重扭曲预算分配的科学性和合理性，致使预算支出的绩效得不到较好保证。

（三）委托—代理理论与预算绩效管理

委托—代理理论对于政府公共管理和公共产品提供具有较强的指导意义，并为预算绩效管理提供了较好的理论注脚。政府作为受托人，是公共产品的供给方，其社会活动应该受到公众的监督，提供的公共产品应当符合社会公众的需求，这就构建了最基本的典型委托—代理关系。

一是在公共支出过程中，不管是政府部门与社会公众之间，还是政府各部门之间都存在着信息不对称的问题。一方面，政府（代理人）与公众（委托人）之间存在信息不对称。公众对于政府支出项目会如何影响他们的信息是不完全的，获得这些相应信息需要付出较高的交易成本，导致了政府支出方案不能有效地反映社会公众的偏好；另一方面，政府各部门之间，特别是政府部门的上下级之间，同样存在信息不对称的情形。即使公众偏好能够通过一定的体制设置呈现出来，由于与委托人联系紧密的下级部门和机构拥有更多的信息，他们倾向于要求尽可能多的资源，达到部门利益和个人利益的最大化，处于信息劣势的上级部门就不能根据战略性的优先顺序分配资源，并最终阻碍将其转变为社会公众所希望的产出和结果，从而直接影响到政府支出的绩效。为此，需要建立有效的约束手段。

二是在政府预算中的委托—代理关系具有多层级的特点，多层委托—代理关系加大了政府运行成本。按照委托—代理理论，委托—代理链条越长，委托人控制代理人的能力就越弱，中间的委托—代理者也就更加容易产生"败德"问题，出现"寻租""设租"现象，增加政府提供公共产品和服务的成本，降低社会效率。基于政府预算的这种多层委托—代理关系，需要在预算制度的设计上对代理人的行为进行必要的监督，以进一步讲求绩效。

三是政府部门提供的公共产品和服务属于非市场供给，很难用私人部门的标准来考核，需要有新的评价方法。同时，政府与公众的委托—代理属性是基于政治契约下的安排假定，实际并无具体财产所有者，也无明确委托人，对其监督的法律依据不充分，必须辅之以有效的管理制度，使之有可靠的保障和抓手，完善相关激励机制。

针对上述问题及要求，政府可以通过建立有效的激励约束机制，以绩效为切入点，强化绩效评价，完善预算管理方式，使预算绩效管理成为实现这一目的的有效管理制度。预算绩效管理通过"出资人"对"经营者"绩效目标的设定，以及对目标的分解、执行、考核的过程，解决委托人和代理人在公共财政资金经营管理上的法律、时间、空间和信息等方面的分离性，实现对政府各层代理人的激励与约束。通过预算绩效管理，实现对支出管理情况的绩效评价，可以反映和控制代理经济责任的具体履行过程，反映受托经济责任履行的最终结果，从而确保达到支出效益最大化。因此，从这个意义上来说，预算绩效管理是政府解决委托—代理问题、实现科学管理的先进管理方式。

三、公共产品理论

公共产品理论是一种关于研究公共事务的新政治经济学理论，它对于正确处理政府与市场关系、构建现代财政体系具有重要意义，推动了公共财政的发展与变革，是指导各国财政实践的重要核心理论。它从公共产品的供求角度给出了预算绩效管理的制度行为解释。

（一）公共产品理论的产生与发展

公共产品也称公共物品（Public Goods）。意大利学者马尔科（Marco）等在边际效用价值论的基础上最早提出了"公共产品"的概念（见其著作《公共财政学基本原理》）。其后，瑞典学派的维克塞尔（Kunt Wickshell）提出"近似一致"原则，林达尔提出了林达尔均衡模型（Lindahl Equilibrium），形成了公共产品理论的雏形及重要基础。萨缪尔森、布坎南（James M. Buchanan）等则进一步发展和丰富了公共产品理论的内容。

1. 林达尔均衡的提出

1919 年，林达尔提出了著名的公共产品均衡模型，即林达尔均衡，被看作是公共产品理论最早的成果之一。它是指个人对公共产品的供给水平及它们之间的成本分配进行讨价还价，并实现讨价还价的均衡。按照林达尔的解释，公共产品价格并非取决于某些政治选择机制和强制税收，而是每个人都面临着根据自己意愿确定的价格，并均可按照这种价格购买公共产品。如果每一个社会成员都按照其所获得的公共产品或服务的边际效用大小，来支付自己应当分担的公共产品或服务的资金费用，则公共产品或服务的供给就可达到最佳或最高效率配置，这种状态被称为林达尔均衡。其关键点在于，消费者按自己从公共产品消费中获得的边际效用水平真实表达自己对公共产品的需求，从而相应地承担公共产品的成本。

林达尔均衡是一个局部均衡模型，解决的是如何确定公共产品供应水平和如何运用价格系统为公共产品筹资两个问题，将支付能力原则和受益原则做了最好的结合，使人们对公共产品的供给水平问题取得了一致意见，即认为分摊的成本与边际收益成比例。

2. 公共产品内容的拓展

1954 年和 1955 年，萨缪尔森先后发表了《公共支出的纯理论》和《公共支出理论的图式探讨》，进一步论述了公共产品理论的核心问题，首次提出了公共产品的经典定义，描述了生产公共产品所需资源的最佳配置特征等。其中，他将公共产品定义为：每个人消费这种物品或劳务不会导致别人对该种产品或劳务消费的减少。1969 年，萨缪尔森又对林达尔均衡理论做了进一步发展，指出由于公共产品中存在"搭便车"行为，导致事实上每个人都不愿意透露自己对公共产品的偏好和愿意支付的成本，从而林达尔均衡产生的公共产品供给均衡水平将会远低于最优水平。萨缪尔森认为，公共产品的供给均衡包括局部均衡和一般均衡。局部均衡模型揭示了公共产品的效率条件不能通过分散化的市场来满足，公共产品消费中的"搭便车"行为导致公共产品的个人需求偏好得不到准确表达；一般均衡状态下的公共产品的有效供给模型，满足帕累托效率的公共产品和私人产品供给数量的条件，是所有消费者的公共产品对私人产品的边际替代率之和，等于公共产品对私人产品的边际转换率。

1956 年，蒂鲍特（C. M. Tiebout）在论文《一个地方支出的纯理论》中，考察了地区性公共产品与居住地选择之间的关系，首次将公共产品理论延伸到地方政府活动的新领域，并提出了著名的"用脚投票"的观点，对地方公共产品做了最为简练的概括，即一些公共产品只有居住在特定地区的人才能享用，因此个人可以通过迁居，来选择他消费的公共产品。1965 年，布坎南在"俱乐部的经济理论"中首次对非纯公共产品（准公共产品）进行了讨论，公共产品的概念得以拓宽，认为只要是集体或社会团体决定，为了某种原因通过集体组织提供物品或服务，便是公共产品。同年，贝冢（K. Kaizuka）最先引入了公共产品要素的概念。1973 年，桑得莫（A. Sandom）发表了《公共产品与消费技术》，着重从消费技术角度研究了混合产品（准公共产品）。

3. 对公共产品机制的研究

20 世纪年 70 代以后，对公共产品理论的研究主要集中在机制设计上，以保证公共产品的决策者能够有效提供公共产品。主要有两种思路：一种思路是，将公共产品供给的决定诉诸政治程序，用公众投票方式解决，如布坎南及其"公共选择学派"，将公共产品理论研究的领域拓宽，研究非市场行为的选择决策，不再把公共产品选择问题看成是一个社会福利函数的最优化问题，而是将其还原为一个社会利益冲突问题，提出"理性人"假定，认为"人是自利的、理性的、追求效用最大化的"，因而政府及其公务人员在提供公共产品时，会存在浪费和滥用资源的行为，违背公众意愿，需要通过集体行动和政治过程来决定公共产品的需求、供给和产量，即政府选择。虽然名为"公共选择"，但其实质仍是建立在个人理性和个人选择基础上的。另一种思路是，设计一种计划程序，诱导个人会基于自己的利益而真实显示其对公共产品的偏好，即激励机制设计问题，如美国经济学家格罗夫斯等从赫尔维茨的"激励相容"不可能性定理出发，按纳什均衡原则建立了一个经济机制，引入市场竞争来消除"政府失灵"，解决"搭便车"问题，克拉克也提出了一种说真话机制，即克拉克税（Clarke Tax，指对影响社会决策的关键人物征税的一种税制机制，所征税额等于该关键人物参与决策给其他人造成的净损失），也叫克一格税。

（二）公共产品理论的实质内容

公共产品理论的机制内容，可以较好地说明政府提供公共产品的行为及其内在联系，使人们得以从供求角度对公共产品进行研究和完善，进一步揭示了公共产品理论的实质。

1. 公共产品的基本属性

根据公共产品理论，与私人产品相比，公共产品具有三个明显的特征：一是效用的不可分割性。私人产品可以被分割成许多可以买卖的单位，但公共产品是不可分割的，如国防、外交、治安等服务。正如马斯格雷夫所论述的："一种纯粹的公共物品在生产或供给的关联性上具有不可分特征，一旦它提供给社会的某些成员，在排斥其他成员对它的消费上就显示出不可能或无效性。"二是受益的非排他性。私人产品只能是占有人才可消费，"谁付款，谁受益"；但是，公共产品则不能排除任何人对它的消费，也不会减少其他人由此而获得的满足，对于公共产品的消费要从技术上加以排除，几乎不可能，或者即便可能排除成本也很高，因而使人们存在"搭便车"动机，从而出现休谟提出的"公地悲剧"，每个人都想不付出或少付出却享受公共产品。例如，减少污染带来的受益外部性。三是消费的非竞争性。在公共产品的提供上，不会因为消费者增多而引起边际成本的增加，一部分人对某一产品的消费不会影响其他人同时享用该公共产品，同时一些人从消费公共产品中受益，也不会和其他享受该公共产品的受益对象之间存在利益冲突。如不拥挤的桥梁、未饱和的互联网等。

根据对非竞争性和非排他性的满足条件，公共产品被分为纯公共产品（Pure Public Goods）与准公共产品（Quasi-public Goods）两个类别。纯公共产品是指每个人对这种产品的消费，都不会导致其他人对该产品消费的减少。严格地讲，它是在消费过程中具有非竞争性和非排他性的产品，是任何一个人对该产品的消费都不减少别人对它进行同样消费的物品与劳务。如国防、环保等。准公共产品又称"混合产品"，是指兼具公共产品和私人产品属性的产品，其只具备非排他性和非竞争性两个特性中的一个，而另一个则表现为不充分。第一类是具有非排他性和不充分的非竞争性的公共产品，如教育产品；第二类是具有非竞争性和不充分的非排他性的公共产品，如公共道路。

2. 公共产品的税收等价原则

从林达尔和萨缪尔森的公共产品均衡模型以及其他关于公共产品的确定机制中可以看出，公共产品与私人产品相同，同样体现了商品的市场属性和供求关系，也有其相应价值，边际效用价值论便赋予无形的公共产品以主观价值，从而使社会能采用统一的货币尺度去衡量对比公共产品的供应费用与运用效用之间的关系。作为政府提供的公共产品和服务，它由社会成员私人消费和享受，政府由此而付出的费用也就必须由社会成员通过纳税来补偿。在这一过程中，遵循"效用—费用—税收"的程式，税收成为公共产品的税收价格，是人们享用公共产品和服务相应付出的代价，从而将公共产品供应的成本和收费有机地联结起来。这样，公共产品价格便以"税收标签"来定性，即税收是公民为了获得政府提供的公共产品而支付的价格，它和政府提供的公共产品一起，成为政府与公民之间税收契约的客体，揭示了税收的本质应该是价格，是公众为了获取公共产品而支付的一种交换税，政府将取得的税收安排使用出去以提供各种公共服务，正如私人部门使用"价格—质量"组合迎合顾客那样，公共部门使用"税收—服务"组合迎合公民的偏好，从而税收也就具有了公共产品"价格"的性质。正如有学者指出那样，"税收主要是用以支付的公用事业费，一种有效的税收应该是要求公用事业使用人支付其使用的机会成本的税收。"这一论述较好地证明了税收本质上的价格属性。

3. 政府公共产品的特殊性[①]

公共产品有效供给的一般均衡是建立在相关假设前提的基础上的。一是假定政府可以在赋税不造成资源损失的情况下，采用一次性总付税的形式来支付公共产品的供给成本；二是假定政府知道每个人愿意为公共产品支付的"价格"及其效用函数，拥有消费者的完全信息；三是假定每个人对公共产品的真实偏好都基于诚实的意愿来表达，政府能获得真实的信息。但在现实社会中，这些假设往往与实际情况相背离，政府不可能实行最优的一次性总付税，也不可能了解每个人的偏好，获得每个人对公共产品的价格集。事实上，与个人或企业相比，具体到政府供给公共产品，有其不同的特殊性。

① 公共产品的需求与供给具有委托—代理关系属性。政府作为国家或社会的代理人，主要职能是提供公共产品和服务，以解决私人部门无法或不能有效通过市场配置而实现的公共产品供给，而公共产品的生产资金是由公民的缴税或缴费来提供的，因此，实际上公共产品的成本是由需求方，即公众预先支付的。这样，政府就以受托责任的形式为公共产品生产的实际委托人—社会公众来提供公共产品。同时，为实现公共产品的供给，在政府内部又存在政府对其职能部门、上级机构对下级机构、各机构对机构工作人员之间的委托—代理责任，形成多层次、纵横交错的关系。

② 公共产品的生产与垄断市场具有某种相似性。由于私人不愿意提供公共产品，因此政府就成为公共产品的唯一供给方，处于垄断市场的地位。但在公共产品的供给上，又不完全等同于垄断市场，政府作为一个整体并不直接面对公众，即所谓需求方，而主要是由政府各个具体职能部门或机构，如教育局、社保中心等，负责面向社会公众提供公共产品，社会公众为所需要的公共产品而支付的税收或费用，体现为政府整体的公共收入，并不与其获得的公共产品直接相对应，因为各个提供具体公共产品的政府职能部门或机构不是直接从社会公众手中取得相应的交易成本，他们面对的是政府预算拨款，而非公共产品"出售"的直接收入。这种公共产品的直接供给与需求相分离的做法，将会强化提供公共产品的政府职能部门或机构不断追求预算扩大化的动机，从而导致政府整体支出呈扩大趋势。

③ 公共产品提供过程中会发生多种交易费用。按照约翰·罗杰斯·康芒斯（John Rogers Commons）的观点，交易是普遍存在的。政府供给公共产品既是政府

---

① 王桂娟. 绩效预算的经济学分析：兼论财政职能与政府效率 [M]. 上海：立信会计出版社，2013.

与纳税人之间的交易活动，又是政府间的交易活动，交易费用不可避免地存在于公共产品供给的活动中。公共产品复杂的供求关系决定了公共产品供给过程中要发生多种特殊的交易费用，其中最主要的是信息成本和监督成本。信息成本包括政府作为供给者为了获取消费者对公共产品的需求而花费的成本，以及政府部门内部信息的产生和收集、协调运作和相互制约所增加的信息成本；监督成本是为减少政府供给公共产品过程中可能发生的代理风险和道德风险而进行必要的监督所发生的成本，包括监督机构耗费的资源、执行部门遵守监督规则所产生的成本、因违反监督规则而带来的公共利益损失等。

（四）公共产品理论与预算绩效管理

公共产品理论对我国改革进程及公共财政的发展有很好的解释和借鉴作用。我国长期以来实行计划经济，没有买方市场，大量产品具有公共产品的特征，效率低下，阻碍了经济发展。1992年提出建立社会主义市场经济体制以后，这一状况得到了改善。但是，对于"什么是政府应该管的、什么是应该由市场内在运行解决的"以及"政府如何才能管好"等问题，依然是一个需要在实践中认真破解的课题。公共产品理论的引入，有助于界定政府行为边界，促进公共产品生产效率提升，加强预算绩效管理。

一是在资源配置方式上，利用公共产品理论有助于廓清政府与市场的界限，决定哪些产品由市场提供最为有效。一般来讲，私人产品由市场来生产；公共产品由政府以"公共选择"等非市场决策行为来确定；介于二者之间的，按其配置效率高低决定提供方式，如部分准公共产品采用政府购买服务等方式。这属于第一层次的绩效问题，要求在公共产品资源配置上讲求绩效。

二是就公共产品提供本身来讲，按照税收等价原则，公共产品是政府收取的"税收价格"对于公共产品的费用支付，这就意味着社会公众作为"消费者"支付了相应的费用，政府就要按照公众"消费者"的需要提供适度、高效的公共产品，而不能违背购买者的意愿，强制推行非适销对路的产品。因此，在公共产品的提供上应均衡供求关系，注重公共产品的产出，讲求效果，确保和体现公众"消费者"效用最大化，以满足纳税人的需要，避免无效率的生产。这属于第二层次的绩效问题，强调公共产品提供的公民满意度导向。

三是政府预算作为体现政府职能的重要工具和核心制度，要将上述绩效理念和效率原则贯穿到预算管理中，加强对政府公共产品的成本—效益分析，实现对政府提供公共产品成本的约束和管理，提高政府公共产品的供给效率，做到对纳税人支付的等价费用负责，有效减少浪费损失等现象。这属于第三层次的绩效问题，关注的是公共产品的生产成本和使用效率，主要是预算管理所应体现的绩效。

|第三节| 预算绩效管理的发展与演变

一、西方国家绩效预算的产生与发展

从 20 世纪七八十年代开始，为顺应国际趋势和国内形势需要，一些西方国家纷纷加强并推行了政府绩效管理改革，进而推动了绩效预算的实施，在提高公共资金使用效率、改进政府部门绩效等方面取得了明显效果，绩效预算逐渐成为财政管理改革的发展方向。目前，世界上已经有多个国家不同程度地实施了绩效预算。

（一）绩效预算产生的动因

绩效预算的产生与西方国家特定的政治环境、经济发展以及预算法律制度等紧密联系，20 世纪 80 年代以来，受到内在改革推动和外在因素促进，绩效预算得到了全面、广泛的实施。

经济危机加剧了财政收支矛盾，是绩效预算改革的直接原因。20 世纪 70 年代末，西方国家经历了全球性的经济衰退和石油危机，导致经济增速放缓，通货膨胀不断加剧，失业率不断上升，政府财源枯竭，出现了严重的预算赤字。同时，受"凯恩斯主义"影响，二战后各国普遍扩大了政府投资，政府职能不断扩张，加之受大量实行的"社会福利主义"政策拖累，导致政府支出持续增长，陷入入不敷出的财政困境。为有效缓解财政收支矛盾，各国纷纷寻求以提高效率为中心的财政政策，更加关注资金使用效益。在这种大环境下，推进政府和财政改革，强化绩效理念，改进预算管理方式，就成为政府预算管理转型的必然选择。

政府信任危机促使公众更加关注预算管理，成为绩效预算的主要推动力。随着西方民主化进程的不断推进，公民意识日益觉醒，纳税人观念深入人心，公民民主意识、参政意识增强，对政府的期望和要求逐渐提高，长期的经济不景气使公众对政府预算管理更为关注，对政府控制财政赤字的决心和增进社会福利的能力产生了怀疑，对政府的不满逐渐增强，政府陷入了信任危机。以英国为例，1979 年，英国公民对政府满意率仅为 35%，不满意率却高达 45%。在经济和政治双重矛盾的推动下，改革政府职能，建设节俭、高效政府的呼声越来越高，纳税人要求提高公共资金支出的经济性、效率性和有效性，希望政府部门在不扩大支出的前提下提高公共服务水平和质量。这种来自公众的压力和财政资源需求的无限性与供给的有限性之间的矛盾日益尖锐，促使政府和政治家被迫进行预算改革，推动以提高效率为目的的绩效预算实施。

行政管理危机要求提高公共部门的支出绩效，成为绩效预算的内在动因。从政府自身来看，传统的公共管理体制僵化带来了管理的低效率，政府在公共服务领域的长

期垄断，排除了私人企业的进入和市场竞争，使得提供的公共服务数量有限且质量越来越差。在传统的行政管理模式下，过分强调规则为本和过程控制，关注投入而忽视产出和结果，导致政府行政效率低下，公共资源浪费现象严重，政府规模过度膨胀。同时，在管理上，由于信息不对称，出现了"政府失灵"、"X—无效率"现象、官僚主义突出的情况，导致机构规模和公共预算总额呈最大化的倾向，使政府高成本、低效率的问题愈来愈突出，这些都严重影响了公共部门提供公共产品和服务的水平及能力。因此，要求改革政府管理，提升公共部门支出绩效就必然成了促进绩效预算的内在动因。

经济全球化和信息技术的发展，为绩效预算创造了有利条件。经济全球化时代的来临，推动了国家间的竞争由传统意义上的商品竞争转变为国家间实力的竞争，为此，西方各国政府纷纷采取了弱化"统治职能"、强化"服务职能"的对策，转向建设"服务型政府"，着力提高政府行政效率和软实力。政府的转型促进了公共预算观念的转变，"花钱养人""花钱养机构"以及只讲平衡不讲效率等观念被摒弃，取而代之的是"花钱买效果"、有效供给、公共委托—代理等观念的树立。同时，信息技术的发展提高了政府收集、加工和传输信息的能力，为建立灵活、高效、透明的政府创造了可能性和物质基础，为开展大规模的绩效评估和分析提供了支撑，也对政府管理提出了新要求。适应时代潮流和发展趋势的要求，各国政府开始对其机构及运作做出相应的变革和调整，从传统的公共预算模式向以"绩效"为核心的预算管理模式转变，绩效预算就应运而生。

"新公共管理"运动的兴起，为绩效预算提供了重要契机。20世纪70年代末80年代初，"新公共管理"运动首先在英、美等国兴起，并得到了迅速扩展与传播，掀起了一股针对政府绩效的改革浪潮。"新公共管理"作为一种崭新的管理思潮，融合了当代西方经济学、工商管理学、政策科学、政治学、社会学等学科理论，将市场机制和私人企业管理理念引入政府行政管理，尝试建立一种高效、高质量、低成本、应变力强、响应力快、有更健全责任机制的"新公共管理"模式。"新公共管理"在追求效率的同时更关注质量，促使政府努力转变为"花钱更少、办事更好"和"讲求效果"的政府，推广了政府绩效评价的理念，提高了政府预算管理效率，促进了预算管理方式变革，直接推动了绩效预算改革潮流。

（二）绩效预算的主要内容和特点

绩效预算在西方国家的实践发展中形成了特有的理论体系，其内容也不断完善，并有着不同于传统预算的特征，可将其简要概括为三个要素、四种类型、五个特点。

1. 绩效预算的三个要素

绩效预算的要素包括目标和指标、绩效拨款计划与绩效评价三个方面。政府的每笔支出都必须符合这三项要素的要求，其所代表的含义如下。

（1）绩效目标和指标

指财政拨款需要达到的某一具体的绩效目标。这些绩效目标应当尽量予以量化并辅之以相应的绩效指标，从而作为编制预算的依据，以及在预算执行完毕后可以据此进行结果考核。绩效目标应具有定量性和可衡量性。由于用一项指标往往难以全面反映绩效目标，因而需要建立一整套绩效指标体系。绩效指标体系的设计，通常应当包括产出、效益和满意度等几方面，一般以支出部门的绩效内容及其特征值来表现。

（2）绩效拨款计划

指对某个财政支出项目或部门具体拨付的资金，按年度绩效目标和部门支出成本，计算出应当拨款的计划预算。绩效拨款计划的计算公式一般有两类。

公式一：本年度的预算拨款计划＝绩效目标×单位部门支出成本

公式二：本年度的预算拨款计划＝（1＋绩效目标增长额）×上年单位部门支出的实际成本

（3）绩效评价

指根据设定的绩效指标和其他指标，对预算拨款的结果进行评价，并将绩效评价结果作为编制下一年度绩效预算的考虑因素，它是财政支出后工作完成的情况和取得的效果。通常绩效评价以年度为周期，在中期预算框架下，对于跨年度的项目，主要按照项目生命周期实施评价。

2. 绩效预算的四种类型

根据绩效信息在预算过程中的地位、作用以及其与预算联系的紧密程度，大致可将绩效预算分为四类。

（1）报告型绩效预算（Performance Reported Budgeting）。这一类型是停留在最浅层的表面上的绩效预算，绩效信息（绩效目标或绩效结果）包含在预算文件或政府文件中，政府提供绩效信息的目的主要是与立法机构、公民之间，就公共政策和政府施政目标进行沟通和交流。它对绩效信息的使用是一种非正式途径，在预算编制中并没有系统地整合和使用绩效信息的正式机制，绩效信息和资源配置之间不会有任何直接的联系。例如，在丹麦，允许各个部门决定是否在预算协商过程中收集和展示绩效信息，但并不作为分配预算资源的考虑因素。

（2）知晓型绩效预算（Performance Informed Budgeting）。这一类型是反映绩效信息的预算，预算资源以一种间接的方式与预期未来的绩效和绩效结果相关。它是决策过程中的一个因素，在确定预算的过程中，绩效信息被作为次要因素来考虑，因此，它在绩效计划和资金分配之间，拨款和绩效结果之间是非直接的、松散的联系。例如，在英国，绩效结果被作为财政部和各部门间进行支出审核协商的一部分而被讨论，但是过去的绩效和资源分配之间并没有确定的联系，提供的绩效信息主要是为未来的绩效和绩效目标而设立的。

（3）决策型绩效预算（Performance Based Budgeting）。这一类型表明绩效信息在预算决策过程中很重要，在资源分配中，绩效信息与资源分配存在直接、机制化的联系，与其他因素一并发挥着重要作用。它也称作直接或公式化的绩效预算，其前提是要求有明确的、清晰的产出测量和单位成本信息，主要在一些国家的特定部门应用较为典型，比如高等教育、健康领域等。例如，在新西兰，以产出绩效等作为各部门预算编制的重要基础，并根据部门产出决定预算支出安排。

（4）理论型绩效预算（Performance Determined Budgeting）。它意味着资源分配直接而明确地与绩效结果相联系，这一类型的绩效预算并不仅以产出作为预算分配的依据，而是重视产出的效果，即结果，以结果决定资源配置的去向。一些国家在绩效预算安排上虽然并不完全以结果作为预算分配的直接依据，但开始将结果作为预算安排的重要参考和向议会报告的重要内容。例如，在澳大利亚，近年来对结果导向的预算安排机制进行了一些探索。

关于绩效预算的分类及特征，具体见表1-3-1所示。

表 1-3-1　绩效预算分类表

分类	绩效与预算联系的程度	范例国
报告型绩效预算	信息包含在预算文件中，但并不作为分配预算资源的考虑因素	丹麦
知晓型绩效预算	在确定预算的过程中考虑到项目的绩效信息，但实际决策中这些信息仅作为次要考虑因素	英国、美国、加拿大
决策型绩效预算	在资源分配中，绩效信息与其他因素一并发挥着重要作用	新西兰
理论型绩效预算	资源分配直接而明确地与结果相联系	澳大利亚

上述绩效预算的四种类型，实际上囊括了绩效预算过程中不同阶段的发展内容。根据世界银行经济学家罗伯特塔里·亚乔的观点，绩效预算的发展基本上经历了"项目预算""项目预算—项目绩效目标""项目预算—项目绩效目标—绩效拨款激励"等三个阶段。绩效预算最初表现为反映项目产出的预算，它针对不同项目的支出规划、授权以及执行过程，根据其成效或影响分类，在预算中反映项目的绩效信息，并开始关注项目的产出和结果情况，在这种预算形式中，预算与结果以一种非常松散的方式联系起来，类似于报告型绩效预算。"项目预算—项目绩效目标"要求明确部门或项目的绩效目标，并设定绩效指标进行衡量。关于目标和产出的信息非常清楚，其对绩效信息的使用，与知晓型绩效预算相同。"项目预算—项目绩效目标—绩效拨款激励"主要以绩效目标及产出为基础，建立起与绩效目标相结合的拨款激励机制，可归结为决策型或理论型绩效预算。根据不同国家的实践，拨款激励机制内容又分为两种情况：一种是逆向激励，对绩效表现不好的项目削减拨款，以韩国的做法较为典型；另一种是正向激励，如果绩效为优，将获得额外的拨款奖励或增加部门的自主权作为奖励形式，如奥地利就采取增加拨款奖励的做法。

3. 绩效预算的五个特点

虽然各国在实施绩效预算方面的做法不尽相同，绩效信息与预算决策的联系程度有所差别，但纵观绩效预算的管理机制与核心内容，均体现出了以下几个共同特点：

（1）资源分配上的结果导向。绩效预算是一种以"产出"或"结果"为基础的预算，强调结果导向。与"投入"为主的传统预算不同，在绩效预算模式下，对财政资源分配不再采取简单地按照人员经费、办公经费等方式进行分配，而是从分析政府履行职能的结果，即政府向社会公众提供的公共产品和服务的数量与质量入手，使财政资源分配与政府履行职能、向社会提供的公共产品和服务的成果联系起来，要求每笔资金、每项资产的列支运用必须对应一定的结果，注重预算分配所产生的效果及影响。它不仅阐述了传统预算所描述的"花了多少钱"和"钱花在何处"，而且更明确了纳税人最为关心的"政府花钱所产生的结果如何"的问题。

（2）预算安排下的激励约束机制。在传统预算制度下，部门获得的预算资金是建立在预算部门与财政部门"讨价还价"的博弈基础上，这种非对称信息下的博弈增加了额外的预算成本，降低了向社会公众提供公共产品和服务的效率，也直接影响到预算安排的公平性和公正性。绩效预算强调责任约束与绩效激励，把部门应达到的绩效目标与实现目标的资金结合起来，变单纯预算拨款上的"漫天要价"为完成任务和提供相应的资金条件的"合理定价"，从而使预算安排与部门的业绩评价结合起来，对表现好的政府部门及相关人员进行奖励，促使部门加强支出成本管理，科学界定实现绩效目标所耗费的代价，提高公共产品和服务的产出，有利于加强管理者对产出和结果的责任，形成良好的激励约束机制。

（3）产出结果的绩效衡量。绩效预算不同于传统的投入型预算，是一种产出型预算，关注重点是预算的产出和结果。为了将预算拨款额度与使用这些资金所要达到的绩效进行比较，在绩效预算下建立完善的绩效评价体系，从而将政府预算建立在可衡量的基础上。在安排预算时要求各部门设立有明确的绩效目标，并制定相应量化的指标及标准；预算执行结束后，要对其预算产出与结果进行绩效评价，以评判绩效目标的实现程度，完整、全面反映预算绩效情况，实现对产出及结果的绩效衡量。

（4）契约关系中的"放权"与"问责"。绩效预算是委托—代理关系在预算模式上的直接反映，政府与其职能部门基于一种事实上的契约关系，通过预算及相关绩效合同、绩效考核等，来实现预算管理收益的最大化。政府主要是通过强化部门管理者的责任，赋予部门相应的自主权，促使政府部门进一步优化资源配置，明确产出目标，增强财政资金的有效性。一方面，财政部门不再事无巨细地控制每项支出，而是给部门设定支出限额，在支出限额内部门拥有相应的权力和预算使用上的更大灵活性，可以在既定的预算拨款额度内，自行决定如何优化配置资源，按照更为合理的方式动态调整使用预算资金，以实现本部门的产出目标；另一方面，在权力下放的基础上，基于"权力与责任相对等"的原则，辅以完善的问责机制来强化责任追究和问效，即部门在享有管理灵活性的同时，也要对未实现绩效目标和预定产出的后果承担责任。

（5）政府绩效框架下的决策与预算的融合。绩效预算是政府绩效改革的产物，由预算方法与政府绩效相结合而发展起来的。从预算的属性看，其本质是政府职能及其政策意图的反映，而绩效预算则进一步加强了预算支出与政府绩效的联结，政府及其部门通过制订战略规划，明确公共产品和服务的产出，促进了预算与政府决策的有机融合，有利于强化支出效益，使政府决策建立在完备的绩效管理基础上，从而使绩效预算成为政府绩效的主要内容和重要管理手段，并反过来促进政府绩效管理的完善。

（三）绩效预算的发展趋势

（1）绩效预算对提升政府整体绩效具有无法替代的作用，越来越受到各国的重视，并在实践中不断发展和完善，成为财政预算管理的必然趋势。绩效预算已成为政府公共管理的重要组成部分。由于绩效预算在促进政府职能转变、打造高效政府上发挥了显著的作用，越来越多的国家将其扩展到对政府活动的综合评价上，并成为政府绩效考核和管理的重要内容。

（2）绩效预算逐渐独立为与政府审计并行的监督手段。绩效预算从提供审计"鉴证和报告"的事后监督，转变到"事前有目标和评估、事中有监控、事后有评价"的全过程监督，以发现预算管理中存在的问题，完善绩效监督和绩效信息报告制度，进一步改进预算管理和政府工作，成为政府又一重要的监督手段。

（3）绩效预算越来越关注绩效评价的公正性。许多国家都引入了社会中介机构等第三方力量，对政府支出进行绩效评价，增强绩效评价的独立性和公正性，提升绩效评价结果的权威性及其质量，以取信于社会公众。如在英国和瑞典，对预算绩效的评价并非由财政部或国家审计部门单独进行，而是通过聘用、联合等方式，吸收一些专家学者或中介机构的专业人员，协助进行某一具体项目的评价；或者委托中介机构对某些项目进行绩效评价。

（4）绩效评价结果开始变成预算公开的重要内容。公众对财政资金的支出规模、结构和效果的关注度不断提升，绩效评价结果及部门编报的绩效目标，均成为预算公开的重要内容。作为公开和接受监督的基本信息，有关评价结果及其报告、绩效目标必须提交议会并向公众公开，同时接受议会和公众的监督，以进一步促进政府部门更好地为公众服务。因此，绩效评价结果及绩效目标等绩效相关信息的公开程度已成为衡量政府透明度和预算公开透明度的重要标准。

二、我国预算绩效管理的演变

我国预算绩效管理是伴随着公共财政框架的建立而孕育产生的，并在推进预算管理改革中不断发展完善，大致可以划分为自发萌芽探索、加强绩效评价试点、全过程预算绩效管理、预算绩效管理全面推进四个阶段。

（一）自发萌芽探索阶段（20 世纪 90 年代末—2003 年）

随着国外绩效管理理念的逐步推广，我国在预算实践中开始尝试引入绩效评价的思想。20 世纪 90 年代后期，逐渐重视项目验收、项目考核等工作，1998 年起建立了完整的财政投资评审体系，是推行预算绩效评价的切入点和开端。2000 年，湖北省在恩施地区选择了一个行政事业单位进行预算支出绩效评价试点，进行绩效评价的最早探索。2002 年，湖北在全省范围内扩大试点，北京、湖南、河北、福建等地也进行了小规模试点。2003 年，广东、浙江等省进行试点并不断扩大范围，摸索出了项目支出绩效评价试点的路径，为下一步开展绩效评价工作找到了切入点。

这一阶段的主要特点是引入绩效理念，属于一种自发的探索，地方和中央都是在尝试和摸索中前进，为形成完整的绩效评价工作奠定了基础。

（二）加强绩效评价试点阶段（2003—2009 年）

2003 年，党的十六届三中全会明确提出"建立预算绩效评价体系"的要求，以此为重要起点，财政部开始加强绩效评价试点工作，探索提高财政资金使用效益的新途径。同年，财政部印发了《中央本级教科文部门绩效考评管理办法》，组织对中央教科文部门的项目支出进行绩效考评。此后，财政部先后颁布了《中央级行政经费项目支出绩效考评管理办法（试行）》（财行〔2003〕108 号）、《中央本级项目支出预算管理办法（试行）》（财预〔2004〕84 号）、《财政部关于开展中央政府投资项目预算绩效评价工作的指导意见》（财建〔2004〕729 号）、《财政扶贫资金绩效考评试行办法》（财农字〔2005〕314 号）等，并先后选择了教育、科技、农业等领域的项目进行绩效考评试点。2005 年，财政部着手对中央部门绩效评价试点工作进行引领和规范。从 2006 年起，财政部开始选择农业部等个别部门进行绩效评价试点；2007 年，继续选择教育部等部门进行绩效评价试点；到 2008 年时，中央部门开展绩效评价试点的项目已达 108 个，资金超过 20 亿元。2009 年，财政部在中央部门开展绩效评价试点工作的基础上，印发了《财政支出绩效评价管理暂行办法》（财预〔2009〕76 号），加强对地方财政部门绩效评价工作的指导。至此，以项目为主要内容的绩效评价试点工作在中央和地方逐步开展起来。

这一阶段的主要特点是建立了绩效评价制度和办法，完善绩效评价形式，对绩效评价工作进行规范，纳入绩效评价的试点项目逐年增多，覆盖的范围逐年扩大，但基本上都属于事后评价，整体上存在一定的局限性，不能有效地促进管理。

（三）全过程预算绩效管理阶段（2010—2017 年）

绩效评价试点推动了绩效评价工作的深入开展，但是在实践中也暴露了一些"瓶颈"问题，主要是评价立足事后，与预算编制脱节，执行中的监控缺失，评价结果应用不够，成了"为评价而评价"，对预算管理的促进作用没有得到有效发挥。针对单纯的事后绩效评价存在的"与预算管理结合不紧密"等问题，财政部在总结绩效评价试点经验的基础上，开始以绩效评价为主要内容，推动绩效管理理念逐步向事前目标管理、事中绩效监控、事后评价结果应用方面延伸，将绩效评价作为一个管理闭环看待，使单独的绩效评价环节转向全过程预算绩效管理各环节。2011年，《财政支出绩效评价管理暂行办法》（财预〔2011〕285号）印发。为进一步统一思想认识，明确绩效评价的下一步发展方向，在广州召开了第一次全国预算绩效管理工作会议，会上首次提出了全过程预算绩效管理的理念；会后，财政部下发了《关于推进预算绩效管理的指导意见》（财预〔2011〕416号），明确提出要逐步建立健全"预算编制有目标，预算执行有监控，预算完成有评价，评价结果有反馈，反馈结果有应用"的全过程预算绩效管理机制，标志着完整意义上的预算绩效管理理念得以正式确立。2012年，财政部召开了全国财政厅（局）长座谈会，以预算绩效管理为主题，对下一阶段全面推进预算绩效管理进行了专题部署，并在会后印发了《预算绩效管理工作规划（2012—2015年）》，明确了到"十二五"期末"绩效目标逐步覆盖，评价范围明显扩大，重点评价全面开展，结果应用实质突破，支撑体系基本建立"的总体目标。2015年1月1日正式施行的《中华人民共和国预算法》明确提出"各级预算应当遵循统筹兼顾、勤俭节约、量力而行、讲求绩效和收支平衡的原则"，在预算原则、预算编制、预算执行、监督管理等方面明确了绩效管理的重要性，"绩效"在新《预算法》中先后出现了6次。

这一阶段的主要特点是对绩效评价的拓展，立足于绩效评价工作的开展与发展，将单纯的评价工作延伸为管理工作，并提出了全过程预算绩效管理的概念，明确了今后一个时期的预算管理方向和重点。

（四）预算绩效管理全面推进阶段（2017年至今）

2017年10月，党的十九大报告中明确提出"建立全面规范透明、标准科学、约束有力的预算制度，全面实施绩效管理"，将绩效管理作为加强现代预算管理制度和现代财政制度建设、推动国家治理体系和治理能力现代化的一项重要举措，具有重大的现实意义。2018年7月6日，中央全面深化改革委员会第三次会议指出，全面实施预算绩效管理是政府治理方式的深刻变革。要牢固树立正确政绩观，创新预算管理方式，突出绩效导向，落实主体责任，通过全方位、全过程、全覆盖实施预算绩效管理，实现预算和绩效管理一体化，着力提高财政资源配置效率和使用效益。2018年9月1日，《中共中央 国务院关于全面实施预算绩效管理的意见》（以下简称《意见》）发布。《意见》指出，力争三到五年时间基本建成全方位、全过程、全覆盖的预算绩效管理体系，实现预算和绩效管理一体化。《意见》颁布以来，中央40多个部委、30多个省（直辖市、自治区）均转发并制定了贯彻落实意见，"全方位、全过程、全覆盖"的预算绩效管理改革扎实有序推进，部门整体支出、政策和项目支出等绩效评价质量不断改善，预算主体认同感和社会公信力明显增强。2020年3月，财政部在《财政支出绩效评价管理暂行办法》（财预〔2011〕285号）的基础上，修订形成了

《项目支出绩效评价管理办法》（财预〔2020〕10 号），对绩效评价的对象、内容、指标、评价标准和方法、组织管理与实施、结果应用与公开等做出了进一步的明确与规定。

这一阶段的主要特征是，拟通过实施全方位、全过程、全覆盖预算绩效管理，实现预算和绩效管理一体化，指明了预算绩效管理的发展方向、路径，并提供了根本性的制度保障。

|第四节| 全面实施预算绩效管理的新要求

一、 全面实施预算绩效管理的内涵

（一）全面实施预算绩效管理的意义

1. 全面实施预算绩效管理是国家治理现代化的内在要求

财政是国家治理的基础和支柱，财税体制在治国理政中始终发挥着基础性、制度性、保障性作用。财税体制改革的根本性突破，不仅可以有力促进经济体制改革的深化，还将为实现国家治理现代化提供物质基础和制度保障。财税体制改革的主要内容包括三大块，即中央和地方财政体制改革、预算管理制度改革和税收制度体系改革。预算绩效管理改革是预算管理制度改革的重要组成部分之一，在新时代具体体现为全面实施预算绩效管理。从与预算管理制度改革各项内容的组成关系上来看，全面实施预算绩效管理需要依靠建立政府债务管理及风险预警机制来扩大管理范围，依靠建立权责发生制的政府综合财务报告制度来提供预算绩效管理信息，依靠建立跨年度预算平衡机制和开展中期预算规划管理来完善绩效激励约束，以上相互之间是紧密相关的；从与财税体制改革各项内容的组成关系上来看，全面实施预算绩效管理可以通过开展一般公共预算收入绩效管理来完善税收制度体系改革，可以通过进行转移支付预算绩效管理来理顺中央和地方财政关系，它们彼此之间是相互影响的。因此，全面实施预算绩效管理，不仅将推动预算管理制度改革的深入，还将会有助于深化财税体制改革，建立现代财政制度。

全面实施预算绩效管理既可以成为国家治理的重要抓手，也可以延伸至与国家治理相关的行政、经济、社会等方面。作为国家治理的重要抓手，全面实施预算绩效管理有提升国家治理效能、理顺国家治理关系的双重作用。从深化机构改革、优化行政运行的角度看，通过全面实施预算绩效管理，可以改变预算资金分配的固有格局，依照绩效标准确定各级政府、各职能部门的财政资源配置规则，进而影响政府施政、部门履职、政策决策的具体过程，达到提升国家治理效能的目的；从下放管理权限、落实责任约束的角度看，通过全面实施预算绩效管理，可以建立绩效责任追究制度，向

各级政府、各职能部门全面下放预算绩效管理权限，进而调动各级政府、各职能部门的积极性，达到理顺国家治理关系的初衷。此外，全面实施预算绩效管理的具体内容也是推动行政体制改革、经济体制改革、社会体制改革继续深入的重要动力。开展政府购买服务预算绩效管理可以继续促进政府职能转变，开展国有资本经营预算绩效管理可以继续推进国有企业改革深入，开展社会保险基金预算绩效管理也可以继续推动社会保障制度改革。

2. 全面实施预算绩效管理是预算绩效管理改革的必然产物

预算绩效管理改革是完善国家治理体系的重要举措，全面实施预算绩效管理则是预算绩效管理改革持续深入的必然产物。全面实施预算绩效管理作为新时代预算绩效管理改革的延续，着眼于从构建管理格局、优化管理机制、扩大管理范围等方面完善具有绩效特点的国家治理体系。因此，全面实施预算绩效管理的提出既有历史延续的必然性，也有时代创新的必要性。

2003—2011 年是我国预算绩效管理改革的试点阶段，主要以财政项目支出的绩效评价试点为主。随着试点不断推开，预算绩效评价的相关制度逐步建立，标志着我国开始进行预算绩效管理改革。2011—2017 年是预算绩效管理改革的推进阶段，逐步建立了"预算编制有目标、预算执行有监控、预算完成有评价、评价结果有反馈、反馈结果有应用"的全过程预算绩效管理机制，明确了"绩效目标逐步覆盖，评价范围明显扩大，重点评价全面开展，结果应用实质突破，支撑体系基本建立"的总体目标，预算绩效管理环节从事后绩效评价逐步向绩效目标管理、事中跟踪监控延伸，评价对象也由单纯的财政项目支出向政策和部门整体支出扩大。

2018 年进入预算绩效管理改革全面深化的新阶段。在这一轮的预算绩效管理改革中，全面实施预算绩效管理的新概念、新要求、新方向，在过去改革成果的基础上实现了进一步深化。其一，在扩大预算绩效管理范围、开展部门整体支出绩效评价试点和财政支出政策绩效评价试点的基础上，全面实施预算绩效管理要求开展政府、部门和单位、政策和项目三个层次的预算绩效管理；其二，在全过程预算绩效管理机制的基本建立、强调绩效管理和预算管理有机结合的基础上，全面实施预算绩效管理要求建立全过程预算绩效管理链条，实现预算和绩效管理一体化；其三，在突出财政支出绩效管理、初步构建一般公共预算绩效管理体系的基础上，全面实施预算绩效管理要求关注财政收入绩效、建立其他政府预算绩效管理体系并实现绩效管理对政府预算体系的全覆盖；其四，在加快研发预算绩效管理信息系统、探索引入第三方评价、初步构建评价标准和完善绩效评价指标体系的基础上，全面实施预算绩效管理要求加快开展可实现信息互联互通的预算绩效管理信息化建设、引导和规范第三方机构参与预算绩效管理、建立健全共性绩效指标框架并加快构建核心绩效指标和标准体系；其五，在建立绩效反馈整改与预算安排有机结合机制、强调预算绩效监督检查、推进绩效信息部门内全面公开的基础上，全面实施预算绩效管理要求建立绩效评价结果与预算安排和政策调整挂钩机制、加强绩效管理监督问责、实现绩效信息向人大和社会主动公开。可以这样说，全面实施预算绩效管理实现了在原有预算绩效管理改革基础上的全面深化，是国家治理体系现代化的内在需求。

（二）全面实施预算绩效管理的价值

实现预算与绩效管理一体化是全面实施预算绩效管理的核心价值和根本目标，集中体现了绩效为预算管理服务，通过绩效管理提升预算管理水平，进而推进预算管理科学化的根本方向。

首先，预算与绩效管理一体化是预算绩效管理的灵魂，没有绩效的预算是不科学的预算，必须将绩效目标作为预算编制的前置条件和依据，将绩效管理的绩效目标管理、事前绩效评估、绩效运行监控、绩效评价实施、绩效结果应用等环节，与预算管理的预算编制、预算执行、决算和监督等环节有机统一，真正发挥好绩效管理的作用；其次，预算和绩效一体化就是要求建立以结果为导向的预算管理模式，将政府预算完全建立在可衡量的绩效基础上，提高财政支出效率，改进公共服务质量；最后，预算和绩效一体化就是将绩效目标贯穿在预算管理的过程中，强调成本核算、实现放权和问责相结合，从而推动建立财政资源分配与绩效状况紧密结合的预算系统。

为了在有机融合的基础上实现预算与绩效管理的一体化，按照全面实施预算绩效管理的要求，一是要探索当前预算编制改革，结合全面实施预算绩效管理的要求，从绩效目标出发，重新设计和改革当前预算编制方式，包括推动中期预算编制方式改革；二是要对新出台重大政策和项目开展事前绩效评估，且将评估结果作为申请预算的必备要件；三是要全面设置部门、政策和项目的绩效目标，并将绩效目标设置作为预算安排的前置条件；四是要对绩效目标实现程度和预算执行进度实施"双监控"，确保绩效目标如期保质保量实现；五是要全面开展单位自评、部门评价和财政评价，健全绩效评价结果反馈制度和绩效问题整改责任制，加强绩效评价结果应用。

（三）全面实施预算绩效管理的内容关系

1. 全面实施预算绩效管理的主要内容

依照《中共中央 国务院关于全面实施预算绩效管理的意见》的表述，全面实施预算绩效管理需要做好以下几方面的工作。

其一，构建全方位预算绩效管理格局，是指要构建覆盖所有层级和管理对象，即构建政府、部门单位、政策和项目的预算绩效管理体系。需根据不同对象的特征，深入研究适合各自的体系框架，包括管理对象的目标体系、内容体系、方法和路径体系等。

其二，建立全过程预算绩效管理链条。预算绩效管理的核心是所有参与主体之间的责权利统一的关系，上下级政府之间、财政部门与预算部门之间、政策与项目制定和执行的主体之间，普遍存在责任不清晰，权利与义务不对等的情况。因此，需要在全过程各环节中，将绩效理念和方法融入其中，实现预算与绩效一体化。

其三，完善全覆盖的预算绩效管理体系，即覆盖"四本预算"——一般公共预算、政府性基金预算、国有资本经营预算和社会保险基金预算。总体上来说，就是需要突出重点：首先要做好一般公共预算绩效管理体系，特别是其中的政策与项目绩效管理体系；其次要针对不同资金属性和用途，对另外三本预算分别建立各自的绩效管理体系。

2. 全面实施预算绩效管理的相互关系

全方位的预算绩效管理涵盖政府、部门、政策和项目三个层次，需要将三个层次的收支预算全部纳入绩效管理。全方位的预算绩效管理要求，实际上是在财政支出项目预算绩效管理经验基础上的进一步延伸。财政支出项目预算绩效管理，是 2003 年预算绩效管理改革开始以来最为成熟的管理领域。财政支出政策，是一般财政支出项目的组合，可能包括一个或多个项目，需要将关注点聚焦在政策的制定、执行和效果上；预算部门在绩效管理过程中，既包括一般的预算资金管理，也涉及部门资产、人员编制、业务活动等内容，需要从部门职责、行业发展规划的角度进行架构，因而在关注项目支出绩效之外，还应考虑基本支出的绩效。政府预算绩效管理是在部门、政策、项目的预算绩效管理基础上的进一步升级统合，需要与《地方财政管理绩效综合评价方案》（财预〔2014〕45 号）相结合，进一步体现政府预算绩效的管理特点。

全过程预算绩效管理既贯穿于全方位的预算绩效管理之中，又贯穿于全覆盖的预算绩效管理之中，它是全面实施预算绩效管理的关键机制，包括目标管理、事前评估、绩效监控、绩效评价、结果应用等内容，需要涵盖政府、部门、政策、项目和所有的政府预算体系。其中，政府依据工作状况主要开展评价工作，且与政府预算关联；项目和政策均开展全过程预算绩效管理，覆盖上述所有管理流程，对重大政策和项目，还应开展绩效前评估；针对部门整体，重点开展目标管理和绩效评价，并使结果与部门预算相挂钩。一般公共预算绩效管理的经验已经证明了全过程预算绩效管理机制的适用性，在其他政府预算绩效管理体系的建立过程中，也应当充分借鉴上述经验，开展各有侧重的目标管理、事前评估、运行监控、绩效评价和结果应用。如图 1-4-1 所示。

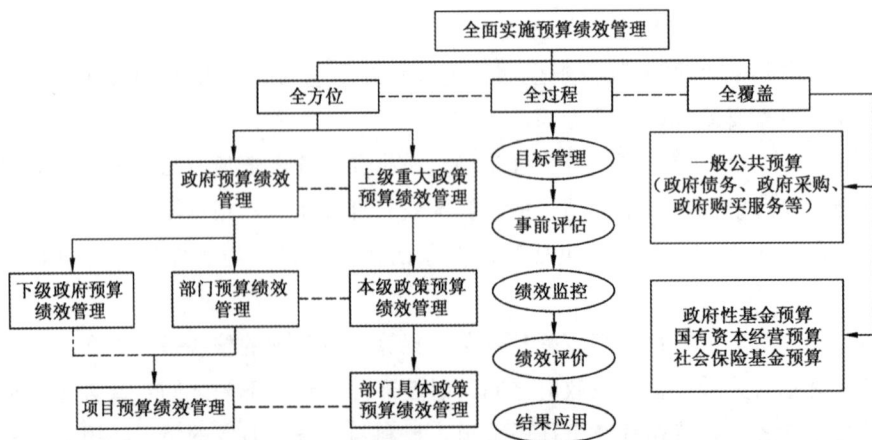

图 1-4-1　全面实施预算绩效管理相互关系图

全覆盖的预算绩效管理既需要将一般公共预算、政府性基金预算、国有资本经营预算和社会保险基金预算全部纳入绩效管理，不仅关注预算支出绩效，还需要关注预算收入绩效，并开展涉及一般公共预算等财政资金的政府投资基金、主权财富基金、政府和社会资本合作（PPP）、政府采购、政府购买服务、政府债务项目绩效管理。应当看到的是，全覆盖的预算绩效管理要求，既是以项目的形式出现，也可能是以政策的形式出现，而对整个政府预算体系的收支开展绩效管理，更与政府预算绩效管理的要求相互吻合，因此，全覆盖的预算绩效管理体系，实际上是全方位的预算绩效管理格局的另一面。

二、全方位预算绩效管理格局

（一）政府预算绩效管理

政府预算绩效管理，是以某一层级政府的全部预算收支为对象开展的绩效管理。[1] 开展政府预算绩效管理，需要从预算的编制和执行角度分别对政府（收入—支出）预算的绩效要点进行分析。在预算编制环节对收入目标要实事求是、积极稳妥、讲求质量，必须与社会发展水平相适应，不能脱离实际制定增长目标；关注各项税收收入是否按照法定税率和税基等指标测算，是否与宏观经济、社会发展指标相协调。同时，对政府债务的风险水平、债务规模的合理性和可持续性、非税收入增长的合规性、土地出让收入增长的适度性、社会保险基金缴费收入增长的公平性、纳入国有资本经营预算收入范围的种类是否齐全、确定的上缴比例的合理性等进行科学论证；在支出方面则重点考察各项支出政策及预算安排是否与相关领域、行业重大方针政策和政策部署相匹配、是否与本地国民经济和社会发展规划相衔接、预算支出总量的可持续性情况等，包括以促进社会公平为宗旨的"三农"、教育、医疗卫生、社会保障和就业等支出的倾斜度和合理度，基建、环保、科技创新及产业发展等领域重大投资的确定依据、绩效目标设定情况，国有资本经营收益支出方向与国家重大发展战略的匹配性，社会保险基金投资渠道的有效性和安全性等。在预算执行和决算环节，则重点关注收入预算执行、民生性支出、专项转移支付资金、土地出让收入使用和国有资本经营预算支出的绩效。

在整个政府预算绩效管理中，县（区）政府预算绩效管理是推进难点。全面实施预算绩效管理要求将各级政府收支预算全面纳入绩效管理。县（区）政府是我国政府治理的基础，承担着多数公共服务的主体责任，压力大，经济基础薄弱，人手紧张。在实施预算绩效管理的过程中，基层政府也长期处在"上面千条线，下面一根针"的工作状态中，绩效意识贯彻不到位。如何通过开展一级政府的预算绩效管理约束其施政行为、增强其绩效意识、开拓建立形成覆盖所有县（区）政府的预算绩效管理体

---

① 刘国永，崔方珍，李文思. 政府预算绩效管理的要义与路径 [J]. 中国财政，2019（14）：16—18.

系，是全面实施预算绩效管理中的难点工作。针对这个难点，应当做到以下四点。

一是要重视基层政府预算绩效管理观念和基础建设，对开展工作较晚的县（区）基层政府，上级政府可以进行适当的资源倾斜，从预算绩效管理制度体系建设、工作开展流程梳理、专家支持、绩效指标库建设、预算绩效标准体系建设和第三方机构平台等多方面予指导和技术支持，使其能从规范的高起点开始启动体系建设工作。

二是要明确政府预算绩效管理的定位，县（区）政府预算绩效管理应当区别于部门整体、政策和项目绩效管理，站在一级政府的视角，以保障政府基本运行、支持地区经济和社会发展及保障和改善民生水平为核心，侧重中观和宏观层面的决策分析，而不仅仅关注某个领域或某个政策及项目的绩效。

三是上级政府推动县（区）基层政府开展预算绩效管理工作，对工作指导和任务考核并重，通过制定工作考核办法，将基层政府的预算绩效管理工作开展情况及成效纳入上级政府对下级政府施政绩效考核框架。

四是结合深化分税制改革，根据财政事权和支出责任相匹配的原则，将按因素法分配的转移支付资金与财政运行绩效适当挂钩，改变层层申报、审批项目的原有做法，将提升县（区）工作主动性与增大资金使用自主权有机结合。探索推进重大专项资金竞争性分配方式，明确资金分配的绩效衡量因素，激发县（区）提高专项资金使用效益的积极性。

（二）部门（单位）预算绩效管理

我国长期存在财政部门干预预算主管部门相关事务，而预算主管部门普遍存在推卸预算管理职责的状况。在这种状况条件下，预算主管部门积极性无法得到有效发挥，财政部门也显现出职能错位的状况，国家治理关系无法有效理顺。[①] 通过全面实施预算绩效管理，财政部门应向预算主管部门全面放权，赋予其部门预算绩效管理权限，进而强化财政部门事前监督和事后监管的职能，从而达到依靠全面实施预算绩效管理，全面优化部门履职状况的目的。从这个意义上来看，如何开展部门预算绩效管理已经成为全面实施预算绩效管理能否在国家治理中真正发挥其作用的关键。

进行部门整体预算绩效管理，关键是完善整个预算部门绩效管理体系，包括责任界定、自主权限、管理试点等工作。具体而言，一是落实预算部门的绩效管理主体责任，要完善绩效管理的责任约束机制，对重大项目的责任人实行绩效终身责任追究制，并给予预算部门更多的预算和绩效管理的自主权，结合机构改革和职能调整的重要契机，推动部门对自身职能的全面梳理，明确部门工作要素，强化部门职能、部门重点工作和预算安排的对应关系，建立科学的授权体系，明确部门各主体的权利与责任；二是围绕预算资金、统筹考虑资产和业务活动，核心内容是按照行业发展规划、

---

① 刘国永. 国家治理现代化背景下的全面实施预算绩效管理［EB/OL］.（2018－12－02）［2021－03－03］. http://www.msweekly.com/show.html? id＝105284.

部门规划、三定方案对部门和单位职责及核心业务进行梳理，重点工作是优化完善部门整体绩效评价指标体系、逐步开展部门整体绩效评价，涵盖部门整体收支；三是推进部门绩效管理体系建设，围绕部门整体支出、重大政策性专项和部门预算项目进行预算绩效管理，构建基于科学分层、分类的标准化管理体系，开展包括事前绩效评估、绩效目标管理、绩效运行监控、绩效评价及结果应用在内的全生命周期绩效管理，支持中长期规划及滚动预算管理；四是建立涵盖指标、标准、数据、分析模型、案例知识、政策制度、模板、文献的一系列支撑库的部门预算绩效管理支持体系；五是在部门整体支出绩效评价试点经验的基础上，进一步将绩效管理范围延伸到部门预算的所有方面，紧紧围绕绩效目标构建部门自评价体系，对于重大政策和项目开展第三方评价，实施部门为主体的绩效评价结果应用，推动部门绩效整体提升。

（三）政策和项目预算绩效管理

政策预算绩效管理是指将绩效管理理念及绩效管理方法融入政策制定、实施、监督的全过程，运用科学的方法和技术，从数量、质量、时效、成本、效益等维度综合衡量政策效果，及时调整政策，从而促进政策优化的一种管理方式。政策预算绩效管理的对象为财政支出政策，而大量的财政支出政策是通过各种项目的形式实施的，因此，政策绩效管理既与项目预算绩效管理有类似的内容，关注资金与项目；同时，政策绩效管理又要关注政策制定和执行的过程，并在效果衡量中侧重于公平性、响应性等价值标准判断，从而为政策是否存续、调整等提供依据，促进政府政策目标的实现。开展政策预算绩效管理，一是要善于借助党委政府的力量，自上而下地调动人大、政协、监察部门、审计部门、组织人事部门的积极性，强化落实各个具体职能部门的主体责任，建立健全工作开展、结果反馈和问题整改的责任制，优化形成计划、执行、监督、改进的整体路径，建立财政政策事前决策绩效管理机制。二是要先进行现有政策分类，依据分类标准、综合相关政策管理办法内容梳理形成相应类别的政策目标，继而对相应类别的具体内容与实施部门的职能工作进行匹配，完成整体政策绩效评价指标体系设计，根据指标体系中相应指标综合判断对应政策的必要性、经济性、效率性和效益性，从而形成具体政策调整、优化甚至废止的依据。三是研究政策过程监控的具体方式，适当延长政策监控的期限，关注与政策相关的财政资源的累积状况，统筹考虑当年的预算资金配置、资产配置及组织管理情况。四是研究财政政策绩效评价的工作路径，充分吸收重大项目支出全过程绩效管理的相关经验，加大对政策决策的关注力度，明确政策延续、调整、废止与政策绩效相互挂钩的具体方式，为提升政策相关资源的配置绩效夯实工作基础。

项目预算绩效管理是全面实施预算绩效管理的突破点，主要以项目支出绩效管理为主要内容。开展项目预算绩效管理，一是要科学构建项目分类体系，应当从资金的使用用途出发，突破当前财政资金经济科目分类的束缚，重新建立财政支出项目分类体系。二是要建立健全基于项目库管理的项目绩效管理机制，重视项目与财政政策的关联，继续优化和完善专项资金项目库管理，并会同相关部门对以专项资金相关财政政策名义申报的项目进行审核、筛选，按照年度工作方向、规划重点和绩效预估状况对项目进行分类排序储备。依照轻重缓急的原则将项目库中的储备项目排入预算，增强财政支出项目预算绩效管理的科学性和规范性。三是创新项目支出绩效评价模式，在现有财政支出绩效评价工作实践基础上，探索以判断绩效目标和预算合理性为主要内容的绩效评价工作方法路径，探索从项目绩效目标编制的合理性、项目预算编制的科学性、支出标准体系的建设情况及项目效益实现度及社会满意度等多维度入手，以部门为单位研究项目支出绩效评价工作的路径。

三、 全过程预算绩效管理链条

（一） 事前预算绩效管理

事前预算绩效管理是全过程预算绩效管理的重要环节，包括绩效目标管理和事前绩效评估管理两个组成部分。绩效目标是指被评价对象使用财政资金计划在一定期限内达到的产出和效果。绩效目标管理是指以财政资金绩效目标为对象，以绩效目标的设定、审核、批复等为主要内容所开展的一系列预算管理活动，是全过程预算绩效管理的基础。事前绩效评估指按照部门战略规划、事业发展规划、项目申报书等内容，通过相应的评估机制，运用科学、合理的评估方法，对政策和项目实施的必要性、可行性，以及绩效目标设置的合理性、预算编制的合理性、绩效目标与预算编制的匹配性等方面进行客观且公正的评估。

《中共中央 国务院关于全面实施预算绩效管理的意见》提出，各地区、各部门编制预算时要贯彻落实党中央、国务院各项决策部署，分解细化各项工作要求，结合本地区本部门实际情况，全面设置部门和单位整体绩效目标、政策及项目绩效目标。各级财政部门要将绩效目标设置作为预算安排的前置条件，加强绩效目标审核，将绩效目标与预算同步批复下达。此外，该文件还提出，各部门、各单位要结合预算评审和项目审批等，对新出台的重大政策、项目开展事前绩效评估，重点论证立项的必要性、投入的经济性、绩效目标的合理性、实施方案的可行性、筹资的合规性等，投资主管部门要加强基建投资绩效评估，并将评估结果作为申请预算的必备要件。各级财政部门要加强新增重大政策和项目预算审核，必要时可以组织第三方机构独立开展绩效评估，审核和评估结果作为预算安排的重要参考依据。

为了加强绩效目标管理，需要在预算编制阶段建立并强化绩效目标对预算的指导作用。预算的内容、规模都应当从期望达成的效果目标出发，继而确定相应的产出目标；在此基础上，根据产出目标的数量、质量、时效性要求测算所需成本以及拟投入的管理要素；为了加强事前绩效评估管理，原则上应当对拟纳入预算管理的财政支出都开展事前绩效评估。其中，拟纳入预算安排的重大项目、财政专项安排的基本建设项目、专业性强或技术复杂的项目、中期财政规划项目应优先纳入事前绩效评估范围。

（二）绩效运行监控管理

绩效运行监控管理是预算绩效管理的重点，旨在通过动态采集数据，及时而系统地反映预算执行、项目实施和绩效目标完成情况等重点内容，发现运行偏差要提出即时、有效的纠偏措施予以纠正，以确保政策和项目预算资金按计划使用并实现预期绩效目标。各级政府和各部门各单位对绩效目标实现程度和预算执行进度实行"双监控"，发现问题要及时纠正，确保绩效目标如期保质保量实现。各级财政部门建立重大政策、项目绩效跟踪机制，对存在严重问题的政策、项目要暂缓或停止预算拨款，督促及时整改落实。各级财政部门要按照预算绩效管理要求，加强国库现金管理，降低资金运行成本。

要在预算执行阶段开展绩效目标实现程度和预算执行情况的双监控。首先，事先拟定绩效目标与预算执行计划，建立绩效目标与预算执行目标的时间对应关系；其次，架构形成绩效目标监控常态化管理框架，优先对重点项目开展绩效监控，逐步试点推进双监控工作；最后，建立目标实现偏差程度与预算执行要求的关联关系，与国库支付管理工作相互配合，依据绩效目标的实现情况确定预算支付条件。

（三）预算绩效评价管理

绩效评价，是指各级财政部门和预算部门根据设定的绩效目标，运用科学、合理的绩效评价指标、评价标准和评价方法，对预算支出的经济性、效率性和效益性进行客观而公正的评价活动。2020年，财政部印发的《项目支出绩效评价管理办法》（财预〔2020〕10号）中明确：项目支出绩效评价分为单位自评、部门评价和财政评价三种方式。单位自评是指预算部门组织部门本级和所属单位对预算批复的项目绩效目标完成情况进行自我评价。部门评价是指预算部门根据相关要求，运用科学、合理的绩效评价指标、评价标准和方法，对本部门的项目组织开展的绩效评价。财政评价是财政部门对预算部门的项目组织开展的绩效评价。各部门、各单位要对预算执行情况，以及政策、项目实施效果开展绩效自评，评价结果报送本级财政部门。各级财政部门建立重大政策、项目预算绩效评价机制，逐步开展部门整体绩效评价，对下级政府财政运行情况实施综合绩效评价，必要时可以引入第三方机构参与绩效评价。健全绩效评价结果反馈制度和绩效问题整改责任制，加强绩效评价结果应用。

为了进一步完善优化绩效评价管理工作，一是要建立在项目分类基础上的业务实施路径，理顺目标导向工作流程，完善工作操作规范。根据项目预算绩效管理的分类，按照项目所属部门领域进行一级分类，即市容市政、公安、交通等；再在一级分类的基础上开展项目内容的二级分类，即基本建设、信息化建设、设备购置、政策补贴等。在资金分类的基础上，明确专项资金不同管理层级的具体职责，保证整个业务工作规范且可操作。二是明确第三方机构的准入标准，开展能力提升培训，规范和引导社会机构参与绩效管理，培育第三方机构的专业性和独立性。开展资质认定、明确准入标准，是推动财政支出绩效评价行业进一步发育的重要抓手，能力培训和规范引导均要从行业培育的角度进行考虑，强调培育第三方机构的专业性和独立性。三是将绩效评价结果作为下一年度预算编制的重要条件。强化绩效评价与预算的强约束，一方面要增强绩效评价的报告质量，报告中需明确预算编制的科学性问题；另一方面要通过评价结果的应用，逐步推进预算编制规范性和科学化。

四、全覆盖预算绩效管理体系

全面实施预算绩效管理提出要完善全覆盖预算绩效管理体系，将预算绩效管理的要求延伸到涉及一般公共预算财政资金的其他领域，并进一步建立其他政府预算绩效管理体系，将政府性基金预算、国有资本经营预算和社会保险基金预算全部纳入绩效管理。

（一）一般公共预算绩效管理

一般公共预算是对以税收为主体的财政收入，安排用于保障和改善民生、推动经济社会发展、维护国家安全、维持国家机构正常运转等方面的收支预算。一般公共预算绩效管理涵盖收支两部分，要积极开展涉及一般公共预算等财政资金的政府投资基金、主权财富基金、政府和社会资本合作（PPP）、政府采购、政府购买服务、政府债务项目绩效管理。针对相对成熟的预算绩效管理领域，尤其应积极开展政府采购绩效管理、政府购买服务绩效管理和政府债务绩效管理。

政府采购，指的是各级国家机关、事业单位和团体组织，使用财政性资金采购依法制定的集中采购目录以内的或者采购限额标准以上的货物、工程和服务的行为。在政府采购管理制度日趋完善的整体背景下，内部规范性管理要求已基本得到满足，这一现状促使管理主体思考并提出以回应绩效实现情况为主要内容的管理新要求。特别值得注意的是，回应贯彻绩效管理理念、开展政府采购绩效管理，与政府购买服务改革推进的时机因素也高度关联。具体应当开展政府采购预算规模测算，即在开展政府采购之前对待采购的货物、工程和服务进行费用成本测算。同时，还应当开展政府采购行为监督管理，即财政部门依据政府采购的相关法律法规对采购主体的采购行为进行监督管理工作，综合考虑相应采购行为的综合绩效，不以资金节约率为单一评判指标，实现规范性和效益性的双重监督。

政府购买服务绩效管理，可以规范政府购买服务行为，提高公共服务质量和效率，促进公共服务购买主体职能转变，减少变相举债融资等行为的出现。政府购买服务绩效管理应在综合梳理财政部、政府购买服务改革试点地区及其他地区政府购买服务指导性目录的基础上，从基本公共服务、社会管理性服务、行业管理与协调性服务、技术性服务、政府履职所需辅助性服务五个类别出发，既考虑政府购买公共服务的需求，也考虑政府购买履职所需辅助性服务的需要，最大限度地整合并完善当前所有目录相应的内容，分类推进政府购买服务绩效管理工作。一是开展政府购买服务绩效目标管理，科学设置绩效目标，包括政府购买服务数量、质量、时效、成本、效益和服务对象满意度等绩效指标；二是开展政府购买服务绩效执行监控，定期对绩效目标及指标实现程度进行跟踪分析，并将绩效执行监控结果报告相关主体；三是推进政府购买服务绩效评价，建立由购买主体、服务对象及专业机构或专业人员组成的综合性绩效评价机制，对服务期内的服务实施情况定期进行绩效评价，对结束的政府购买服务项目全面开展绩效评价和履约验收。

政府债务绩效管理，是根据财政部《关于做好 2018 年地方政府债务管理工作的通知》（财预〔2018〕34 号）中关于要通过"落实全面实施绩效管理要求"、进一步"建立健全'举债必问效、无效必问责'的政府债务资金绩效管理机制"的要求开展的。针对上述要求，应当重点开展以债务规划管理、债务项目滚动管理、债务资金绩效管理、债务风险预警为主要内容的政府债务绩效管理。一是推进在预算会计中引入权责发生制，确保债务预算绩效信息的期间匹配；二是针对债务资金使用部门提出的举债需求，明确举债资金绩效目标；三是以目标编制情况为重要参考，在充分考虑其他多方面因素的前提下，系统明确本级债务融资规模；四是建立财政、债务资金使用单位的双层债务项目库，经绩效评审通过的项目才能入各自的项目库进行动态管理；五是事后对债务资金使用状况进行评价，并将绩效信息作为债务项目是否持续开展、动态调整债务规模的重要考量因素；六是建立完善涵盖债务负担率、债务率、偿债率等指标的债务风险预警指标体系。

（二）其他三本预算绩效管理

2015 年 1 月实施的新《预算法》明确规定："预算包括一般公共预算、政府性基金预算、国有资本经营预算、社会保险基金预算。一般公共预算、政府性基金预算、国有资本经营预算、社会保险基金预算应当保持完整、独立。政府性基金预算、国有资本经营预算、社会保险基金预算应当与一般公共预算相衔接。"《中共中央 国务院关于全面实施预算绩效管理的意见》则提出，要"完善全覆盖预算绩效管理体系、建立其他政府预算绩效管理体系"，除一般公共预算外，各级政府还要将政府性基金预算、国有资本经营预算、社会保险基金预算全部纳入绩效管理。

政府性基金预算是国家通过向社会征收以及出让土地、发行彩票等方式取得收入，并专项用于支持特定基础设施建设和社会事业发展的财政收支预算。充分结合政府性基金"以收定支、专款专用、结余结转使用"的特点，按照将政府性基金纳入绩效管理的要求综合推进工作。一是厘清政府性基金使用部门和单位、分配政府性基金的预算主管部门及财政部门的权责分工，遵循"全覆盖"和"全过程"的管理要求，在预算决策、编制、执行、决算等各环节中，对政府性基金预算开展事前、事中、事后绩效管理，加强预算绩效管理的结果应用，提高绩效水平；二是要对各种政府性基金进行分类研究，重点关注规制性收费、准入性收费、集资性收费、补偿性收费等收费纳入政府性基金的实际情况，确定不同类别政府性基金的绩效目标；三是在绩效评价指标体系设计过程中，分别借助现有管理经验确定绩效管理方式，需要关注基金设立及延续的必要性、征收标准的合理性、资金使用的有效性、政府专项债务举借及偿还能力；四是要选择管理状况较好的政府性基金，试点开展绩效评价工作，总结工作经验，进一步优化下一步工作。

国有资本经营预算，是政府以所有者身份对国有资本实行存量调整和增量分配而发生的各项收支预算。围绕国有资本开展预算管理活动，目的在于履行政府作为国有资本所有者的监管职能、加强对国有资本经营者的约束控制和强化对国有资产的规范化管理。国有资本经营预算所涉及的国有企业经营性资金，既是企业生产经营性资金，又是财政性资金，具有营利性和公益性的双重特征，对这两个特点的平衡关注需要贯穿国有资本经营预算绩效管理的整个过程。一是要积极研究国有资本经营预算的绩效评价指标体系，既要重视国有企业经营与重大政策目标的匹配情况、国有资本经营收益上缴状况等公益性内容，也要重视企业经营状况、企业盈利情况、就业规模和结构等经营性内容，还要注意与国有企业经营业绩考核体系的相互衔接；二是要选择典型性国有企业试点开展绩效管理工作，从试点经验中逐渐摸索工作规律，进而将工作规律上升为管理模式；三是探索对国有资本整体运营情况展开评价，旨在优化国有资本布局、提升国有资本运营效率、实现国有资产保值增值等，这是国资监管机构完善国有资本经营预算管理体制机制，从而更好服务于国资国企改革的重要举措；四是要针对国有资本经营收益上缴的具体特点，研究国有资本经营预算资金调入一般公共预算的实际操作方案，充实一般公共预算资金，并综合平衡考虑政府财力需要和企业经营状况。

社会保险基金预算，是指根据社会保险制度的实施计划和任务编制的、经规定程序审批的各项收支预算。对社会保险基金开展预算管理活动，目的在于维持社保基金收支平衡、降低社保基金挪用风险和合理安排社保基金投资。我国社会保险基金包括养老保险基金、失业保险基金、工伤保险基金、医疗保险基金四项基金，充分考虑不同基金的不同特点是开展社会保险基金绩效管理的关键。因此，在推进社保基金绩效管理的过程中，一是要结合基金设立目标和管理要求研究不同社保基金的特点；二是要在社会保险基金预算绩效评价指标体系设计过程中重点关注各类社会保险基金的筹资方式、精算平衡、运行风险及基金运营管理的有效性、一般公共预算调入比例、规模的合理性等；三是按照预算绩效管理的不同环节和不同部门的权责分工，由社会保险经办机构对社保基金的支出、投资运行的绩效负责，税务部门对社保基金征收的绩效负责，人社部门和财政部门建立联合评审机制，对社会保险基金"征收—投资运营—支出"的过程开展绩效管理；四是要选择条件成熟的地方试点开展绩效管理工作，从试点经验中逐渐摸索工作规律，进而将工作规律上升为管理模式。

公共财政与财政管理体制

现代市场经济国家大多实行多级政府体制，多级政府体制使得中央政府和地方政府各自拥有相应的财权，均涉及财政收入的分成和财政支出责任的划分。我国单一制的国家结构形式决定了适度集权的财政管理体制，也就导致了转移支付资金在我国各地财政资金所占比重较大的状况。因此，全面实施预算绩效管理，应当针对财政资金的绩效管理要求，基于不同层级政府所履行财政职能的需要，符合财政事权和支出责任划分的相关规定，与现行的财政管理体制相适应。

本章重点论述了公共财政基本概念和我国的现行财政管理体制。第一节论述了公共财政、财政收入、财政支出、公共预算等相关基本概念；第二节论述了政府间财政关系的理论基础，比较了财政分权和财政集权的利弊，介绍了公共产品理论、财政联邦主义和税收竞争理论，重点阐述了财政事权划分与预算绩效管理的关系；第三节介绍了包括事权划分、财政支出划分、收入划分在内的财政收支划分的制度安排；第四节介绍了包括概念、作用、类别、方法等内容在内的转移支付制度安排；第五节介绍了目前我国的中央与地方财政事权和支出责任划分改革情况。

|第一节|　公共财政与预算

一、公共财政概念

（一）财政的内涵

所谓财政，是指国家或政府为了履行一定的职能，以国家或政府为主体，凭借其公共权力对一部分社会产品进行分配的活动。财政的本质是以国家或政府为主体的分配关系。在现实经济生活中，财政活动表现为政府的一系列收支活动，具体包括政府向公民征收个人所得税、财产税、遗产税；向企业征收企业所得税；对基础设施、环境保护、义务教育、科学研究、国防建设等活动进行拨款；以转移支付的形式向公民发放生活补贴、社会保障等。财政的概念包含三方面内容：首先，财政分配的主体是国家；其次，财政分配的目的是满足国家实现其职能的需要；最后，财政分配的对象是一部分社会产品。

（二）财政的职能

在社会主义市场经济条件下，我国的财政具有资源配置、收入分配、经济调控和监督管理等职能。

1. 资源配置职能

资源配置职能是指将一部分社会资源集中起来，形成财政收入，然后通过财政支出活动，由政府提供公共物品或服务，引导社会资金流向，弥补市场缺陷，从而优化全社会的资源配置。作为政府履行职能的重要手段之一，财政不仅是一部分社会资源的直接分配者，也是全社会资源配置的调节者。这一特殊地位决定了财政的资源配置职能既包括对用于满足社会公共需要资源的直接分配，又包括对全社会资源的间接调节。

2. 收入分配职能

收入分配职能是指政府财政收支活动对各个社会成员收入在社会财富中所占份额施加影响，以更为公平地分配收入。政府对市场初次分配结果实施再分配调节，从而有助于促进合理有序收入分配格局的形成，更好地维护社会公平与正义。财政的收入分配职能主要通过税收调节、转移性支出（如社会保障支出、救济支出、补贴）等手段来实现。

3. 经济调控职能

经济调控职能是指政府通过实施特定的财政政策，以提高就业水平、确保物价稳定和经济增长。政府会根据宏观经济运行的不同状况，采取相应的财政政策措施。当总需求小于总供给时，采用扩张性财政政策，增加财政支出和减少政府税收，扩大总需求，防止经济衰退；当总需求大于总供给时，采用紧缩性财政政策，减少财政支出和增加政府税收，抑制总需求，防止通货膨胀；在总供给和总需求基本平衡，但结构性矛盾比较突出时，实行趋于中性的财政政策。

4. 监督监管职能

在财政的资源配置、收入分配和经济调控各项职能中，其实都隐含着监督管理职能。在市场经济条件下，由于利益主体的多元化、经济决策的分散性、市场竞争的自发性和排他性，客观上需要财政的监督和管理，以规范市场秩序、促进市场经济健康发展。我国是以公有制为基础的社会主义国家，强化财政的监督管理职能保证政令畅通，有助于维护国家和人民的根本利益。

（三）公共财政的定义与范围

公共财政，指专门为市场经济提供公共服务的政府分配行为。一般来看，公共财政的适用领域恰恰是那些市场不能发挥作用的领域，即所谓的"市场失灵"领域。按照新古典经济学的说法，公共财政的作用范围涉及国家安全、公共秩序与法律、公共工程与设施以及公共服务等领域。随着对市场经济研究的深入，经济的外部性、垄断、分配不公、经济波动、信息不完全等领域也逐渐被纳入其中。

从特殊性的角度来看，公共财政领域的研究还要结合经济发展水平和市场发育水平。在经济发展水平高的西方国家，市场发育较为成熟；而在经济发展水平不高的发展中国家，市场发育程度偏低，市场调节功能不够健全，需要政府介入的领域比发达国家要广得多。在发达国家可交给市场去调节的许多事情，在发展中国家却需要政府来做，如能源开发、原材料工业、铁道、航空和电讯等。在发展中国家，私人资本往往难以涉足资本密集型行业，因此这些领域大多由政府去投资经营。这种由于经济发展水平所导致的市场失灵的领域，也就构成公共财政的关注范围。而且由于我国国情的特殊性，又使得调节地区发展不平衡和改革国有经济这两个方面成为公共财政的干预对象。

二、财政支出概述

（一）财政支出的定义

财政支出是指政府为实现其职能、取得所需物品和劳务而进行的财政资金的支付。作为一种满足社会共同需要的资源配置活动，财政支出是针对社会单位或私人部门资源配置不足而实施的，具有公共性的特征。财政支出是国家财政分配活动的重要组成部分，是对国家集中性财政资金的再分配。在国家的政治、经济生活中，财政支出自古以来就直接地体现国家职能的要求，成为实现统治者意志和政策取向最重要的手段。

简单地讲，财政支出可从两个角度去理解：财政支出首先是一个过程，即政府把集中起来的社会资源按照一定的政治经济原则分配、运用于满足社会公共需要的各种用途的过程；其次，如果从财政支出要以货币来度量的意义看，财政支出又是政府为履行其职能而花费的资金的总和。

（二）财政支出的分类

财政支出分类是将政府支出的内容进行合理归纳，以便准确反映和科学分析支出活动的性质、结构、规模以及支出的效益。按照 2007 年 1 月 1 日正式实施的政府收支分类改革，我国现行支出分类采用了国际通行做法，即同时使用支出功能分类和支出经济分类两种方法对财政支出进行分类（以《2021 年政府收支分类科目》为例）。

支出功能分类，是按政府主要职能活动进行分类。我国政府一般公共预算支出功能分类设置一般公共服务、外交、国防等大类，类下再分款、项两级。主要支出功能科目大类包括：一般公共服务、外交、国防、公共安全、教育、科学技术、文化旅游体育与传媒、社会保障和就业、卫生健康、节能环保、城乡社区、农林水、交通运输、资源勘探工业信息等、商业服务业等、金融、援助其他地区、自然资源海洋气象等、住房保障、粮油物资储备、灾害防治及应急管理、预备费、其他支出、转移性支出，以及债务还本、付息和发行费用支出。

支出经济分类，是按支出的经济性质和具体用途所作的一种分类。在支出功能分类明确反映政府职能活动的基础上，支出经济分类明确反映政府的资金究竟是如何花出去的。我国支出经济分类科目设置"类"和"款"两个层级，包括政府预算支出经济分类科目和部门预算支出经济分类科目。其中部门预算支出经济分类科目大类包括：工资福利支出、商品和服务支出、对个人和家庭的补助、债务利息及费用支出、资本性支出、对企业补助、对社会保障基金补助和其他支出。支出经济分类与支出功能分类从不同侧面、以不同方式反映政府支出活动。

支出功能分类和支出经济分类是与部门分类编码和基本支出预算、项目支出预算相配合的，在财政信息管理系统的有力支持下，可对任何一项财政支出进行"多维"定位，清清楚楚地说明政府的钱是怎么来的，干了什么事，最终用到了什么地方，为预算管理、统计分析、宏观决策和财政监督等提供全面、真实、准确的经济信息。

财政支出的其他分类还包括：

一是按照财政支出是否与市场中的商品发生交换进行分类，即按照财政支出是否能直接得到等价的补偿进行分类，可以把财政支出可分为购买性支出和转移性支出。购买性支出又称消耗性支出，是指政府购买商品和劳务，包括购买进行日常政务活动所需要的或者进行政府投资所需要的各种物品和劳务的支出，由社会消费性支出和财政投资支出组成。它是政府的市场性再分配活动，对社会生产和就业的直接影响较大，执行资源配置的能力较强。在市场上遵循定价交换的原则，因此购买性支出体现的财政活动对政府能形成较强的效益约束，对于购买性支出发生关系的微观经济主体的预算约束是硬性的。转移性支出是指政府按照一定方式，将一部分财政资金无偿地、单方面转移给居民和其他受益者，主要由社会保障支出和财政补贴组成。它是政府的非市场性再分配活动，对收入分配的直接影响较大，执行收入分配的职能较强。

二是按最终用途分类，财政支出分为补偿性支出、积累性支出与消费性支出。补偿性支出主要是对在生产过程中固定资产的耗费部分进行弥补的支出，如挖潜改造资金。积累性支出指最终用于社会扩大再生产和增加社会储备的支出，如基本建设支出、工业交通部门基金支出、企业控潜发行支出等，这部分支出是社会扩大再生产的保证。消费性支出指用于社会福利救济费等，这部分支出对提高整个社会的物质文化生活水平起着重大的作用。从动态的再生产角度考察，则可分为投资性支出和消费性支出。

三是按财政支出产生效益的时间分类，可以分为经常性支出和资本性支出。经常性支出是维持公共部门正常运转或保障人们基本生活所必需的支出，主要包括人员经费、公用经费和社会保障支出。特点是它的消耗会使社会直接受益或当期受益，直接构成了当期公共物品的成本，按照公平原则中当期公共物品受益与当期公共物品成本相对应的原则，经常性支出的弥补方式是税收。资本性支出是用于购买或生产使用年限在一年以上的耐久品所需的支出，它们的耗费的结果将形成供一年以上的长期使用的固定资产。它的补偿方式有两种：一是税收，二是国债。

（三）财政支出的影响因素

1. 经济因素

经济因素对财政支出规模的影响主要体现在三个方面：一是经济发展水平；二是经济体制的选择；三是政府经济干预政策。

2. 政治因素

政治因素对财政支出规模的影响主要体现在两个方面：一是政局是否稳定；二是政体结构的行政效率。就政局是否稳定而言，一国发生的战争或冲突等事件会导致财政支出规模异常扩大。就政体结构的行政效率，其影响也是较为明显。如果一国政府的行政机构过于臃肿，必然会导致行政经费的增多，反之，就会节约经费支出。

3. 社会因素

影响财政支出规模的社会因素众多，且较为复杂。人口数量、文化背景、宗教习俗等因素都会对其产生影响。

（四）财政支出的管理原则

为达到科学运用财政资金，满足国家完成各项职能需要的目的，财政支出的安排应体现以下原则：

一是量入为出。财政收入和财政支出始终存在数量上的矛盾，脱离财政收入的数量界限盲目扩大财政支出，势必严重影响国民经济的稳步发展，因此，财政支出的安排应在财政收入允许的范围内，避免出现大幅度的财政赤字。

二是统筹兼顾。国家经济建设各部门和国家各行政管理部门的事业发展需要大量的资金，财政收入与支出在数量上的矛盾不仅体现在总额上，还体现在有限的财政资金在各部门之间的分配。财政支出的安排要处理好积累性支出与消费性支出的关系、生产性支出与非生产性支出的关系，做到统筹兼顾，全面安排。

三是讲求效益。财政支出的效益体现在财政投资的经济效益和社会效益两个方面，为保证有限的财政资金得到最有效的使用，对有经济效益而不需要财政扶持的单位，要做到无偿拨款和有偿使用相结合，财政资金投入与单位自筹资金相结合，资金安排和日后的财政监督相结合。

三、财政收入概述

（一）财政收入的定义

财政收入，是指政府为履行其职能、实施公共政策和提供公共物品与服务需要而筹集的一切资金的总和。财政收入表现为政府部门在一定时期内（一般为一个财政年度）所取得的货币收入。财政收入是衡量一国政府财力的重要指标，政府在社会经济活动中提供公共物品和服务的范围和数量，在很大程度上取决于财政收入的充裕状况。

（二）财政收入的分类

按政府取得财政收入的形式，将财政收入分为税收收入、非税收入，其中，非税收入包括国有资产收益、债务收入和收费收入以及其他收入等。

1. 税收收入

税收是政府为实现其职能的需要，凭借其政治权力并按照特定的标准，强制、无偿地取得财政收入的一种形式，它是现代国家财政收入最重要的收入形式和最主要的收入来源。

2. 国有资产收益

国有资产收益是指国家凭借国有资产所有权获得的利润、租金、股息、红利、资金使用费等收入的总称。

3. 债务收入

债务收入是指国家通过公共信用方式取得的有偿性收入。债务收入具有自愿性、有偿性和灵活性等特点。

4. 收费收入

收费收入是指国家政府机关或事业单位在提供公共服务、实施行政管理或提供特定公共设施的使用时，向受益人收取一定费用的收入形式。具体可以分为使用费和规费两种。

5. 其他收入

包括基本建设贷款归还收入、基本建设收入、捐赠收入等。

（三）组织财政收入的原则

组织财政收入不仅关系到社会经济发展和人民生活水平的提高，也关系到正确处理国家、单位和个人三者之间及中央与地方两级利益的关系，还关系到不同对象的合理负担问题。为了处理好这些关系，在组织财政收入时，必须掌握好以下几项原则：

1. 发展经济、增加收入原则

组织财政收入时必须从发展经济的角度出发，扩大财政收入的来源。在社会主义市场经济条件下，坚持从发展经济入手，增加财政收入原则，还必须根据社会主义市场经济的要求不断充实和完善，即不再是单纯地为直接增加财政收入而开辟财源，而是在组织财政收入的同时，更多地注意培育和完善市场，通过健全和完善我国的市场运行机制，来吸引更多的投资者，鼓励居民合理消费，促进市场经济的协调发展，从而增加财政收入的来源。

2. 兼顾三者和两级利益原则

所谓"兼顾三者利益"是指财政在处理国民收入分配并相应地取得自身收入的过程中，不能只顾财政收入的取得，还应将必要的财力留给单位和个人，以调动和发挥它们的积极性。"兼顾中央与地方两级利益"是指国家财政在处理国民收入分配，并相应取得自身收入的过程中，应该兼顾中央级财政和地方级财政的利益关系。按财政管理体制，国家财政是分别由中央预算和地方总预算构成的两级财政。两级财政有各自具体职能，也形成各自的利益关系，因此在组织财政收入时应兼顾两级利益关系。

3. 合理负担原则

合理负担原则主要体现在税收中，就是指在组织财政收入时，按纳税人收入的多少，采取不同的征收比例，实行负担能力强的多负担，负担能力弱的少负担。它通常采取不同的征税范围，不同的税率，减免税等方式来实现。实行合理负担，是实现企业公平竞争的需要，也是保证国家财力的需要。

四、公共预算相关概念

（一）公共预算的定义

公共预算是经法定程序审核批准的国家年度集中性财政收支计划。公共预算规定了国家财政收入的来源和数量、财政支出的各项用途和数量，反映了整个国家政策及政府活动的范围和方向。

（二）公共预算的原则

1. 完整性原则

完整性原则也称为预算的全面性原则，该原则要求政府的预算应包括政府的全部预算收支项目，完整地反映以政府为主体的全部财政收支活动，全面体现政府活动的范围和方向，不允许在预算规定之外有任何以政府为主体的资金收支活动。同时，预算完整性原则还要求政府各预算单位的一切收支必须统一以总额形式列入政府预算，而不能以收支相抵后的净额形式列入。

2. 公开性原则

公开性原则是指政府预算的形成和执行是透明的、受公众监督的。政府预算的本质内涵表明，其始终都承担着公开政府财政的职责。通过预算将政府财政决策公之于众，可以加强政府与公众之间的沟通，使公众了解政府决策，也能够体现政府预算民主化和决策科学化，从而更好地发挥政府预算的监督和约束作用。

3. 年度性原则

年度性原则是指政府必须按照法定预算年度编制国家预算。这一预算要反映全年的财政收支活动，同时不允许将不属于本年度的财政收支内容列入本年度的国家预算之中。

4. 法定性原则

法定性原则是指政府预算编制完成后，要经过权力机关审查批准，才成为具有法律效力的文件。政府预算的法定性原则要求在预算管理的各个环节都必须遵循法定程序，经立法机关批准，受法律法规约束。经法定程序审批后的政府预算，即成为具有法律效力的文件，预算部门必须无条件执行，不得随意更改。如遇特殊情况需要调整原定预算，同样必须遵循法定程序，不得在法律范围以外调整或变更预算。

5. 一致性原则

一致性原则要求政府所有的预算决策必须放在一起，所有的资源也必须集中在一起。这样，所有关于资源的预算要求才能获得公平的考虑。该原则强调应该同等对待所有的政府收入和支出。同时，预算的各部分应该恰当地联系起来。

（三）公共预算的范围

公共预算由预算收入和预算支出组成。

1. 预算收入

政府公共预算收入是政府为满足社会共同需要，以法定方式筹集并纳入预算管理的财政收入，主要指国家以政治权力所有者身份所取得的税收收入和其他收入。公共预算收入范围的确定与公共商品的供给以及公共部门的活动范围有着内在的联系，具体包括：税收收入、依照规定应当上缴的国有资产收入、专项收入、其他收入等。

2. 预算支出

政府公共预算支出是指公共预算依据政府职能所确定的资金分配和使用领域，包括用于维持国家机器正常运转的经费支出、发展社会公益事业的经费支出、保障人民生活的支出等。按项目来划分，公共预算支出主要包括以下内容：经济建设支出；教育、科学、文化、卫生、体育等事业发展支出；国家管理费用支出；国防支出；各项补贴支出；其他支出。

（四）公共预算的分类

遵循不同的视角，可将公共预算划分为不同类型：

1. 按收支管理范围分类

按收支管理范围不同，可将公共预算分为总预算、部门预算和单位预算。总预算是各级政府的基本财政收支计划，由各级政府的本级预算和下级政府总预算组成。部门预算是反映本系统内各单位收支的预算，由本部门所属各单位预算组成。部门预算是政府预算的基本组成部分，是各级政府的直属机关就其本身及所属行政事业单位的年度经费收支所汇编的预算。另外还包括企业财务收支计划中与财政有关的部分，它是机关本身及其所属单位履行其职责或事业计划的财力保证，是各级总预算和部门预算构成的基本单位。

2. 按编制形式分类

按编制形式不同，可将政府预算分为单式预算和复式预算。单式预算是传统的预算形式，其做法是在预算年度内，将全部的财政收入与支出汇集编入单一的总预算内，而不去区分各项财政收支的经济性质。复式预算是从单式预算组织形式演变而来的，其做法是在预算年度内，将全部的财政收入与支出按经济性质汇集编入两个或两个以上的收支对照表，从而编成两个或两个以上的预算。

3. 按编制方法分类

按编制方法不同，可将政府预算分为增量预算和零基预算。增量预算，是指财政收支计划指标在以前财政年度的基础上，按新的财政年度的经济发展情况加以调整之后确定的。零基预算，是指对所有的财政收支，完全不考虑以前的水平，重新以零为起点而编制的预算。零基预算强调一切从计划的起点开始，不受以前各期预算执行情况的干扰。零基预算的做法是，编制预算不只是对新的和扩充部分加以审核，而且还要对所有正在进行的预算支出申请都重新审核，以提高资金使用效率，从而达到控制政府规模、提高政府工作效率的目的。

除以上三种分类模式外，按照预算的层级分类，公共预算还可分为中央政府预算和地方政府预算；按预算作用的时间分类，政府预算则可分为年度预算和中长期预算。

（五）预算编制与执行

我国的国家预算体系是按照一级政权设立一级预算的原则建立的。我国《宪法》规定，国家机构由全国人民代表大会、国务院、地方各级人民代表大会和各级人民政府组成。与政权结构相适应，同时结合我国行政区域的划分，国家预算由中央预算和地方预算组成，地方预算由省（直辖市、自治区、计划单列市）、地级市、县（县级市、自治县）和乡镇预算组成。

1. 预算编制

预算编制是整个预算工作程序的开始。国务院下达关于编制下一年预算草案的通知后，编制预算草案的具体事项由国务院财政部门部署。各级政府、各部门、各单位应当按照国务院规定的时间编制预算草案。各级预算应当根据年度经济社会发展目标、国家宏观调控总体要求和跨年度预算平衡的需要，参考上一年预算执行情况、有关支出绩效评价结果和本年度收支预测，按照规定程序，征求各方面意见后，进行编制。各级政府依据法定权限做出决定或者制定行政措施，凡涉及增加或者减少财政收入或者支出的，应当在预算批准前提出并在预算草案中做出相应安排。各部门、各单位应当按照国务院财政部门制定的政府收支分类科目、预算支出标准和要求，以及绩效目标管理等预算编制规定，根据其依法履行职能和事业发展的需要以及存量资产情况，编制本部门、本单位预算草案。各级一般公共预算应当按照本级一般公共预算支出额的百分之一至百分之三设置预备费，用于当年预算执行中自然灾害等突发事件处理增加的支出及其他难以预见的开支。

从 2000 年开始，中央部门预算编制实行"两上两下"的基本流程。详细流程如下：

"一上"：部门编报预算建议数。部门编制预算从基层预算单位编起，主要是按照每年预算编制通知的精神和要求编制预算建议数，并提供与预算需求相关的基础数据和相关资料，主要是涉及基本支出核定的编制人数和实有人数、增入增出的文件、必保项目的文件依据；然后层层审核汇总，由一级预算单位审核汇编成部门预算建议数，上报财政部。

"一下"：财政部下达预算控制数。对各部门上报的预算建议数，由财政部各业务主管机构进行初审，再由财政部预算司审核、平衡，在财政部内部按照规定的工作程序反复协商、沟通，最后由预算司汇总成中央本级预算初步方案报国务院，经批准后向各部门下达预算控制限额。涉及有预算分配权部门指标的确定，则由财政部相关主体司对口联系，其分配方案并入"一下"预算控制数统一由财政部向中央部门下达。

"二上"：部门上报预算。部门根据财政部门下达的预算控制限额，重新编制部门预算草案上报财政部，基本支出在"目"级科目由部门根据自身情况在现行相关财务制度规定内自主编制。

"二下"：财政部批复预算。财政部根据全国人民代表大会批准的中央预算草案批复部门预算。财政部在对各部门上报的预算草案审核后，汇总成按功能编制的本级财政预算草案和部门预算，报国务院审批后，再报全国人民代表大会常务委员会预算工作委员会和财政经济委员会审核，最后提交全国人民代表大会审议，在全国人民代表大会批准草案后一个月内，财政部预算司组织部门预算管理司统一向各部门批复预算，各部门应在财政部批复本部门预算之日起 15 日内，批复所属各单位的预算，并负责具体执行。

在"两上两下"的过程中，各部门与财政部可随时就预算问题进行协商、讨论，及时、充分地交流有关预算信息。具体流程时间表如下：

（1）当年 5 月，财政部根据社会经济发展计划，对下一财政年度的收支情况进行初步测算，并将测算情况向国务院汇报。

（2）当年 6 月初，国务院下达关于编制下一年度中央预算的指示。财政部制定编制部门预算的具体要求与统一报送格式。

（3）当年 7 月底，各部门按规定向财政部报送部门预算申请数，并对本部门预算申请数做出详细说明。

（4）当年 8 月，财政部对各部门的预算进行汇总审核，并将汇总审核情况报告国务院，听取国务院的指示。

（5）当年 9 月，财政部根据国务院指示确定各部门下一财政年度预算限额。

（6）当年 11 月，中央各部门根据国务院确定的预算限额重新编报预算，报送财政部。

（7）当年 12 月，财政部汇总编制部门预算并代表国务院向全国人民代表大会正式提交部门预算，送全国人民代表大会代表审查。

（8）次年 3 月，全国人民代表大会批准当年中央预算草案。

（9）次年 4—5 月，财政部将全国人民代表大会批准的中央预算草案批复到各中央部门，各中央部门将预算批复到各中央部门，各中央部门将预算逐级批复至基层预算单位。

2. 预算审批

预算的审（查）批（准）是一项政策性、法律性、技术性都非常强的工作。根据我国《宪法》和《预算法》的规定，中央预算由全国人民代表大会审查和批准，地方各级预算由本级人民代表大会审查和批准。

依照我国《预算法》第四十四条的规定，国务院财政部门应当在每年全国人民代表大会会议举行的 45 日前，将中央预算草案的初步方案提交全国人民代表大会财政经济委员会进行初步审查；省、自治区、直辖市政府财政部门应当在本级人民代表大会会议举行的 30 日前，将本级预算草案的初步方案提交本级人民代表大会有关专门委员会进行初步审查；设区的市、自治州政府财政部门应当在本级人民代表大会会议举行的 30 日前，将本级预算草案的初步方案提交本级人民代表大会有关专门委员会进行初步审查，或者送交本级人民代表大会常务委员会有关工作机构征求意见；县、自治县、不设区的市、市辖区政府应当在本级人民代表大会会议举行的 30 日前，将本级预算草案的初步方案提交本级人民代表大会常务委员会进行初步审查。

3. 预算执行

政府预算的执行，是指各级财政部门和其他预算主体在组织政府预算收入、安排政府预算支出、组织预算平衡和行使预算监督中的实践性活动。政府预算的执行是组织政府预算收支计划中最为重要的环节，是把政府预算由可能变为现实的必经步骤。

政府预算的执行是组织政府预算收支计划实现的具体工作，其工作内容主要是建立相应的组织管理机构，确定计划的实施方法和预算的调整方法，对预算的执行情况进行检查分析，及时发现问题并解决问题，等等。可见，政府预算的执行是实现政府预算收支任务的相当重要的一环。

我国《预算法》规定，各级预算由本级政府组织执行，具体工作由本级政府财政部门负责。各部门、各单位是本部门、本单位预算执行主体，负责本部门、本单位的预算执行，并对执行结果负责。政府预算执行的各个机构既相互独立，又相互协调制约，在预算执行中起着非常重要的作用。

在中央预算执行中，财政部国库司是负责预算执行的机构。其主要职责是：管理部门预算指标；负责总预算会计工作，办理预算内外资金收支结算划拨；汇总批复中央部门的决算，编制中央财政总决算；统一管理中央财政的银行开户；负责用于平衡预算的政府内债的发行、兑付及二级市场的管理，拟定政府内债制度；统一负责政府采购工作，对全国政府采购信息进行统计分析，研究和推行国库集中收付制度。

各级财政、税务、海关等预算收入征收部门，必须依照有关法律、行政法规和财政部的有关规定，积极组织预算收入，按照财政管理体制的规定，及时将预算收入缴入中央国库和地方国库；未经财政部批准，不得将预算收入存入在国库外设立的过渡性账户。

各项预算收入的减征、免征或者缓征，必须按照有关法律、行政法规和财政部的有关规定办理。任何单位和个人不得擅自决定减征、免征、缓征应征的预算收入。

一切有预算收入上缴任务的部门和单位，必须依照有关规定将应当上缴的预算收入，按照规定的预算级次、预算项目、缴库方式和期限缴入国库，不得截留、占用、挪用或者拖欠。

国库是办理预算收入的收纳、划分、留解和库款支拨的专门机构。国库分为中央国库和地方国库。中央国库业务由中国人民银行经理，地方国库业务由中国人民银行分支机构经理。未设中国人民银行分支机构的地区，由上级中国人民银行分支机构与有关的地方政府财政部门协商后，委托有关银行办理。具备一定条件的乡、民族乡、镇，应当设立国库。具体条件和标准由省、自治区、直辖市政府财政部门确定。

4. 预算调整

预算调整是在预算执行中，通过改变预算收入来源、支出用途以及收支规模，来实现预算收支平衡的重要方法。

《预算法》规定，需要增加或者减少预算总支出的、需要调入预算稳定调节基金的、需要调减预算安排的重点支出数额的、需要增加举借债务数额的四种情形，经全国人民代表大会批准的中央预算和经地方各级人民代表大会批准的地方各级预算，应当进行预算调整。预算调整是指在执行预算过程中，因追加支出或追减收入，动用全部预备费弥补，收支仍不能平衡而需要对原先批准的预算进行部分修改。这是关于预算调整的狭义解释。广义的预算调整则是指在预算执行过程中，所有对预算收支数额、范围、方式的修改、补充活动。广义的预算调整除了包括以上因追加支出或追减收入而需要修改预算收支总额外，还包括以下两种情况：一是不变更原批准预算收支总额，只是部分改变支出用途或收入来源，而不影响收支平衡；二是由于某些收支在上下级之间或地区、部门之间的互相转移，而影响到上下级之间或者地区、部门之间预算收支变化，但不影响各级总预算收支平衡。

各级政府对于必须进行的预算调整，应当编制预算调整方案，预算调整方案应当列明调整的原因、项目、数额、措施及有关说明。中央预算的调整方案必须提请全国人民代表大会常务委员会审查和批准；县级以上地方各级政府预算的调整方案必须提请本级人民代表大会常务委员会审查和批准；乡、民族乡、镇预算的调整方案必须提请本级人民代表大会审查和批准。未经批准，不得调整预算。

在预算执行中，因上级政府返还或给予补助而引起的预算收支变化，不属于预算调整。接受返还或者补助款项的县级以上地方各级政府应当向本级人民代表大会常务委员会报告有关情况；接受返还或者补助款项的乡、民族乡、镇政府应当向本级人民代表大会报告有关情况。

各部门、各单位的预算支出应当按照预算科目执行。不同预算科目间的预算资金需要调剂使用的，必须按照国务院财政部门的规定报经批准。地方各级政府预算的调整方案经批准后，由本级政府报上一级政府备案。

5. 政府决算

政府决算指的是经过法定程序批准的，对年度预算执行结果的总结，是国家或地区经济与社会事业活动在财政上的集中反映。政府决算由中央决算和地方决算组成。中央决算由中央各主管部门汇总所属的行政事业单位决算、企业财务收支决算和中央直接掌握的收支决算组成。地方决算是指各级政府的决算。政府决算的编制，有利于各级政府掌握预算执行的结果，便于总结政府预算管理经验，也有利于积累政府预算统计资料，为政府宏观经济调控提供重要的参考依据。

按照我国《预算法》及其实施条例的有关规定，财政部应当在每年第四季度部署编制决算草案的原则、要求、方法和报送期限，制发中央各部门决算、地方决算及其他有关决算的报表格式。县级以上地方政府财政部门根据财政部的部署，部署编制本级政府各部门和下级政府决算草案的原则、要求、方法和报送期限，制发本级政府各部门决算、下级政府决算及其他有关决算的报表格式。

各单位应当按照主管部门的布置，认真编制本单位决算草案，在规定期限内上报。各部门在审核汇总所属各单位决算草案基础上，连同部门本级自身的决算收入和支出数字，汇编成本部门决算草案并附决算草案详细说明，经部门行政领导签章后，在规定期限内报本级政府财政部门审核。

财政部应当根据中央各部门决算草案汇总编制中央决算草案，报国务院审定后，由国务院提请全国人民代表大会常务委员会审查和批准。

县级以上地方各级政府财政部门根据决算草案汇总编制本级决算草案，报本级政府审定，由本级政府提请本级人民代表大会常务委员会审查和批准。

乡、民族乡、镇政府根据财政部门提供的年度预算收入和支出的执行结果，编制本级决算草案，提请本级人民代表大会审查和批准。

各级政府决算草案经批准后，本级政府财政部门应当自批准之日起 20 日内向本级各部门批复决算。各部门应当自本级政府财政部门批复本部门决算之日起 15 日内向所属各单位批复决算。

地方各级政府应当将经批准的决算及下一级政府上报备案的决算汇总，报上一级政府备案。

（六）国库集中收付制度

国库集中收付制度包括国库集中支付制度和国库集中收缴制度，它是指建立国库单一账户体系，所有财政性资金都纳入国库单一账户管理，收入直接缴入国库或财政专户，支出通过国库单一账户体系，按照不同支付类型，采用财政直接支付与授权支付的方法，支付到商品或货物供应者或用款单位。

国库集中收付制度的基本特征体现为三点：一是财政统一开设国库单一账户；二是所有财政收入直接缴入国库，主要财政支出由财政部门直接支付到商品或劳务供应者；三是建立高效的预算执行机构，科学的信息管理系统和完善的监督检查机制。最终目的是建立以国库单一账户体系为基础、资金缴拨以国库集中收付为主要形式的现代财政国库管理制度。

国库单一账户体系包括财政部门在同级人民银行设立的国库单一账户和财政部门在代理银行设立的财政零余额账户、单位零余额账户、预算外财政专户和特设专户。财政性资金的支付实行财政直接支付和财政授权支付两种方式。

预算单位按照批准的用款计划向财政支付机构提出申请,经支付机构审核同意后在预算单位的零余额账户中向收款人支付款项,然后通过银行清算系统由零余额账户与财政集中支付专户进行清算,再由集中支付专户与国库单一账户进行清算。在国库集中支付方式下,由于银行间的清算是通过计算机网络实时进行的,因而财政支付专户和预算单位的账户在每天清算结束后都应当是零余额账户,财政资金的日常结余都保留在国库单一账户中。国库集中支付系统功能的实现,在财政系统必须建立连接财政业务部门、央行国库、集中支付机构、预算单位和经办银行的财政支付管理信息系统,该系统向有关各方提供实时的预算指标信息和支付指令信息;在银行系统必须建立连接央行国库、财政集中支付专户经办银行和所有预算单位经办银行的银行间清算系统,该系统在预算单位发生支付时能实时提供央行国库与财政专户及预算单位零余额账户的资金清算。另外,国库集中支付制度的改革,还涉及现行的预算管理、国库管理、银行结算等方面的有关法规的相应修改,以保证此项改革的合法实施与规范运作。

(七)部门预算制度

部门预算是编制政府预算的一种制度和方法,由政府各个部门编制,反映政府各部门所有收入和支出情况的政府预算。部门预算的实施,严格了预算管理,增加了政府工作的透明度,是防止腐败的重要手段,是当前财政改革的重要内容。

在我国部门预算改革中所谓的"部门"具有特定含义,它是指那些与财政直接发生经费领拨关系的一级预算会计单位。具体而言,根据中央政府部门预算改革中有关基本支出和项目支出试行单位范围的说明,部门预算改革中所指"部门"应包括三类:一是开支行政管理费的部门,包括了人大、政协、政府机关、共产党机关、民主党派机关、社团机关;二是公检法司部门;三是依照公务员管理的事业单位,如气象局、地震局等。

实行部门预算制度,需要将部门的各种财政性资金、部门所属单位收支全部纳入预算编制。部门预算收支既包括行政单位预算,又包括事业单位预算;既包括一般收支预算,又包括政府基金收支预算;既包括基本支出预算,又包括项目支出预算;既包括财政部门直接安排预算,又包括有预算分配权部门安排的预算,还包括预算外资金安排的预算。

收入预算编制采用标准收入预算法。通过对国民经济运行情况和重点税源调查,建立收入动态数据库和国民经济综合指标库,对经济、财源及其发展变化趋势进行分析论证的基础上，选取财政收入相关指标，建立标准收入预算模型，根据可预见的经济性、政策性和管理性等因素，确定修正系数，编制标准收入预算。

支出预算编制采用零基预算法。支出预算包括基本支出预算和项目支出预算（日常共用支出预算）。其中，基本支出预算实行定员定额管理，人员支出预算按照工资福利标准和编制定员逐人核定；日常共用支出预算按照部门性质、职责、工作量差别等划分若干档次，制定中长期项目安排计划，结合财力状况，在预算中优先安排急需可行的项目。在此基础上，编制具有综合财政预算特点的部门预算。

（八）政府采购制度

政府采购是指各级政府为了开展日常政务活动或为公众提供服务，在财政的监督下，以法定的方式、方法和程序，通过公平竞争，由财政部门以直接向供应商付款的方式，从国内外市场上为政府部门或所属团体购买货物、工程和劳务的行为。其实质是市场竞争机制与财政支出管理的有机结合，其主要特点就是对政府采购行为进行法制化的管理。政府采购主要以招标采购、有限竞争性采购和竞争性谈判为主。在我国，政府采购的法定概念有几层含义：（1）《中华人民共和国政府采购法》中第一章第二条所规定的政府采购，主体是各级国家机关、事业单位和团体组织，采购对象必须属于采购目录或达到限额标准；（2）《政府和社会资本合作项目政府采购管理办法》所规定的政府和社会资本合作项目的政府采购（即 PPP 项目采购）。在广义上是指利用财政（拨款、自有或融资）资金进行采购，对采购主体及采购对象是否属于集中采购目录或是否达到限额标准均无要求，或是利用社会资本进行 PPP 项目采购；在狭义上是指对货物和服务的政府采购。

国内政府采购的一般模式包括：集中采购模式，即由一个专门的政府采购机构负责本级政府的全部采购任务；分散采购模式，即由各采购单位自行采购；分散集中相结合的采购模式，即由专门的政府采购机构负责部分项目的采购，而其他的则由各单位自行采购。中国的政府采购中集中采购占了很大的比重，列入集中采购目录和达到一定采购金额以上的项目必须进行集中采购。具体的采购方式主要有五种，分别是公开招标、邀请招标、竞争性谈判、单一来源采购和询价，此外还有国务院政府采购监督管理部门认定的其他采购方式。其中，公开招标应作为政府采购的主要采购方式。

政府采购活动中的采购主体包括各级国家机关、事业单位和团体组织。国家机关是指依法享有国家赋予的行政权力，具有独立的法人地位，以国家预算作为独立活动经费的各级机关。事业单位是指国家为了社会公益目的，由国家机关举办或者其他组织利用国有资产举办的，从事教育、科技、文化、卫生等活动的社会服务组织；团体组织是指我国公民自愿组成，为实现会员共同意愿，按照其章程开展活动的非营利性社会组织。

采购人全部或部分使用财政性资金进行采购的，属于政府采购的管理范围。使用财政性资金偿还的借款，视同为财政性资金。

政府采购的内容应当是依法制定的《政府集中采购目录》以内的货物、工程和服务，或者虽未列入《政府集中采购目录》，但采购金额超过了规定的限额标准的货物、工程和服务。《政府集中采购目录》和政府采购最低限额标准由国务院和省、自治区、直辖市人民政府规定。《政府集中采购目录》中的采购内容一般是各采购单位通用的货物、工程和服务，《政府集中采购目录》中的采购内容，无论金额大小都属于政府采购的范围。《政府集中采购目录》以外的采购内容，采购金额超过政府采购的最低限额标准的，也属于政府采购的范围。根据《中央预算单位政府集中采购目录及标准（2020 年版）》，除集中采购机构采购项目和部门集中采购项目外，各部门自行采购单项或批量金额达到 100 万元以上的货物和服务的项目、120 万元以上的工程项目应按《中华人民共和国政府采购法》和《中华人民共和国招标投标法》有关规定执行，政府采购货物或服务项目，单项采购金额达到 200 万元以上的，必须采用公开招标方式。政府采购工程公开招标数额标准按照国务院有关规定执行。

政府采购有四种基本类型，即购买、租赁、委托、雇用。其中，购买特指货物所有权发生转移的政府采购行为；租赁是在一定期限内货物的使用权和收益权由出租人向承租人即政府采购方转移的行为；委托和雇佣是政府采购方请受托方或受雇人处理事务的行为，工程的招标就属于委托。

政府采购有两种途径：即委托采购和自行采购。其中，委托采购是指采购人通过集中采购机构或其他政府采购代理机构进行采购。属于集中采购目录或达到采购限额的，通过委托集中采购机构采购。

|第二节|　政府间财政关系

一、政府间财政关系的两种形式：集权与分权

多级政府体制下中央与地方政府之间的财政关系，具体体现为财政的集权与分权的关系问题。财政集权与分权的程度如何，会直接表现在不同的财政管理体制上。例如，在高度集权的计划经济体制下，采用的是"统收统支"的财政管理体制；在经济分权的市场经济体制下，采用"分税制"来协调中央与地方政府之间的财政关系。从学理上来说，集权型的财政管理体制与分权型财政管理体制均有相应的理论依据。[①]

（一）财政集权的理由

财政集权论者认为，为了有效配置资源，全国性的公共产品应由中央政府来提供，准全国性的公共产品也应由中央政府提供，这样可以适当解决地区间的经济外部

---

① 蒋洪，朱萍. 公共经济学 [M]. 上海：上海财经大学出版社，2006.

性问题；公共产品的大规模生产可以降低成本，达到规模经济；由中央政府出面才能有效解决地区之间和私人之间的收入再分配问题；在宏观调控方面，中央具有综合优势，它可以通过紧缩性或者扩张性的财政政策来稳定和发展经济；财政集权有利于中央政府征收财政收入，因为中央政府管辖区域宽广，可以防止流动性人口的收入漏税，并能完整地认识税基，制定适当的税率，还能减少由地方决定税率所致的税收优惠减免现象。

（二）财政分权的理由

财政分权论者认为，各地居民对公共产品的需求不尽相同，地方政府比中央政府更了解当地居民的愿望，因而能做出更有效的决策；财政分权有助于提高地方政府官员的责任心和积极性，因为如果地方政府有一定的征税权，并且地方政府由当地居民定期选举，那么，这些官员就会关心自己的业绩，争取连任官职；实行财政分权可以使人们与政府的关系更为密切，使人们对地方政府如何安排支出有发言权，从而提高纳税的自觉性；财政分权有利于组织财政收入，因为，对于零星分散的纳税人和一些小税种，地方政府更具征管优势；在财政分权下，生活在财政支出高、成本高的城市，就必须提高财政收入，这会迫使居民做出更好的选择，也有利于形成合理的城市规模。

（三）集权与分权的协调

在过度集权的情况下，地方没有独立的经济利益，缺乏财政自主权，完全依附于中央，成为中央财政的代理机构。如果要达到资源最优配置，中央政府必须充分了解各地居民的偏好。然而在现实生活中，中央政府并不是万能的，财政集权失灵会使财政集权难以达到财政分权的效率水平。即便在财政集权的基础上进行分级管理，由于其实质仍是集权，所以也难以达到财政分权的效率水平。如果在财政集权条件下实行分级管理使地方财政拥有自主决策权，那么财政集权实质上已变为财政分权。过度集权，多级财政实际上已形同虚设，与此对应的必然是高度集权的"统收统支"的财政管理体制。

在过度分权的情况下，地方政府完全独立于中央政府，中央政府不拥有对单个居民征收财政收入的权力，财政收入的征收权完全分散在各个地方政府手中，地方政府将部分财政收入资助给中央政府。在这种情况下，中央政府实际上已不拥有政治独立性，也缺乏财政权力，无法行使政府职能。

在现实生活中，各国的财政关系基本上是集权与分权的结合，只是结合的程度不同而已，并不存在绝对的集权或分权。例如，英国、荷兰等单一制国家财政分权的程度比较低，而澳大利亚、美国等联邦制国家的财政分权程度比较高。随着时间的推移，一国的财政关系也会发生一些变化。例如，随着我国经济体制改革的不断深入，财政关系也逐渐从集权向分权转变。正由于财政集权、财政分权均具有其必要性和优点，各国均在财政管理实践中寻求一种适合自己国情的、财政集权与分权适度结合的财政关系。

二、政府间财政关系构成的理论基础

（一）俱乐部产品理论

俱乐部产品理论是研究非纯公共品的供给、需求与均衡数量的理论，最早可追溯到 20 世纪 20 年代初期阿瑟·塞西尔·庇古（Arthur Cecil Pigou）与弗兰克·H. 奈特（Frank Hyneman Knight）有关收取拥堵费的方式来治理交通拥堵的论述。现代俱乐部产品理论的真正奠基人是詹姆斯·布坎南（James M. Buchanan），它的基本目的是研究非纯公共品的配置效率问题。

所谓俱乐部产品理论，就是假定地方是一个由自愿聚合在一起的人们所组成的聚合体或者社群，我们可以形象地称之为"俱乐部"。俱乐部向各位会员提供公共产品和服务，但成本由各位会员分担（即税收份额）。这时公共产品和服务供给的边际成本为零（这是由公共产品和服务在消费上的非竞争性所决定的）。如果俱乐部接收新的会员，那么俱乐部成员原来所分担的公共产品和服务的成本就可以由更多的会员来分担了，实际上等于是在固定成本的情况下由更多的人来分担。但是，俱乐部的这种"扩张"并不是无限制的。俱乐部产品的一个重要特征就是，新会员加入到一定程度会产生拥挤效应，也就是说，在超过拥挤点以后，随着新会员的加入，公共产品和服务的边际收益会呈现出递减状态。这就存在一个俱乐部最佳规模的确定问题。俱乐部理论实际上是论证了地方政府的适当规模问题，即在理论上能够断定，如果存在多个地方政府，就可以通过人们在不同辖区之间移居来提高资源配置的效率。假设地方政府所提供的公共产品和服务存在富余现象，即新增加一个成员的边际成本为零，而每增加一个成员后的平均成本却得到了节约，这时地方政府之间就会出现竞争，如果欲加入者是一个比较富裕的人，地方政府就会更愿提供比较好的条件来吸引他们。[①]

（二）地方公共产品理论

地方公共产品的概念是公共产品概念的延伸，只能在给定地理区域内消费的公共产品被称为地方公共产品。地方公共产品在该区域内可以是非竞争性的，也可以是部分竞争性的。地方公共产品的定义清楚地表明，其唯一的特点就是地理上的限制，这也就表明它是俱乐部产品概念的延伸。这正好与蒂伯特（C. M. Tiebout）所指出的地方政府相互竞争，进而提高资源配置效率的理论相一致。

蒂伯特在 1956 年发表的论文中提出了地方公共产品理论，即蒂伯特假说（Tiebout Hypothesis）。他认为分权的最终结果将有助于对不同人口群体的公共产品和服务偏好做出判断。地方政府提供某些公共产品和服务，这些群体可以按照其从该公共产品和服务中获益多少来支付一定的代价（即税收）。此外，个人还可以通过向

---

① BUCHANAN J M. An economic theory of clubs[J]. Economica,1965:1—14.

最能反映其偏好的辖区流动来表示他们对原辖区的不满，即"用脚投票"。这就可能出现一个边际点，即消费公共产品和服务所获得的收益等于以受益税方式支付的成本，也就是接近于帕累托最优解决方案。[①]

（三）财政联邦主义

华莱士·E.奥茨（Wallace E. Oates）在其1972年出版的经典名著《财政联邦主义》中提出，财政分权理论是以这样一个现实为基础的，即并非所有公共产品和服务都具有相似的空间特征，一些公共产品和服务可以使整个国家受益，而另一些公共产品和服务只能使某一地区受益。此外，不同地区的消费者对公共产品和服务的偏好程度也存在差异。这就要求政府根据公共产品和服务的空间特征和消费偏好的多样性提供相应的产出水平。奥茨得出的基本结论是，地方政府为其辖区提供相应的产出水平通常要比中央政府对所有辖区提供统一的产出水平更加符合帕累托效率。[②]

财政联邦主义是指各级政府间财政收入和支出的划分以及由此产生的相关制度。或者说，财政联邦主义从某种意义上说就是财政分权，即给予地方政府一定的税收权利和支出责任范围，并允许地方政府自主决定其预算支出规模与结构，其精髓在于使地方政府拥有合适与合意的财政自主权进行决策。概而言之，财政联邦主义是一种关于财政分权的理论学说，它本来源自财政学者对于联邦制国家财政分权体制的分析，后来也被广泛应用于对于各种国家制度下财政体制的分析，特别是被应用于福利国家改革与发展中国家的财政体制改革的问题探讨。

财政联邦主义为地方分权提供了强有力的理由。首先，地方政府存在的理由是它比中央政府更加接近民众，也就是说它比中央政府更了解其辖区民众的需求和效用。而当实施地方自治时，地方政府显然会更加关切地方百姓的需要；其次，一个国家内部不同地区的人有权对不同种类和数量的公共产品和服务进行各自的选择，而地方政府就是实现不同地区不同选择的机制。

三、政府间财政关系与预算绩效管理

财政管理体制是预算绩效管理的制度起点，财政管理体制的特征直接决定着预算绩效管理改革推进的深度、广度和维度。财政管理体制的核心内容，就是政府间的财政事权和支出责任划分。因此，预算绩效管理改革，应当符合我国目前政府间财政事权和支出责任划分的相关规定，原因就在于财政事权划分对预算绩效管理的影响有以下三方面：

（一）财政预算资金配置的基本依据

提高财政资源配置效率和使用效益，改变预算资金分配的固化格局，是中共中

---

① TIEBOUT C M. A Pure Theory of Local Expenditure[J]. Journal of Political Economy,1956(64):416-424.
② OATES W E. Fiscal Federalism[M]. New York:Harcourt,BraceJovanoich,1972.

央、国务院在《关于全面实施预算绩效管理的意见》中提出的预算绩效管理改革目标之一。政府间财政事权划分是影响财政资源配置的重要因素之一，不同的财政事权划分，实际直接决定着不同政府层级、不同政府部门、不同财政支出项目的财政资源配置的整体格局，进而导致不同的财政预算资金配置结果。财政预算资金配置状况是财政资金使用绩效能否得到有效提升的关键，而财政预算资金配置则由财政事权的划分状况决定。所以，财政事权划分将会成为财政预算资金配置的重要依据。

（二）预算绩效管理职责的界定基础

明确绩效管理责任约束，是全面实施预算绩效管理的重要内容。《中共中央　国务院关于全面实施预算绩效管理的意见》指出，地方各级政府和各部门各单位是预算绩效管理的责任主体，地方各级党委和政府主要负责同志对本地区预算绩效负责，部门和单位主要负责同志对本部门本单位预算绩效负责。预算绩效管理责任的落实，建立在明确清晰的责任边界基础上。政府间财政事权划分，规定了不同层级、不同地区、不同部门的支出责任，因此，也就明确了各自的预算绩效管理职责，从而为各责任主体履行预算绩效管理责任奠定了基础。

（三）预算绩效管理工具的应用原则

绩效指标体系，是相关主体运用开展预算绩效管理的主要工具。不同财政事权责任主体，即上级政府与下级政府、预算主管部门与预算单位，在预算绩效管理职责上的差异，使得它们在绩效目标、绩效指标和绩效评价指标体系的设计运用方面，都存在一定的差异。例如，在转移支付资金的预算绩效管理过程中，省级人民政府主要明确预算资金支出的效果，因此侧重考察效果实现状况；市级人民政府既需要明确支出效果，也要重视产出状况，因而需要产出和效果并重考察；县级人民政府是基层政府主要负责财政支出项目的实施，更为关注项目产出，因此需要侧重考察项目产出。

|第三节| 政府间收支划分的制度安排

政府间的财政关系主要通过政府预算管理体制具体体现，政府预算管理体制是正确处理各级政府之间的分配关系，确定各级预算收支范围和管理职权的一项根本制度。其中，预算收支范围涉及的是国家财力在中央与地方，以及地方各级政府间如何分配的问题，而预算管理职权则是各级政府在支配国家财力上的权限和责任问题。建立政府预算管理体制的根本任务，就是通过正确划分各级政府预算的收支范围，规定预算管理权限及相互间的制衡关系，使国家财力在各级政府及各区域间合理分配，保障相应级次或区域的政府行使职能的资金需要。具体而言，涉及政府间财政事权、财政支出、财政收入三个方面的划分。

一、 政府间财政事权的划分

政府间财政事权的划分，是政府职能在各级政府间进行分工的具体体现，也是财政分权管理体制的基本内容和制度保障。事权明晰，也就意味着各级财政支出范围的确定。

（一） 政府间财政事权划分的原则

1. 外部性原则

外部经济效果是一个经济主体的行为对另一个经济主体的福利产生的效果，而这种效果并没有从货币或市场交易中反映出来。根据这一效果的好坏，外部性可分为正外部性和负外部性。由于外部性的存在，市场经济体制无法很好地实现其优化资源配置的基本功能，社会最优的产量往往难以达到。在市场无法通过自身力量将外部性内部化时，外部性的存在成为政府干预经济的一个重要原因。除了管制等直接进行数量控制的手段之外，解决外部性的基本思路是让外部性内部化，即通过制度安排，使得经济主体通过经济活动所产生的社会收益或社会成本，转为私人收益或私人成本。通常的做法包括征税、补贴和专利制度等方式。

根据外部性的原则，在实际操作中可以根据公共服务的受益范围确定公共服务成本的辖区范围，使成本分担的地理边界同受益范围一致，据以实现成本和受益在地理范围上的完全内部化，而不至于外溢到其他辖区。正是由于政府提供公共服务也会产生外部性，在决定政府职责的划分过程中，要看公共服务的外部性由哪一级政府来承担，如果外部性主要发生在当地，即这项活动的外部性只是使一个地方得益，或者只是使一个地方受损害，这个事情就应该交给这个地方来管理；如果其外部性是跨区域的，就应该由更高级别的区域政府管理。

2. 信息复杂性原则

要考察不同的政府职责如何在中央政府与地方政府之间划分，需要考虑信息处理的复杂性。在信息处理上，不同级别政府具有不同的比较优势。层级越高的政府越可能不了解基层，进而搜集和处理信息的难度越大。地方政府最重要的比较优势就在于其搜集和加工差异性信息的能力明显比中央政府强。地方政府熟悉基层事务，比中央政府容易识别信息不对称。因此，从信息复杂程度出发，信息越复杂、越可能造成信息不对称的事项，越应让地方管理。信息复杂程度越高的事务越适合基层来管理。信息复杂程度低一点、属于全局性的事务适合由国家来管理，而往往属于全局性信息的事务，其外部性也是全局性的，因此也应该由中央政府来管理，这与外部性原则也相符。高层级政府往往倾向于向不同辖区提供相同水平与类型的公共服务，而低层级政府凭借搜集和加工差异性信息的优势，往往能够向辖区提供与辖区所需求的水平与类型相当的公共服务。如果按照信息的复杂程度，应该由地方政府来管理的事务，但同时又具有跨地区的外部性，那么可以由地方政府管理，中央政府提供帮助，例如义务教育。

实际上，地方政府的信息优势也是关于集权和分权的讨论中支持分权的主要理由之一。地方政府由于贴近基层，能够更好地了解本地社会经济的特殊性；地方政府由于接近基层民众，能够较好地了解并掌握当地居民的需求偏好。而中央政府所掌握的地方信息则带有较大的随机性和片面性。中央政府在提供地方性公共物品时，由于信息不全或者信息失真，提供的公共物品要么太多，造成资源浪费，要么太少，不能满足实际需要，从而不能实现地方资源的优化配置。与中央政府相比，由于得地利与人和之便，地方政府对本地事务更加具有信息优势。因此，实行地方分权，由地方政府负责提供地方性公共物品，就会降低发生信息偏差和偏好误识的概率。

3.激励相容原则

外部性原则和信息复杂性原则，较少考虑激励机制问题，实际上隐含着各级政府都追求全局利益的目标。在现实中，政府掌握有限的财政资源安排公共服务，在考虑上级满意程度的基础上，应更多地考虑当地居民的满意程度，即局部利益。在很大程度上级政府也服从于"经济人"假设。要设计一种体制，使得所有的参与人既按照自己的利益去运作，也能导致整体利益最大化，这种体制就是激励相容的。从政府角度而言，如果在某种制度安排下，各级政府都按划定的职能尽力做好自己的事情，就可以使全局利益最大化，那么这种制度安排就是激励相容的。激励不相容，局部利益可能损害整体利益。如果支出责任的划分不符合激励相容的原则，那么就可能引起许多问题，如某些地区的企业的排污污染了邻近的其他地区，或发生跨地区的司法纠纷问题，这类跨区域纠纷如果由某一区域地方政府处理，就可能会出现不公正的结果。不按照激励相容的原则适当地划分政府间职能，会造成经济社会运行的低效率。

在多级政府体系下，政府间事权划分的基本依据是外部性原则、信息复杂性原则与激励相容原则，其基本思路是根据公共服务的受益范围确定提供公共服务的辖区范围，因此公共服务最好由令这一服务实现成本与收益内部化的地理范围最小的辖区来提供，使成本分担的地理边界同受益范围一致，有利于实现成本和收益在地理范围上的完全内部化，而不至于外溢到其他辖区。这就要求中央政府关心全国性基础设施项目和其他全国性公共物品及其全面协调。相应地，地方政府则应该关注辖区内的基础设施项目和地方性公共物品及其协调。同时，不同级别的政府具有不同的比较优势，适合处理具有不同信息复杂程度的事务和提供不同类型的公共服务。不同类型的公共服务有不同的受益范围，适合不同层级的政府在分工的基础上提供。哪一级政府能够最有效率地提供公共服务，避免辖区间的溢出，就应该将该项支出责任划分到哪一级政府。

（二）政府间财政事权划分的具体做法

在政府间事权的划分上，世界各国所采用的方法不尽相同，对具体项目的处理也不完全一致，但所形成的基本格局如下：

1. 国防事务

对国防事务的立法权为中央专有，对国防事务的行政权则以中央直接管辖为主，地方所享有的国防行政权主要限于组织地方武装力量，协助征集兵员，负责所管辖地域的国防。

2. 外交事务

绝大部分国家将外交事务划归中央专门管理，只有部分联邦制（邦联制）国家允许成员国保留部分外交权。但这类外交权不仅以非政治性的外交活动为主，而且在国家外交活动中所占比例也不大，同时还附有严格的限制条件。

3. 公安事务

中央对事关国家主权的公安事务，如国籍管理、出入境管理等实行专门管理；而对于维护国家安全与秩序的主要工具——警察，则由中央与地方共同管辖。

4. 内政事务

中央机构的建制由中央决定，中央与地方分别建立；地方机构的建制，由地方决定并建立。

5. 司法事务

当代世界各国的司法体制分为高度集权、集权为主和分权三类。在高度集权的司法体制下，所有的司法制度都由中央立法并实施管理，所有的司法机关都由中央建制并管理，地方不得插手。在集权为主、分权为辅的司法体制下，所有关于司法方面的立法权全部集中于中央，所有司法制度、司法机关的建制均由中央立法并主要由中央实施，地方只是在一定范围内享有司法管理权。在分权的司法体制下，一个国家之内实行二元的司法制度，同时并存两套司法系统，或同时并存两套法律制度，或兼而有之。

6. 经济事务

全国范围的产业事项由中央政府管理，局部范围的产业事项由地方依照法律规定管理。全国范围内事关国际关系和国家主权的产业部门、行业制度由中央专门管辖。在财政金融方面，世界各国都实行以中央集中管理为主、地方协助管理为辅的财政金融管理体制，由国家统一管理信用、货币和银行体系。

7. 文化教育事务

文化教育事务，在有的国家是由中央来负责执行的，在有的国家则纳入地方政府的职责范围，还有的国家由中央和地方共同负责。针对具体的项目来说，发展文化事业的方针、政策以及措施一般都是由中央进行决策的；对于文化遗产的保护，既有由中央立法并执行的，也有完全交由地方执行的；图书馆、文化馆、博物馆等馆藏事业既有由中央立法并执行或交由地方执行的体制，也有由中央与地方共同立法并执行的体制；传播媒介以中央立法并实施或交由地方执行为原则；文化娱乐设施由中央与地方共同立法并实施。教育立法方面，有中央与地方共同立法的，有中央立有专法的，也有地方立有专法的。在教育行政方面，有以地方管理为主的，也有以中央管理为主的。

二、政府间财政支出的划分

财政支出的划分是指财政支出在中央财政或地方各级财政的支出权属划分。无论是发达国家还是发展中国家，中央与地方财政关系中诸多问题的焦点都集中在支出的划分上，因为支出划分所反映和体现的便是各级政府间的责权划分问题。所以，政府间财政支出的划分应该与其事权划分的口径一致，并且同样应该按照经济效率的要求，由中央和地方政府根据居民的偏好以尽可能低的资源耗费分别提供不同层次的公共物品或服务。当然，由于各个国家在历史、立法及社会发展状况等方面存在着差异，各国在支出划分上存在着共性的同时，也必然会有一定的不同之处。

（一）财政支出划分的原则

1. 与事权相对称原则

一级事权必须有一级财力作保证：财力与事权相对称原则，就是要求先明确中央与地方的事权和支出责任，凡政府活动的实施是在行动上必须统一规划的领域，其支出应属于中央政府；凡政府活动在实施过程中必须因地制宜的领域，其支出则应属地方政府，然后依据各自的权责确定相应的财力。

2. 公平性原则

公平性原则是指各级政府的财权财力划分应相对平衡，包括中央与地方政府及地方各级政府间的纵向均衡和各地方政府间的横向均衡。

3. 权责结合原则

权责结合的原则是解决划分支出的依据问题，即解决财权财力与财政责任的结合问题。一是要在地方组织的职能中解决其支出的需要，即收支挂钩；二是各级财政要为各级政府履行自己的事权提供财力支撑；三是各级地方组织要保持财政收支平衡。

（二）我国财政支出划分的具体做法

我国财政支出在中央和地方之间的划分曾采用过以下几种方法：

1. 统收统支

这种方法的主要内容是：地方组织的全部收入，统一收缴中央，地方所需的支出，统一由中央拨给。地方预算的支出与其组织的收入之间基本上不发生关系。这种办法有利于政治经济的非正常时期资金使用效率的提高，但因为财权、财力高度集中，所以不利于调动地方的积极性。

2. 收入分类分成

所谓分类，是将预算收入按项目分为中央固定收入、地方固定收入、中央和地方分成收入。固定收入百分之百地分别归中央或地方，分成收入分为固定比例分成和调剂比例分成收入。固定比例分成收入是指对某些收入来源，由中央预算规定分成比例，在中央和地方之间进行分成，各地方采用统一的分成比例；调剂比例分成收入的地方分成比例事先不做具体规定，而是根据地方固定收入、固定比例分成收入抵补其预算支出的差额后确定。采用这种方法解决地区支出需要时，首先用地方固定收入与地方政策支出相抵，如果仍无法抵补支出，则划给地方固定比例分成收入，如果仍不抵补支出，再划给调剂分成收入。这是使地方支出与其组织的收入挂钩的一种形式。

3. 总额分成

所谓总额分成，就是将地方组织的预算收入总额在中央和地方之间进行分成，地方预算支出占地方组织的总收入的比例即为地方总额分成比例，其余为中央总额分成比例。这也是收支挂钩的一种形式。

4. 定额上缴（或称定额补助）

所谓定额上缴（或称定额补助）办法，是指在中央核定的地方预算收支基础上，凡收入大于支出的地区，其收入大于支出的数额，由地方定额上缴中央。凡支出大于收入的地区，由中央定额补助。

5. 分税制

分税制是按照税种划分中央和地方各自收入以解决支出需要的方法，是我国现行的财政管理体制，本节最后将对此进行单独介绍。

三、政府间财政收入的划分

世界上绝大多数国家的税收收入占财政收入的比重都在 90% 以上，所以划分中央财政与地方财政收入就主要体现在税收收入的划分上。

（一）税收收入划分的原则

1. 效率原则

该原则以征税效率的高低作为标准来划分中央和地方收入。宜于中央集中征收的归入中央收入，相反，则划为地方收入。如土地税或财产税，由于地方税务人员比较了解当地情况，由地方政府征收这些税就比较方便且有效率，因此，土地税或财产税一般划为地方税。

2. 适应原则

该原则是以税基的宽窄为标准来划分中央与地方收入。税基宽的税种归中央政府，税基狭窄的税种归地方政府。例如：增值税税基广泛，故应属于中央税；房产税因为其税基存在于房屋所在区域，较为狭窄，所以应为地方税。

3. 恰当原则

该原则以税收负担的分配是否公平作为标准来划分中央与地方收入。税种归属，要看哪一级政府更能保证税收负担的公平分配。例如：所得税是为了使全国居民公平负担税收而设立的，这种税如由地方政府来征收，就难以达到上述目标，所以，所得税划归中央政府才符合恰当原则。

4. 经济利益原则

该原则以增进经济利益为标准来划分中央与地方收入。税收究竟归属哪级政府，应以便利经济发展，不减少经济利益为标准。如：增值税、消费税划归中央，可以使货物在全国范围内畅通无阻，有利于组织生产；反之，如果将其归于地方政府，则同一货物每到一地，均要征一次税，致使成本增加，不利于全国统一大市场的形成和经济发展。

（二）税收收入划分的方式

中央与地方之间进行税收收入划分，也被称为"税收分割"，它有多种方式，主要包括分割税额、分割税率、分割税种、分割税制和混合型五种类型。

1. 分割税额

分割税额是指先统一征税，然后再将税收收入的总额按照一定比例在中央与地方政府之间加以分割，这种方式又可称为"收入分享"，我国在分税制改革以前曾经实行的"总额分成"，其做法实际上就属于这种方式。

2. 分割税率

分割税率是一种按税源实行分率计征的方式，即由各级政府对同一课税对象按照不同的税率征收。此类方式又可进一步划分为两种：（1）上级政府对某一税基按照既定比率征收并将税款留归本级财政之后，再由下级政府采用自己的税率，对相同的税基课征税收且自行支配该税收款项（下级政府亦可在上级政府征税的同时或之前按自己的税率对同一税基征税）；（2）上级政府在对某一税基采用自己的税率对同一税基课征，而后将这种税款发给下级政府。在税收术语中，称后一种方式为"税收寄征"。美国主要采用这种方法。不论采取哪种分配形式，都是明确设置各国预算的主体税种，并将主体税种和各级的职能特点结合起来，如美国将所得税作为联邦的主体税种，因为所得税是美国税制中的主体税种，联邦通过较高的税率将所得税的大部分税源集中为联邦所支配，州和地方只能以较低税率征收所得税，这样就可以防止各州和地方政府为争夺投资和人才而竞相降低税率。州政府的主要税种是销售税和总收入税，这种间接税不是美国税制的主体税种，而且按流转额征收，可以保证以较低的名义税率和征收费用取得可靠的收入。地方政府的主体税种则是财产税，一般占地方收入的 70% 以上。

3. 分割税种

分割税种是在税收立法权、税目增减权和税率调整权等税收权限主要集于中央的条件下，针对各级政府行使职能的需要，综合考虑各个税种的特征以及收入量等因素，把不同税种的收入分割给各个级次的政府财政，即按税种划分收入范围，确定哪些税种归中央，哪些税种归地方，哪些税种由中央与地方共享。但在这种方式下，地方政府不享有等同于中央的税收立法权。多数西方国家都实行这种办法。按税种划分还有完全形式和不完全形式的区别。不完全形式是指除划定中央税和地方税之外还设置共享税，而共享办法又有所不同，大体有几种情况：（1）附加式，如伊朗的所得税、关税，中央征正税、地方征附加；（2）返还式，如巴西的所得税和工业制成品税，由联邦统一征收，再按20%返还给州政府；（3）比例分成式，如德国的个人所得税，不是由各级政府分率分征，而是统一征收同时规定统一分配比例，联邦和州各占43%，县（市）占14%。

4. 分割税制

分割税制是指分别设立中央税和地方税两个相互独立的税收制度和税收管理体系，中央与地方均享有相应的税收立法权、税种的开征和停征权、税目的增减和调整权，并且有权管理和运用本级财政收入。当然，尽管两级税收体系相对独立，但它们之间又是相互衔接和相互补充的，而不可能截然分开。

5. 混合型

混合型是指在税收分割中综合运用上述四种方式中两种以上的做法而形成的一种中央与地方税收体系。例如，在以分割税制为主的情况下，辅之以对某一个或某些税种的收入实行共享的方式；或者以分割税制为主，同时中央和地方政府也对某一个或某些税源实行分率计征。在现代经济社会条件下，一个国家分割税收时所采取的方式往往不是单纯地采取前四种方式之一，而通常采取混合型的税收分割方式。

某些看起来与税收收入划分并无关联的税收优惠措施，如税收扣除、税收抵免和税收免征等，有时也可以成为事实上的税收分割方式。例如，如果在计算纳税人的中央应税收入时，允许从已调整的总收入中扣除大部分已对地方政府缴纳的税额，那么这种税收扣除就可以被看作是对税收的一种分割。与此相类似，税收抵免措施容许纳税人用对地方政府的纳税额抵免对中央政府的纳税额，税收免征措施允许对购买地方债券所得的利息收入部分免征中央税，这些方式无疑都会客观地产生分割税收的功效。

（三）税收收入划分的具体做法

税收收入是政府财政支出的前提和保证。只有税收收入充裕，财政支出项目才有保障，政府才能更好地行使其事权，履行其职能。因此，世界各国都非常重视政府间税收收入的划分。归纳起来，政府间税收收入的划分中比较有代表性的具体做法主要有以下几种：

（1）将与稳定国民经济有关的税种及与收入再分配有关的税种，划归中央政府，如个人所得税和公司所得税。所得税适于采用累进税，具有稳定经济功能，被称作"自动稳定器"，即当国家经济快速增长时，个人和公司的收入增加，平均税率便随之上涨。税率的上升会抑制投资供给的过快增长，从而防止经济过热现象的出现。当国家经济衰退时，个人和公司的收入下降，平均税率也随之下降，这将直接刺激投资供给的增长，从而促进经济复苏。由于稳定宏观经济属于中央政府的职责，那么用于稳定经济的税种也应归于中央政府。

再从所得税调节收入分配的功能来分析，由于所得税一般来说是累进税，收入较高的个人和地区所适用的平均税率较高，收入较低的个人和地区所适用的平均税率较低，因而所得税可以达到对收入进行再分配的效果。由于收入再分配在很大程度上是中央政府的职责，因而具有收入再分配功能的税种也应归于中央政府。

（2）将税基流动性大的税种划归中央政府。如个人所得税、公司所得税、增值税、销售税和遗产赠予税等，这些税种如果划归地方政府，各地税率不一，便会引起税基的非正常流动，出现"税收洼地"效应。居民会流向个人所得税、增值税、销售税和遗产赠予税较低的地区，公司会迁移到公司所得税较低的地方。这种税基的非正常流动并不能反映资源配置的优化，而是地区间税率差异的人为结果。另外，如果公司所得税完全划归地方，会形成各地税率不一的格局，一些企业则通过转让定价将利润转移到税率低的地区。

（3）与自然资源相关的税种（如资源税），如果在地区间分布不均匀，则应该划归中央政府，以免导致地区间税源的不平衡。但如果某些自然资源在地区间分布均匀，则由于税基不可流动，则更适合于划归地方政府。

（4）将作为国家主权重要组成部分的进出口关税和由海关代征的税收全部划归中央政府。

（5）将税基流动性较小的、税源分布较广（不易统一征收）的税种，如房产税、土地税、土地增值税等划归地方政府。

（四）其他财政收入的划分

《预算法》第二十七条规定了财政收入的主要形式包括：各项税收收入、行政事业性收费收入、国有资源（资产）有偿使用收入、转移性收入和其他收入。除税收收入之外，应当上缴的国有资产收益、专项收入和其他收入均未有明确的划分原则，具体按照各地相关规定执行。

四、政府间收支的调节

财政预算收支的划分并不能解决各级次及各地方政府财政收支均衡的所有问题，这不仅由于支出划分与收入划分所遵循的标准不完全一致造成不同级次预算主体之间的收支不对称，而且因为地区间经济发展的非均衡性会使经济相对落后地区的财政预算收支难免存在缺口。此外，部分区域性公共物品受益的地区外溢性也需要在地区间进行利益协调。因此，在既定的财政预算收支划分的基础上进行收支水平的调节是必要的，以实现中央与地方政府及地方各级政府间的纵向均衡和各地方政府间的横向均衡。

（一）财政收支的纵向均衡

财政收支的纵向均衡，是指各级政府的财政资金来源与各自的支出责任或事权范围相对称，使各级政府在履行各自的职责时有必要的财力做保障。这种纵向均衡与分级财政体系中财政管理的层次性和各级财政一定的自主性是一致的。但在实践中，通过预算管理体制中各级财政收支范围的规定达到纵向均衡的要求往往是困难的，因为各级财政支出范围与收入范围的划分所遵循的标准并不相同，支出范围的确定要符合公共物品的层次性（全国性公共物品与地方性公共物品）和提高公共物品配置效率的要求；而收入范围的划分要根据各税种的特点加以设计，以利于实现税收的收入功能和调节功能为前提。因此，在一定的预算管理体制下，往往体现为中央政府（上级政府）的收入范围相对较大，而地方政府（下级政府）的支出范围相对较大。为了解决各级财政收支范围的划分难以达到纵向均衡的问题，就需要在预算管理体制内以一定的方式对各地财政的收支水平进行调节，达到财权与事权的最终统一。

（二）财政收支的横向均衡

地方政府间财政关系的横向均衡是指基本公共物品的供给标准和供给数量在各地区的均等化。换句话说，作为一国的公民，其所享有的基本公共服务不因居住地的不同而有差异。这种横向均衡是社会公平的要求在公共资金分配上的体现，但在基本公共物品的供给上，各地区应保证有与国家经济实力和发展状况相应的起码水平，如义务教育、公共安全、基本医疗保健、水电设施、交通设施等。由于地区间经济发展的非均衡性，各地的财政能力会存在较大的差别，即使按公共物品供给的最低标准，也会有部分地区存在一定的财政困难，这就需要通过预算管理体制的合理设计，兼顾不同地区的财政需要，采取相应措施保证横向均衡目标的实现。

因此，这种调节制度就包括各级预算间的纵向调节和各地区预算间的横向调节。调节的主要手段是政府间的转移支付，调节的目标是使公共资金公平分配和有效使用，并最终达到各级政府事权和财权的统一。

五、 政府间财政管理权限的划分

（一）政府预算管理级次

政府间的财政管理与一国预算管理级次的划分密切相关，而政府预算管理级次的规定与一国的政权结构和行政区划存在密切的联系。通行的原则是：有一级政权就要建立一级预算。由于各国的政权结构和行政区划的特点不同，政权级次以及预算级次的划分也不尽相同。如美国的政权组织由联邦、州和地方政府组成，其财政预算也相应划分为联邦政府预算、州政府预算和地方政府预算；法国的政权组织由中央、大区、省和市镇组成，其政府预算也分为中央政府预算、大区政府预算、省政府预算和市镇政府预算四个级次。我国依据"一级政府一级预算"的原则，设立五级预算制，即中央，省、自治区、直辖市，设区的市、自治州，县、自治县、不设区的市、市辖区，乡、民族乡、镇五级预算。全国预算由中央预算和地方预算组成。地方预算由各省、自治区、直辖市总预算组成。地方各级总预算由本级预算和汇总的下一级总预算组成；下一级只有本级预算的，下一级总预算即指下一级的本级预算。没有下一级预算的，总预算即指本级预算。

（二）预算管理权限的划分

预算管理权是指国家预算方针政策、预算管理法律法规的制定权、解释权和修订权；国家预决算的编制和审批权；预算执行、调整和监督权等。

在我国，凡全国性的财政方针政策、法律法令都由中央统一制定，其解释权、修订权也归中央。各地方有权制定地区性的财政预算管理制度，但不能违反全国的统一规定，并应注意对毗邻地区的影响。根据《预算法》，我国各预算管理主体相关职权的划分具体如下：

（1）各级人民代表大会是审批与决算的权力机关。各级人民代表大会审查总预算草案及总预算执行情况的报告；批准本级预算和本级预算咨询情况的报告等。各级人大常委会监督预算的执行；审查和批准预算的调整方案；审查和批准决算。各级人大财经委（专门委员会、有关工作机构）对预算草案初步方案及上一年预算执行情况、预算调整初步方案和决算草案进行初步审查，提出初步审查意见。

（2）各级人民政府是预算管理的国家行政机关。主要职权有：编制预算、决算草案；向本级人民代表大会做关于预算草案的报告；组织预算的执行；决定预算预备费的动用；编制预算调整方案；监督预算执行；以及定期报告预算的执行情况等。

（3）各部门行使的预算管理权。各部门的预算管理权包括：编制本部门预算、决算草案；组织和监督本部门预算的执行；定期向本级政府财政部门报告预算的执行情况。

（4）各单位行使的预算管理权。各单位编制本单位预算、决算草案；按照国家规定上缴预算收入，安排预算支出，并接受国家有关部门的监督。

六、我国分税制财政管理体制

（一）我国财政管理体制的演变历史

在 1980 年以前，我国政府间的财政关系基本上以"统收统支"为特征，基本做法是"以支定收，一年一变"。在这种财政收支关系下，地方财政只是中央财政在地方的派出机构，并没有实际的资金支配权，这严重地束缚了地方的积极性，阻碍了经济的发展。

从 1980 年起，我国对各省、自治区、直辖市（北京、上海、天津除外）实行"财政包干"体制。1983 年起，除广东、福建两省继续实行"大包干"财政体制外，其他省、自治区、直辖市一律参照江苏的做法，比例上缴或比例补助。自 1998 年开始，上海等地开始实行广东、福建的定额上缴或定额补助的"大包干"办法。"财政包干"体制与"统收统支"相比，扩大了地方财政的自主权，调动了地方政府理财的积极性，地方财力逐步增长，促进了地方经济的发展。但是，在这种体制下，中央对地方的放权不规范，中央与地方政府以承包合同的方式来维持相互之间的经济关系，其结果是诱发了地方的种种短期行为，出现了区域封锁与行政垄断，使中央财政收入占全国财政收入的比重下降，使财政收入占 GDP 的比重也下降，严重影响了中央政府宏观调控职能的实施，也阻碍了国民经济的发展。

"财政包干"体制不仅不适应社会主义市场经济发展的要求，而且日益成为社会主义市场经济健康运行和发展的桎梏。因此，我国于 1992 年起在部分地区进行分税制改革试点，随后于 1994 年在全国范围内推行了"分税制"。其总体目标是适应建立社会主义市场经济体制的客观要求，科学界定各级政府的事权，在事权的基础上确定各级政府支出范围，按税种划分各级政府财政收入，分设中央、地方两套税务体系进行征管，并通过税收返还和转移支付来调节中央与地方的财政关系，以达到资源最优配置。其设计原则是存量不动，增量调整，逐步提高中央宏观调控能力，为建立合理的财政分配机制创造条件。

（二）我国分税制管理体制的主要内容

1. 分税制财政管理体制的概念

分税制财政管理体制，简称分税制，是指在明确划分中央和地方政府事权和支出范围的基础上，按照事权与财权财力统一的原则，结合税种的特性，划分中央与地方的税收管理权限与税收收入，并辅之以补助制的一种财政管理体制。它是财政分权管理体制的典型代表，也是市场经济国家普遍推行的一种财政管理体制模式。

分税制主要包括"分事""分税""分权""分管"四层含义：（1）"分事"，指按照一定社会管理和经济体制的要求，在各级政府间划分社会管理权和经济管理权，并以此为依据确定各级政府的预算支出范围；（2）"分税"，指在划分事权和支出范围的基础上，按照财权与事权相统一的原则，在中央与地方之间划分税种，即将税种划分为中央税、地方税和中央与地方共享税，以划定中央和地方的收入来源；（3）"分权"，指中央与地方都对属于自己的税种有开停征权、调整税目税率和减免税权，同时赋予地方开征地方性新税的权力；（4）"分管"，指在"分事"和"分税"的基础上实行分级财政管理，建立中央与地方两级税收征管体系，设置中央和地方两套税收征管机构，分别负责中央税和地方税的征收管理工作。

实行分税制一般还要配合以中央对地方、上级政府对下级政府的转移支付制度，以此来调节不同地区间预算财力的差距，依照公平分配的原则，实现财力与事权的统一。

2. 分税制下中央与地方政府的税收收入划分

根据事权与财力相结合的原则，按税种划分中央与地方的收入。将维护国家权益、实施宏观调控所必须的税种划分为中央税；将同经济发展直接相关的主要税种划分为中央与地方共享税；将适合地方征管的税种划分为地方税。

2019 年，为进一步理顺中央与地方财政分配关系，支持地方政府落实减税降费政策、缓解财政运行困难，国务院印发《实施更大规模减税降费后调整中央与地方收入划分改革推进方案》（国发〔2019〕21号），出台了关于调整中央与地方收入划分改革的三大举措：一是保持增值税"五五分享"比例稳定；二是调整完善增值税留抵退税分担机制；三是后移消费税征收环节并稳步下划地方。

从国际比较来看，当前我国中央政府财力集中度并不高，在以调整事权和支出责任划分为改革基本方向的前提下，仍然需要进行税制改革以及对收入划分进行必要调整。一方面，这是改革政府与市场关系的重要内容；另一方面，事权和支出责任调整以后，收入划分也需要做相应调整，以保障各级政府的财力需求。

3. 分税制下中央政府对地方政府的财政税收返还

税收返还的出现，主要是由于按新税制设置的税种划分为中央和地方收入以后，中央和地方之间收入发生互转，但总体来说是地方收入净上划中央。为了保持当时地方既得利益格局，建立中央财政在收入增量中逐步增长机制，达到中央财力稳定增长的目标，中央将净上划中央收入返还地方。我国分税制下中央对地方的财政税收返还包括基数返还和递增返还。中央的税收返还制度就其性质而言，是一种转移支付，是每年都有的经常性收入返还。中央财政对地方税收返还数额，以1993年为基期年核定。按照1993年地方实际收入以及税制改革后中央和地方收入划分情况，合理确定1993年中央从地方净上划的收入数额，并以此作为中央对地方税收返还基数，保证1993年地方既得财力。1994年以后，税收返还额在1993年基数上逐年递增，递增率按全国增值税和消费税增长率的1∶0.3为系数确定，即全国增值税和消费税每增长1%，中央财政对地方的税收返还增长0.3%。

（三）分税制管理体制亟待完善的方面

我国的分税制通过十多年的运行，已初见成效，但还不够规范，存在以下一些问题，需要不断总结实践经验，进一步深化改革，使之更趋规范和完善。

1. 政府间事权划分不够清晰

我国1994年实行的分税制，虽然对各级政府事权做了规定，但还不够明晰和规范。大部分事权是交叉的，如基础设施、农业等事业是各级政府共有职能，而规范的分税制要求以法律形式具体化，力求分工明确，依法办事，但我国事权的上转和下移时有发生，仍存在着一些不合理的交叉，影响了分税制的法律性。从各国分税制建立与发展的历史来看，它们都按照国家法律规定，明确划分各级政府的事权。我们在事权划分方面，也应明确各级政府及其职能部门的职责与权利，在理顺政府的职能后，以法律形式规范政府事权和支出的划分。

此外，我国分税制关于政府间事权的划分只是涉及中央与省一级的事权划分，而对省以下各级政府的事权则没有明确的规定，而财权却大多集中在省级政府。因此，出现了省以下各级政府的财政与事权关系不对称问题，财政收支矛盾随体制运行而越发集中于基层县和乡，有些基层政府连正常的支出都无法保证。

应当承认，我国现行政府分级体制制约了分税制的作用，五级政府的行政分级分割了政府间的财政能力，使各级政府间的竞争与权利、责任安排难以达到均衡状态，并进一步加大了纳税人对政府的监管难度。由于我国中央税与共享税的税种占全部税收的大部分，而中央又分享较高的比例，加之过多的行政级次，所以，税收收入层层下达，到县、乡一级政府，几乎无税可分，这就导致了省级以下政府的财权与事权不对称的问题。

2. 收入划分不够规范

1994年的分税制改革与工商税制改革是同时配套进行的，基本上是以现行税制的税种来划分收入的，但某些收入划分并不符合规范原则，随着经济体制改革的深入，仍需不断调整。

我国地方税界限不清，大多具有共享税的性质。一般来说，地方税税基的选择应是纯地方性的，应该是流动性较差，且具有相当独立性，而不是全国性税基让渡给地方。但是，1994年分税制改革时，我国并没有以真正的地方税为基础，而只是在当时的财政收入体制中把一部分收入划归地方，由于这些收入大都是全国性的收入项目，从而使部分地方税成为实质上的共享税。例如，将中央企业所得税，地方银行、外资银行及非银行金融企业所得税，铁道部、各银行总行、各保险总公司等集中缴纳的营业税、企业所得税、城建税等划为中央收入，而且，还在部分地方税种中掺杂了中央收入。

我国地方税源不充足，地方税种仍不健全，收入水平不高，自给率偏低。在国外，财产税作为地方税的主体税种，构成地方财政的主要收入来源，具有稳定性；而在我国还未形成统一的财产税体系，有些税种尚未开征，如遗产税和不动产税等，财产税并非构成地方政府的主要收入。其他一些地方税税种零星分散，收入不多。总之，地方财政时常处于捉襟见肘的尴尬境地。

3. 税收权限过于集中

我国现行分税制只涉及税收征收管理权限，而税收的立法权、《税法》解释权、税种开征停征权、税目税率调整权、减免税审批权都集中在中央。这不利于财权与事权的统一，不利于调动地方的积极性。我国1985年着手建立地方税时，尽管曾明文规定部分税种的税收管理权下放给地方，但多数管理权限至今仍未到位，地方税与中央税的管理办法几乎相同，从而有损地方税的独立性。

我国应在保证中央利益的前提下，赋予地方政府一定权力。中央税、共享税的立法权、征收权和管理权应完全集中于中央；对全国统一开征、对宏观经济影响较大的地方税，由中央制定基本法规和实施办法，将部分调整权下放给地方；对全国统一开征、对宏观经济影响较小的地方税，中央制定基本法规，地方制定实施办法，对具有明显地域性特点的地方税，可允许地方拥有立法权、征管权。经中央批准，地方政府可开征某些地方性税种。

为保证中央利益，中央可对地方立法权设置一定的限制，地方不能制定有损中央政府税收权益的税法，也不能制定有损其他地区利益的税法，更不能制定有损当地居民权益（如侵蚀中央税税基、利用税收优惠与其他地区过度竞争、歧视性征税等）的税法。

|第四节| 政府间转移支付的制度安排

政府间转移支付是当今世界各国普遍采用的重要手段，被用来与分税制体制相配套，规范中央政府与地方政府之间财政关系，执行收入分配政策，调控宏观经济运行，促进地区经济协调发展。从国际经验来看，任何国家客观上都需要维护中央政府的权威，这就要求中央政府通过相应的财政管理体制，在按照统一规定划分收入和支出后，集中相对较多的财权、财力，因而通常会产生中央与地方政府之间以及各个地方政府之间财政的纵向不均衡和横向不均衡，使地方政府的财力有赖于中央政府的支出，以保证政令畅通，经济协调稳定发展。这种布局必须通过各种形式的政府间转移支付来解决。从这个意义上说，政府间转移支付是与政府间财政关系密不可分的，中央与地方政府实行真正的分级管理是建立转移支付制度的前提，而规范的转移支付制度是实施相应的财政管理体制的保障。

一、政府间转移支付的概念

（一）政府间转移支付的定义

著名经济学家庇古在其1928年出版的《财政学研究》中第一次提出了转移支付的概念。他所定义的转移支付的概念逐渐为人们所接受并得以逐渐完善。随着国家干预的加强，转移支付在政府财政支出中所占的比例越来越大，其作用也日益为社会所承认，形成了转移支付制度的最基本内涵，但随着转移支付制度的不断完善和发展，转移支付从范围到作用日渐扩大，世界各国对转移支付的理解也产生了一定的差别。我国的财政理论界和实践部门一般把转移支付理解为政府单方面的无偿支出，主要包括补助支出、捐赠支出和债务利息支出，并按支付对象的不同，将其划分为政府向居民、企业的转移支付和政府与政府之间的转移支付。

政府间的转移支付是指一个国家的各级政府彼此之间在既定的职责范围、支出责任和税收划分框架下所进行的财政资金的相互转移。它包括上级政府对下级政府的各项补助、下级政府向上级政府的上缴收入、共享税的分配以及发达地区对不发达地区的补助等。因此，可以将政府间转移支付归纳为纵向转移支付和横向转移支付两种形式。

（二）政府间转移支付的特点

（1）政府间转移支付的范围只限于政府之间。政府间转移支付是各级政府间的财政资金转移，活动范围只限于各级政府之间。具体来说，它只在财政纵向各级次之间或财政横向的各区域之间进行财政分配活动。

（2）政府间转移支付是无偿支出。转移支付的一般特征是其支出没有与货物或劳务相交换，政府间财政转移支付是一种不以取得货物或劳务作为补偿的支出。这部分资金的分配原则不是等价交换，而是按均等化原则来分配，是一种无代价的支出。

（3）政府间转移支付并非政府的终极支出。政府间转移支付中的财政资金是在不同政府间的转移，不是一种直接的支出，而是资金使用权从一个实体转向另一个实体，在转移支付过程中，并不创造新的价值，也不增加资金供给量，不会影响到市场的供需关系，即政府间转移支付并不改变社会财力总量，改变的只是资金使用权，所以，政府间转移支付并非终极支出，只有接受转移支付的主体将资金使用了，才形成最终支出。

二、 政府间转移支付的作用

（一） 纠正纵向财政失衡

所谓纵向财政失衡，是针对多级财政体制中，上下级政府间财政收支差异的状况而言的。当某一级政府面临财政赤字，而其他级次政府财政却出现盈余时，就意味着存在纵向财政失衡的问题。纵向失衡问题需要切实得以解决，其主要方法就是通过纵向转移支付来进行财力的再分配，从而实现纵向的财政均衡。

（二） 纠正横向财政失衡

横向财政失衡是由于各地方政府收入增长能力与支出需求差异造成的，即由于地区间资源禀赋、发展水平、行政效率等存在差异，必然造成财政收支的不对应。发达地区财政收入充裕，而落后地区财源狭小，财政状况拮据，却比发达地区更需要基础设施方面的大量投资，这便是横向财政失衡问题。因而使得发达地区能够为其居民提供较高水准的公共物品和服务，而落后地区却难以提供最基本的公共物品和服务。显而易见，横向财政失衡状况的存在和加剧是不利于各地区均衡发展和社会共同进步的。因此，纠正这种失衡是政府间转移支付的另一大目标。在转移支付制度中，横向均衡的目标是减少发达地区和落后地区地方政府之间的财政差异。而通常，在发达地区和落后地区之间是很难自动形成这种财政资金转移的，因为各地方财政的收支活动都会以本地区利益为出发点和归宿点。这就需要中央政府以国家整体利益代表者的身份，通过立法手段，强制性地要求发达地区向落后地区适当转移财力，实现均衡发展，并使这项制度规范化、制度化、科学化。

（三） 干预公共外部效应

地方政府提供地方性公共物品或服务的受益范围几乎不可能恰好被限定在地方政府的辖区之内，这主要有两种情况：（1）地方性公共物品或服务的受益或受损范围很可能会超出地方政府辖区的界限，使其他地区在受益或受损的同时并不承担任何成本或者没有得到任何补偿。（2）某些地方性公共物品或服务出现数量不足和质量不佳的问题。如义务教育、公共卫生等，这种情况不仅影响本地区及相关地区居民的利益，而且也不利于地区间经济关系的协调。这时只有中央政府才能够采取和运用相应的干预措施来矫正地方政府决策中的扭曲现象，如中央政府给予地方政府补助金，或通过向地方政府实施有条件的转移支付，以减轻公共物品或服务外部性所带来的影响，鼓励增加一些特定公共物品或服务的提供。

（四）加强中央政府对地方政府的宏观调控

各级政府的支出能否协调是一个特别重要的问题，中央政府通过转移支付就可以对地方政府的财政支出进行调节和控制，以实现中央政府的宏观政策目标。如经济繁荣时，减少对地方的转移支付，以限制地方支出；经济萧条时，增加对地方的转移支付以激励地方发展经济；在地方遭到严重自然灾害等非正常情况时，中央政府采用有条件非配套转移支付帮助地方政府渡过难关。

三、政府间转移支付的分类

（一）基于转移支付资金使用权限的分类

根据地方政府支付使用补助资金权限的大小，可以把政府间转移支付分为无条件转移支付和有条件转移支付。

无条件转移支付是指不附带使用条件或没有指定资金用途的政府间转移支付形式，由受助者（接受补助方）自主决定和支配。其作用是重点解决下级政府收入与责任不对称的问题。这种无限制的总额补助也被称为收入分享或一般性转移支付。

有条件转移支付是指一种具有明确的资金用途规定，即附有关于资金使用的附加条件的政府间转移支付形式，它体现着上级政府对下级政府定向支援或者委托下级政府办理某项公共服务供给的意图。受助者必须按指定的条件使用补助金，比如专门用于教育的补助金，因此又称为专项补助。有条件转移支付又可分为配套补助和非配套补助。配套补助是指受助者不仅需要按指定的用途使用资金，而且需要提供一定数额或比例的配套资金。非配套补助则是指施助者规定补助金的用途，受助者只要满足指定的用途即可使用补助金。有条件配套补助进一步可分为封顶的配套补助和不封顶的配套补助。前者规定了受助者可以得到补助款的最高限额，而后者不作规定。

（二）基于转移支付对象相互关系的分类

根据政府间的关系，可以把政府间的转移支付分为纵向转移支付、横向转移支付、混合转移支付三种类型。

纵向转移支付是自上而下的纵向资金转移，主要方法是拨付补助金。补助金又分为一般补助金和专项补助金。一般补助金是为了使下级同层次的预算主体具有大体均衡的公共服务水平，实现公平的目标。专项补助是特定用途的补助，是为了体现上级预算政策调整的意图，实现效率的目标。从广义上说，共享税也属于纵向转移支付。

横向转移支付是指发达地区直接向落后地区转移财力，实行地区间的互助，其功能在于调整横向失衡。

混合转移支付是纵向转移支付和横向转移支付的结合，以纵向转移支付为主，辅之以横向转移支付。

四、政府间转移支付的一般方法

各国为了实现均等化目标，必然要采用一定的方法在各地区之间合理地分配转移支付资金，各国所采用的转移支付的分配方法归纳起来主要有四种。

（一）财政收入能力均等化方法

这种方法不考虑地区的支出需求，只考虑地区间财政能力的均等化，依照某种收入指标确定转移支付对象与转移支付额。其公式为：某地区应得到的转移支付额＝该地区人口数×（全国地方税税基总和/全国人口数—该地区地方税基/该地区人口数）×标准税率。

这种方法说明中央政府的转移支付将使财政能力低于平均水平的地区提高到全国的平均水平。该方法所需要的测算工作量比较小，所需要的数据也比较少，因此，运用该公式计算政府间财政转移支付比较简单。但是实际运用这种方法，是以假定所有地区的人均支出需求相同为前提的，如果地区间公共服务在成本上有差异，则并不意味着真正实现彻底的均等化。

（二）财政支出均等化方法

这种方法不考虑地区间财政收入能力的差异，只考虑地区间的支出需求的差异，主要是被一些发展中国家所采用，是这些国家在有关财政能力的数据不存在或很难收集时而采用的一种变通的方法。由于各地的财政收入能力不均衡是客观存在的，所以这种方法的缺陷是很明显的。

（三）财政收支均等化方法

这种方法是通过计算各地标准收入能力和标准支出需求，根据收支之间的差额来确定对各个地区的财政转移支付额。所谓标准收入是指在全国平均收入努力程度下，按照各项地方税收所对应的经济税基估算的收入能力，它反映的是各地方政府应有而非实有的收入规模；所谓标准支出（需求）是指在全国同等的支出效率的前提下，地方政府达到均衡范围内公共支出项目均等化所需的支出，它要求考虑地方政府提供公共服务所存在的客观成本差异。其计算公式为：某地区应得到的转移支付额＝该地区财政标准支出—该地区财政标准收入。

这种方法不仅考虑了地区的财政能力，也考虑地区的支出需求，比财政收入能力均等化方法和支出均等化方法更为科学、全面、规范，说明中央向地方转移支付应该弥补地方支出需求与财政能力之间的缺口，以保证在合理的税率下各地区能够提供均等化的公共服务。

（四）有限的财政收入能力—支出需求均衡方法

"有限"即指确定影响财政收入与支出的因素都在有限的范围内。有限的财政收入能力是在测算收入时，按全国平均税率和平均收费标准，求出各地区应该征得的各项税收和收费。有限的支出需求是指在测算支出需求时，只包括最基本的、最基础的公共服务项目，在最基础的经济性项目上实现全国各地区的均衡服务水平。有限的支出需求与有限的理论收入之间的差额即转移支付的确定依据。如收入大于支出，则该地区即为支付转出地区；如收入小于支出，则该地区为接受援助地区。

这种方法既考虑各地区的财政收入能力，也考虑各地区的支出需求和公共服务的差异，但均衡的范围十分有限，只能按最低的公共服务标准确定支出需求。这种方法对数据和测算技术的要求不高，适用于经济基础较差，中央财力不足，转移支付的规模受到一定的限制，技术和管理水平都较低的国家。这种方法可以作为一种逐步向比较规范的"收支均衡方法"转化的方法。

五、 我国政府间转移支付制度

当今世界上大多数国家，无论是实行联邦制的国家，还是实行单一制的市场经济国家，几乎都把建立规范化的政府间转移支付制度，作为正确处理各级政府间财政分配关系，充分发挥财政纵向与横向平衡功能的一个重要手段。我国各地的财力状况很不均衡，既存在纵向不平衡，也存在横向不均衡，建立符合中国国情的政府间转移支付制度，对于强化中央财政的协调、平衡功能，促进地区经济协调发展，具有重大的意义。财政转移支付应当规范、公平、公开，以推进地区间基本公共服务均等化为主要目标。

（一）我国中央对地方转移支付的类型

我国中央对地方转移支付类型包括一般性转移支付和专项转移支付。

1. 一般性转移支付

一般性转移支付主要包括均衡地区间财力差距的均衡性转移支付、民族地区转移支付以及作为国家增支减收政策配套措施的调整工资转移支付、农村税费改革转移支付等。

2. 专项转移支付

专项转移支付是中央政府对地方政府承担中央委托事务、中央地方共同事务以及符合中央政策导向事务进行的补助，享受拨款的地方政府按照规定用途使用资金，实行专款专用，如在基础设施建设、农业、教育卫生、社会保障以及环境保护等方面均设立了专项转移支付项目。

按照事权和支出责任划分，专项转移支付分为委托类、共担类、引导类、救济类、应急类五类。委托类专项是指按照事权和支出责任划分属于中央事权，中央委托地方实施而相应设立的专项转移支付。共担类专项是指按照事权和支出责任划分属于中央与地方共同事权，中央将应分担部分委托地方实施而设立的专项转移支付。引导类专项是指按照事权和支出责任划分属于地方事权，中央为鼓励和引导地方按照中央的政策意图办理事务而设立的专项转移支付。救济类专项是指按照事权和支出责任划分属于地方事权，中央为帮助地方应对因自然灾害等发生的增支而设立的专项转移支付。应急类专项是按照事权和支出责任划分属于地方事权，中央为帮助地方应对和处理影响区域大、影响面积广的突发事件而设立的专项转移支付。

属于委托类转移支付，中央政府足额安排预算，不要求地方安排配套资金。属于共担类专项转移支付，应当根据公益性、外部性等因素明确分担标准或比例，由中央政府和地方政府按各自应分担数额安排资金。根据各地财政状况，同一专项转移支付对不同地区可以采取有区别的分担比例，但不同专项转移支付对同一地区的分担比例应当逐步统一规范。属于引导类、救济类、应急类专项转移支付，中央政府严格控制资金规模。

3. 专项资金与专项转移支付

专项资金是根据相应预算主管部门申请要求设立的具有专门指定用途的财政性资金，在接受上级转移、向下转移支付和进行资金使用的过程中，政府间事权划分体现得最为明显。这种资金要求进行单独核算，专款专用，不能挪作他用，并需要单独进行报账结算。专项资金的来源多样，既包括本级财政自筹资金，也包括上级转移支付资金，专项转移支付就是其主要来源之一。专项转移支付则特指上级政府为实现特定的经济和社会发展目标无偿给予下级政府，并按照指定用途安排的预算资金。专项转移支付是地方专项资金的重要来源。

专项资金管理涉及的主体包括各级财政部门、各级预算主管部门及各级预算单位，财政部门是专项资金管理的监管主体，预算主管部门是专项资金管理的责任主体，预算单位是专项资金相关项目的实施主体，具体管理环节包括专项资金设立申报、专项资金分配拨付、专项资金使用监督、专项资金项目管理等四项，各主体的职责如图 2-4-1 所示。

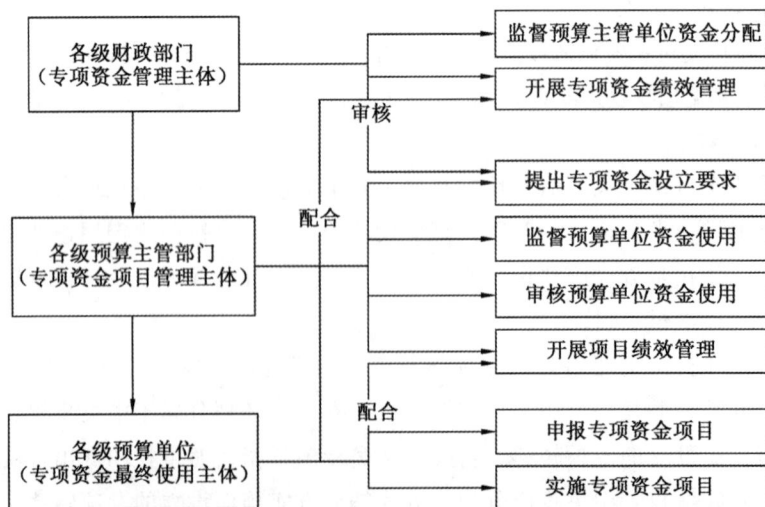

图 2-4-1 我国财政专项资金管理主体的职责分工

（二）中央对地方转移支付制度的完善

按照《预算法》有关规定，我国围绕建立现代财政制度，不断改革和完善中央对地方转移支付制度，主要开展了以下工作。

1. 优化转移支付结构

合理划分中央和地方事权与支出责任，逐步推进转移支付制度改革，形成以均衡地区间基本财力，由地方政府统筹安排使用的一般性转移支付为主体，一般性转移支付和专项转移支付相结合的转移支付制度。

2. 完善一般性转移支付

（1）清理整合一般性转移支付。逐步将一般性转移支付中属于中央委托事权或中央地方共同事权的项目转列专项转移支付，属于地方事权的项目归并到均衡性转移支付，建立以均衡性转移支付为主体，以"老少边穷"地区转移支付为补充，并辅以少量体制结算补助的一般性转移支付体系。

（2）建立一般性转移支付稳定增长机制。增加一般性转移支付规模和比例，逐步将一般性转移支付占比提高到60%以上。改变均衡性转移支付与所得税增量挂钩的方式，确保均衡性转移支付增幅高于转移支付的总体增幅。

（3）加强一般性转移支付管理。一般性转移支付按照国务院规定的基本标准和计算方法编制。科学设置均衡性转移支付测算因素、权重，充分考虑"老少边穷"地区底子薄且发展慢的特殊情况，真实反映各地的支出成本差异，建立财政转移支付同农业转移人口市民化挂钩机制，促进地区间基本公共服务均等化。规范"老少边穷"地区转移支付分配，促进区域协调发展。建立激励和约束机制，采取适当奖惩等方式，引导地方将一般性转移支付资金投入到民生等中央确定的重点领域。

3. 从严控制专项转移支付，规范专项转移支付分配和使用

（1）严格控制新设专项。专项转移支付项目应当按照法律、行政法规和国务院的规定设立。

（2）规范资金分配。专项转移支付应当分地区、分项目编制。严格资金分配主题，明确部门职责，社会团体、行业协会、企事业单位等非行政机关不得负责资金分配。专项转移支付可以采取项目法或因素法进行分配。对用于国家重大工程、跨地区的投资项目以及外部性强的重点项目，主要采取项目法分配，实施项目库管理。对具有地域管理信息优势的项目，主要采取因素法分配，选取客观因素，确定合理权重，按照科学规范的方式分配。

（3）建立健全专项转移支付定期评估和退出机制。市场竞争机制能够有效调节的事项原则上不得新设专项转移支付，研究用税收优惠政策替代部分竞争性领域专项，探索实行基金管理等市场化运作模式。

（4）取消地方配套要求。除按照国务院规定应当由中央和地方共同承担的事项外，中央在安排专项转移支付时，不得要求地方政府承担配套资金。

（5）严格资金使用。除中央政府委托外，专项转移支付一律不得用于财政补助单位人员经费和运转经费，以及楼堂馆所等国务院明令禁止的相关项目建设。

4. 强化转移支付预算管理

（1）及时下达预算。加强与地方预算管理的衔接，中央应当将对地方的转移支付预计数提前下达地方，地方应当将其编入本级预算。除据实结算等特殊项目可以分期下达预算或者先预付后结算外，中央对地方一般性转移支付在全国人大批准预算后30日内下达，专项转移支付在90日内下达。省级政府接到中央转移支付后，应在30日内正式下达到本行政区域县级以上各级政府。近两年，部分专项转移支付对下达时间的要求又进一步提高。中央下达的财政转移支付必须纳入地方政府预算管理，按规定向同级人大或其常委会报告。

（2）推进信息公开。中央对地方转移支付预算安排及执行情况在全国人大批准后20日内由财政部向社会公开，并对重要事项做出说明。

（3）做好绩效评价。完善转移支付绩效评价制度，科学设置绩效评价机制，合理确定绩效目标，有效展开绩效评价，提高绩效评价结果的可信度，并将绩效评价结果同预算安排有机结合，逐步创造条件向社会公开绩效评价结果。

（三）我国转移支付制度亟待完善的方面

1. 政策目标不明，定位不准

世界各国转移支付的形式通常有两种：一般补助和专项补助。

一般补助的基本目标，是通过补助地方财政经常性收支缺口，以促进基本公共服务水平在地区间的均等化。这就要求用科学的公式计算出标准财政收入和支出，以此作为确定各地区享受一般性补助项目的范畴，但其中只有过渡期转移支付是以均等化为政策目标，其余形式特别是税收返还是以既得利益为导向，这显然不符合一般补助的政策目标要求。从这几年的实际情况来看，东西部地区的差距不是缩小，而是扩大了。

专项补助的政策目标，应是提高地区间具有外溢性的特定公共服务项目，如义务教育、跨地区公路、水利设施等。目前，我国的专项拨款属专项补助性项目，但其使用范围几乎涉及地方财政支出的所有项目，这里明显存在着职能错位，违反了专项补助的一般原则。

2. 调控力度过小，均等化功能过弱

目前，我国中央对地方的转移支付占中央财政总支出的比重高达50％以上，但问题是在转移支付体系中，税收返还形式占据其中很大比重，而税收返还还是以保证地方既得利益为出发点的，从税收返还的基数确定，到增量的获得，都有利于发达地区，而不利于欠发达的中西部地区，中央财政对税收返还在地区之间没有任何调剂权。至于过渡时期转移支付，虽然具有均等化的功能，但所占比重过低。转移支付的其他形式，如原体制补助、决算补助、其他补助和专项拨款，都不具有均等化功能。

总之，从实际效果来看，分税制改革以来，中央财政在地区之间的调控能力是很小的，转移支付的均等化功能十分微弱。

3. 资金分配方法不规范、不科学，随意性大

在财力转移上，还未建立起一套科学完善的计算公式和测算办法，预算安排上的随意性较大，中央对地方的有条件补助取决于各地"讨价还价"的能力，而且有条件的配套补助有利于发达地区，因为发达地区更有能力提高配套资金，这样将进一步拉开地区差距。在转移支付体系中，税收返还形式占大部分，虽然其计算方法在全国是统一的，但它是建立在维护各地区既得利益的"基数法"基础之上，而且基数往往是不合理的，所以，不可能达到科学和规范。专项拨款分配范围过大，项目过多、过杂、专款规模随意增长。

4. 管理分散，缺乏有效的监督机制

转移支付制度种类繁多，补助对象涉及各行各业，管理和分配补助的单位有财政部专业司局，也有中央部委，补助来源既有预算拨款，也有其他资金，这就造成了资源的分散、浪费和低效。转移支付资金大多为无偿使用，对每一项资金的硬性配套资金未做明确规定，分配时往往倾向于"跑得勤""叫得响"的地区和部门，凭印象给钱，在资金使用方面未建立一套有效的监督、审计机制，对资金是否做到专款专用，不能准确、及时地掌握信息，对违反资金使用规定的地方政府缺乏必要的惩罚手段。总之，对转移支付的资金使用效果缺乏有效的监督管理机制。

|第五节| 我国中央与地方财政事权和支出责任划分改革

合理划分中央与地方财政事权和支出责任是政府有效提供基本公共服务的前提和保障，是建立现代财政制度的重要内容，是推进国家治理体系和治理能力现代化的客观需要。为了建立事权和支出责任相适应的制度，适度加强中央事权和支出责任，推进各级政府事权规范化、法律化的要求，解决我国分税制财政管理体制和现行转移支付制度中存在的问题，我国于2016年启动了中央与地方财政事权和支出责任划分改革，并发布了《国务院关于推进中央与地方财政事权和支出责任划分改革的指导意见》（国发〔2016〕49号）。截至2020年末，基本公共服务、医疗卫生、科技、教育、交通运输、应急救援、公共文化、自然资源、生态环境等多个领域也陆续出台了中央与地方财政事权和支出责任划分改革方案，对进一步完善分税制财政体制、加快建立现代财政制度、推进国家治理体系和治理能力现代化将产生积极的推动作用。本节将在明确中央与地方财政事权和支出责任划分改革基本要求的前提下，以基本公共服务领域为例，展示中央与地方财政事权和支出责任划分在具体领域中的改革要求。

一、 财政事权和支出责任划分改革的背景

财政事权是一级政府应承担的运用财政资金提供基本公共服务的任务和职责，支出责任是政府履行财政事权的支出义务和保障。改革开放以来，中央与地方财政关系经历了从高度集中的统收统支到"分灶吃饭"、包干制，再到分税制财政体制的变化，财政事权和支出责任划分逐渐明确，特别是 1994 年实施的分税制改革，初步构建了中国特色社会主义制度下中央与地方财政事权和支出责任划分的体系框架，为我国建立现代财政制度奠定了良好基础。总体来看，我国财政事权和支出责任划分为坚持党的领导、人民主体地位、依法治国提供了有效保障，调动了各方面的积极性，对完善社会主义市场经济体制、保障和改善民生、促进社会公平正义，以及解决经济社会发展中的突出矛盾和问题发挥了重要作用。

但也要看到，新的形势下，现行的中央与地方财政事权和支出责任划分还不同程度存在不清晰、不合理、不规范等问题，主要表现在：政府职能定位不清，一些本可由市场调节或社会提供的事务，财政包揽过多，同时一些本应由政府承担的基本公共服务，财政承担不够；中央与地方财政事权和支出责任划分不尽合理，一些本应由中央直接负责的事务交给地方承担，一些宜由地方负责的事务，中央承担过多，地方没有担负起相应的支出责任；不少中央和地方提供基本公共服务的职责交叉重叠，共同承担的事项较多；省以下财政事权和支出责任划分不尽规范；有的财政事权和支出责任划分缺乏法律依据，法治化、规范化程度不高。

这种状况不利于充分发挥市场在资源配置中的决定性作用，不利于政府有效提供基本公共服务，与建立健全现代财政制度、推动国家治理体系和治理能力现代化的要求不相适应，必须积极推进中央与地方财政事权和支出责任划分改革。

二、 财政事权和支出责任划分改革的原则

（一）体现基本公共服务受益范围

体现国家主权、维护统一市场以及受益范围覆盖全国的基本公共服务由中央负责，地区性基本公共服务由地方负责，跨省（区、市）的基本公共服务由中央与地方共同负责。

（二）兼顾政府职能和行政效率

结合我国现有中央与地方政府职能配置和机构设置，更多、更好发挥地方政府尤其是县级政府组织能力强、贴近基层、获取信息便利的优势，将所需信息量大、信息复杂且获取困难的基本公共服务优先作为地方的财政事权，提高行政效率，降低行政成本。信息比较容易获取和甄别的全国性基本公共服务宜作为中央的财政事权。

（三）实现权、责、利相统一

在中央统一领导下，适宜由中央承担的财政事权执行权要上划，加强中央的财政

事权执行能力；适宜由地方承担的财政事权决策权要下放，减少中央部门代地方决策事项，保证地方有效管理区域内事务。要明确共同财政事权中央与地方各自承担的职责，将财政事权履行涉及的战略规划、政策决定、执行实施、监督评价等各环节在中央与地方间做出合理安排，做到财政事权履行权责明确和全过程覆盖。

（四）激励地方政府主动作为

通过有效授权，合理确定地方财政事权，使基本公共服务受益范围与政府管辖区域保持一致，激励地方各级政府尽力做好辖区范围内的基本公共服务，避免出现地方政府不作为或因追求局部利益而损害其他地区利益或整体利益的行为。

（五）做到支出责任与财政事权相适应

按照"谁的财政事权谁承担支出责任"的原则，确定各级政府支出责任。对属于中央并由中央组织实施的财政事权，原则上由中央承担支出责任；对属于地方并由地方组织实施的财政事权，原则上由地方承担支出责任；对属于中央与地方共同财政事权，根据基本公共服务的受益范围和影响程度，区分情况确定中央和地方的支出责任及承担方式。

三、基本公共服务领域的改革内容

（一）明确基本公共服务领域中央与地方共同财政事权范围

根据《国务院关于推进中央与地方财政事权和支出责任划分改革的指导意见》（国发〔2016〕49号），结合《国务院关于印发"十三五"推进基本公共服务均等化规划的通知》（国发〔2017〕9号），将涉及人民群众基本生活和发展需要、现有管理体制和政策比较清晰、由中央与地方共同承担支出责任、以人员或家庭为补助对象或分配依据、需要优先和重点保障的主要基本公共服务事项，首先纳入中央与地方共同财政事权范围，目前暂定为八大类18项：一是义务教育，包括公用经费保障、免费提供教科书、家庭经济困难学生生活补助、贫困地区学生营养膳食补助4项；二是学生资助，包括中等职业教育国家助学金、中等职业教育免学费补助、普通高中教育国家助学金、普通高中教育免学杂费补助4项；三是基本就业服务，包括基本公共就业服务1项；四是基本养老保险，包括城乡居民基本养老保险补助1项；五是基本医疗保障，包括城乡居民基本医疗保险补助、医疗救助2项；六是基本卫生计生，包括基本公共卫生服务、计划生育扶助保障2项；七是基本生活救助，包括困难群众救助、受灾人员救助、残疾人服务3项；八是基本住房保障，包括城乡保障性安居工程1项。

已在国发〔2016〕49号和国发〔2017〕9号文件中明确但暂未纳入上述范围的基本公共文化服务等事项，在分领域中央与地方财政事权和支出责任划分改革中，根据事权属性分别明确为中央财政事权、地方财政事权或中央与地方共同财政事权。基本公共服务领域共同财政事权范围，随着经济社会发展和相关领域管理体制改革相应进行调整。

（二）制定基本公共服务保障国家基础标准

国家基础标准由中央制定和调整，要保障人民群众基本生活和发展需要，兼顾财力可能，并根据经济社会发展逐步提高，所需资金按中央确定的支出责任分担方式负担。参照现行财政保障或中央补助标准，制定义务教育公用经费保障、免费提供教科书、家庭经济困难学生生活补助、贫困地区学生营养膳食补助、中等职业教育国家助学金、城乡居民基本养老保险补助、城乡居民基本医疗保险补助、基本公共卫生服务、计划生育扶助保障 9 项基本公共服务保障的国家基础标准。地方在确保国家基础标准落实到位的前提下，因地制宜地制定高于国家基础标准的地区标准，应事先按程序报上级备案后执行，高出部分所需资金自行负担。对困难群众救助等其余 9 项不易或暂不具备条件制定国家基础标准的事项，地方可结合实际制定地区标准，待具备条件后，由中央制定国家基础标准。法律法规或国家另有规定的，从其规定。

（三）规范基本公共服务领域中央与地方共同财政事权的支出责任分担方式

根据地区经济社会发展总体格局、各项基本公共服务的不同属性以及财力实际状况，基本公共服务领域中央与地方共同财政事权的支出责任主要实行中央与地方按比例分担，并保持基本稳定，具体明确和规范如下：

一是中等职业教育国家助学金、中等职业教育免学费补助、普通高中教育国家助学金、普通高中教育免学杂费补助、城乡居民基本医疗保险补助、基本公共卫生服务、计划生育扶助保障 7 个事项，实行中央分档分担的办法：第一档包括内蒙古、广西、重庆、四川、贵州、云南、西藏、陕西、甘肃、青海、宁夏、新疆 12 个省（自治区、直辖市），中央分担 80%；第二档包括河北、山西、吉林、黑龙江、安徽、江西、河南、湖北、湖南、海南 10 个省，中央分担 60%；第三档包括辽宁、福建、山东 3 个省，中央分担 50%；第四档包括天津、江苏、浙江、广东 4 个省（直辖市）和大连、宁波、厦门、青岛、深圳 5 个计划单列市，中央分担 30%；第五档包括北京、上海 2 个直辖市，中央分担 10%。按照保持现有中央与地方财力格局总体稳定的原则，上述分担比例调整涉及的中央与地方支出基数划转，按预算管理有关规定办理。

二是义务教育公用经费保障等 6 个按比例分担、按项目分担或按标准定额补助的事项，暂按现行政策执行，具体如下：义务教育公用经费保障，中央与地方按比例分担支出责任，第一档为 8∶2，第二档为 6∶4，其他为 5∶5。家庭经济困难学生生活补助，中央与地方按比例分担支出责任，各地区均为 5∶5，对人口较少的民族寄宿生增加安排生活补助所需经费，由中央财政承担。免费提供教科书，免费提供国家规定课程教科书和免费为小学一年级新生提供正版学生字典所需经费，由中央财政承担；免费提供地方课程教科书所需经费，由地方财政承担。贫困地区学生营养膳食补助，国家试点所需经费，由中央财政承担；地方试点所需经费，由地方财政统筹安排，中央财政给予生均定额奖补。城乡居民基本养老保险补助，中央确定的基础养老金标准部分，中央与地方按比例分担支出责任，中央对第一档和第二档承担全部支出责任，其他为5：5。受灾人员救助，对遭受重特大自然灾害的省份，中央财政按规定的补助标准给予适当补助，灾害救助所需其余资金由地方财政承担。

三是基本公共就业服务、医疗救助、困难群众救助、残疾人服务、城乡保障性安居工程5个事项，中央分担比例主要依据地方财力状况、保障对象数量等因素确定。

对上述共同财政事权支出责任地方承担部分，由地方通过自有财力和中央转移支付统筹安排。中央加大均衡性转移支付力度，促进地区间财力均衡。中央明确规定比照享受相关区域政策的地区继续按相关规定执行。中央与新疆生产建设兵团财政事权和支出责任划分，参照中央与地方划分原则执行；财政支持政策原则上参照新疆维吾尔自治区执行，并适当考虑兵团的特殊因素。

（四）调整完善转移支付制度

在一般性转移支付下设立共同财政事权分类分档转移支付，原则上将改革前一般性转移支付和专项转移支付安排的基本公共服务领域共同财政事权事项，统一纳入共同财政事权，分类分档转移支付，完整反映和切实履行中央承担的基本公共服务领域共同财政事权的支出责任。

（五）推进省以下支出责任划分改革

中央财政要加强对省以下共同财政事权和支出责任划分改革的指导。对地方承担的基本公共服务领域共同财政事权的支出责任，省级政府要考虑本地区实际，根据各项基本公共服务事项的重要性、受益范围和均等化程度等因素，结合省以下财政体制，合理划分省以下各级政府的支出责任，加强省级统筹，适当增加和上移省级支出责任。县级政府要将自有财力和上级转移支付优先用于基本公共服务，承担提供基本公共服务的组织落实责任；上级政府要通过调整收入划分，加大转移支付力度，增强县级政府基本公共服务保障能力。

预算绩效管理专业知识

第三章

预算绩效管理理论起步较晚，学术界一般认为其最早起源于 20 世纪 70 年代西方国家政府行政管理领域的"新公共管理"革命。但在之后的几十年中，预算绩效管理大量地吸收和借鉴了已经发展成熟的理论知识，并得到了迅速发展。如今，预算绩效管理已形成了较为清晰的理论框架，具体涉及公共管理、政府会计、项目管理、资产评估和造价、公共政策等诸多方面。本章着重就上述领域进行专题探讨，并以独立章节的形式呈现给读者。

|第一节| 公共管理

公共管理是针对政府管理的缺陷而产生的一种管理理念和管理模式。它一方面强调管理目标的"公共性"，即公共权力必须履行公共职能；另一方面强调对公共权力（权威）的监督、制约和规范，强调运用公共权力（权威）的科学方法。源头上，预算绩效管理起源于公共管理，是"新公共管理"革命的产物；内容上，预算绩效管理又是公共管理的重要内容，为政府改革实践提供了新的视野，并在相当程度上带来了政府管理效率的提高和管理能力的增强。

一、公共管理的相关概念

（一）公共管理的含义

公共管理是对公共事务的管理，是以政府为核心的公共部门整合社会的各种力量，广泛运用政治的、经济的、管理的、法律的方法，强化政府的治理能力，提供公共产品和服务，从而实现公共的福利与公共利益。

公共管理主体可以分为政府和其他公共管理主体两个部分。公共管理以社会公共事务作为管理对象。社会公共事务的具体内容分为公共资源和公共项目、社会问题等。

（二）公共管理与公共行政

公共行政是指政府特别是执行机关为公众提供服务的活动，行政官员或行政人员在这种活动中主要是执行由别人（政治家）所制定的政策和法律，关注的焦点是过程、程序以及将政策转变为实际行动。尽管管理的确也包括了行政的许多内涵，但也有以最低的成本取得目标以及管理者为取得结果负责的内涵。所以，公共管理是公共组织提供公共物品和服务的活动，其主要关注的不是过程、程序和遵照别人的指示办事以及内部取向，而更多的是关注取得结果和对结果的获得负个人责任。在过去的20年时间里，西方公共部门的管理实践发生了深刻的变化，过去被称为公共行政的活动，现在更经常地被称为公共管理活动；过去的那些有着行政头衔的人，现在更多地被称为管理者（或经理）。正如英国学者波利特所说："在以前他们被称为行政官员、资本官员、财政官员、主任助理，现在人们称他们为管理者。"行政官员一词的过时和管理一词的流行看似只是时尚与否的问题，但实际上反映了公共部门管理的理论和实践的深刻变化：一种以传统的行政概念为基础的公共服务（公共行政）肯定有别于一种以管理概念为基础的公共服务（公共管理）。名称或头衔的变化是相关职位承担者的角色、地位、期望、行为方式以及他们与国家领导人和公民关系变化的一种体现。

（三）公共管理与私人管理

私人管理和公共管理有许多相似之处。例如，所有组织的管理都包含了合作团体的活动，而且所有的大组织（不管是政府部门、医院、大学，还是工厂、商业企业）都必须履行一般的管理职能，诸如计划、组织等。但公共管理在许多方面与私人管理存在差别。按照西方学者的概括，这些差别主要表现在如下几个方面。

（1）使命不同。公共管理是为公众服务，追求公共利益，而私人管理以营利为目的。公共管理的服务导向来自行政官僚要帮助由选举产生的政治家反映公众对政府服务所提出的愿望与要求；私人管理以利润为导向则是因为私人部门或组织最终要依靠获利而生存。

（2）激励动因不同。政府部门的资金大部分来自财政拨款，政府官员不必为利润担忧，他们并没有太多的削减开支和有效运作的诱因。而商业组织以追求股东经济利益最大化为动机，因为他们必须在市场中靠竞争获得生存与发展的机会。

（3）与私人管理相比，公共部门尤其是政府管理更强调责任。在私人组织中，权威和责任的划分是比较清楚的。而政府部门由于运作的规模和复杂性使得公共决策的过程趋于复杂化。

（4）就人事管理方面而言，公共组织尤其是政府中的人事管理系统比私人组织中的人事管理系统要复杂和严格得多。

（5）与私人部门的管理不同，公共管理包括广泛而复杂的政府活动，而且公共管理的运作是在政治环境中进行的，因而，它具有明显的政治性和公共性的特征。

二、公共管理的发展

（一）公共管理的起源与演变

尽管在原始社会就存在某种公共管理活动，但是作为一种专业的公共管理或行政管理活动则是伴随着阶级和国家的产生而出现的。因此，真正的公共管理的历史与国家（政府）的历史一样长，沃尔多在《公共行政学》中说："就其作为一种过程而言，公共行政的历史与政府同样悠久。"

在古代社会（农业社会）中，由于生产力水平低，经济不发达，国家或政府组织的规模相对较小，结构简单，政府公共管理的目标较为单一。在这种社会中，君主专制体制是最普遍的政府管理体制。到了近代，随着由农业社会向工业社会的过渡以及资本主义的产生和成长，生产力迅速发展，社会规模日益扩大，社会分工细化，社会问题也越来越多、越来越复杂，政府的管理任务也越来越重。因此，当政府变得比过去庞大，并且承担着更多职能的时候，行政过程也就变得更加专门化了，而从事行政活动的那些组织机构也就变得庞大而复杂起来，并有高度的分工。

从19世纪末20世纪初开始，随着自由资本主义向垄断资本主义的发展，西方各主要资本主义国家相继进入发达工业社会。这一时期政府的组织机构迅速膨胀，公共管理活动加强，政府规模增长，公共管理活动的范围扩大。同时，在立法、行政、司法三种权力中，出现了行政权力扩张的趋势，形成了所谓的行政国家。所谓行政国家，是指19世纪末20世纪初，尤其是第二次世界大战之后，在资本主义国家立法、司法、行政三权分立的国家权力主体关系行政权力和活动扩张；具有制定同议会立法效力相当的行政命令和制定同法院效力相近的行政裁决权，大量直接管理和介入国家与社会事务，从而起到最活跃和最强有力国家作用的一种国家现象。

（二）市场经济国家的政府公共管理模式

1. 英美的市场主导模式

这种模式主要靠市场调节，政府的干预或调控被限制在一定的范围之内，具有较浓厚的自由经济色彩。第二次世界大战后到70年代初，美国的市场经济奉行凯恩斯主义，以充分就业作为宏观经济政策的首要目标，以财政与货币政策作为主要调控手段，以短期干预作为主要调节方式，对社会经济总量（社会总需求和总供给）进行宏观调控，尤其是通过扩张性赤字政策来刺激有效需求。国有经济在国民经济中所占的比重较小，垄断大企业在经济中起主导作用，政府对企业的调节与干预主要是靠维护自由竞争的市场秩序（尤其是通过反垄断法规手段）。英国是比较典型的以市场机制作为资源配置手段的自由市场经济。政府的宏观调控以刺激经济增长和提高就业水平作为宏观经济的首选目标，政策手段偏重财政政策方面的需求管理。1979年，美国保守党上台执政后，宏观经济政策目标转向压缩财政开支、治理通货膨胀，政策手段也偏重控制货币供应量，实行大规模的国有企业私有化，减少政府对企业的干预。

2. 欧洲（莱茵）模式

这种模式的特点是政府宏观调控的力度较大，国有经济的比重较高，带有明显的混合经济色彩，德、法和北欧国家都属于这种模式。法国具有推崇政府作用的国家主义传统，指导性经济计划在政府宏观调控中的地位较为突出。法国对经济实施宏观干预与调节，采用集中管理方式，宏观调控与管理的决策权集中在中央。在所有制方面，通过几次国有化浪潮形成了强大的国有经济，国家掌握和控制了大量的国民财富；国有经济与私有经济并存，构成了独特的混合经济体制。德国的社会市场经济模式，则力图实现市场的自由秩序与社会均衡原则的结合，政府参与调解，以形成有序的市场经济，它以国家调解和市场竞争相结合作为基本方针；以立法形式保护市场公平竞争秩序作为国家的基本任务；以物价稳定、充分就业、适度经济增长和国际收支平衡作为宏观调控的四大政策目标；以独立于政府之外的联邦银行及其所执行的严格控制货币流通量作为主要调解手段。

3. 东亚的政府主导模式

日本、韩国等东亚新兴国家或地区所采取的是政府引导市场模式，即采取"亲"市场战略——政府的干预遵循"充分的市场、必要的政府"原则。这种模式与前两种模式相比，政府干预的力度更大，政府在财政、金融、贸易、产业，以及社会资本投入、技术开发、人才培养等方面的调控作用突出，具有官民一体、政企一家的特征。日本以独特的计划引导和产业引导作为资源优化配置、调解经济运行的主要手段，以政府部门的行政指导作为宏观调控的辅助手段；以各种审议会制度为核心的决策体系具有鲜明的"官、产、学共同协商"的特色；建立在企业基础上的大企业集团在国民经济中占有举足轻重的地位。新加坡被称为"国家资本主义"和"有指导的自主经营"国家，也被称为"行政国家"和"集权合作国度"。尽管其经济具有高度自由和开放的特征，但政府在公共管理尤其是经济管理中扮演着重要角色。政府不仅实行宏观经济指导，形成政府引导市场的局面，而且参与许多经济和商业活动管理。相对而言，新加坡政府在社会领域的干预范围和力度较小，尽管国家也对公房、教育、失业救济、医疗保险等提供补助。

三、政府与公共管理

（一）政府的基本职能

政府职能亦称行政职能，是国家行政机关依法对国家和社会公共事务进行管理时应承担的职责和所具有的功能。政府职能反映着公共行政的基本内容和活动方向，是公共行政的本质表现。

世界银行在《变革中的世界政府：1997 年世界发展报告》中指出，"每一个政府的核心使命"都包含了五种基本的角色[①]：（1）确立法律基础；（2）保持一个健康的政策环境，包括保持宏观经济的稳定；（3）投资于基本的社会服务和社会基础设施；（4）保护弱势群体；（5）保护环境。这些角色并不是那些最小化政府的必然角色，而是保证市场运行的必然选择，包含着对政府积极作用的肯定，这与人们在 20 世纪 70

---

① 世界银行. 1997 年世界发展报告：变革中的世界政府 [M]. 蔡秋生等译. 北京：中国财政经济出版社，1997.

年代和 80 年代所持的仅仅强调政府应最小化的简单观点不同。

学者安德森提出了另一组相对较为实用的政府角色，他探寻到了七项被其称之为"一般角色"的政府的基本职能。其中有些职能是市场失灵的表现，但是安德森探寻到政府更为广泛的角色，这些职能具体如下：（1）提供经济基础；（2）提供各种公共物品与服务；（3）解决与协调团体冲突；（4）维持竞争；（5）保护自然资源；（6）确定个人获得商品和服务的最低条件；（7）保持经济稳定。

（二）政府的工具

政府的工具是指政府干预的方式，在某种程度上也是政府行为正当化的应用机制。绝大多数的政府干预可以通过以下四种工具得以实现：（1）供应，即政府通过财政预算提供商品与服务；（2）补贴，作为供应的一种补充手段，即政府通过资助私人经济领域的某些个人以生产政府所需的商品或服务；（3）生产，即政府生产在市场上出售的商品和服务；（4）管制，即政府运用国家的强制性权力允许或禁止私人经济领域的某些活动。对上述工具的运用取决于特定的政府职能，并随时间的不同而有所区别。

（三）政府工具的选择

我们无法简单地回答政府的政策工具中哪一项更为可取。不同的时期以及不同的理论往往主张采用不同的工具。一些没有政府供应史的国家，典型的如美国，确实具有相当长的政府管制史。政府根据其实际管制的严格程度，可以像由其自己提供商品和服务那样发号施令。而且，公共政策的这些工具之间并不必然相互排斥。尽管各国综合使用这些手段的程度不同，但综合使用是可能的。

然而，我们有理由认为，当前政府所偏好的工具正在发生重大的变化。近年来，随着各国政府普遍削减预算，政府供应正变得越来越少。可以预见的是，预算还将进一步缩减，政府供应也不可能大幅度地扩张。政府提供服务的方式亦有所改变，由公共部门提供的越来越少，而通过合同形式由私营部门和志愿部门提供的则越来越多。这种向合同形式的转变不应被视为政府供应的减少。更确切地说，这种转变是一种由公共部门提供政府服务向由私营部门提供政府服务的转变。

通过民营化，对商品和服务的公共生产也发生了重大转变。20 世纪 80 年代，作为政府政策的一种工具，政府生产的观念必然会受到人们的冷落，而大规模的民营化则紧随其后。然而，公共管制仍有所增加，不过其特性已发生了变化，由原先常常是反对竞争的限制性管制角色，转变为推动私营部门通过竞争提高效率的促进竞争的管制角色。

（四）政府治理

"政府"（Government）与"治理"（Governance）之间存在重要的差别。政府本身是一种机构，而治理则是用来描述管理形式的一种含义广泛的概念，这些管理形式并非必然属于正式政府的范畴。

与"政府"这一概念相比,"治理"概念更适合于公共管理。治理所试图做的并非"仅仅是有效地管理经济、财政资源或特殊的公共服务;它也是市民社会制度得以增强的一项范围广泛的改革战略,它使得政府更具开放性、回应性、责任性和民主性"。[①] 管理某项特殊政策问题的最佳方法是,或者与私营部门建立伙伴关系,或者把某一职能民营化,或者运用管制手段。治理并没有排除由政府直接提供商品或服务,但它更需要根据具体情况来寻找治理的最佳形式。

虽然资本主义社会的基础在于销售商品和服务,但在某些情况下,市场并不能提供社会所需要的所有商品和服务,或者可能是以一种对整个社会产生不利影响的方式提供商品和服务。市场机制自身并不能实现所有的经济职能,这就需要公共政策"在某些方面予以引导、矫正和补充"。[②] 市场失灵是政府行为合理化的理由之一。[③] 某些可被开发的理论与模型表明,政府行为仅应出现于市场失灵的领域之内,政府在这些特定领域将发挥更大的作用。市场无法以最令人满意的方式提供的商品或服务,包括教育、法律与秩序、环境保护、国防、道路桥梁、医疗卫生与保健、福利服务及公共交通等。市场失灵的主要类型可概括为:(1)公共物品;(2)外部性;(3)自然垄断;(4)信息不完全。市场失灵理论可以为政府行为提供某些指导作用,但如果完全将其作为政府该做什么和不该做什么的指南,则在特定情况下可能会产生问题。

四、公共部门绩效管理

(一)公共部门绩效评估的兴起

西方公共部门绩效评估的理论和实践研究始于第二次世界大战前后,盛行于20世纪七八十年代西方进行行政改革的国家,尤其是英美等国,并在90年代得到较全面的发展。

1973年,美国尼克松政府颁布了《联邦政府生产率测定方案》,使公共部门绩效评估系统化、规范化。1976年,美国科罗拉多州通过了第一个《日落法》,规定立法机关要定期审查各机构和方案,以消除或改造重叠的机构和效率低下的方案。到1981年,美国有36个州通过该法律,政府绩效评估步入法制化的轨道。

20世纪80年代,政府绩效评估在西方国家全面推行。英国最为典型。英国从20世纪60年代开始对公共部门的生产力进行测定,到80年代在中央各部门进行持续数年的大规模的"雷纳评审",在此基础上建立起较成熟且完善的绩效评估机制,广泛运用于中央、地方各层级的政府部门以及其他诸如学校、国民保健等公共部门。1982年,英国财政部颁发了《财务管理新方案》,标志着公共部门组织绩效评估的正式推

---

① MINOGUE EBM,POLIDANO C,HULME D. Beyond the new public management: changing ideas and practices in government [M]. Cheltenham:Edward Elgar,1998.

② MUSGRAVE R A,MUSGRAVE P B. Public finance in theory and practice[M]. New York:Mcgraw-Hill College,1989.

③ 欧文·E. 休斯. 公共管理导论 [M]. 3版. 北京:中国人民大学出版社,2004.

行。进入 20 世纪 90 年代，公共部门绩效评估在西方各国达到鼎盛时期，其过程也更加规范化、系统化。1993 年，美国通过了《政府绩效与结果法案》（Government Performance and Result Act，GPRA），并成立全国绩效审查委员会，目标在于"使整个政府降低开支、提高效率"，公布了《从繁文缛节到以结果为本——创造一个动作更好、花费更少的政府》的报告。

根据国际经合组织的统计，20 世纪 90 年代以来，除美国和英国外，公共部门绩效评估在加拿大、丹麦、芬兰、挪威、德国、法国、新西兰、荷兰、澳大利亚等国都得到了广泛应用。因此，有西方学者认为"评估国"正在西方出现。

公共部门绩效评估的兴起与发展与社会的发展密切相关。同时，财政压力是公共部门绩效评估兴起的重要动因，而新的管理理念是公共部门绩效评估兴起的理论基础，竞争的挑战则是公共部门绩效评估兴起的主要推动力。另外，不可忽略的是政府政策的推动和支持促进了公共部门绩效评估的发展。

从宏观层面来说，绩效评估是对整个公共部门或狭义上指政府的绩效的测评。政府为满足社会和民众的需求所履行的职能，体现为政治的民主与稳定，经济的健康、稳定与快速发展，人们生活水平和生产质量的持续提高，社会公正与平等，国家安全和社会秩序的改变，精神文明的提高等方面。成功的绩效评估不仅取决于评估本身，而且在很大程度上取决于与绩效评估相关联的整个绩效管理过程。绩效管理可以说是公共部门改革的重要策略。

(二) 公共部门绩效管理的意义

公共部门绩效管理作为政府再造的重要内容和根本性措施，其在政府公共管理实践中的广泛运用，开创了当代公共部门吸收、借鉴私营部门的管理方法与经验的先例，为政府改革实践和公共行政学理论研究提供了新的视野，并在相当程度上带来了西方国家政府管理效率的提高和管理能力的增强，各种社会危机和矛盾得到了相对缓和。因此，公共部门绩效管理具有重要的理论意义和实践意义。

1. 绩效管理是公共管理的必要手段

公共管理人员能够对公共政策和项目的结果进行评估至关重要，否则管理水平不可能得到提高，因而，也不可能以高效的管理为公众服务。

2. 绩效管理是提高公共部门绩效的动力机制

作为技术层面的绩效评估，本身不是目的，只是为获得更高的业绩水平而采用的手段，是有效提高政府绩效的动力工具。首先，绩效管理有助于实现和落实政府的责任。其次，绩效管理有助于提高公众服务供给的质量和效率。最后，绩效管理有助于改进政府公共部门与社会公众之间的关系。

3. 绩效管理有利于政府信誉和形象的提高

绩效评估实际上是一种信息活动，其特点是评估过程透明和信息公开，对政府在各方面的表现情况做出全面、科学的描述并公之于众，无疑有助于广大群众了解、监督和参与政府的工作。

4. 绩效管理是一种有效的管理工具

从实践来看，绩效管理作为一种有效的管理工具在当代公共管理中具有以下重要意义：（1）绩效评估可以被用作一种诱因机制。建立在绩效评估基础上的奖惩，有助于强化组织的激励机制。（2）绩效评估作为一个管理工具，最重要的意义在于，在政府运作和管理上加上成本—效益的考虑，改变了政府公共部门的浪费行为。（3）绩效评估是诊断组织发展的一个有力措施。作为管理决策的基础，绩效评估不但能为组织提供有关组织活动进度、物质损耗、工作协调等方面的信息，以适时调整组织的战略目标、人员物质分配等，还能够在组织中营造一种注重业绩的组织文化，使雇员以绩效为目标，时刻校准自己的行为，并为每个雇员发挥积极性、创造性提供基础。此外，绩效评估及其措施在公共行政实践中的运用，极大地推动了公共管理方法与技能的改进和发展，促进了倾听顾客声音、提高服务质量、项目评估、管理信息系统、电子政务等公共管理方法应运而生，为政府公共管理开拓了新的视野。

（三）部门预算绩效管理与部门绩效评估的比较

2018 年 9 月，中共中央办公厅印发了《中共中央 国务院关于全面实施预算绩效管理的意见》，文件中在"构建全方位预算绩效管理格局"部分着重强调要实施部门和单位预算绩效管理。文件中还明确指出，要"将部门和单位预算收支全面纳入绩效管理，赋予部门和资金使用单位更多的管理自主权，围绕部门和单位职责、行业发展规划，以预算资金管理为主线，统筹考虑资产和业务活动，从运行成本、管理效率、履职效能、社会效应、可持续发展能力和服务对象满意度等方面，衡量部门和单位整体及核心业务实施效果，推动提高部门和单位整体绩效水平"。中共中央关于部门预算绩效管理新文件的出台，将部门预算绩效管理提升到了一个更高的位置，并将在相当程度上提高和增强政府管理效率和管理能力。

基于公共部门绩效评估的实践，结合我国公共部门预算绩效管理的要求，本段将简单介绍公共部门预算绩效管理与公共部门绩效评估的区别与联系。当前，我国开展的部门预算绩效管理主要以部门整体支出绩效评价为主，部门整体支出绩效评价与公共部门绩效评估的区别主要表现为：一是评价对象不同，前者评价对象为资金，结论着眼于部门整体预算资金效益的发挥，后者评价对象为部门工作，结论着眼于部门职能的规范、高效履行；二是评价内容不同，部门绩效评估以工作完成切入，我国虽然在开展部门绩效评估工作，但更多的是工作考核，而部门预算绩效评价则从预算资金切入，其重点在资源配置效率以及运行绩效评价，这也是《中共中央 国务院关于全面实施预算绩效管理的意见》重点强调的内容。

从部门运行角度出发，两者之间的联系主要表现为：一方面，从理论层面来看，行政效能建设是基础，标准化的行政权力、完善的权力运行机制、科学的基础管理将有效明确部门在行政架构中的定位、部门与相关部门业务关系、部门工作机制和流程，从而为部门实现战略目标、落实中长期规划、完成年度工作计划提供坚实的制度保障，也即行政效能建设构成部门预算绩效评价的制度环境；反过来，部门预算绩效评价将帮助部门聚焦绩效薄弱点，并促使部门对原因展开分析，从而不可避免地将部分问题根源回溯至效能建设上来，这一过程有助于推动政府管理流程优化或再造，也即部门预算绩效评价可以在某种程度上体现出部门行政效能建设的整体水平，并倒逼制度环境的调整与优化。另一方面，从部门工作管理的实际来看，尽管部门预算绩效评价和部门绩效评估的评价对象和评价路径不同，但数据间存在高度的共享关系，也因此存在部分评价内容可能重复的现象，原因可能是：预算部门通常遵从目标管理的思路，将年内需要完成的各项工作列入工作计划，这种处理方式下，行政效能建设工作就极有可能表现为预算中的专项，从而不仅作为效能建设内容被评价，也作为绩效评价中的"产出"被评价；即使并未以专项形式而仅仅是作为日常工作推进（即没有专项预算保障），按照当下部门整体支出绩效评价中考察"年度工作计划对应内设机构的职责履行情况、履行效果"的思路，仍然有可能对行政效能建设的部分内容（仍处在推进建设过程中的部分内容，而非整体的制度体系）进行考察。

|第二节| 政府会计

一、政府会计的定义

根据国际会计准则委员会的规定，政府会计是指用于确认、计量、记录和报告政府和事业单位财务收支活动及其受托责任履行情况的会计体系。由于各个国家的政治经济体制和管理体制不同，政府会计的内涵也有一定差别。本书将政府会计界定为：用于确认、计量、记录政府受人民委托管理国家公共事务、国家资源和国有资产的情况，报告政府公共财务资源管理的业绩及履行受托责任情况的专门会计。

二、政府会计的基础知识

（一）政府会计的主体及构成

政府会计主体是各级政府及与本级政府财政部门直接或间接发生预算拨款关系的国家机关、军队、政党组织、社会团体、事业单位和其他单位。政府会计是以货币为主要计量单位，对各政府会计主体财政资金的活动过程和结果进行全面、系统、连续的反映和监督。

根据《政府会计准则—基本准则》（财政部令第 78 号）及 2019 年 1 月 1 日起施行的《政府会计制度——行政事业单位会计科目和报表》，政府会计由预算会计和财务会计构成。预算会计提供与政府预算执行有关的信息，实行收付实现制，国务院另有规定的，依照其规定。财务会计提供与政府的财务状况运行情况（含运行成本）和现金流量等有关信息，实行权责发生制。

收付实现制又称现金制，是以货款的实际收付为标准，来确认本期收入和费用的一种记账基础，即本期收到的收入和支付的费用，不论其是否属于本期，均应作为本期的收入和费用；反之，凡是本期未收到的收入和未支付的费用，即使归属于本期，也不作为本期的收入或费用处理。与之相对应的是权责发生制。

（二）政府会计的会计要素和会计科目

1. 政府会计的会计要素

预算会计要素是预算会计对象的构成要素，是对预算会计对象的基本分类，是预算会计核算内容的具体化。科学地确定预算会计要素，有助于设置预算会计科目，有助于设计预算会计报表的种类、格式和列示方式。在新的会计制度下，财务会计要素包括资产、负债、净资产、收入和费用；预算会计要素包括预算收入、预算支出和预算结余。

2. 政府会计的会计科目

行政事业单位会计科目是对财政总预算会计要素作进一步分类，是设置账户、核算和归集经济业务的依据，也是汇总和检查财政总预算资金活动情况及其结果的依据。按照会计要素的分类，财务会计科目同样可以分为资产、负债、净资产、收入和费用五类；预算会计则分为预算收入、预算支出和预算结余三类。各级行政事业单位统一适用的会计科目表如表3-2-1所示。

表 3-2-1　行政事业单位会计科目和报表①

序号	编号	科目名称	序号	编号	科目名称
		财务会计科目			
		一、资产类	9	1214	预付账款
1	1001	库存现金	10	1215	应收股利
2	1002	银行存款	11	1216	应收利息
3	1011	零余额账户用款额度	12	1218	其他应收款
4	1021	其他货币资金	13	1219	坏账准备
5	1101	短期投资	14	1301	在途物品
6	1201	财政应返还额度	15	1302	库存物品
7	1211	应收票据	16	1303	加工物品
8	1212	应收账款	17	1401	待摊费用

---

① 中华人民共和国财政部. 关于印发《政府会计制度——行政事业单位会计科目和报表》的通知（财会〔2017〕25号），2017-10-24.

序号	编号	科目名称	序号	编号	科目名称
18	1501	长期股权投资	49	2502	长期应付款
19	1502	长期债券投资	50	2601	预计负债
20	1601	固定资产	51	2901	受托代理负债
21	1602	固定资产累计折旧			三、净资产类
22	1611	工程物资	52	3001	累计盈余
23	1613	在建工程	53	3101	专用基金
24	1701	无形资产	54	3201	权益法调整
25	1702	无形资产累计摊销	55	3301	本期盈余
26	1703	研发支出	56	3302	本年盈余分配
27	1801	公共基础设施	57	3401	无偿调拨净资产
28	1802	公共基础设施累计折旧（摊销）	58	3501	以前年度盈余调整
29	1811	政府储备物资			四、收入类
30	1821	文物文化资产	59	4001	财政拨款收入
31	1831	保障性住房	60	4101	事业收入
32	1832	保障性住房累计折旧	61	4201	上级补助收入
33	1891	受托代理资产	62	4301	附属单位上缴收入
34	1901	长期待摊费用	63	4401	经营收入
35	1902	待处理财产损益	64	4601	非同级财政拨款收入
		二、负债类	65	4602	投资收益
36	2011	短期借款	66	4603	捐赠收入
37	2101	应交增值税	67	4604	利息收入
38	2102	其他应交税费	68	4605	租金收入
39	2103	应缴财政款	69	4609	其他收入
40	2201	应付职工薪酬			五、费用类
41	2301	应付票据	70	5001	业务活动费用
42	2302	应付账款	71	5101	单位管理费用
43	2303	应付政府补贴款	72	5201	经营费用
44	2304	应付利息	73	5301	资产处置费用
45	2305	预收账款	74	5401	上缴上级费用
46	2307	其他应付款	75	5501	对附属单位补助费用
47	2401	预提费用	76	5801	所得税费用
48	2501	长期借款	77	5901	其他费用

序号	编号	科目名称	序号	编号	科目名称
预算会计科目					
		一、预算收入类	14	7501	对附属单位补助支出
1	6001	财政拨款预算收入	15	7601	投资支出
2	6101	事业预算收入	16	7701	债务还本支出
3	6201	上级补助预算收入	17	7901	其他支出
4	6301	附属单位上缴预算收入			三、预算结余类
5	6401	经营预算收入	18	8001	资金结存
6	6501	债务预算收入	19	8101	财政拨款结转
7	6601	非同级财政拨款预算收入	20	8102	财政拨款结余
8	6602	投资预算收益	21	8201	非财政拨款结转
9	6609	其他预算收入	22	8202	非财政拨款结余
		二、预算支出类	23	8301	专用结余
10	7101	行政支出	24	8401	经营结余
11	7201	事业支出	25	8501	其他结余
12	7301	经营支出	26	8701	非财政拨款结余分配
13	7401	上缴上级支出			

三、政府会计的功能

（一）政府会计的契约功能

1. 借助政府会计信息，均衡政府资源配置

政府需要考虑资源是否按照契约均衡分配，已配置的资源是否得到合理利用等，公共资源配置和运用是否能得到有效监督等。满足这些要求，一方面取决于政府资源配置的制度安排和执行机制，另一方面取决于能否及时取得资源配置事前、事中和事后可靠信息，并依据所获取的信息实施动态调整与执行，确保资源配置趋于均衡配置。[①] 获取并有效利用政府会计信息将有利于提高政府资源配置的效益。首先，会计最主要的目标是向报表使用者提供决策有用的信息，客观的标准由此生成，通过判断与评估，评判预算执行的效率与效果，契约作用凸显。其次，根据国家发展战略导向，财政预算实现地区与产业倾斜就有了依据，政府会计反映出国家宏观经济资源配置的历史信息有利于政府渐进式实现资源配置均衡。

2. 政府会计助力践行社会责任、评价社会治理

满足社会环境治理、社会救助和保障等诸多社会治理需求时，需展开成本核算和

---

① 章贵桥. 政府会计功能、国家善治与政治信任 [J]. 会计研究，2017（12）：19—23，96.

治理绩效评估等。政府会计可为不同社会治理内容提供专业的会计信息，对不能生成定量信息的社会治理内容也可定性反映。随着我国经济与社会的发展，与之相适宜的以公众为主的他律监督机制也将逐步得以构建和完善，而他律监督机制的确立和完善需要相关配套工具和制度进行保证，其中政府会计功能有效发挥是他律监督机制得以实施的前置条件。社会公共产品和社会公共服务质量的保障和提升离不开政府会计社会责任践行功能的有效发挥。

3. 政府会计落实政府审计监督与权力管制

绝对权力导致绝对腐败。只有以"反腐败永远在路上"的坚韧和执着，深化标本兼治，保证干部清正、政府清廉、政治清明，才能跳出历史周期率，确保党和国家长治久安。[①] 政府会计财务报告基本目标之一是解除公共受托责任，但政府组织行为如何解除其承担的公共受托责任，需要有依据，政府会计财务报告系列则可作为这一依据，通过真实可靠的相关财务信息，政府机构及其成员的财政行为将如实呈现在公共媒介上，经过政府财务信息的及时披露与公布，上一级政府机构可以据此分析其所属机构是否存在隐性福利，是否存在权力寻租行为等。因此经过纵向监督有利于上级组织更好监管下级组织行政行为，各层级政府公职人员不良的自利欲望和意图也将得到抑制，并随着环境与时间变迁，廉洁行政生态环境稳步形成，政治纵向监督得以实现。其次，政府会计功能高效发挥有利于减少信息不对称现象，使得政府组织与公众之间的交流渠道趋于畅通与透明，当公众与政府组织沟通机制变得顺畅时，公众可以通过多个途径对政府组织决策与行政行为产生影响，进而行政横向监督也将不断得到加强，横向监督的主动性、积极性和创造性也将得到逐步实现。

（二）政府会计的估值功能

1. 增强财政透明度、优化预算安排

随着信息化时代的到来，财政透明度将越来越细致化，政府会计发挥、拓展和增加财政透明度深度和广度的功能不可替代。政府会计功能有效发挥，能及时、准确地公布其财政行为以及财政资源运用额度，使得公众能够全面了解政府财政收入与分配等相关执行情况，促使政府机构行政行为趋向透明化、法治化、民主化。同时，政府会计信息定期披露体系能有效提升公众对政府的政治信任程度。另外，我国《预算法》要求政府会计系统全面且连续反映各级政府预算执行情况，并对预算执行展开过程监控。政府会计系统携带的信息巨大，有利于各级政府在评估次年预算安排时得到必要的信息依据。

2. 服务绩效考评、提升政府治理能力

国家良治要求对政府官员展开客观有效的绩效考核，以确定奖惩与晋升标准。绩

---

① 习近平. 决胜全面建成小康社会 夺取新时代中国特色社会主义伟大胜利——在中国共产党第十九次全国代表大会上的报告，2017-10-18.

效评估作为政府会计本质功能之一，政府会计定期披露体系即信息系统，经过特定核算程序形成的财务数据，是绩效评估的重要依据。其次，法治政府理应依法行政和依法奖惩，依法奖惩必然要有据可依和有据可查，政府组织及其官员依法行政形成的绩效数据，既包括政府会计依据一定核算程序生成的预算执行数据，也包括政府会计报告附注中源于政府组织践行社会责任披露的定性信息。政府会计报告披露的定量数据和定性信息为国家依法对政府机构及公职人员进行绩效测评提供了凭据，为政府治理能力提升提供了现实基础。

3. 防范政府债务风险

近年来，按照全国人大和国务院的要求，财政部加大了对地方政府债务的监管力度，债务管理日趋规范，但一些政府负债项目如何进行会计核算，如何在资产负债表中披露，还需要进一步研究。如何防范现实与潜在的政府债务风险，需要有可靠有效的预测和预警工具，财政预警机制可使用权责发生制记账基础，对政府的隐性债务和或有负债予以确认和计量，使隐性风险呈现显性化，为全面监控财政风险提供有效的技术支持。利用政府会计信息防范财政风险，预防因负债风险而出现政治信任危机，防范出现政府破产现象，未雨绸缪，趋利避害，建立健全财政风险预测与预警体系。

四、政府会计改革

（一）政府会计的主要内容

我国政府会计概括说来包括："一个制度、两个体系"，即政府财务报告制度、政府会计准则体系和政府会计制度体系。政府会计具有三大特征：一是政府单位执行统一的政府会计准则和会计制度。这就是说，无论是政府的行政部门还是非行政部门，或是其构成实体等，执行的准则和制度都是统一的（但是我国预算会计则是分类的，包括财政总预算会计、行政单位会计、事业单位会计等）。另外，所有政府单位使用的政府性资金和管理的政府性资产，所有的政府活动形成的财政资源和财政责任，都要纳入政府会计的核算和管理。二是实行政府财务报告制度。政府财务报告制度全面、系统地反映财政预算执行和政府单位的财务活动及财务状况，综合披露政府及政府单位的资产、负债和净资产的真实信息。三是提供科学有效的政府会计信息。政府会计全面、系统、准确地反映政府资产负债状况、政府预算执行情况和政府的经济活动状况，这些科学有效的信息有利于立法机关对政府的监督，有利于强化政府的会计责任，有利于政府自身的科学、民主决策，有利于推进宏观经济管理。

（二）政府会计改革的背景与现状

我国现行政府会计核算标准体系基本上形成于 1998 年前后，主要涵盖财政总预算会计、行政单位会计与事业单位会计。

由于现行政府会计标准体系一般采用收付实现制，主要以提供反映预算收支执行情况的决算报告为目的，无法准确、完整地反映政府资产负债"家底"，以及政府的运行成本等情况。同时，现行政府会计领域多项制度并存，体系繁杂、内容交叉、核算口径不一，造成不同部门和单位的会计信息可比性不高，同样业务行政和事业单位的会计标准不同，会计政策不同，导致政府财务报告信息质量较低。因此，在新的形势下，必须对现行政府会计标准体系进行改革。

早在 2013 年 11 月，党的十八届三中全会就通过了《中共中央关于全面深化改革若干重大问题的决定》，提出"建立权责发生制的政府综合财务报告制度"的改革举措。2014 年新修订的《预算法》对各级政府提出按年度编制以权责发生制为基础的政府综合财务报告的新要求。2014 年 12 月，国务院批转了财政部《权责发生制政府综合财务报告制度改革方案》，正式拉开了我国政府会计改革的序幕。

2017 年 10 月 24 日，财政部公布了《政府会计制度——行政事业单位会计科目和报表》，要求行政事业单位会计核算应当具备财务会计与预算会计双重功能，实现财务会计与预算会计适度分离并相互衔接，全面、清晰地反映单位财务信息和预算执行信息。该制度于 2019 年 1 月 1 日起施行，执行本制度的单位，不再执行《行政单位会计制度》《事业单位会计准则》《事业单位会计制度》《医院会计制度》《高等学校会计制度》《科学事业单位会计制度》《国有建设单位会计制度》等制度。自 2019 年 1 月 1 日起，与本级政府财政部门直接或者间接发生预算拨款关系的国家机关、军队、政党组织、社会团体、事业单位和其他单位开始执行《政府会计制度——行政事业单位会计科目和报表》。新制度的出台标志着我国政府会计改革正在不断朝着规范、统一的目标前进。

政府会计改革历经几年的试点探索之后，取得了阶段性的建设成果，相关试点地区编制的权责发生制政府财务报告已经初具雏形。[①] 但遗憾的是，在政府财务报告分析利用方面，却始终未能出台相关的制度，致使许多地区耗费大量人力、物力编制的政府财务报告被束之高阁，未能在宏观财政决策、绩效评价等领域发挥应有的作用。因此，如何分析和使用政府编制的综合财务报告也成为现实中面临的关键问题。

（三）政府会计改革面临的挑战

1. 政府会计准则体系仍有问题尚待解决

目前，全球已有 126 个国家宣布采用或趋同 IASB 颁布的国际财务报告准则（IFRS），我国推进改革时是否可考虑与此趋同。

2. 相关规章制度尚未完全适应政府会计改革要求

目前，我国部分地区尚未及时修订资产管理、财务管理、绩效预算、内部控制、审计、信息公开等制度，与政府会计改革的要求不相衔接，如政府财务报告缺少行政事业单位所提供的公共服务的成本、效率和效果等绩效信息，难以直接利用其考核行

---

① 厉国威，李连华，黄志雄. 新时代中国特色政府会计的改革与创新——第九届"政府会计改革理论与实务研讨会"综述 [J]. 会计研究，2018（6）：94—96.

政事业单位绩效。

3. 行政事业单位资产负债数据质量不佳

一是有些行政事业单位政府储备物资、交通市政设施、农田水利设施等资产未纳入单位资产核算，应报废的资产未报废，导致政府资产底数不清；二是有些行政事业单位存在大量很难清理的债权债务，造成行政单位资产负债数据与实际情况不符。

4. 试点阶段的政府综合财务报告可靠性有待提高

目前，我国只能基于以收付实现制为基础的行政事业单位会计制度试编政府综合财务报告，需要对部门决算报表按权责发生制进行大量的数据转换和数据合并，手工补充完善相关数据和资料，编制过程比较复杂，难以确保财务报告的可靠性。

（四）政府会计改革和预算绩效管理

近几年，国家大力推进全面实施预算绩效管理，这对政府会计不仅提出了更高的要求，也为政府会计改革指明了方向。同时，国家在不断深入政府会计改革时，也为全面实施预算绩效管理带来有效的基础工具。

1. 预算绩效管理的全面实施对政府会计提出新的要求

预算绩效管理的全面实施，要求完善权责发生制和政府综合财务报告制度。准确核算政府运行成本，是科学评价政府绩效和实施绩效管理的重要基础。全面实施绩效管理，需要更高质量的会计信息，这就需要在财务会计中引入权责发生制原则，全面反映政府资产负债、收入费用、运行成本、现金流量等信息，为构建科学的政府绩效评价体系、全面实施绩效管理奠定基础。

2. 政府会计多方面助力预算绩效管理的全面实施

第一，政府会计工作可以为绩效管理提供规范环境。政府会计作为确认、计量、记录和报告政府和事业单位财务收支活动及其受托责任履行情况的会计体系，可以帮助有效监控预算执行过程，并为确保预算执行和绩效管理的规范开展提供条件。

第二，政府会计要求可以为绩效管理明确内容依据。政府会计是帮助政府履行公共受托责任的重要途径，通过评判业绩与资源的配比关系是否符合经济性、效率性和效果性的要求，可以将政府会计系统核算的具体要求在绩效管理中得到体现。

第三，政府会计结果可以为绩效管理奠定信息基础。通过在资产负债表上反映政府各部门、各单位的所有经济资源，可以有效反映政府各部门、各单位的运行费用和履职成本，为预算绩效管理全面实施奠定高质量的会计信息基础。

3. 全面实施预算绩效管理为政府会计改革指明方向

一是完善政府综合财务报告编报机制。首先，要完善政府资产负债的清查核实工作制度，建立公共资源、基础设施、储备物资等政府资产资源和政府各类隐性负债的长效管理机制，补齐政府综合财务报告编报内容上的短板；其次，探索建立决算报告与财务报告同时布置一并编报的工作机制，增强两个报告编报工作的相互衔接性，提高政府财务报告的完整性和可读性，全面提高政府财务信息的整体质量。

二是加强政府综合财务报告分析应用。首先，兼顾政府综合财务报告外部使用者的需要，构建体系完整、分类清晰、使用方便的政府综合财务报告分析指标，提高政府综合财务报告的可使用性；其次，充分利用权责发生制政府综合财务报告所提供的反映精确、配比合理的运行费用，以及履职成本、财务结果、资产负债管理等信息，科学评价政府各部门、各单位的绩效。

|第三节| 项目管理

项目是资金的最终表现形态。政府通过投入财政资金，开展一系列民生项目，最终使每个纳税人都受益于公共财政。因此，预算绩效管理离不开项目管理。本节基于项目管理的八大要素，即范围要素、时间要素、成本要素、质量要素、人力资源要素、沟通要素、风险要素和采购要素，介绍项目管理的定义、主要内容、过程、方法和工具，阐述项目管理和预算绩效管理的关系，以帮助读者更好地理解预算绩效管理的概念。

一、项目及项目管理

（一）项目

关于项目的定义，国内外的许多相关组织和学者都进行过抽象性概括和描述。而本书推荐一种广义的项目定义，即：项目是为实现特定目标的一次性任务。通俗地讲，项目是由特定目标导向的一组任务。可见，项目驱动于目标，其本质是任务。

项目有其自身独特的属性，主要包括以下六个方面：独特性、一次性、多目标属性、生命周期属性、相互依赖属性、冲突属性。

一个项目的完成需要多方面的人员或组织参与。项目利益相关者是指积极参与项目或其利益受到项目成败影响的个人或组织。项目管理团队必须弄清谁是本项目的利益相关者，明确他们的需要和期望是什么，然后对这些期望进行管理和施加影响，确保项目获得成功。一般情况下，项目利益相关者包括：项目团队或项目经理、客户、项目承约商、项目发起人、组织内的参与者、供应商及其他受项目结果影响的组织或个人（如社区公众等）。

（二）项目管理

根据《项目管理知识体系指南》（第六版）的定义，项目管理是指将知识、技能、工具与技术应用于项目活动，以满足项目的要求。项目管理的目的就是确保项目的成功，即保证项目在规定的时间和成本范围内完成，并达到规定的质量标准。项目管理通过合理运用与整合一系列的项目管理过程得以实现，这些项目管理过程根据其属性不同可以划分至十大知识领域，这十大知识领域在本书中称之为十大管理要素，即项目整合管理、项目范围管理、项目时间管理、项目成本管理、项目质量管理、项目人力资源管理、项目沟通管理、项目风险管理、项目采购管理和项目相关方管理，这十大管理要素贯穿项目的全过程。项目管理包括以目标为导向的临时性组织系统管理方法体系和以项目为导向的长期性组织变化管理方法体系。

从学科构成的基本要素出发，现代项目管理具有以下特点：

第一，项目管理的对象是项目或项目化的运作。随着科技的飞速发展和外部环境的快速变化，传统的运作业务的生命周期变得越来越短，呈现出"项目化"的趋势，也可利用项目管理的思想和方法进行有效管理。

第二，项目管理的全过程都贯穿着系统工程的思想。项目管理把项目看成一个完整的系统，依据系统论"整体—分解—综合"的原理，可将系统分解为许多责任单元，由责任者分别按要求完成目标，然后综合成最终的成果。同时，项目管理把项目看成一个有完整生命周期的过程，强调部分对整体的重要性，促使管理者不要忽视其中的任何阶段，以免造成总体的效果不佳甚至失败。

第三，项目管理的组织具有临时性、柔性和扁平化的特点。项目管理的相关组织涉及两个层面：一个是由项目经理所领导的项目团队，即所谓的"临时性组织"；另一个则是项目所依存的上一级组织，即所谓的"长期性组织"。

第四，项目管理的体制是一种基于团队管理的个人负责制。由于项目系统管理的要求，需要集中权力以控制工作正常进行，因而项目经理是一个关键角色。

第五，项目管理的方式是目标管理。项目管理是一种多层次的目标管理方式，要求在约束条件下实现项目的目标，其实现的方法具有灵活性。

第六，项目管理的要点是创造和保持一种使项目顺利进行的环境。项目管理是一个管理过程，而不是技术过程，处理各种冲突和意外事件是项目管理的主要工作。

第七，项目管理的方法、工具和手段具有先进性、开放性。项目管理采用科学、先进的管理理论和方法。如采用网络图编制项目进度计划，采用先进高效的管理手段和工具，主要是使用电子计算机进行项目信息处理等。

以上从项目管理学科的研究对象、管理思想、组织形式、管理体制、管理方式、管理方法与手段等要素分析了项目管理学科自身的特点，虽然就其中某个单一的要素而言，都不足以显示出项目管理相对于其他管理学科的特点，但综合这些要素来看，项目管理学科的特点还是显而易见。

二、项目管理的主要内容

（一）项目整合管理

项目整合管理包括对隶属于项目管理过程组的各种过程和项目管理活动进行识别、定义、组合、统一和协调的各个过程。项目和项目管理本质上是具备整合性质的，项目整合管理知识领域要求整合所有其他知识领域的成果。项目整合管理通常要进行以下选择：资源分配、平衡竞争性需求、研究各种备选方法、为实现项目目标而裁剪过程、管理各项目管理知识领域之间的依赖关系等。项目整合管理过程包括制定项目章程、制定项目管理计划、指导与管理项目工作、管理项目知识、监控项目工作、实施整体变更控制和结束项目或阶段。同时，项目管理过程之间经常反复产生联系。例如，随着项目的推进，项目偏离计划路线，规划过程就要随着项目的变化情况，更新项目管理计划。所以上述项目整合管理过程在实践中往往是相互交叠和相互作用的。

项目整合管理通常包括以下要素：

（1）确保产品、服务或成果的交付日期，项目生活及效益管理计划保持一致。

（2）编制项目管理计划，实现项目目标。

（3）确保将合适的知识运用到项目，并从项目中获取必要的知识。

（4）管理项目管理计划中的绩效和变更。

（5）对影响项目的关键变更的决策。

（6）监督项目进展，并采取措施实现项目目标。

（7）收集已完成项目基准的数据，分析以获取相关信息，并进行相关方分享。

（8）完成全部项目工作，正式关闭各阶段，整理归档项目文件合同，并最终关闭整个项目。

（9）可能出现的过渡阶段的管理。

项目整合管理必须由项目经理负责，它的责任不能被授权或者转移，是项目经理最重要的工作。项目的复杂度越高，相关方的期望越多样化，需要项目经理掌握的整合方法就越全面，对项目管理能力的要求也就越高。

（二）项目成本管理

项目成本管理（即项目费用管理）是为保证完成项目的总成本不超过批准的预算所必需的一系列过程。项目费用管理的核心包括：费用估计、费用预算和费用控制。

1. 费用估计

费用估计指的是预估完成项目各项工作所需资源（人、材料、设备等）的费用的近似值。当项目在一定的约束条件下实施时，价格的估计是一项重要的因素，费用估计应该与工作质量的结果相联系。费用估计过程中，亦应考虑各种形式的费用交换。费用估计的方法包括：类比估计法、参数模型法、自下而上估计法、自上而下估计法等。此外，一些项目管理软件及电子表格软件通常被广泛应用于辅助项目费用的估计当中。费用估计后形成活动费用估算。

2. 费用预算

费用预算包括给每一项独立工作分配全部费用，以获得度量项目执行的费用基准。费用预算可以分为三部分，即直接人工费用预算、辅助服务费用预算和采购物品费用预算。在制定费用预算时，一般需参考费用估计、工作分解结构和项目进度。而使用的方法和工具与费用估计类似。费用预算的主要结果是获得费用基准。费用基准将作为度量和监控项目实施过程中费用支出的依据，通常的费用曲线与时间的关系呈S形曲线。对于一个大项目而言，可能需要多个费用曲线以反映项目执行过程中的不同方面，比如花费计划和费用流预测就是度量项目支出的一个费用基准。费用累积曲线是费用预算结果的主要表示形式之一。费用累积曲线反映了项目生命周期内截至任一时刻项目总费用支出的计划情况，是项目费用控制和整体进度控制的基础。

3. 费用控制

费用控制就是要保证各项工作在各自的预算范围内进行。费用控制的基础是事先就对项目进行的费用预算，即费用预算是费用控制的基础。费用控制的基本方法是规定各部门定期上报其费用报告，再由控制部门对其进行费用审核，以保证各种支出的合法性，然后再将已经发生的费用与预算相比较，分析其是否超支，并采取相应的措施加以弥补。费用控制主要关心的是影响和改变费用线的各种因素，确定费用线是否改变，以及管理和调整实际的改变。

(三) 项目时间管理

项目时间管理，国内通常称为项目进度管理，也可称之为项目工期管理。项目时间管理包括保证项目按时完工所必需的一系列管理过程与活动。核心内容包括活动排序、活动持续时间估计和进度安排。

1. 活动排序

活动排序的确定涉及各工作之间相互关系的识别和说明。任何工作的执行必须依赖一定工作的完成，也就是说它的执行必须在某些工作完成之后，这就是工作的先后依赖关系。工作的先后依赖关系有两种：一种是工作之间本身存在的、无法改变的逻辑关系，如设计与生产的关系，只有设计出来才能生产。另一种是人为组织确定的，两项工作可先可后的组织关系，如生产组织的问题，先生产 A 产品还是先生产 B 产品可由管理人员根据实际情况加以确定。一般来说，活动排序的确定首先应分析确定工作之间本身存在的逻辑关系。在逻辑关系确定的基础上，再加以充分分析，以确定各工作之间的组织关系。

2. 活动持续时间估计

活动持续时间估计是项目计划制订的一项重要的基础工作，直接关系到各事项、各工作网络时间的计算和完成整个项目任务所需要的总时间。若工作持续时间估计得太短，则会在工作中造成被动紧张的局面；相反，若工作持续时间估计得太长，就会使整个工程的完工期延长。计划是对未来的预测，项目中所有工作的进度安排都是由工作的延续时间来推算的，因此，对延续时间的估计要做到客观、正确。这就要求在对工作做出时间估计时，不应受到工作重要性及工程完成期限的影响，要在考虑到各种资源、人力、物力、财力的情况下，把工作置于独立的正常状态下进行估计，要做通盘考虑，不可顾此失彼。

3. 进度安排

进度安排是依据项目的工作分解、活动排序、工作时间估计，对项目中各项工作的开始和结束时间进行安排。安排时间进度时，项目主管要组织有关职能部门参加，明确对各部门的要求。据此各职能部门可拟订本部门的项目进度计划。项目进度计划目前多采用网络计划技术的形式，这种形式有助于明确反映项目各工作单元之间的相互关系，有利于项目执行过程中各工作之间的协调与控制。

(四) 项目质量管理

项目质量管理包括保证项目能满足原先规定的各项质量要求所需要的过程，如决定质量方针、目标与责任的所有活动，并通过诸如质量计划、质量保证、质量控制等过程来建立并实施项目质量体系。项目质量管理的核心过程包括质量计划、质量保证和质量控制。

1. 质量计划

质量计划判断哪些质量标准与本项目相关，并决定应如何达到这些质量标准。其目的主要是确保项目的质量标准能够得以满意地实现，其关键是在项目的计划期内确保项目按期完成，同时要处理与其他项目计划之间的关系。质量计划的依据包括质量方针、范围描述、产品描述、标准和规制、其他工作的输出。而制定质量计划的方法和工具则包括利益/成本分析、基准和流程图等。

2. 质量保证

质量保证是所有计划和系统工作实施达到质量计划要求的基础，为项目质量系统的正常运转提供可靠的保证。它应该贯穿于项目实施的全过程。在ISO9000系列标准实施之前，质量保证通常被描述在质量计划之中。质量保证通常是由质量保证部门或者类似的组织单元提供，但不必总是如此。质量保证通常提供给项目管理团队及实施组织（内部质量保证）或者提供给客户或项目工作涉及的其他活动（外部质量保证）。质量保证的依据包括质量管理计划、质量控制度量的结果和操作说明。其方法和工具包括质量计划工具和技术、质量审核。而质量保证的结果包括质量保证大纲、质量改进。

3. 质量控制

质量控制主要是监督项目的实施结果，将项目的结果与事先制定的质量标准进行比较，找出其存在的偏差，并分析形成这一偏差的原因。质量控制贯穿于项目实施的全过程。项目的结果包括产品结果（如可交付成果）以及管理结果（如实施的费用和进度）。质量控制通常是由项目参与各方组织实施的。项目管理组织应该具有统计质量控制的相关知识，特别是抽样检查和概率方面的知识，以便帮助其评价质量控制的输出，同时应该清楚以下几个方面的差别：预防和检查；特征样本和随机样本；特殊原因和随机原因；偏差和控制线。质量控制的依据则包括工作结果、质量管理计划、操作描述和检查表格。质量控制的方法与工具众多，主要包括：检查、控制图、统计样本、流程图、鱼刺图、PDCA 循环、趋势分析等。而质量控制的结果则包括：质量改进措施、预防措施、请求的变更、缺陷的补救、可接受的决定、完成检查表等。

（五）项目风险管理

风险是指某一特定危险情况发生的可能性与后果的组合。风险具有客观性、不确定性、损失性和可变性等。

实施项目风险管理，并采取各种风险应对措施、管理方法和手段，有助于对项目的风险实行有效的控制，妥善地处理风险事件造成的不利后果，以最小的成本保证项目总体目标实现的管理工作。

项目风险管理通过界定项目范围，可以将项目的任务细分为更具体、更便于管理的部分，避免遗漏而产生风险。在项目进行过程中，各种变更是不可避免的，变更会带来某些新的不确定性，风险管理可以通过对风险的识别、分析来评价这些不确定性，从而向项目范围管理提出任务。

1. 风险识别

风险识别是风险管理的第一步，也是风险管理的基础。只有在正确识别自身所面临的风险的基础上，人们才能够主动选择适当、有效的方法进行处理。通常风险识别的方法包括：生产流程分析法、风险专家调查列举法、资产财务状况分析法、分解分析法、失误树分析法。

2. 风险量化

风险量化用于衡量风险概率和风险对项目目标影响的程度，它依据风险管理计划、风险及风险条件排序表、历史资料、专家判断及其他计划成果，利用灵敏度分析、决策分析与模拟的方法与技术，得到量化序列表、项目确认研究以及所需应急资源等量化结果。风险量化的分析方法主要包括：期望值法、统计数加总法、模拟法、决策树法。

3. 风险应对

风险应对过程的活动是执行风险行动计划，以求将风险降至可接受的程度。风险应对包括：对触发事件的通知做出反应；执行风险行动计划；对照计划，报告进展；校正偏离计划的情况。在评估了相关的风险之后，管理层要确定如何应对。风险应对措施包括风险回避、降低、分担和承受。

（六）项目范围管理

项目范围管理，其本质是指一种功能管理，它是对项目所要完成的工作范围进行管理和控制的过程与活动。

项目范围管理包括用以保证项目能按要求的范围完成涉及的所有过程，具体包括：确定项目的需求、定义规划项目的范围、范围管理的实施、范围的变更控制管理及范围核实等。

一般情况下，项目范围管理的程序如下：

（1）启动阶段，督促项目管理组织开始着手项目下一阶段的工作。

（2）范围规划报告，写出一份书面报告，作为未来项目决策基础。

（3）范围界定，把主要的项目工作细目分解成更小、更易管理操作的单元。

（4）范围核实，正式认可这个项目范围。

（5）范围变化控制，对项目范围的变化进行控制。

（七）项目人力资源管理

项目人力资源管理是管理人力资源的能力。项目人力资源管理主要包括以下几个方面：

1. 排兵布阵

项目人力资源管理是一种组织计划编制，也可以看作战场上的"排兵布阵"，就是确定和分配项目中的角色、职责与回报关系。一般采用的方法包括：参考类似项目的模板、人力资源管理的惯例、分析项目相关方的需求等。

组织计划编制完成后将明晰以下几方面任务：

（1）角色和职责分配。在项目管理中必须明确项目角色和职责，否则容易造成某一项工作没人负责，最终影响项目目标的实现。为了使每项工作能够顺利进行，就必须将每项工作分配到具体的个人（或小组），明确不同的个人（或小组）在这项工作中的职责，而且每项工作只能有唯一的负责人（或小组）。

（2）人员配备管理计划。它主要描述项目组什么时候需要什么样的人力资源。为了清晰地表明此部分内容，我们经常会使用资源直方图。

（3）组织机构图。它是项目汇报关系的图形表示，主要描述团队成员之间的工作汇报关系。

2. 招兵买马

在确定了项目组什么时候需要什么样的人员之后，需要做的就是确定如何在合适的时间获得这些人员，或者说开始"招兵买马"，这就是人员募集要做的工作。人员募集需要根据人员配备管理计划以及组织当前的人员情况和招聘的惯例来进行。项目中有些人员是在项目计划前就明确下来的，但有些人员需要和组织进行谈判才能够获得，特别是一些短缺或特殊的资源，可能每个项目组都希望得到，但要想顺利得到，就需要通过谈判来实现。谈判的对象可能包括职能经理和其他项目组的成员。另外有些人员可能组织中没有或无法提供，这种情况下就需要通过招聘来获得。结束这部分工作后，就会得到项目团队清单和项目人员分配计划。

3. 团结就是力量

项目团队是由项目组成员组成的为实现项目目标而协同工作的组织。项目团队工作是否有效也是项目成功的关键因素，任何项目要获得成功就必须有一个有效的项目团队。

团队建设涉及很多方面的工作，如项目团队能力的建设、团队士气的激励、团队成员的奉献精神的树立等。团队成员个人发展是项目团队建设的基础。

通常情况下，项目团队成员既对职能经理负责，又对项目经理负责，这样项目团队组建经常变得很复杂。对这种双重汇报关系的有效管理通常是项目成功的关键因素，也是项目经理的重要责任。

（八）项目沟通管理

项目沟通管理就是为了确保项目信息的合理收集和传输，以及最终处理所需实施的一系列过程，包括为了确保项目信息及时适当地产生、收集、传播、保存和最终配置所必需的过程。

项目沟通管理为成功所必需的因素——人、想法和信息之间提供了一个关键性的连接。涉及项目的任何人都应准备以项目"语言"发送和接收信息，并且必须理解其以个人身份参与的沟通会怎样影响整个项目。沟通就是信息交流。组织之间的沟通是指组织之间的信息传递。对于项目来说，要科学地组织、指挥、协调和控制项目的实施过程，就必须进行项目的信息沟通。好的信息沟通对项目的发展和人际关系的改善都有促进作用。

项目沟通管理具有复杂和系统的特征。著名组织管理学家巴纳德认为，沟通是把一个组织中的成员联系在一起，以实现共同目标的手段。没有沟通，就没有管理。沟通不良几乎是每个企业都存在的通病，企业的机构越是复杂，沟通就越是困难。往往基层的许多建设性意见未及反馈至高层决策者，便已被层层扼杀，而高层决策常常也无法以原貌展现在所有人面前。

（九）项目采购管理

项目采购管理包括从项目团队外部采购或获得所需产品、服务或成果的各个过程。通过这些过程，编制合同或订购单，并由具备相应权限的项目团队成员签发，然后再对合同或订购单进行管理。

项目采购管理过程包括以下四个步骤：

（1）规划采购管理：记录项目采购决策、明确采购方法、识别潜在卖方的过程。

（2）实施采购：获取卖方应答、选择卖方并授予合同的过程。

（3）控制采购：管理采购关系、监督合同执行情况，并根据需要实施变更和采取纠正措施的过程。

（4）结束采购：完结单次采购的过程。

（十）项目相关方管理

项目相关方是指可能对项目的决策、活动或结果有影响项的个人、群体或组织，甚至有时会包括那些自认为会受这些决策、活动或成果影响的个人、群体或组织。相关方管理的目的是积极主动的让相关方参与进来，并使相关方的参与程度达到促使项目成功所需的程度。

项目相关方管理过程主要包括以下四个步骤：

（1）识别相关方：在整个项目生命周期内，相关方可能会参与进来，也可能退出，并且随着时间的推进，相关方的利益、影响或作用也可能会有所变化。识别相关方应在尽早期开始，特别是针对高层级相关人的识别。同时也应注意除了客户、发起人、项目团队、高层级相关方等容易识别的相关方之外，项目中也可能会存在难以识别的其他相关方。一旦识别相关方后，项目经理应努力去了解相关方的感受、情绪、价值观等，以及分析每个干系人对项目的立场、观点、权力、作用、态度、影响程度等。

（2）规划相关方参与：识别相关方之后，需要根据相关方的需求、期望、利益、动机以及对项目的潜在影响等情况制定能够使相关方有效参与项目的具体方案。

（3）管理相关方参与：在项目的整个生命周期内，通过正式或非正式的方式在项目预定的相关方沟通时点，或者当相关方之间出现误解、冲突等情况时，对相关方的项目参与进行管理，从而满足相关方的需求与期望、澄清和解决易识别的问题，了解项目收益和风险，以及他们的参与将如何影响项目，促使相关方继续合理地参与项目，提高相关方的支持，降低相关方的抵制。

（4）监督相关方参与：随着项目的进展、内外部环境的变化，通过监督相关方参与来维持或提升相关方参与项目的效率或效果。包括在发生人员变动时能有效完成相关方的再识别和分析工作。

三、项目管理过程

一个完整的项目管理过程包括项目启动、项目规划、项目实施和项目结束四个阶段。

（一）项目启动阶段

1. 项目启动

启动是一个通用的项目管理过程，可以是正式承认一个新项目存在的过程，也可以是承认一个已有项目应当进入下一个阶段的过程。前者被称为项目启动，后者被称为阶段启动。虽然针对的对象不同，但其工作过程是具有共性的。在此以项目启动说明该过程及其工作内容。项目启动阶段的主要工作包括项目描述和召开项目启动会议等。

2. 方案策划

方案策划是根据项目的功能要求和目标，进行总体规划与设计，经筛选后形成总体规划方案或总体设计方案。总体规划方案为可行性研究提供前提，同时也是项目后期设计实施的纲领。方案策划可按以下几个步骤进行：

（1）项目目标设计与功能设计。在构造方案之前，必须认真分析项目功能要求，即项目拟达到的目的，其中包括总体目标、分目标等要求，以及在目标指导下，项目方案必须达到的技术指标、经济指标等。

（2）总体方案设想。在明确了项目目标和功能的前提下，进行概念创新，通过概念创新引发方案设想。

（3）总体方案规划。把创新引发的项目构思和设想变为总体方案，并对总体方案进行规划，包括项目的总体布局、项目结构或构成、项目平面布置、建筑物、土地利用等。

（4）方案各部分功能设计。设定方案各部分的功能以及应采用的技术标准、应达到的指标、拟购置的设备及拟建立的设施等。

（5）对总体方案进行粗略选择。在方案总体规划和功能设计的基础上，对提出的多个方案进行粗略的技术、经济等方面的研究和评价，并运用多方案比选的方法选优。

（6）确定（供可行性研究的）项目总体设计方案。经过方案比选，确定1~2个方案进行深入研究和论证。

方案策划完成后，可提出1~2个用于进行可行性研究的总体方案，同时也为后续的初步设计、详细设计提供依据和纲领。

3. 可行性研究

可行性研究是在项目决策前，对项目的技术、经济等各方面条件和情况进行详尽、系统、全面的调查勘测与分析研究，对各种可能的建设方案和技术方案进行详细的比较论证，并对项目建成后的经济效益和社会效益进行预测、评价的一种科学分析过程与方法。可行性研究的结果是项目进行评估和决策的依据。

而项目的可行性研究一般需要针对以下主要内容加以论证：项目的建设背景、建设必要性及其经济意义；市场需求预测和项目拟建规模；原材料等资源供应及资源利用分析；建设条件分析；关键技术及其实现途径的分析论证；总体方案设计与技术选择；环境影响评价与保护措施；企业组织与人力资源配置；实施进度计划；投资估算、成本估算和融资方案；财务评价；国民经济评价与社会效果评价。

对项目进行可行性研究，通常按照下列步骤展开：

（1）可行性研究的委托与合同签订。项目的可行性研究，可以由项目主管部门直接向工程设计单位下达任务，也可以由项目业主自行委托有资格的工程设计单位承担。

（2）组织工作小组和制订计划。项目组根据工作内容组织项目工作小组，并确定项目负责人和各专业负责人。项目组根据任务要求，研究和制订工作计划和安排实施进度。

（3）调查研究与收集资料。

（4）建设方案设计与优选。根据建设项目建议书，结合市场和资源环境的调查，在收集整理一定的设计基础资料和技术经济基本数据的基础上，提出若干可供选择的建设方案，进行比较和评价，从中选择或推荐最佳建设方案。

（5）环境影响评价。分析、评价项目对生态环境、历史文化环境的影响，并提出相应的保护措施。

（6）财务与经济评价。按照建设项目经济评价方法的要求，对推荐的建设方案进行财务分析和国民经济分析，计算相应的评价指标，评价项目的财务生存能力并从国家角度评价经济合理性。

（7）编写详细可行性研究报告。

（8）与委托单位交换意见。

（二）项目规划阶段

1. 范围规划

范围规划就是确定项目范围，明确项目的主要可交付成果，制订项目范围管理计划，记载如何确定、核实与控制项目范围，以及如何制定与定义工作分解结构。

范围规划的依据在于：（1）成果说明书。在成果说明书中，对要求交付的成果必须有明确的要求和说明。（2）项目许可证。项目许可证是正式承认某项目存在的一种文件，其中有关于项目目标的记载。（3）环境因素。环境因素的例子有组织文化、基础设施、工具、人力资源、人事方针以及市场状况，所有这些都会影响项目范围的管理方式。（4）组织过程资产。组织过程资产是能够影响项目范围管理方式的正式和非正式的方针、程序和指导原则。

范围规划结束时应当有下列成果：

（1）初步范围说明书。初步范围说明书为将来项目实施提供了基础。其内容包括：项目合理性说明，即解释为何要实施这一项目，为以后权衡各种利弊关系提供依据；项目成果的简要描述；可交付成果清单；项目目标的实现程度。

（2）辅助性细节。主要包括项目的有关假设条件及制约因素的描述。

（3）范围管理计划。项目范围管理计划是项目管理团队确定、记载、核实、管理和控制项目范围的指南。主要包括：说明如何管理项目范围以及如何将变更纳入到项目的范围之内；对项目范围稳定性的评价，即项目范围变化的可能性、频率和幅度；说明如何识别范围变更以及如何对其进行分类。

2. 组织规划

组织规划是项目人力资源管理的重要过程之一，是确定项目角色、职责、相互关系并制定人员配备管理计划的过程。组织规划依据项目中各部分的关系，人员需求和制约限制要素，利用样板、人力资源实践、组织理论和利益相关者分析，得出角色与责任的分派、人员安排计划、组织结构图和辅助说明。

组织规划的依据在于：（1）项目的环境因素。基于对现有组织参与项目的各种方式的理解以及对各技术专业、技术人员、管理人员和项目团队成员之间的交互作用方式的理解，来界定项目角色和职责。（2）组织过程的无形资产。随着组织内项目管理方法逐渐趋于成熟，组织可以依据以前人力资源规划过程的经验教训即组织过程的无形资产（组织过程资产），协助制订当前项目的计划。模板文件和核对表格可以减少项目初期的规划时间，并降低遗漏重要职责的概率。（3）项目管理计划。项目管理计划包括活动资源需求和项目管理活动（如质量保证、风险管理、采购等）的描述，这将有助于项目管理团队识别所有需要的角色和职责。

项目规划完成时应当有如下成果：

（1）任务和责任的分派。项目任务和责任必须分配到恰当的项目参加者。在项目中承担的角色、任务和责任可能会随时间而发生变化。项目任务和责任应当同项目定义紧密联系在一起，为此常常使用责任分配矩阵。

（2）人员安排计划。人员安排计划说明何时以及如何将人力资源投入或调离项目团队的相应岗位。

（3）组织结构图。组织结构图是以直观的方式表示组织的构成元素及其相互关系的图形。项目管理常见的组织形式主要有职能式、项目式、矩阵式三种类型。

3. 资源计划

资源计划涉及决定什么样的资源（人、设备、材料）以及多少资源将用于项目每一工作的执行过程之中，因此它必然是与费用估计相对应的。

资源计划的依据主要包括：（1）工作分解结构。工作分解结构明确了项目各工作所需资源的基本情况，因此它是资源计划的重要依据，任何其他相关计划的输出都应以 WBS 作为合适的控制工具。（2）项目工作进度计划。这是制订资源计划的基础，每一项工作何时需要何种资源通过工程的进度可以明显看出。（3）历史信息。历史信息记录了先前类似工作使用资源的需求情况，这些资料一般是可以获得的。（4）范围定义。范围定义包括了项目工作的说明和项目目标，这些应该在项目资源计划的编制过程中特别考虑。（5）什么资源（人、设备及材料）是可能获得的。这是项目资源计划所必须掌握的，特别的数量描述和资源水平对于资源安排描述来说相当重要。（6）组织策略。在资源计划的过程中还必须考虑人事组织、所提供设备的租赁和购买策略。

资源计划的结果主要是制订资源的需求计划，对各种资源的需求及需求计划加以描述，资源的需求安排一般应分解到具体的工作上。主要表现形式为：（1）资源计划需求数据表。需求数据表是通过各种表格描述各种资源的需求量。（2）资源负荷图。资源负荷图是直观描述在项目执行期间各种资源需求量的直方图。

（三）项目实施阶段

1. 采购招标

采购招标是指项目组织采用招投标的方式或类似于招投标的过程，选择外部供应商或承包商，以从项目组织外部获取资源的过程。

招标投标是由招投标双方经过要约、承诺、择优选定，最终形成协议和合同关系是平等主体之间的一种交易方式，是法人之间达成的有偿的、具有约束力的约定的法律行为。招标投标具有平等性、竞争性、开放性等基本特征，必须遵循公开、公平、公正、诚信的基本原则。

招标投标活动一般分为四个阶段：招标准备阶段、投标准备阶段、开标评标阶段、决标签约阶段。

2. 合同管理

合同管理是管理与卖方的关系，保证承包商的实际工作满足合同要求的过程。在使用多个承包商的大项目中，合同管理的一个重要方面就是管理各承包商之间的关系。合同关系的法律性质要求项目管理层必须十分清醒地意识到所采取各种行动的法律后果。合同管理包括在处理合同关系时使用适当的项目管理过程，并把这些过程的结果综合到该项目的总体管理中。

合同管理的内容主要包括：（1）合同变更控制系统。该系统包括书面工作、追踪系统及批准变更的审批层次，应当与总体变更控制系统结合起来。（2）进度报告。进度报告为管理提供了有关承包商为实现合同目标的工作效率情况。承包商进度报告应当与整体项目进度报告结合起来。（3）承包商付款系统。向承包商付款常由实施组织的应付账目系统处理。在具有多种或复杂采购要求的大项目中，可以建立自己的系统。在上述两种情况下，系统都必须包括由项目管理班子进行必要审查和批准的步骤。（4）合同档案管理系统。合同档案管理系统作为项目管理信息系统的组成部分，是被统一整合为一体的一套具体的过程、相关的控制职能和自动化工具。

合同的完成与结算阶段称为合同收尾，包括针对所有遗留问题的解决方案，类似于行政收尾。某合同提前终止是合同收尾的特殊情况。合同收尾的依据是合同文件。合同文件包括：合同本身及其所有的支持表格，提出并批准的合同，采购管理计划，合同管理计划，合同文件，合同收尾程序，以及所有承包商提出的技术文件、承包商进度报告、财务文件等。

3. 进度控制

项目计划只是根据预测而对未来做出的安排。由于在编制计划时难以事先预见的问题很多，因此在计划执行过程中往往会发生或大或小的偏差，这就要求项目经理及其他管理人员及时对计划做出调整。项目进度控制就是要时刻对每项工作的进度进行监督，对那些出现"偏差"的工作采取必要措施，以保证项目按照原定计划进度执行，使预定目标按时和在预算范围内实现。

进度控制的依据包括：（1）项目进度计划。（2）进度基准。用于控制的项目进度表是得到批准的项目进度表，叫作进度基准。（3）进展报告。进展报告反映了项目执行的详细信息，包括项目进展、趋势预测、预算情况、困难和危机等。（4）变更请求。变更请求可以是正式的，也可以是非正式的。只有以前经过整体变更控制处理过的变更请求，才能用来更新项目进度基准或项目管理计划的其他组成部分。（5）进度管理计划。

进度控制的结果体现为：（1）项目进度表的更新；（2）进度基准的更新；（3）绩效衡量；（4）请求的变更；（5）纠正措施。

（四）项目结束阶段

1. 项目资料验收

项目资料是项目整个生命周期的详细记录，是项目成果的重要展示形式。项目资料既是项目评价和验收的标准，也是项目交接、维护和评价的重要原始凭证，在项目验收工作中起着十分重要的作用。资料验收是指交验方将整理好的、真实的项目资料交给接收方，并进行确认和验收的过程。

项目验收的程序如下：（1）项目资料交验方按合同条款中有关资料验收的范围及清单进行自检和预验收。（2）项目资料验收的组织方按合同资料清单或档案法规的要求分项，进行验收、清点、立卷、归档。（3）对验收不合格或有缺损的项目资料，通知相关单位采取措施进行修改或补充。（4）交接双方对项目资料验收报告进行确认和签证。（5）项目资料验收结果，包括项目资料归档和项目资料验收报告。

2. 项目交接和清算

（1）项目交接

项目交接是指全部合同收尾以后，在政府项目监管部门或社会第三方中介组织协助下，项目业主与全部项目参与方之间进行项目所有权移交的过程。

当项目的实体移交、资料移交和项目款项结清后，项目移交方和接收方在项目交接报告上签字，形成项目交接报告。

项目验收、交接后，按采购合同的条款要求和国家有关规定，在预约的期限内，由项目经理部组织原项目人员主动对交付使用的竣工项目进行回访，听取项目业主对项目质量、功能的意见和建议。一方面，对于项目运行中出现的质量问题，在项目质量回访报告中进行登记，及时采取措施加以解决；另一方面，对子项目实施过程中采用的新思想、新工艺、新材料、新技术、新设备等，经运行证明其性能和效果达到预期目标的，要予以总结确认，为进一步完善和推广积累数据创造条件。回访和维修过程中的所有记录应该作为技术档案进行归档。对于无法协商解决的项目质量及其他问题，提交国家有关仲裁部门进行仲裁。

（2）项目清算

项目清算是项目结束的另一种结果和方式。由于各种各样的原因，项目在得到最终可交付成果之前终止了，这就需要进行项目清算。项目交接是正常的项目结束过程，而项目清算是非正常的项目终止过程。项目清算的主体，即项目清算的召集人是项目业主。项目清算主要以合同为依据。

3. 项目审计

（1）项目审计的概念

项目审计是指审计机构依据国家的法令、财务制度，以及企业的经营方针、管理标准和规章制度，对项目活动用科学的方法和程序进行审核检查，判断其是否合法、合理和有效的一种活动。

（2）项目审计的内容

项目审计的范围包括项目整个生命周期中的所有活动。按内容分，有项目质量审计、费用审计、合同审计等；按项目周期分，有项目前期审计、项目实施期审计、项目结束审计。具体包括：检查、审核项目活动是否符合相关规章制度的规定；检查、审核项目活动是否符合国家的政策、法律、法规和条例，有无违法乱纪、营私舞弊等现象；检查、审核项目活动是否合理，项目的组织形式是否得当，项目的控制系统是否健全，项目的计划是否科学，项目的实施状况与项目目标是否相符；检查并审核项目的效益；检查并审核各类项目报告、报表等资料是否真实和公允。

（3）费用审计

费用审计贯穿于项目的全过程中，包括项目前期的、实施过程中的、项目结束时的费用审计。

项目前期的费用审计主要是指对成本估算和成本计划的审查。费用审计内容包括：审查成本估算采用了哪种方法；成本计划采用了什么方法，是粗线条还是细线条，能否满足控制成本的要求；不可预见费用的数量是否合理等。

项目实施过程中的费用审计包括成本报告审计和实施成本审计。成本报告审计包括：审核成本报告的内容是否全面，报告格式是否规范；核查报告与实际发生成本的吻合情况；结合进度报告和质量报告判断成本报告的真实性。实施成本审计包括：审查成本的超支和实际支出偏低的情况，查明发生成本与计划成本的偏差幅度及其原因；审查发生的成本是否合理，有无因管理不善造成成本上升和乱摊成本的问题；审查成本控制方法、程序是否有效，是否有严密的规章制度；审查有无擅自改变项目范围；若存在成本失控问题，应查明原因，提出整改建议。

项目结束时的费用审计主要是进行项目成本审计。对照项目预算审核实际成本的发生情况，如果超支，要查明是因成本控制不力还是因擅自扩大项目范围或乱摊成本所致；如果节余，则要查明是否缩小了项目范围或降低了实施标准。

（4）项目审计的程序

① 审计准备

明确审计目的、确定审计范围；建立审计工作组织；了解概况、准备资料；制订项目的审计计划。

② 实施审计

首先，针对确定的审计范围实施常规审查，从中发现常规性的错误和弊端。其次，对可疑的环节或特殊领域进行详细审核和检查。最后，协同项目管理人员纠正错弊事项。

③ 报告审计结果

审计的结果形成审计报告。审计报告是在征求项目管理人员意见的基础上，对所获得的资料进行综合归纳、分析研究，进而对审计事项做出客观、公正和准确的评价。

④ 资料归档

对审计过程中的全部文档，包括审计记录以及各种原始材料整理归档，建立审计档案，以备日后查阅、参考和研究。

四、项目管理常用的方法和工具

（一）工作分解结构法

1. 工作分解结构法的概念

工作分解结构（Work Breakdown Structure，WBS）是项目管理中的一种基本方法。WBS 主要应用于项目范围管理，是一种在项目全范围内分解和定义各层次工作包的方法。WBS 按照项目发展的规律，依据一定的原则和规定，进行系统化的、相互关联和协调的层次分解。结构层次越往下，则项目组成部分的定义越详细。WBS 最后构成一份层次清晰、可以具体作为组织项目实施的工作依据。WBS 起源于美国军方的型号研制。WBS 通常是一种面向"成果"的"树"，其最底层是细化后的"可交付成果"，该树组织确定了项目的整个范围。但 WBS 的形式并不限于"树"状，还有多种其他形式。

2. 编制 WBS 的思路

（1）基于功能的分解结构，如图 3-3-1 所示。

图 3-3-1 基于功能的分解结构

（2）基于成果的分解结构，如图 3-3-2 所示。

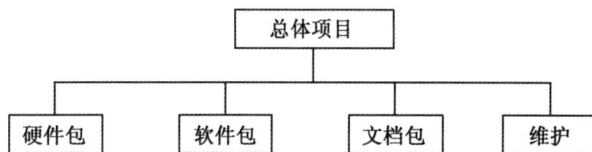

图 3-3-2 基于成果的分解结构

（3）基于工作过程的分解结构，如图 3-3-3 所示。

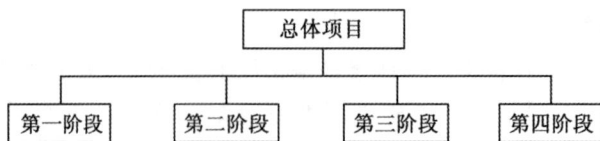

图 3-3-3　基于工作过程的分解结构

3．WBS 的分解结构和表达形式

（1）WBS 的分解结构，包括：① 项目工作分解结构图。② 词典。包括编码、工作包描述（内容）、成本预算、时间安排、质量标准或要求、责任人或部门或外部单位（委托项目）、资源配置情况、其他属性等。

（2）WBS 的表达形式。WBS 可用不同的形式表达，常用的有层次结构图和锯齿列表形式，如图 3-3-4 所示。

层次结构图	锯齿结构
	1.0　系统 1.1　元素 A 　　　1.1.1　任务 　　　1.1.2　任务 1.2　元素 B

图 3-3-4　工作分解结构的表达形式

（二）网络计划技术

1．网络计划的概念

网络计划是以网络图为基础的计划模型。网络计划的优点是能直观地反映项目各项工作（或活动）之间的相互关系，使项目计划构成一个系统的整体，从而为实现计划的定量分析奠定基础。要制订出科学的计划，网络模型是必不可少的。网络计划的基本形式是 PERT（Program Evaluation and Review Technique）与 CPM（Critical Path Method）。前者一般译为计划评审技术或计划协调技术，后者一般译为关键路径法，两者有时统一记为 PERT/CPM。

2．网络计划的特点

网络计划模型是一种直观而简明的、有逻辑和数学根据的计划模型，也就是说它不仅能完整地揭示一项计划所包含的全部工作以及它们之间的关系，而且还能从数学角度运用最优化原理，揭示整个计划的关键工作，并且巧妙地安排计划中的各项工作，从而使计划管理人员依照计划执行情况的信息，科学地对未来做出预测，使得计划自始至终处于人们的监督和控制之中，达到以最短的工期、最少的资源、最好的流程、最低的成本来完成所控制的项目。

3. 网络计划图的基本概念

在网络计划中，用箭头和圆圈来表示计划工作之间关系的网络图，称为网络计划图，简称网络图或网络。网络计划图是由工作、事项、路径三个要素组成的。

（1）工作（活动、工序、作业）：在一个项目中，任何一个可以定义名称、独立存在、需要一定时间或资源完成的活动或任务都可看作一项工作。在网络图中，一般用箭线表示工作（也可以用圆圈表示）。箭线所指方向表示工作的前进方向，箭线的尾端表示工作的开始，箭头表示工作的结束，从箭尾到箭头表示一项工作的作业过程。

（2）事项（事件、节点）：每一项工作都存在一个开始时间和结束时间。一件工作若只有一件紧前工作，那么这件紧前工作的结束时间，也就是该工作的可能开始时间。一件工作若有数件紧前工作，则要待紧前工作全部结束后，才有可能开始做这件工作。这种紧前工作和紧后工作的结束和开始标志，称为事项。在网络图中，事项一般用圆圈表示，并且通常用数码标出。

（3）路径：对于一个网络图，如果只认识事项和工作，还属于一种局部认识，满足不了实际需要。为此需从整体上对网络图加以认识，以便掌握全局。"路径"就是从整体认识的一个基本方面，它是从网络图的起始事项开始，顺着箭线所指的方向，连续不断地到达终止事项为止，中间由一系列首尾相连的事项和箭线所组成的通路。

4. 网络图的编制步骤

一个项目经过分解，确定了项目工作及其相互关系后，就可按网络图绘制方法及绘制规则进行绘制。

绘制网络图的方法一般有以下三种：

（1）顺推法（或前进法），即从始点事项开始，首先确定由起始事项开始的工作，然后根据已经得到的工作之间的衔接关系，确定每项工作直接的后续工作，这样把工作依次由前排到后，一直排到终止事项为止。

（2）逆推法（或后退法），与顺推法相反，是从终止事项开始，首先确定直接进入终止事项的工作，然后根据已经调查到的工作之间的关系，确定每项工作直接的先行工作，把各项工作依次由后排到前，一直排到起始事项为止。

（3）重点作业法，是从最重要的工作排起，考虑哪些工作要放在它的前面，哪些工作要放在它的后面，按各工作的相互关系来安排。

5. 网络计划图绘制的结果

（1）单代号网络图。这是一种使用节点表示工作、箭线表示工作排序的项目网络图，这种网络图是大多数项目管理软件包所使用的方法。单代号网络图包括四种类型的工作紧前紧后关系：结束（Finish）到开始（Start）的关系（FS）、结束到结束的关系（FF）、开始到开始的关系（SS）、开始到结束的关系（SF）。

在单代号网络图中，结束到开始的关系最为常用，它是一种最为典型的逻辑关系。图 3-3-5 就是典型的单代号网络图示例。

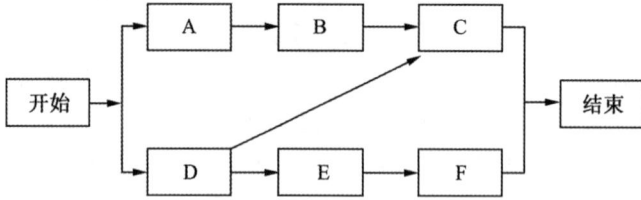

图 3-3-5　单代号网络图

（2）双代号网络图。这是一种用箭线表示工作、用节点表示工作排序的项目网络图，这种网络图在我国应用得比较多。双代号网络图一般仅使用结束到开始的关系表示方法，因此，为了表示所有工作之间的逻辑关系，往往需要引入虚工作，在国内该方面的软件较多。图 3-3-6 是一个具体的例子。

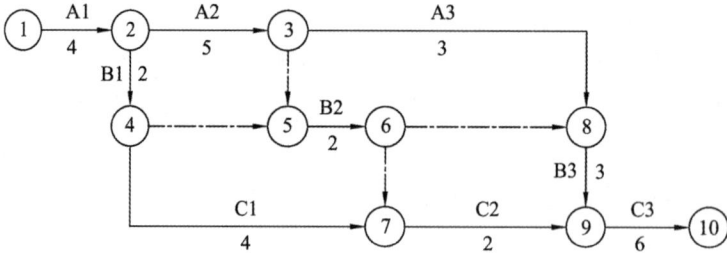

图 3-3-6　双代号网络图

（三）甘特图

1. 甘特图的概念

甘特图是一种用来展示计划进度和实际进度的工具和方法。甘特图是一个二维平面图，纵维表示工作包（工作任务）内容，一般在图的左方自上而下排列，横维表示时间的刻度。所使用的线条和横道（柱形）是用来显示进度与时间相关的每一个工作包的进展状况的。由于甘特图常以线条或横道来代表工作包及其活动时间，所以，甘特图又常被称为横道图、条形图和棒状图。

图 3-3-7 是一个简单的甘特图示意图。图中的横道（粗线条）显示了每项工作包（工作任务）的开始时间和结束时间，其长度表示活动的持续时间，采用日历日期在横道上标出。

甘特图是人们较常用的一种进度计划图，并在实践应用中不断得到改进和完善，故而甘特图又可以被细分为传统甘特图、带有时差的甘特图和具有逻辑关系的甘特图。

ID	任务名称	2021 年 4 月				2021 年 5 月				2021 年 6 月				2021 年 7 月			
		4/8	4/15	4/22	4/29	5/6	5/13	5/20	5/27	6/3	6/10	6/17	6/24	7/1	7/8	7/15	7/22
1	项目背景调查、实地考察	■															
2	绩效评价工作方案初定		■	■	■												
3	工作方案论证、修改、通过					■	■	■									
4	项目数据采集、社会调查								■	■	■						
5	问卷数据录入、结果分析											■					
6	撰写绩效评价报告												■	■			
7	绩效评价报告的提交、评审、论证														■	■	
8	出具正式报告、项目结果																■

图 3-3-7 甘特图示意图

2. 甘特图的特点

甘特图是与进度信息有关的图形之一。与其他反映进度的图表相比，具有原始、简单和易读等特点。尽管甘特图比较原始，但经过数十年的项目管理实践，其功能有了较大的改进。目前，甘特图兼有网络图的一些优点，如能较清楚地反映工作任务的开始和结束时间，能表达工作任务的活动时差和彼此间的简单逻辑联系。甘特图可用于 WBS 任何层次的工作任务，而时间单位则可从年到日，甚至到时。另外，甘特图除用于进度计划编制外，还可作为进度的控制工具，能够方便地用于 WBS 的任何层次，因此是一种颇受欢迎的进度计划和控制工具。

由于甘特图相对来说容易阅读，具有极佳的可视性，因此在项目实施过程中总是把这种图表张贴于项目办公室或现场供团队成员使用。同时，还经常被应用于对项目利益相关者的演示中。

3. 甘特图的绘制

绘制甘特图时需要依据定义项目工作的工作分解结构 WBS。一旦确定好任务（活动），就将它们标注于甘特图格式中。甘特图的时间维决定了项目计划的精确程度，绘制时可根据项目计划与控制的需要，采用小时、日、周、双周、月等为时间计量单位。例如，一个项目的计划完成时间为 1 年或以上，可采用以月、双周为单位的时间维；若项目的计划完成时间为 1 个月左右，则选择以日为单位的时间维将更有助于项目进度的管理。

采用常用的活动时间估算方法，确定 WBS 的每项任务持续时间（估算值），按项目实施的逻辑顺序计算每项活动的开始与结束时间。然后，将每项活动的开始与结束时间按时间坐标标注在图中，用横道或线条连接活动的开始点与结束点。这样，一份基础的项目甘特图计划就完成了。通常甘特图应在项目的实施阶段由计划人员负责，相关的团队成员或部门协同编制。

4. 甘特图的应用

甘特图作为项目计划/进度管理工具的应用可追溯至 20 世纪初。甘特图的主要作用如下：

一是通过代表工作包任务的条形图在时间坐标轴上的点位和跨度来直观反映工作包任务各有关时间参数；通过条形图的不同图像特征（如实心条、空心条、不同颜色等）来反映工作包任务的不同状态（时差、关键路径、计划或实施中的实际进度）；通过带箭头的连线来反映工作包任务与其他工作之间的逻辑关系。

二是进度控制。其工作原理是将项目实施的实际进展情况以条形图形式（不同图像特征）画在同一个项目的进度计划甘特图中，以此来直观地对比实际进度和计划进度之间的差距，并作为偏差控制计划制订的依据。

三是作为项目资源与费用估算曲线绘制和资源优化的基础。

由于甘特图简单明了，可作为小型、简单项目进度管理的首选工具，或用于大型、复杂项目的较低层工作包的进度管理。但因其无法清晰地显示复杂项目中各项活动的关系，所以，对于一个大型复杂的项目而言，单独的甘特图往往并不能为项目团队成员及项目利益相关者间沟通与协调提供足够的信息。为了确定关键路径和浮动时间（时差），应用网络逻辑图建立进度计划是很有必要的。

五、项目管理和预算绩效管理

项目是资金的最终表现形态。政府通过投入财政资金，开展一系列民生项目，最终使每个纳税人都受益于公共财政。预算绩效管理离不开项目管理，项目管理是其重要的环节与内容。同时，项目管理又需要前期评估、中期跟踪和后期评价，而这三者又是预算绩效管理的重要内容。

（一）项目管理环节引入预算绩效管理的意义

1. 项目管理启动阶段需要进行项目评估

项目评估是指在项目可行性研究的基础上，由第三方（国家、银行或有关机构）根据国家颁布的政策、法规、方法、参数和条例等，对拟建项目建设的必要性、建设条件、生产条件、产品市场需求、工程技术、经济效益和社会效益等（由项目本身的特点进行取舍）进行全面的评价、分析和论证，进而判断其是否可行的一个评估过程。项目评估是项目投资前进行决策管理的重要环节。

项目评估的目的是审查项目可行性研究的可靠性、真实性和客观性，为银行的贷款决策或行政主管部门的审批（核准）决策提供科学依据。

2. 项目管理结束阶段需要进行项目后评价

项目后评价是项目竣工投产并营运一段时间后，对项目立项决策、设计、施工、生产营运等全过程进行系统评价的一种技术经济活动，它是项目生命周期第四阶段的一项重要内容。通过项目后评价可以达到肯定成绩、总结经验、研究问题、吸取教训、提出建议、改进工作、不断提高投资项目决策水平和投资效果的目的。

项目后评价包括立项决策后评价、设计后评价、项目实施后评价、生产营运后评价、效益后评价、影响评价及项目目标持续性评价等方面的内容。在实际工作中，根据项目的特点、规模和工作需要可以有所增减和侧重。

（二）项目预算绩效管理现状

当前，我国各地在项目管理过程中，不同程度地存在"项目管理、预算管理、绩效管理"的分离。主要表现为：预算单位注重的是项目结果和业务指标能否完成，而对预算编制、资金使用、项目实施等项目执行过程的关注度有限，这就使得本身就缺乏项目管理专业知识的预算单位更加忽视了项目管理的重要性，往往造成资金的严重浪费和影响项目的正常推进。比如，当前不少政府投资项目投资计划制订较随意，缺乏科学论证，项目立项审批前未进行项目比选和公示，"形象工程"较多，在项目实施过程中随意对项目进行变更，项目实施中对自行扩大项目规模、提高建设标准、增加建设内容等现象往往缺乏有效的外在管理和制约措施，预算约束弱化，不少项目概算超估算、预算超概算、决算超预算，投资难以控制，工期一再推迟，这不仅影响项目投资效益，浪费国家财力和公共资源，困扰社会事业发展，而且容易滋生腐败，有的还因项目资金不到位造成拖欠民工工资和工程款等问题，影响社会稳定，损坏政府投资项目在公众中的形象。而财政部门关注的则是资金使用的合规性和合法性，对于项目管理情况也无从知晓。

预算绩效管理和项目管理相结合，对项目的全流程进行管理，才能从根本上解决以上问题。通过构建和完善反映与项目管理相对应的评价指标，倒逼预算单位加强对项目管理的重视，规范政府在项目实施过程中的行为，保证有限的财政资金能用在刀刃上，促使项目产出与项目预算相匹配，将为我国实现预算和绩效管理一体化打下坚实的基础。

（三）项目管理要素与预算绩效管理的结合

1. 对应项目管理，项目目标可按三个阶段八大要素进行设置

首先按照时间逻辑顺序将八大项目管理要素所包含的若干子要素即项目管理过程组归类至项目立项和计划、项目实施以及项目收尾三个阶段，然后再在每个阶段找出与各项目管理要素和子要素对应的绩效评价指标。

（1）项目立项和计划阶段。"项目立项和计划阶段"是指项目的立项审批、可行性研究、规划和计划、编制预算等启动过程。该阶段的项目管理目标是根据项目管理

的内容形成相应的项目决策、投入管理、财务管理、项目实施等保障目标。其中"项目管理内容"具体涉及项目的范围管理（项目章程、范围说明、专家评审程序、产出成果计划、任务或活动计划、资源和责任分解、相关利益方确认、变更申请和审批程序等），项目的时间管理（任务排序、标志性节点、项目期估算分解等），项目进度控制（进度计划、变更调整的制度等），成本管理机制（成本监督机制、成本估算明细、资金支出计划、会计核算制度等），质量管理（质量保证制度、工作计划、监督机制等），人力资源和风险控制（岗位职责分配、组织机构图、风险识别和风险估计等），以及沟通计划和采购计划实施等。

（2）项目实施阶段。"项目实施阶段"是指项目正式启动后的实施、执行过程。该阶段的项目管理目标是对项目的实施进行监督监控，应对项目可能产生的变更及相关风险，保证项目的顺利实施。其中"项目管理内容"具体涉及项目进度控制（项目进度、变更调整的管理和控制等），成本管理机制（成本监督、成本核算明细、资金支出管理、会计核算管理等），质量管理（质量标准控制、质量改进措施等），人力资源和风险控制（项目团队管理、风险事件控制和校正调整等），以及项目信息的收集、分析等。

（3）项目收尾和完成阶段。"项目收尾和完成阶段"是指项目周期最后阶段，包括项目竣工、验收、移交、清算等。该阶段的项目管理目标是对项目的交付成果进行验收并总结项目开展过程中的经验和教训。其中"项目管理内容"具体涉及项目的范围管理（立项内容的核对、范围核对、专家评审程序、产出成果核对等），项目的时间管理，项目进度控制（进度审核、竣工验收等），成本管理机制（资金审计、成本决算等），质量管理（验收管理、合同审计等）。

2. 结合项目管理，选取对应绩效指标

根据以上分析内容构建形成项目管理要素与绩效指标之间的对应关系，具体如表 3-3-1 所示。

表 3-3-1　项目管理要素与绩效指标对应表[①]

要素	项目立项和计划阶段		项目实施阶段		项目收尾和完成阶段	
项目管理要素	项目管理子要素	绩效指标	项目管理子要素	绩效指标	项目管理子要素	绩效指标
项目整合管理	覆盖所有项目管理要素	覆盖所有绩效指标	覆盖所有项目管理要素	覆盖所有绩效指标	覆盖所有项目管理要素	覆盖所有绩效指标

① 崔方珍. 项目管理要素在绩效评价指标体系设计中的应用 [J]. 财政监督，2016 (16)：69－71.

要素	项目立项和计划阶段		项目实施阶段		项目收尾和完成阶段	
项目管理要素	项目管理子要素	绩效指标	项目管理子要素	绩效指标	项目管理子要素	绩效指标
项目范围管理	项目章程、范围说明、任务和活动计划、相关利益方确认、变更申请和审批程序等	决策依据充分性、绩效目标合理性、项目范围明确性等	范围变更控制等	项目变更程序合理性、项目管理制度执行有效性等	项目范围确认等	项目完成率等
项目时间管理	任务排序、标志性节点、项目进度计划	项目进度安排合理性、项目管理制度健全性	进度监控、进度变更控制等	项目变更程序合理性、项目管理制度执行有效性	项目验收	项目完成及时性等
项目成本管理	成本估算、成本监督机制、资金支出计划等	财务管理制度健全性、预算编制合理性等	成本监督、控制成本	预算执行率、财务监控有效性、专款专用率等	资金审计，项目决算	预算执行率、专款专用率等
项目质量管理	质量保证制度、监督机制等	项目管理制度健全性等	质量监控、质量改进措施	项目制度执行有效性	项目验收	项目一次性验收合格率
项目人力资源管理	岗位职责分配、项目团队管理等	组织机构管理制度健全性、岗位分配合理性	项目团队管理	项目团队监控有效性	项目成员绩效考核	项目成员绩效考核公正性
项目沟通管理	沟通计划	组织机构管理制度健全性、沟通方式科学性	实施沟通	沟通有效性	—	—
项目风险管理	风险识别机制、风险应对机制	项目管理制度健全性等	控制风险	风险处理及时性	—	—
项目采购管理	制定采购计划，确定采购方式	采购方式科学性、供应商资质审查机制健全性、招投标文件规范性等	实施采购	采购流程合规性等	结束采购	采购验收合规性、采购档案归档情况等
项目相关方管理	明确相关方的项目需求和项目分工，明确项目相关方对项目的影响程度	绩效目标明确性、项目分工合理性	相关方参与情况管理	相关方参与规范性	相关方态度	相关方满意度

|第四节| 资产评估与造价

一、资产评估

(一) 资产评估的含义

资产评估是对资产在某一时点的价值进行估计的行为或过程。具体地讲,资产评估是指符合国家有关规定的专门机构和人员,依据国家有关规定,基于特定评估目的,遵循相关评估原则,选择适当的价值类型,按照法定评估程序,运用科学的评估方法,对特定资产的价值进行估算的过程。

对资产的价值进行评估,一般是为了给资产的买卖、租赁、抵押、保险理赔、课税、征用补偿、确定拍卖底价、分割或合并、损害赔偿以及企业价值管理等行为提供参考。

(二) 资产评估的基本方法

1. 成本法

成本法是从待评估资产在评估基准日的复原重置成本或更新重置成本中扣减其各项价值损耗,来确定资产价值的方法。

成本法的计算公式为:

(1) 评估价值＝重置成本－实体性贬值－功能性贬值－经济性贬值

(2) 评估价值＝重置成本×成新率

成本法评估的程序如下:

(1) 确定待评估资产的范围,并估算重置成本或重建成本。

(2) 确定待评估资产的使用年限。

(3) 估算待评估资产的损耗或贬值额。

(4) 从重置成本或重建成本中扣减贬值,得出资产的评估价值。

2. 收益法

收益法是依据资产未来预期收益经折现或资本化处理来估测资产价值的方法。收益法的理论基础是效用价值论,该观点认为资产的价值是由其效用决定的,而资产的效用体现在资产为其拥有者带来的收益上。在风险报酬率既定的情况下,一项资产的未来收益越高,该资产的价值就越大。

收益法评估的基本思路是通过估测被评估资产的未来预期收益,并将其按一定的折现率或资本化率折算成现值,来确定该项资产的评估值。换言之,一项资产的价值即人们为拥有获得该项资产预期收益的权利,依据目前的市场利率和预期收益的风险状况,估计当前应支付的价格。这是一种现值货币与将来取得货币收入的权利之间的交换。

3.比较法

比较法也称市场比较法，是指通过比较待评估资产与近期售出的类似资产（即可参照交易资产）的异同，并据此对类似资产的市场价格进行调整，从而确定待评估资产价值的评估方法。运用比较法的前提条件是，需要有一个比较成熟的资产交易市场，可以找到与待评估资产相似的可比较参照交易。而且，要求可比较参照交易的交易价格确知，交易情况和交易时间与待评估资产相近，参照交易物在技术参数、功能等方面与待评估资产具有可比性。

比较法的基本计算公式为：

（1）评估价值＝市场参照交易价格＋$\sum$评估对象优于参照交易物因素引起的价格差额－$\sum$评估对象劣于参照交易物因素引起的价格差额

（2）评估价值＝参照交易价格×修正系数

需要对待评估资产与参照交易资产之间的差异进行比较分析和调整的因素主要包括四个方面：时间因素、地域因素、功能因素和交易因素。

（三）不同对象的资产评估

1.机器设备评估

机器设备是指一台（辆）、一套或一组由金属及其他材料制成，由若干零部件装配起来的，在一种或几种动力驱动下，能够完成生产、加工、化学反应、运行等功能或效用的装置。在资产评估中，一般是指具备固定资产条件的机器、设备、仪器、工具或器皿等。和房地产一样，机器设备作为评估对象，在整个资产价值评估中占有相当大的比重。

（1）机器设备评估的特点

①由于机器设备种类繁多、单位价值较大、性能用途各不相同，所以评估时应根据评估目的和要求，分门别类地逐项、逐件、逐台进行核实和评估，以保证评估的真实性和准确性。

②由于机器设备分布在各行各业，情况千差万别，技术性较强，因此评估应以技术检测为基础，正确确定机器设备的使用寿命、技术寿命、经济寿命及其损耗程度。

③必须把握机器设备的价值特点，包括对机器设备的价值构成要素及其变化规律的认识和了解。

（2）机器设备的成本法评估

机器设备的成本法评估，是指通过估算全新机器设备的重置成本，减去机器设备的各种贬值，即实体性贬值、功能性贬值和经济性贬值，来确定机器设备价值的一种方法。其计算公式为：

评估值＝重置成本－实体性贬值－功能性贬值－经济性贬值

（3）机器设备的市场比较法评估

机器设备的市场比较法评估，是指通过寻找市场上与待评估设备相类似的参照物设备，分析比较待评估设备和参照物设备之间的差异，以其作为价格差异的基础，并在参照物交易价格基础上进行价格调整，求得待评估设备价值的一种方法。

2. 房地产价格评估

（1）房地产的特性

① 不可移动性

房地产属于不动产，其空间位置是固定的。构成某一房地产的土地的位置显然是不可能移动的，而要想移动建筑物，特别是长距离移动，通常情况下也是不切实际的。因此，不可能像其他商品那样，通过运输来供给一个地区的房地产需求，或调剂不同地区之间的余缺。不可移动性使得区位环境条件在房地产质量、功能及交易价格的分析中格外重要。

② 耐用性

土地具有不可毁灭性，在正常使用条件下可以永久使用。房屋一经建成，可以使用至少数十年，可以说房地产是最具有耐耗性的。

③ 异质性

两宗房地产可能由于位置不同、建筑面积不等、建筑风格差异、新旧程度不同、产权性质不同等原因而不同。在房地产市场上不可能有两宗完全一样的房地产，即使它们可能在外形上一模一样，也肯定存在朝向、层位等方面的差异，但不能因此而否认不同房地产之间的市场可替代性。

④ 高价值性

无论从个人、家庭还是从一个国家来看，房地产价值都高于一般商品或财产的价值。在市场经济条件下，一套面积、位置适中的住房的合理价格，大约是一个中等家庭年收入的3～6倍，即使发达国家的大多数家庭，也要靠长期贷款来购买住房。到目前为止，房地产仍然可能是普通家庭中价值比重最大的财产。

⑤ 供给有限性

虽然房屋可以建造，高楼大厦可以高耸入云，但是可供建筑房屋的土地面积是有限的。

⑥ 投资与消费双重性

房地产既可以用于居住、使用，产生消费性，也可以用于投资以达到保值、增值的目的。几个世纪以来，房地产一直是一种有吸引力的、令人欣赏的投资对象。房地产的投资性和消费性不易区分，在房地产价格长期上涨的情况下，常常具有投资性，反之则更具有消费性。

⑦ 房地产实体构成的二元性

房地产实体由纯自然土地、土地中人类劳动的结果、房屋建筑物构成，因而它是由非劳动产品和劳动产品构成的。

（2）收益法在房地产评估中的应用

收益法又称收益还原法，是求取评估对象未来的正常净收益，选用适当的资本化率将其折现到评估基准日后累加，以此估算房地产的客观合理价格或价值的方法。该方法是评估房地产价值的一种主要方法，被广泛用于收益性房地产的评估。

收益法适用于有收益或有潜在收益的房地产的评估，如商场、旅馆、餐馆、商务楼等收益性房地产及可以转为收益性房地产的住宅等。但对于政府办公楼、学校、公园、图书馆等社会公用、公益房地产，收益法一般不适用。收益法适用的前提条件是房地产的收益和风险都是可以预期并量化的。

（3）市场比较法在房地产评估中的应用

市场比较法，是指在求取被估房地产价值时，将被估房地产与近期内市场上已经发生了交易的类似房地产加以比较对照，对已发生了交易的类似房地产的已知价格进行调整修正，得出被估房地产合理价值的一种评估方法。简单讲就是根据类似房地产的成交价格来估算评估对象房地产价值的方法。这里所谓类似房地产，是指在用途、所处地区等方面与被估房地产相同或相似的房地产，类似房地产在市场法中通常被称为交易实例房地产，简称交易实例，或称为参照物房地产、类比房地产。这里讲的合理价值，是指在一定评估目的下，被评估房地产最有可能实现的市场价值。

市场法以商品交易的替代原理为理论依据。在房地产市场上，某宗房地产的交易价格必然受到与其具有同等效用的替代房地产的价格的影响，在相互竞争的条件下，会使价格水平趋于一致。所以运用已发生交易的房地产价格来推测、估算具有同等效用或相近效用的被估房地产价格是可行的。尽管现实中，由于个人的偏好、知识和交易情况的不同，时常会有个别的交易偏离市场的常态，但只要有足够的交易数量，则通常可以形成市场行情，并成为市场价格的最佳指标。

与其他评估方法相比，市场法更直接依赖于现实的市场价格资料和房地产的品质资料，更符合当事人的行为方式。因而，在房地产市场比较发达、交易活跃、存在大量房地产交易实例的情况下，市场法被认为是一种说服力强、可靠性好、适用范围广的基本评估方法。

（四）资产评估与预算绩效管理

预算绩效管理是对财政资金进行评价，资产评估是对资产进行评价，两者无论在理论或是方法上，都存在共通之处。资产评估理论体系的形成时间先于预算绩效管理，有许多借鉴参考之处；同时，资产也是预算绩效的评价对象，资产评估的学习有助于更好地开展绩效评价；此外，资产评估与绩效评价都是第三方评估工作，资产评估时遵循的独立性、客观性、咨询性和科学性等原则，也适用于绩效评价工作。

资产评估报告是某些绩效评价项目形成最终报告的重要参考依据，作为绩效评价从业人员，对于基本的资产评估知识的掌握便成为必要要求。没有实践就没有发言权，同样在面对一项包含资产的绩效评价项目时，如果评价工作人员本身对于此项资产的特性和特点没有一个准确而专业的认知，就不能在对此项资产进行评价时抓住重点，进而不能合理确定绩效评价指标；如果没有合理的绩效评价指标，整个项目的科学性与严谨性就难以保证。例如面对一台（套）机器设备，可能要确定的指标与其单位价值的生产效率相关，掌握资产评估方法对绩效评价工作意义重大。

二、工程造价

（一）工程造价的含义

工程造价就是指工程的建设价格，是指为完成一个工程的建设，预期或实际所需的全部费用总和。从业主（投资者）的角度来定义，工程造价是指工程的建设成本，即为建设一项工程预期支付或实际支付的全部固定资产投资费用。这些费用主要包括设备及工程器具购置费、建筑工程及安装工程费、工程建设其他费用、预备费、建设期利息。尽管这些费用在建设项目的竣工决算中，按照新的财务制度和企业会计准则核算新增资产价值时，并没有全部形成新增固定资产价值，但这些费用是完成固定资产建设所必需的。因此，从这个意义上讲，工程造价就是建设项目固定资产投资。从承发包角度来定义，工程造价是指工程价格，即为建成一项工程，预计或实际在土地、设备、技术劳务以及承包等市场上，通过招投标等交易方式所形成的建筑安装工程的价格和建设工程的总价格。在这里，招投标的标的可以是一个建设项目，也可以是一个单项工程，还可以是整个建设工程中的某个阶段，如建设项目的可行性研究、建设项目的设计或施工阶段等。

（二）工程造价的基本职能

1. 评价职能

工程造价是评价总投资和分项投资合理性和投资效益的主要依据之一。在评价土地价格、建筑安装产品和设备价格的合理性时，就必须利用工程造价资料，在评价建设项目偿贷能力、获利能力和宏观效益时，也可依据工程造价。工程造价也是评价建筑安装企业管理水平和经营成果的重要依据。

2. 调控职能

国家对建设规模、结构进行宏观调控是任何情况下都不可或缺的，对政府投资项目进行直接调控和管理也是必需的。这些都要用工程造价为经济杠杆，对工程建设中的物资消耗水平、建设规模、投资方向等进行调控和管理。

3. 预测职能

无论投资者或是建筑商都要对拟建工程进行预先测算。投资者预先测算的工程造价不仅可以作为项目决策的依据，同时也是筹集资金、控制造价的依据。承包商对工程造价的预算，既为投标决策提供依据，也为投标报价和成本管理提供依据。

4. 控制职能

工程造价的控制职能表现在两方面：一方面是它对投资的控制，即在投资的各个阶段，根据对造价的多次性预算和评估，对造价进行全过程、多层次的控制；另一方面，是对以承包商为代表的商品和劳务供应企业的成本控制。

（三）工程造价的具体内容

按工程不同的建设阶段，工程造价具有不同的形式。

1. 投资估算

投资估算是指在投资决策过程中，建设单位或建设单位委托的咨询机构根据现有的资料，采用一定的方法，对建设项目未来发生的全部费用进行预测和估算。在国内，主要是指两阶段的投资估算：（1）项目建议书阶段的投资估算。对固定资产投资主要采用指数估算法和系数估算法。对流动资金采用流动资金占产值、固定资金、成本等的比率进行估算。对建设期贷款利息可不予考虑。（2）可行性研究阶段的投资估算。对固定资产投资一般采用概算指标估算法进行估算。概算指标法需按固定资产投资的建筑工程、设备购置、安装工程、其他费用，以及它们的具体费用项目进行估算。对流动资金除采用项目建议书的估算方法外，还可采用定额流动资金的测算方法。对项目建设贷款利息，则通过借款偿还平衡表及财务平衡表进行估算。

2. 设计概算

设计概算是指在初步设计阶段，在投资估算的控制下，由设计单位根据初步设计或扩大设计图纸及说明、概预算定额、设备材料价格等资料，编制确定的建设项目从筹建到竣工交付生产或使用所需全部费用的经济文件。设计概算包括：建设项目总概算、单项工程综合概算、单位工程概算、其他工程和费用概算等。这些概算由设计单位根据设计图纸、设计说明和概算定额、概算指标、各项费用标准等进行编制。设计概算的编制取决于设计深度、资料完备程度和对概算精确程度的要求。当设计资料不足，只能提供建设地点、建设规模、单项工程组成、工艺流程、主要设备选型及建筑和结构方案等概略依据时，可以类似工程的预算或决算为基础，经分析、研究和调整系数后进行编制。如无类似工程的资料，则采用概算指标编制。当设计能提供详细设备清单、管道走向线路简图、建筑和结构形式及施工技术要求等资料时，则按概算定额和费用指标进行编制。

3. 修正概算

在技术设计阶段，随着对建设规模、结构性质、设备类型等方面进行修改、变动，初步设计概算也作相应调整，即为修正概算。

4. 施工图概算

施工图概算是指在施工图设计完成后、工程开工前，根据预算定额、费用文件计算确定建设费用的经济文件。按费用构成区分，施工图预算由以下七项费用构成：人工费、材料费、施工机械使用费、企业管理费、利润、规费、税金。其编制方法包括：套用地区单位估价表的定额单价法；根据人工、材料、机械台班的市场价及有关部门发布的其他费用的计价依据按实计算的实物法；根据工程量清单计价规范的工程量清单单价法，使用国有资金的项目必须采用工程量清单单价法。

5. 工程结算

工程结算是指承包方按照合同约定，向建设单位办理已完工程价款的清算文件。工程建设周期长，耗用资金数大，为使建筑安装企业在施工中耗用的资金及时得到补偿，需要对工程价款进行中间结算（进度款结算）、年终结算，全部工程竣工验收后应进行竣工结算。在会计科目设置中，工程结算为建造承包商专用的会计科目。工程结算是工程项目承包中一项十分重要的工作。

6. 竣工决算

建设工程竣工决算是由建设单位编制的反映建设项目实际造价文件和投资效果的文件，是竣工验收报告的重要组成部分，是基本建设项目经济效果的全面反映，是核定新增固定资产价值，办理交付使用的依据。

（四）工程造价的审核方法

由于建设工程的生产过程是一个周期长、数量大的生产消费过程，具有多次性计价的特点。因此采用合理的审核方法不仅能达到事半功倍的效果，而且将直接关系到审查的质量和速度。主要审核方法有以下几种：

1. 全面审核法

全面审核法就是按照施工图的要求，结合现行定额、施工组织设计、承包合同或协议以及有关造价计算的规定和文件等，全面地审核工程数量、定额单价以及费用计算。这种方法实际上与编制施工图预算的方法和过程基本相同。这种方法常常适用于：初学者审核的施工图预算；投资不多的项目，如维修工程；工程内容比较简单（分项工程不多）的项目，如围墙、道路挡土墙、排水沟等；建设单位审核施工单位的预算；等等。全面审核法的优点是：全面和细致，审查质量高，效果好；缺点是：工作量大，时间较长，存在重复劳动。在投资规模较大，审核进度要求较紧的情况下，这种方法是不可取的，但建设单位为严格控制工程造价，仍常常采用这种方法。

2. 重点审核法

重点审核法就是抓住工程预结算中的重点进行审核的方法。这种方法类同于全面审核法，其与全面审核法之区别仅是审核范围不同而已。该方法是有侧重的，一般选择工程量大而且费用较高的分项工程的工程量作为审核重点。如基础工程、砖石工程、混凝土及钢筋混凝土工程、门窗幕墙工程等。高层结构还应注意内外装饰工程的工程量审核。而一些附属项目、零星项目（雨篷、散水、坡道、明沟、水池、垃圾箱）等则往往忽略不计。此外，重点核实与上述工程量相对应的定额单价，尤其重点审核定额子目容易混淆的单价。同时，对费用的计取、材料的价格也应仔细核实。该方法的优点是工作量相对减少，效果较佳。

3. 对比审核法

在同一地区，如果单位工程的用途、结构和建筑标准都一样，其工程造价应该基本相似。因此在总结分析预结算资料的基础上，找出同类工程造价及工料消耗的规律性，整理出用途不同、结构形式不同、地区不同的工程的单方造价指标、工料消耗指标。然后，根据这些指标对审核对象进行分析对比，从中找出不符合投资规律的分部分项工程，针对这些子目进行重点计算，找出其差异较大的原因的审核方法。常用的分析方法有：单方造价指标法、分部工程比例法、专业投资比例法和工料消耗指标法。

4. 分组计算

就是把预结算中有关项目划分为若干组，利用同组中一个数据审查分项工程量的一种方法。采用这种方法，把若干分部分项工程，按相邻且有一定内在联系的项目进行编组。利用同组中分项工程间具有相同或相近计算基数的关系，审查一个分项工程数量，就能判断同组中其他几个分项工程量的准确程度。如一般把底层建筑面积、底层地面面积、地面垫层、地面面层、楼面面积、楼面找平层、楼板体积、天棚抹灰、天棚涂料面层编为一组，先把底层建筑面积、楼面面积求出来，利用这些基数就能得出其他分项的工程量。这种方法的最大优点是审查速度快，工作量小。

5. 筛选法

筛选法是统筹法的一种，通过找出分部分项工程在每单位建筑面积上的工程量、价格、用工的基本数值，归纳为工程量、价格、用工三个单方基本值表，当所审查预算的建筑标准与"基本值"所适用的标准不同，就要对其进行调整。这种方法的优点是简单易懂，便于掌握，审查速度快，发现问题快。但解决差错问题尚需继续审查。

（五）工程造价与预算绩效管理

工程造价的职能之一是评价职能，作为评价总投资和分项投资的合理性及投资效益的主要依据之一，不仅可以为预算绩效管理提供具体的数据支持，同时在工程及维护类项目，以及基本建设类项目中，"三算对比"（即在施工过程中将预算、目标成本即计划成本与实际成本进行对比）是典型的项目管理评价方法。其中，"三算"一致性（三算一般指设计概算、施工图预算、竣工结算）更是作为项目成本控制的重点考察点，"三算"数据偏差程度可以有效反映整个工程预算控制的优劣，通过对工程预算控制，可以为政府全面预算绩效管理提供绩效评价依据，从而不断提高政府工程管理质量，切实发挥政府职能。

|第五节| 公共政策

一、政策分析过程

公共政策是政府等公共组织管理社会公共事务的指导准则，它决定着管理活动的方向和目标。正确的政策及有效的执行，将为国民经济和社会发展带来良好的效果。从某种意义上来说，公共政策问题是国家立法活动、司法活动、行政活动和政党活动的核心问题之一，公共政策分析将促进预算绩效管理工作的开展。

（一）政策分析背景

政策是一个古老的话题，政策分析却是一个全新的领域。在 20 世纪 40 年代末 50 年代初，一些政治学家把微观经济学多年来对效率问题进行分析研究的方法运用于社会政治领域，建立了政策分析的基本框架，并在此基础上创立了政策科学。这种理性的分析方法主要是指为了解决存在的问题，根据掌握的事实或数据，运用科学的方法与手段，寻求最佳的对策。经济学的分析方法具有这样一个假设前提，即固定的资源或投入，经由增加效益的有效途径，能够获得最高的产出。政治学家以此为据，先设定明确的目标或产出，然后寻求如何才能增加效率，即以最低的投入或最少的资源达到事先确立的目标。从这个意义来看，政策分析最初实际上只是一种效率研究，它仅限于有助于决策的分析工作。政策分析的前期准备要涉及问题的确认和资料的收集，政策分析的最终目的是为决策者提供决策的依据。这种政策分析从 20 世纪 50 年代开始首先在军事领域得到运用，而在社会一般决策领域的普及则是 60 年代的事情。在这个时期，美国的兰德公司和其他一些将政策分析作为主要工作的机构，都是以这种政策分析的理念开展其研究工作的。这类基于理性原则的政策分析（投入—产出分析）在政策分析领域影响甚大，它构筑了现代政策分析的基础架构。

然而，在实际操作过程中，人们很难把政策分析局限于政策方案的选择过程，而不考虑政策过程的其他环节。随着政策科学的不断发展，对政策分析一词的解释出现了多种不同的版本，各种学派所强调的研究重点也存在很大的差异。的确，社会的发展和变化不可能完全按照人为设计的逻辑进行，所以学科发展过程中出现概念问题的多元化现象，也就不足为奇了。政策分析的范围目前看似已扩展到影响政策制定和执行过程的诸多因素，人们将其视为"在政策领域创造、沟通和应用社会知识的复杂过程"。当政策分析一词被用作学科名称时，它所涵盖的范围则更为广阔。由此，威廉·N. 邓恩教授在其《公共政策分析导论》一书中对政策分析做出以下总结：政策分析是针对整个政策制定过程并在政策制定的各个环节中创造知识的一项活动。

公共政策关注的是社会和公众的问题，当今公共政策分析致力于研究如何定义与构建这些问题，以及这些问题如何进入政府政策议程，政府又如何对政策进行评估、修正、贯彻和执行。这种对于公共政策本质、起因和结果的研究成为当今公共政策分析的主流。

（二）政策分析的基本特征

作为一门应用学科，政策分析需要学习和借鉴其他学科的理论知识，它是一个由多种学科背景、多种技术方法和多种理论模型组成的综合研究领域，其特色主要表现在如下几个方面：

1. 理论与实践结合

进行政策分析主要出于科学和专业上的双重考虑。从科学角度而言，政策分析无疑有助于公共政策的制定和执行，从而进一步提高政府对社会的管理水平。而科学和专业却是两个完全不同的认知层次，前者的目标是探求理论知识，后者的目标则是运用这些理论知识去解决社会中的实际问题。理论与实践的结合是政策分析最为突出的特征。

2. 复杂的学科背景

政策分析具有跨学科的特点，从而成为各研究领域学者共同关注的焦点。政策分析所涉及的学科包括政治学、哲学、经济学、心理学和社会学等。除此之外，政策分析还要求了解与公共政策有关的历史、法律、人类学和地理学方面的知识，而量化技术和计算机科学对于政策形成、执行和评估具有一定影响，因此也被纳入政策分析的范畴。

3. 多架构的研究方法

正如怀尔达夫斯基所指出的那样："政策分析是一个应用性的边缘学科，其内容不是由学科界限所决定，而是由所处的时代及其环境与问题的特征所决定。"政策分析的目的是结合各种具体情境，运用不同分析模型，强调的是针对性和适用性。因此，政策分析不能视野狭隘，而要博采各种研究方法和学科之长。

4. 广阔的研究领域

在现代社会里，公共政策可以说无所不在，已经渗透到社会的各个层面和生活的各个领域。人们到医院去看病，会受益于国家的医疗卫生政策；送孩子去学校读书，会受益于国家的义务教育政策；骑车或开车上路，需要遵守国家的交通管理规定；过节燃放鞭炮，需要避开城市禁放区域；等等。哪里有公共政策，哪里就会有政策分析，两者如影相随，好的政策往往源于有效的分析。一般而言，政府和公众所关心的政策问题都是政策分析所要涉及的研究领域。

（三）政策分析的焦点

根据威廉·N. 邓恩的观点，政策分析需要回答下列五个问题：

（1）寻求行动方案是为了解决什么样的问题？

（2）选择什么样的行动方案去解决这个问题？

（3）选择了这个行动方案后会有什么样的结果？

（4）出现了这些结果有助于解决这个问题吗？

（5）如果选择了其他的行动方案，能够期待出现什么样的结果？

这些问题的答案涉及五类信息（或称五类政策相关信息）的收集、处理、分析和传递。这五类信息是政策问题、政策预期、政策偏好、政策绩效、政策执行方面的信息。

第一，政策问题是指一种能够通过采取公共行动达到改善目的的并且还未实现的价值和机会。有关解决什么问题的知识涉及问题形成前提条件的相关信息（如辍学是失业的前提条件，失业是贫困的前提条件等）和有效结果的信息（如学校、工资等），这些信息有助于问题的最终解决。

第二，政策预期是指对政策可选方案的预期结果，导致问题出现的环境方面的信息对政策预期信息的产生具有至关重要的影响。因为历史只会相似而不可能重复，影响行为的价值观也会发生各种变化，所以问题的环境信息往往是不足的。这就要求政策分析人员必须意识到政策预期不是现有情况能够完全提供的，要产生有效的信息可能还需要一些创造力、洞察力和内在知识的运用。

第三，政策偏好是指一个问题的潜在解决方法。行动的出现源于对政策预期的判断。政策偏好的信息依赖于对预期结果效率和价值的判断，政策建议既基于财政方面的条件，也基于价值前提的考虑。

第四，政策绩效是指政策行动实施后得到的结果（过去的或现在的结果）。政策结果有时不很清晰，因为一些影响并非政策结果，而是其他的、政策以外的因素引起的。行动的结果不可能在事前被充分地了解和阐明，一些非预期的、想不到的结果在未来都可能发生。有关政策绩效的信息不仅产生于政策执行之前，而且还产生于政策执行之后。

第五，政策执行是指政策绩效实际的贡献程度。主要是对政策行动和还未实现的价值与机会做出衡量，在政策实践中，由于问题几乎不可能被彻底解决，它们最多是被分解了、重构了，甚至根本解决不了。因此，政策执行永远不会是一个完整的或圆满的过程。要想知道一个问题到底是解决了还是被分解、重构了，或者还没有解决，必须掌握政策绩效的信息和原始问题变化程度的信息。反过来说，政策执行的信息同样也是进行政策预期的依据，由此保证了信息的有效循环。

以上五种与政策相关的信息相互联系、相互依存，共同构成政策信息系统，且连接每一个信息元素的箭头，描述了信息传递的动态过程。其中，一种形式的信息通过一定的政策分析程序被转换成另一种形式的信息。信息的层层递进，构成了政策分析的逻辑框架。

（四）政策分析的方法

1. 政策分析的基础性方法

从一般意义上讲，政策分析可以运用以下三种基础性方法：经验的方法、实证的方法和规范的方法。

（1）经验的方法。主要是用来描述既定公共政策的原因和结果，突出的是问题的事实前提，提供的信息类型是描述性或预测性的。

（2）实证的方法。与经验的方法相比较，实证的方法主要与政策的价值判断有关，突出的是问题的价值前提，提供的信息类型是实证性的（有根据的）。

（3）规范的方法。主要是提出可以解决公共问题的未来行动方案，关注的焦点是行动，提供的信息类型是规范性的。

2. 政策分析的具体方法

具体而言，政策分析会用到五种类型的信息，相应地产生五种分析方法，即描述、预测、评价、建议和定义。所有的方法都会涉及如下几种判断：判断是接受还是反对一种解释，确信还是质疑一个行动的正确与否，选择还是不选择一项政策，认可还是不认可一种预测，同意还是不同意一种定义问题的方法。在政策分析领域，这些程序已经被赋予特有的名称，即监测、预见、评估、建议和问题构建。

（1）监测（描述）产生有关政策观测结果的信息，提供先前政策执行情况方面的知识。很多政府部门会在相关管理领域依据各种政策指标对政策的执行结果及影响来实施监测。监测多为例行事务，有时也有例外情况。它有助于考察政策目标群体的服从程度，发现政策项目先前没有预期的结果，识别政策执行的限制和障碍，确定政策偏离的责任归属。

（2）预见（预测）产生期望政策结果的信息，提供有关事件未来状态的相关知识。所谓未来状态，指政策方案（包括不行动的选择）在未来可能发生的结果，这是在政策形成阶段必须考虑的问题。预测能够检验那些看似合理的、潜在的、规范的前景因素，能够评估现行政策和选择方案的相关结果，指明在实现目标过程中未来可能出现的限制因素，以及评估不同方案的政治可行性（支持或反对）。

（3）评估（评价）产生观察政策结果和期望政策结果的价值信息，设法发现预想和实际执行状况之间的差异，提供与政策价值相关的知识。在政策制定过程中为决策者提供帮助。评估不仅有助于判断问题缓解的程度，而且有助于对驱动政策的价值观进行评价或批判，从而为政策的调整与再造提供重新构建问题的依据。

（4）建议产生偏好政策的信息，通过对结果的得失进行分析，产生对政策选择有用的知识。建议有助于评估风险因素与不确定的程度，明确外部性和溢出量，确定政策选择的相关标准，落实政策执行的行政责任。

（5）问题构建（定义）产生什么样的问题需要解决的信息，提供与问题基本假设相关的知识。这些知识会被用来质疑支撑问题定义的基本假设，倘若缺乏这种质疑，基于这些假设的问题将会顺利进入政策议程，从而可能对政策制定的质量和效率构成不利的影响。不仅如此，问题构建还有助于发现隐含的假设，判断问题的成因，勾画可能的目标，综合冲突的观点，设计新的政策可选方案。

二、 政策制定中的政策分析

作为一个多学科的探寻过程，政策分析致力于创造、转换和交流政策制定过程的知识及政策制定过程中的相关知识。由于政策制定的有效性在一定程度上取决于政策相关信息的可利用性，因此，政策分析的知识和运用是非常重要的。

（一）政策制定过程

政策分析的发展是对现实问题和危机的回应。我们必须牢记政策分析在本质上是社会进程中必然出现的一种智力活动。这个包括政治、心理和文化因素的社会过程，通常被称为政策制定过程，或者简称为政策过程。把这一过程看成是由一系列相互依赖的活动按照时间排列而成的，对理解政策过程非常有帮助，这一系列活动包括议程建立、政策形成、政策采纳、政策执行、政策评价、政策调整、政策延续和政策终结。分析者根据不同的情况提供政策制定过程中某一个、几个或者全部阶段的相关情况和信息。

政策过程由复杂的周期组成（见图 3-5-1）。在前后循环中，政策周期中的每一个阶段都和下一个阶段相衔接，作为一个整体，这一过程没有确切的起点和终点。个人、利益团体、政府的各级办事处、机关、部门和部委，通过合作、竞争和冲突参与到政策周期中。政策周期的一种形式是政策调整，反馈环节回过头来和前面的几个阶段相衔接。政策周期的其他形式是政策延续和政策终结。在政策延续时，要在原来政策的基础上产生新政策和组织机构。尽管政策终结对提上公共议程的议题有所影响，但政策终结可能会意味着一个政策或项目的结束，从这个意义上看，政策终结代表了另一个政策周期。

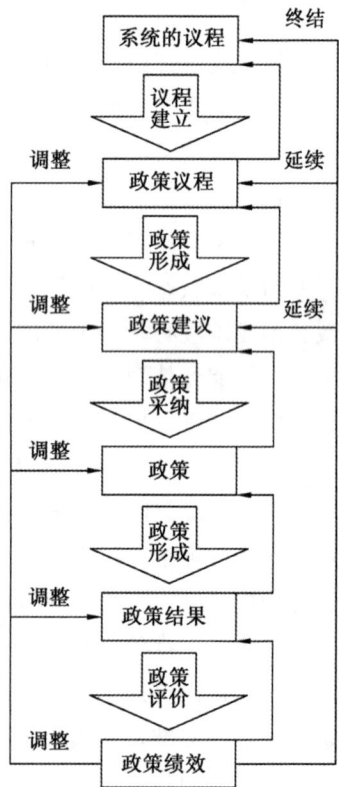

图 3-5-1 政策制定过程的多种周期

（二）政策制定过程中的政策分析

政策分析的主要目的是改善政策制定。如果我们把一些最重要的政策变化看作是逐步的、不连续的和渐进的，这就不是一个简单的任务。巨大的、不连续的变化相当罕见，它们根源于政策制定过程外产生的巨变，而不是政策制定过程中分析产生的相对微弱的影响。不管怎么说，由于政策相关信息对于改善政策制定的潜在作用，多学科的政策分析是十分重要的，如图 3-5-2 所示。

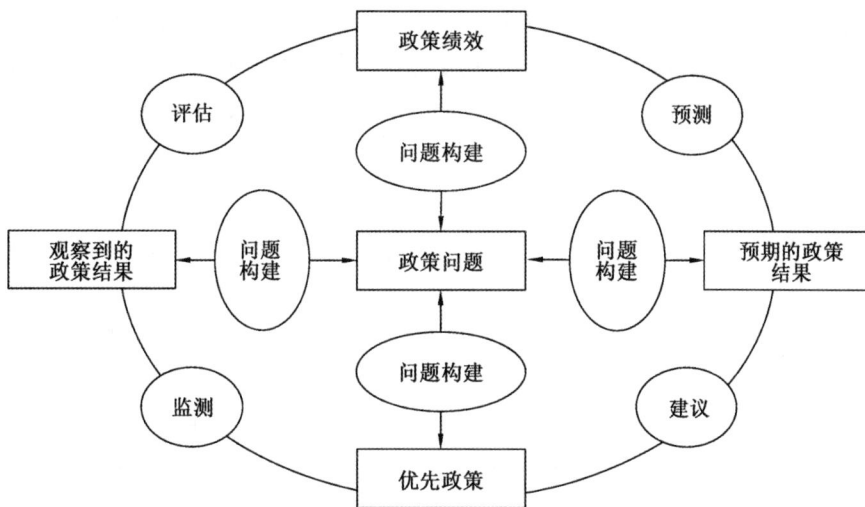

图 3-5-2　政策分析的过程

1. 构建政治问题

要想成功地解决问题，就必须对真正的问题找到正确的方案。构建问题过程分四个相互依存的步骤：感知问题、搜索问题、定义问题、问题具体化。每一个阶段都产生问题情势、元问题、实质问题和规范问题的信息，因此构建问题的每一个阶段要求使用不同的技巧，运用技术和理性对问题构建的方法包括边界分析、类别分析、层级分析、头脑风暴、多角度分析、假设分析和论证图形化等。

2. 预测政策未来

政策分析人员通过构建政策问题，对问题的边界、导致问题产生的条件、为解决或减轻问题而可能采取的行动、改进问题的机会有了新的了解，为预测政策未来提供了相关的信息。预测是以政策问题的先前信息为基础，对社会的未来状态生成真实信息的过程（主要有推测、预言和猜测三种形式），其目的是为未来的政策变化及其结果提供有关信息。预测的局限性在于预测的准确性是有限的、效果是相对的，受到预测的背景环境限制。政策预测的方法分为外推预测、理论预测和判断预测三种类别，每种又可细分出很多具体的方法。

3. 建议政策行动

要对特定的政策行动提出建议，首先要掌握不同方案选择将要产生的结果信息。除此之外，还要求我们决定哪个方案最有价值，其理由是什么。因而政策分析的建议程序与伦理道德问题密切相关。建议根据事实前提和价值前提在两个或两个以上方案中进行合理的选择。这种选择又可分为简单的选择模型和复杂的选择模型。简单的选择模型包括：确定问题；比较解决问题的不同方案的结果；提供满足需要、价值和机会的最佳建议。其假设前提是单个人决策、确定性及结果只在一个时间点上发生。复杂的选择模型假设包括：多个人决策、不确定性或风险、结果的随机性。无论哪种选择都要考虑成本与收益、效率的关系。另外，政策风险建议方法的不确定性，还表现在社会和伦理原则很难达成一致性、因果关系的认识不足、数据质量差、计量程序的不准确等。政策分析人员必须运用理性进行合理性分析，以效率和效益作为选择行动的标准，选择建议行动。

4. 政策执行情况监测

由于政策行为后果的不确定性，因此在政策行为开始之后进行监测至关重要。政策建议作为政策行为与政策结果之间关系的一种假设，往往是建立在先前的经验和假设基础之上。政策监测是用来提供公共政策的原因和结果的信息的政策分析程序，在政策分析中扮演着不可或缺的重要角色。由于监测使分析者能够描述政策实施情况与结果之间的关系，因此它成为获取政策执行信息的首要来源。社会系统核算、社会实验、社会审计和综合实例研究是四种常见的监测模式，监测在政策分析中有解释、核算、审计和监察四种作用。

5. 政策绩效评价

评价是指提供关于政策结果对于目标完成程度方面信息的过程。评价目标是各项政策或计划是否取得预期的绩效。政策评价的主要作用是：提供关于政策绩效可靠而且有效的信息；对隐含在目标选择背后的价值倾向进行阐明和评判；为问题构建和实际执行提供信息。政策分析有不同的评价方式，如何利用这些评价方式来改善政策分析需要格外关注。政策分析是一个完整的质询过程，在此过程中利用多种方法来连续不断地提供、转化和解释信息，以供政策分析工作中各种利益相关者进行推理论证和讨论。

政策分析就是要寻求创造、批判性评估，以及交流与政策相关的知识，这些知识涉及政策制定过程的多个阶段。这些阶段从时间角度看表现为连续性行为。每个阶段都与下一个阶段相关，因为最后的阶段（政策评估）与第一个阶段（议程建立）相关联，而且中间的阶段也都相连，所以就形成了一个非线性的或环形的行动周期。政策分析程序的运用能够产生与政策相关的认识，这些知识会直接影响某一阶段的假设、判断和行动，而且还会间接地影响随后阶段的操作。涉及政策分析程序应用的相关活动，适用于政策制定过程的特定阶段。

三、政策监控

(一) 公共政策监控的含义

从系统控制论的角度看，所谓监控或控制，是指司控系统（监控主体）根据一定的标准，对受控系统（监控客体）发出指令以纠正其由于环境干扰而产生的偏差状态的活动。监控的直接目的是纠正系统偏差，根本目的在于保障系统目标的实现。

政策监控是为了保证政策内容的合法性和政策结果的有效性，而对政策运行状态进行监督与控制。政策监控是一种目的明确的行动，其目的性表现在两个层面上：一是保证政策内容的合法性，此为其一般性目的或政治意义所在。公共政策，就其本质而言是一种政治活动，从政治学的角度看，合法性是它的必然指向。二是保证政策结果的有效性，此为其特定目的或管理意义所在。公共政策是政府管理公共事务的一种手段或方式，从管理学的角度看，有效性是它的必然指向。

监控在政策分析中的作用主要有四个方面：

（1）监察。监控有助于确定项目执行人员、官员以及其他利益相关者是否按照立法者、管理机构和专家组所制定的标准和程序开展行动。

（2）审计。监控有助于确定原来计划安排用于特定目标群体和受益者（私人、家庭、市政当局、州、行政区域）的资源是否真正各就其位。例如，对联邦分税计划的监控可以确定资金满足地方政府需要的程度。

（3）核算。监控所产生的信息有助于对大范围公共政策和项目的执行所引起的社会和经济的变化进行核算。例如，生活质量的变化可以用诸如平均受教育程度、贫困线以下人口的百分比和平均年薪等社会指标来监控。

（4）解释。监控还可以提供关于公共政策和计划结果出现异变的原因的信息。例如，在犯罪审判、教育水平以及社会福利方面的社会实验可以帮助我们找到最有效的政策和计划，并知道它们怎样发生作用以及最有效的原因。

（二）公共政策监控的主体与客体

政策监控的主体即从事监控活动的个人、团体和组织，它是一般政策主体的有机组成部分，由立法机关、行政机关、司法机关、政党系统、利益团体、大众传媒及人民群众等组成。

政策过程的各个环节包括政策的制定、执行、评估、终结，以及承担这些功能活动的个人、团体和组织等政策监控的对象，构成了政策监控的客体。

政策监控主体与客体的划分具有相对性，它们之间并不是简单的监控与被监控的一一对应关系，而是相互交叉、重合，呈现为复杂的网络状结构。在政策过程中，政策监控的主体往往同时也是客体，两者处于复杂的相互作用之中，这也道出了公共政策监控主体与客体的双重性及其监控关系的复杂性。

政策监控反映的是在政策过程中各政策主体之间的相互制约关系，它依主体和环节不同而不同。根据主体不同，政策监控包括政府对社会的监控、社会对政府的监控，以及不同政府部门之间的监控；具体言之，则包括公众、制定主体、执行主体、适用主体、评估主体等构成的错综复杂的关系。根据政策过程各个环节的不同，政策监控包括政策制定监控、政策执行监控、政策适用监控及政策评估监控。

（三）公共政策监控机制

所谓政策监控机制，是指政策监控主体与政策监控客体的构成及其相互作用关系。在公共政策过程中，由于存在着公共政策主体性不完整的缺陷，公共政策的运行结果有可能偏离其公共性的目的而变得"名不副实"。公共政策监控机制服务于公共政策的公共性，反映的是在公共政策过程中，各政策主体之间的相互监督与控制的关系及其作用方式。

公共政策监控机制的核心在于，规范政策主体的政策行为以使其符合公共目的。监控机制能否有效运行，取决于与政策主体的政策行为密切相关的三个要素：政策权力、政策信息和利益诉求。就参与政策过程的某一个体而言，具备了上述三个行为要素，就会做出一定的政策行为；就某一政策过程而言，这三个要素在各类政策主体之间的合理配置，构成了政策良性运行的机制保障。

政策主体之间的权力制衡、信息对称和利益诉求分别构成了政策监控机制的能力要件、知识要件和动力要件。在政策过程中，政策的决策权（或制定权）和执行权对政策影响最大，其中尤以决策权为重。反过来说，能否对这两种最重要的政策权力的运行实施有效制约，使其不至于明显地偏离公共目的，就显得至关重要。

对于政策制定主体和执行主体而言，政策行为的发生，不仅取决于其所拥有的政策权力，还取决于其所获得的政策信息（包括政策理论的信息、政策影响的信息以及政策行动的信息）和固有的利益诉求。利益诉求决定着政策主体的行为偏好，而政策信息则构成一种分析工具，用以判断利用政策权力实现利益诉求的行动方案是否可行。

每一个政策主体都有个人的利益诉求，同时每一个政策主体又总是宣称为公共利益服务，人们只能根据常识或以往类似情况下政策主体的政策行为，判断其可能的利益诉求。每一个政策主体都只拥有部分的政策信息。政策信息的不完全，会影响政策主体的理性判断；同时政策信息的不对称，又有助于政策主体隐匿其行为动机。因此，挖掘政策信息并改善政策信息的对称性，不仅有利于政策主体做出理性判断，而且有利于改善政策监控的效果。

在利益诉求容易被粉饰、政策信息不可能完全被获知以及存在政策信息不可避免被部分垄断的情况下，对政策主体，尤其是政策制定主体和政策执行主体的监控要义在于，当其已经发生的政策行为显示出其行为动机或行为方式明显偏离公共目的的时候，它所拥有的政策权力能够及时受到另一公共法权主体的否定性制衡。这种否定性制衡的实现方式，对于公共政策制定主体而言，主要表现为公共政策制定的立法审查和司法审查；对于公共政策执行主体而言，主要表现为行政复议和行政诉讼。

四、公共政策绩效评价

（一）公共政策绩效评价的含义

构思完美、设计精良的政策并非都能达到预期的效果。由于人类认识活动的局限性和政策活动本身的复杂性，在政策实践中，事与愿违的现象是普遍存在的。公共政策的制定者们逐步认识到，一个完整的政策过程，除了科学合理的规划和有效的执行外，还需要对政策执行以后的效果进行判断，以确定政策的价值。

公共政策绩效评价要回答以下几个问题：政策执行以后，是否达到了政策制定者预期的目标？该项政策给国家及社会生活带来了何种影响？政策是继续执行，修改后执行，还是马上终止？解答上述问题的前提条件是明晰公共政策绩效评价的内容。

具体来看，公共政策绩效评价包含四个方面的基本内容：① 规范，即确定公共政策绩效评价得以进行的标准。规范是科学评估的一个先决条件，在评估活动中具有至关重要的作用。② 测度，即收集有关评估对象的各种信息。这些信息既可以是高度精确的，也可以是不很精确的，甚至是完全凭主观印象的。③ 分析，即评估者运用所搜集到的各种信息用定性定量分析方法，对政策的价值做出判断，得出结论。④ 建议，即提出下一步的行动方案。建议的内容可以是针对某项政策本身的，也可以是面向政策过程或政府机构的，建议的方式有书面报告和口头汇报两种。

由此，我们可以得出公共政策绩效评价的概念：公共政策绩效评价就是围绕着政策效果而进行的规范、测度、分析、建议等一系列活动的总称。

（二）公共政策绩效评价的类型

随着行政管理活动的日益复杂化和影响的深入化，公共政策绩效评价也日益呈现出多样化的特点。从不同的角度，依据不同的标准，我们可以将多样化的公共政策绩效评价分为不同的种类。

1. 内部评价和外部评价

从公共政策绩效评价机构的地位看，公共政策绩效评价可分为内部评价和外部评价。

（1）内部评价是由行政机构内部的评价者所完成的评价。内部评价可分为由操作人员自己实施的评价和由专职评价人员实施的评价。

由政策制定者或执行者所进行的评价是内部评价的一部分，这类评价由于评价的主体本身就是政策的制定者和执行者，因而对整个过程了解全面，掌握了第一手资料，有利于评价活动的展开。评价者根据评价结论，对自己的政策目标和政策措施迅速地做出调整，使评价活动真正发生作用。但是要求政府部门对自己的行为做出客观公正的评价，实非易事，这主要是由于：首先，评价就意味着批评，政策制定者和执行人员会尽力避免这样做，在他们看来，这样做无疑是对他们本身能力的质疑，影响自身声誉，因而评价中往往夸大成绩，掩盖失误。其次，评价往往代表着某一机构的局部利益，这使得公共政策绩效评价容易走向片面性，并带有浓厚的主观色彩。最后，公共政策绩效评价是一项复杂而细致的工作，需要评价者系统地掌握有关的理论知识，并熟悉某些专门的方法和技术，对于操作人员来说，往往缺乏这方面的系统训练。

由行政机构中专职评价人员进行的评价也属于内部评价的范围，与操作人员进行的评价相比，由专职人员从事评价工作，可克服缺乏必要的技术方法、无法进行宏观分析等问题。但是，他们也置身于机构内部，这些专职评价仍然受到机构利益的牵制，他们必须处理好与操作人员间的关系，并听命于机构负责人的指示。因此，他们的评价也解决不了内部评价最大的痼疾，很难具备客观性。

（2）外部评价是由行政机构外的评价者所完成的评价。外部评价可以是由行政机构委托营利性或非营利性的研究机构、学术团体、专业性的咨询公司、大专院校进行，也可以是由投资或立法机构所组织的或由报纸、电视、民间团体等其他各种外部评价者自己组织的。同内部评价相比，外部评价常常能够不带偏见，比较客观，但是其获取资料困难，评价缺乏权威性，结论也不易受到重视。

由行政机构委托的评价是外部评价的一种最主要的评价方式。受行政机构委托的评价者，往往是研究机构、学术团体、咨询公司或高等院校的专家学者，一般能够客观地评价政策效果；由于受行政机构委托的关系，评价资料的获取也较为容易，其评价结论也容易被行政机构所接受；而且评价者是掌握评价技术方法的专家，因而能够保证公共政策绩效评价的质量。这是受行政机构委托的评价所具有的优点。但同时，这种评价也有其致命的弱点，即由于评价者在评价经费和评价资料方面受到委托人的制约，为了获得评价经费，评价者一旦牺牲原则，反而会做出不科学、不公正的评价结论，从而使公共政策绩效评价的科学性大打折扣。

由投资机构或立法机构组织的评价，也是外部评价的一种重要形式。一般来说，最为客观和公正。但评价的准确性如何，要取决于评价资料的真实性与充分性。由于这种评价的结论对行政机构的利益得失至关重要，因而行政机构往往采取隐瞒真实情况、提供虚假信息的方法影响评价。所以，评价者也可能被虚假信息所迷惑，做出失真的评价结论。

除上述两种类型的外部评价之外，还有一种评价是由社会某些组织、团体和个人自发进行的评价。例如，专门的评价机构、某些研究机构、专家学者、新闻媒体和个人自发地对某些公共政策进行评价。这种评价没有机构或部门利益，反映的是社会公众的观点，因而评价的态度较为客观，但多因经费短缺致使评价活动难以深入进行；同时，囿于不了解重要的评价资料，评价结论也不被重视。

从以上分析可以看出：内部评价和外部评价各有其利弊。因而在实践中，我们应把内、外评价结合起来，取长补短，以提高评价质量。

2. 事前评估、执行评价和事后评价

（1）事前评估是在政策执行之前进行的一种带有预测性质的评估。这种从单纯的事后检测变成事前控制的工具是公共政策绩效评价领域的一次重大突破。事前评估的内容包含三方面：一是对政策实施对象发展趋势的预测。政策是面向未来的，对未来的趋势、发展规律把握得如何，决定着政策的成败。二是对政策可行性的评估，通过分析主客观条件如何和不利因素，对政策的可行性做出评估。一项政策的实施具有多种可能性，有的政策虽一时可行，但从长远看则弊端重重；有的则是局部可行，而在全局则不可行。通过事前评估就可以使得决策者在选择或实施政策时，对政策做严格的时空限制和规定。三是对政策效果进行评估，即通过对政策内容和外在环境的综合分析，对政策实施可能产生的效果做出评估。事前评估要求对评估对象进行全面的、多向的、开放的、动态的测试和研究，要求从根本上尊重科学、尊重事实，一切从实际出发，排除盲目无知的主观性，以收到良好的效果。但事前评估与未来事实和实际成效还有一定的距离。

（2）执行评价就是对在执行过程中的政策实施情况的评价。由于政策问题的复杂性、政策执行过程中会遇到许多问题，这是政策制定者始料未及的，只有通过政策执行才能暴露出来。执行评价，也即具体分析政策在实际执行过程中的情况，以确认政策是否得到严格的贯彻执行，是否作用于特定的对象，是否按照原有政策设计执行，人、财、物是否到位，政策与政策对象和政策环境是否有冲突，政策实施机构是否高效合理，执行人员的原则性、灵活性、创造性和效果如何。从这个意义上说，政策执行评价伴随着政策执行同步进行。它不仅要积累有关资源投入、具体措施、相关事件、实际运行的资料，还要分析、寻找和预测政策设计和执行中的缺陷和失误，并反馈给政策执行人员和决策者，作为修订政策、完善执行活动的参考。

（3）事后评价是政策执行完成后对政策效果的评价，旨在鉴定人们执行的政策对所确认问题达到的解决程度和影响程度，辨识政策效果成因，以求通过优化政策运行机制的方式，强化和扩大政策的效果。事后评价在政策执行完成以后发生，是一种最主要的评价方式。公共政策绩效评价的主要任务就是依据一定的标准和方法，具体考察一项政策的执行在客观上对社会、政治系统、自然环境、某些团体和个人产生了什么样的影响，综合分析一项政策的效果，作为政策过程的总结，效果评价对政策所做的价值判断最具权威性和影响力。根据效果评价可以基本上决定一项政策的延续、改进或中止，以及长期性的政策资源的获取和分配问题。在进行效果评价时，评价者必须注意分清预期效果和意外效果、实际效果和象征性效果、短期效果和长期效果，在此基础上加以综合分析，以便对政策的价值做尽可能全面而客观的判断。为了弥补人们认识能力的局限，也为了尽可能地节约政策执行的资源，减少或避免资源的浪费，政策的决策者、规划者和执行者都必须重视效果评价，从中发现政策的成败，及时扬长避短。在效果评价时应特别注意政策影响，即政策产出对个人、团体、社会、自然环境、政治系统发生的作用，以判明政策的影响，以此反观政策的价值。

（三）公共政策绩效评价的程序

所谓程序，是指对某种活动进行的步骤、次序等的规定或计划。许多事务的处理要讲程序，公共政策绩效评价活动也不例外，也要遵循一定的程序和步骤。一般来说，公共政策绩效评价活动存在三个相互关联的程序，即评价准备、评价实施和评价总结。

1．评价准备阶段

正如一项工程在施工之前要进行严密、精心的设计一样，每项公共政策绩效评价在实施以前也都要进行周密的准备工作。评价准备阶段对于公共政策绩效评价具有重要的意义。如果准备工作比较充分，就能抓住关键的政策问题，明确评价的中心和重点，避免盲目性，使公共政策绩效评价工作顺利进行。评价准备阶段的主要任务包括以下几个方面：

（1）确定评价对象。这是评价工作的第一步。只有解决好评价什么，才能把评价的目的、标准与方法等要素随之确定下来。公共政策的相关性和多样性，决定了在确定公共政策的评价对象时要有所选择，不能随意或胡乱评价某一公共政策。这就要求做到：一方面，选择的评价对象必须确有价值，能够通过评价达到预定的或可能的目的；另一方面，所选择的评价对象又必须是可以进行评价的，即从时机、人力、物力、财力上看，均能满足评价所需要的基本条件。

（2）明确评价目的。所谓明确评价目的，就是确定为什么要进行评价。评价目的可能不止一个，但往往要确定其主要目的。评价目的决定了公共政策效果评价的基本方向。只有明确了为什么要进行评价，才能使各类参与评价者与直接评价者步调一致，朝着既定的方向迈进。

（3）选择评价标准。评价标准有一般标准，也有具体标准，有国外标准，也有国内标准，需要根据情况做出适当的选择。实践中，评价标准一般都要进一步量化，即采用"指标体系及其指标体系的集合"来实施评价活动。

（4）培训评价人员。评价人员是公共政策效果评价系统构成中的最主要的因素。其素质高低、专业化程度、评价态度、敬业精神、评价立场等都直接影响评价的质量。因此，在培训和选择评价人员时，提高他们的业务水平和综合素质标准至关重要。

（5）撰写评价方案。一个完整的评价方案应包括：① 阐述评价对象；② 针对所要评价的公共政策，明确评价的目的、意义与要求；③ 提出评价的基本设想，根据评价目标，确定评价的内容与范围；④ 确定评价标准，决定评价类型，并选择评价的具体方法；⑤ 写明评价的场所、时间，规定工作进度的有关计划；⑥ 写明评价经费的来源及筹措与使用；⑦ 其他内容。

2. 评价实施

评价实施是整个评价过程中的关键环节，其主要任务是采集评价信息、统计分析评价信息。这一阶段工作的好坏，直接决定着公共政策效果评价成功与否。评价方案的实施大致包括以下几个方面的内容：

（1）采集评价信息。公共政策效果评价的过程，实际上是一个信息过程，即：收集—整理—反馈—再收集—再整理—再反馈。所以，采集评价信息十分重要，可以说是评价中的一项基础性的工作。其主要任务是利用各种社会调查手段，全面收集有关公共政策制定、法律化、执行等方面的第一手资料。收集资料的技术与方法有很多种，常用的方法有：观察法；查阅资料法，如查阅政策运行记录等；调查法，如开会调查、个别访问、问卷调查等；个案法，如典型分析；实验法；等等。这些方法各有其特点和应用范围，最好是交叉使用、相互配合，务求所获信息具有广泛性、系统性和准确性。

（2）分析评价信息。该阶段是对采集到的评价信息进行统计分析处理的阶段。由于采集所获得的信息都是原始数据，比较分散、杂乱，因此需要对其进行系统的整理、分类、统计、综合和分析。统计分析的方法很多，根据统计学原理，公共政策效果评价通常采用多变量统计分析等方法，对各类数据进行系统研究。单项指标评价是多变量统计分析方法在评价指标法中的具体化，它是查明各项评价指标的实现程度的基础。如果问题复杂，还可分单项指标和单类指标，如经济类指标中包含成本、利润、税金等多个指标。单项指标都具有较强的业务性，需要较多的具体数据。每个单项指标，在整个评价系统中所处的位置与作用是不相同的，需要确定它们的权重。在各类与各个单项指标的基础上，还要进行整体综合评价。

（3）形成初步结论。在综合统计分析评价信息之后，紧接着就是要运用直接比较法、综合比较法、成本效益分析法、前后对比分析法或统计抽样分析法等具体的方法，给出一个初步的评价结论。在进行评价时，要坚持评价资料的真实性、全面性、多样性和具体分析的客观性、可比性、科学性等几个原则，给出的评价结论要客观、公正、真实、准确地反映公共政策的实际效果。

3. 评价总结

这是公共政策绩效评价的结束阶段，也是处理评价结果、撰写评价报告的阶段。公共政策绩效评价离不开价值判断，个人的价值判断受客观条件和一些非理性因素的影响，难免有疏漏。因此，当我们收集评价信息，得出评价结果后，还必须善加处理。首先，要自我检验、统计分析评价信息所得出的结果的可信度和有效度。其次，让评价结论与政策设计者、决策者、执行者、参与者见面，以便发挥评价的诊断、监督、反馈、完善和开发作用，提高政策的科学性。

评价总结包括以下两个方面的内容：

（1）撰写评价报告。撰写评价报告是总结成果的阶段，因此特别重要，需要注意三点：① 对初步结论要再做一次简明扼要、提纲挈领的分析总结，然后给出一个正式的评价结论。② 在评价报告中，除了要写好价值判断部分外，还必须要写好政策建议及对整个评价工作的说明。实践中，有不少评价人员只重视价值判断部分，对后几部分则不以为然，这是不可取的。③ 要正确看待决策者对评价报告价值的不同观点。无论评价报告的价值如何，决策者与评价者的认识常常存在着这样或那样的分歧。那些一开始就勉强同意或不赞成对某项公共政策进行评价的决策者，自然对评价报告毫无兴趣；而那些支持评价的决策者，对评价报告所提出的公共政策建议可能有三种态度：全部采纳、部分采纳和不采纳。一般来说，评价者总希望自己提出的建议能被决策者全盘接受。决策者和评价者之间难免会存在分歧，妥善地处理上述分歧就对两者都显得尤为重要。

（2）总结评价工作。撰写评价报告之后，接下来就是对评价工作进行系统的总结。总结是对本次评价活动进行全面的回顾，评价工作中的优缺点，总结经验，吸取教训，为以后的公共政策绩效评价活动打下基础。这一阶段通常的做法是撰写"关于××公共政策效果评价的工作报告"。至此，公共政策效果评价工作全部结束。

发达国家绩效预算管理实践

第四章

本章共六节，分别阐述以美国、英国、澳大利亚等国为代表的欧美国家，以及以日本、韩国为代表的亚洲国家在绩效预算管理方面具有先行经验的实践，包括绩效预算的产生与发展、绩效预算管理的主要内容及典型特征等，并选取各国在绩效预算管理领域具备特色和创新性的做法为案例，展示其具体做法以及产生的效果和发挥的作用。

在正式介绍本章内容之前，先回顾一下"预算绩效"和"绩效预算"之间的关系。"预算绩效"是一种以结果为导向的预算管理模式，强调在预算管理的过程中融入"绩效"的理念，重视财政支出的效果与影响，是政府绩效管理的重要组成部分。"绩效预算"是指围绕政府施政目标和职责，以目标为导向、以成本为衡量手段、以业绩评价为核心的预算管理制度。该模式下，"绩效目标"的确定是部门编制预算的前提和依据。由此可见，二者的本质区别在于先有"绩效"还是先有"预算"。

根据上述概念区分可知，发达国家基本遵循"目标—预算—支出"的预算管理程序，在目标设置、预算编制、项目实施和结果反馈与应用的过程中时刻以绩效为核心，属于典型的绩效预算管理模式。

|第一节| 美国绩效预算管理相关实践

美国是最早提出绩效预算的国家，并成功地通过预算改革带动了政府改革。但是，美国的绩效预算改革并不是基于完全的理性构建，而是在不断摸索试错中逐步改进的。在经济社会发展、技术手段革新和政治博弈等因素的影响下，美国的绩效预算管理历经起源探索、发展改革和成熟完善三个阶段，已经成为政府公共管理改革的重要内容。

一、美国绩效预算管理模式的产生与发展

以财政和立法控制开支是 20 世纪 50 年代以前各国政府实施预算管理的主要方式。为衡量政府机构与项目在管理中的效率水平是否达到了促进履职效率提升这一目的，胡佛委员会（The First Hoover Commission）在 1949 年首次将预算绩效管理纳入政府预算管理范畴，并将其用于对一系列政府工作进行评估和成本效益分析。

（一）旧绩效预算制度演变

从 1950 年开始，美国联邦政府曾经发起过四次政府范围的改革，为的是更好地将支出决策与预期绩效相统一，也就是大家熟知的"绩效预算"。[①]

第一次改革于 1949 年由胡佛委员会提出。胡佛政府实施"绩效预算"的目的是将预算的重心从政府的投入转移到政府的职能、行为、成本和成就上来。这样，绩效预算关心的是一个特定的职能或行为的预期产出，如武器或培训，而不是强调支出的每一项内容，如薪水或租金。尽管这种方式取得了一些成功，但是社会上普遍存在着预算不能有效地将项目实施方案与成本相联系的担心。后来，绩效预算在推行过程中遇到了比设想大得多的操作困难。

第二次改革是约翰逊总统 1965 年引导实施计划－方案－预算体制（Planning Programming Budgeting System，PPBS）。PPBS 认为可以通过对不同水平和类型的绩效进行排列、量化和分析来制定最好的预算决策。PPBS 的核心过程就是在不同的长期政策目标和实现方式之间的选择。因此，绩效被定义为部门的产出，而项目的结构也是将产出与长期目标相联系。PPBS 的核心结果是项目。以教育为例，中等教育是项目这一级的分类，职业培训是次一级的分类，而书本和老师是一个组成因素（或投入）。因为分析的复杂性和整合政治（无法量化）维度的困难，PPBS 在 1971 年被正式废止。

第三次改革是尼克松总统在 1973 年首倡的目标管理（Management by Object，MBO）体制。MBO 追求的是将机构自己设定的目标与其预算需求挂钩，这样可以使机构管理者为之前达成一致的产出和结果的目标实现负责。绩效主要被定义为机构的产出和实现这些目标的效率。另外，政府开始评估联邦支出的结果。MBO 的中止，政治上是因为尼克松总统的下台，技术上是因为其与现存的预算方法脱离，而且在确认和衡量目标上有很大的问题。但是，目标管理的理念却留存下来，那就是"就目标进行协商，并使下属机构为目标的实现负责"。

第四次改革是卡特总统推行的零基预算体制（Zero Base Budgeting，ZBB）。零基预算需要职能机构根据不同的支出水平对获得的项目结果进行优先选择。在设计预算申请时，这些可供选择的方案要经过对比进行排序。零基预算追求的是预算资源与项目结果之间清晰、准确的联系。零基预算的关键就是计划和预算要同时完成，两者都是同一个过程不可缺少的部分。零基预算的失败主要归因于综合决策量化缺少严谨性和需要用来支持这个过程的文件成指数增长，而实际关心的是过程和行为本身，而不是这些过程和行为表现如何。

这四次改革虽然都失败了，但却为后来绩效预算的发展奠定了基础。

① 邹靖，梁永晋，王晓培. 美国政府绩效预算对我国预算绩效改革的启示 [J]. 财政研究，2015 (7)：107－110.

（二）新绩效预算制度的演变

新绩效预算制度始于 20 世纪 90 年代。当时，美国政府正深陷财务危机的泥淖，财政赤字急速攀升、国债发行规模过于庞大，一边是巨大的财政压力，另一边是公众对于政府信任的逐步丧失，内忧外患接踵而来。

为了改变这一不利局面，美国政府再次寄希望于绩效预算改革，通过制定合理的长期计划，提升政府执政效率，将绩效预算管理再次推上历史舞台。1993 年，美国国会通过了全球第一部政府绩效预算领域的法律《政府绩效与结果法案》（GPRA），首次以法律条文的形式明确了绩效预算的内容和管理要求。该部法案旨在提高政府的公众责任、公共服务的质量以及国会的决策控制力。它要求所有政府部门都要提交五年策略发展计划、年度绩效计划和年度绩效报告；要求预算与管理办公室（Office of Management and Budget，OMB）负责提交关于整个政府部门的绩效计划，会计总署则提交关于实施情况的报告。

2001 年，布什政府将绩效预算管理推入了一个新的阶段。"企业绩效"管理的理念、方法经过提炼萃取，逐步纳入政府管理领域，私营部门的绩效管理理念逐步渗透至公共产品与服务的绩效管理，绩效预算改革取得了新的突破。布什政府还发起了两个与预算有关的绩效创新：2004 财政年度开始使用的项目评估分级工具（Program Assessment Rating Tool，PART）与 2001 年颁布的总统管理议程中提出的"整合绩效与预算"。2002 年，OMB 推出 PART，试图将 GPRA 规定的关于政府活动绩效与预算的复杂联系过程转变成快速而简洁的程序，并获取客观的、连续的绩效信息以服务于预算决策。

2004 年 3 月，美国国会又通过了普赖特（Todd Platt）提出的《项目评估与结果法案》（PAR），要求 OMB 每五年至少对所有政府项目进行一次评估，评估其目的、设计、策略计划、管理、结果以及 OMB 首长认为合适的其他方面。

2009 年，奥巴马政府创设了"白宫绩效长（Chief Performance Officer，CPO）"（兼任 OMB 副局长），提出了四项具体的绩效行动方案，包括评估美国复苏与再投资法案（American Recovery and Reinvestment Act，ARRA）的绩效影响，确定削减预算的项目清单，要求机构设立"高优先排序的绩效目标"，以及对项目评价在时间和资源上做出有意义的承诺等。考虑到绩效问题彼此间的内生相关关系，奥巴马政府还十分重视"联合作战"，成立了一个横跨多个部门的绩效督促委员会（Performance Improve Committee，PIC），致力于解决复杂度高、牵涉利益广的绩效难题。通过上述职能安排、法案颁布以及跨部门协作团队的组建，美国政府绩效预算管理工作得到进一步深化。

2010 年，在奥巴马政府与民主党的推动下，《政府绩效与结果现代化法案》获国会通过并颁布实施，该法案在 1993 年《政府绩效与结果法案》的基础上进行了修订与补充，使美国联邦政府的绩效管理迈入新阶段。至今，该法案仍是美国联邦政府绩效管理的依据。[1]

二、 美国预算绩效管理模式

（一） 制度体系

1.《政府绩效与结果法案》（GPRA）

1993 年，美国政府制定了《政府绩效与结果法案》。这是美国第一次以法律的形式要求机构起草战略方案并度量、报告绩效。这项法案的结果是，政府部门被要求与包括美国国会在内的利益相关者就宗旨、长期战略目标和达到结果所采用的策略进行协商。机构部门还被要求提交年度绩效计划，说明他们希望如何完成年度目标，以及在年末披露他们的真实绩效。

《政府绩效与结果法案》为联邦政府的绩效管理奠定了坚实的基础。但是，执行上存在的诸多漏洞阻碍了这项法案的推进。很多部门和项目的考察都不够结果导向。国会和行政部门都没有根据已有的绩效信息来制定决策。这项法案的实施并不是一个提醒和帮助决策制定者提高项目绩效的有效过程，而更像是一种演习。

2. 总统管理议程和绩效改善计划（或称预算和绩效整合计划）

2001 年，布什总统首倡总统管理日程动议，目的是使美国联邦政府更加高效率和有效益。为了让政府变得更加"以民为本，市场为基础，结果为导向"，这项动议强调了对政府各部门的定期绩效审查，给予他们更多的管理自主权，以及加强雇员问责制，其实是在公共领域引入私人部门的方法和模式。绩效提高计划是联邦政府总统管理议程的一个重要组成部分，这项计划旨在确保政府的投入能产生最大化的结果。这项计划主要是用来克服政府绩效与结果法案实施过程中的不足，特别是目标质量不高和绩效信息在决策过程中使用不足的问题。为了达到这个目的，政府部门和管理与预算办公室合作，确定所有案例中哪些项目有成效，哪些效率低下，以及如何能提高绩效。有时，将无效项目的资源重新分配给更有效的项目非常必要。虽然这类决策是由国会和总统共同做出的，但是这些分析结果可以帮助行政和立法部门做出更明智的决定。这项计划还包括使用完全成本和边际成本分析法来度量项目效率并在整体上加强绩效信息在决策过程中的使用。

3.《项目评估与结果法案》（PARA）

《项目评估与结果法案》的出台旨在解决如何提升项目实施效率及如何有效测量项目绩效这两个核心问题。它遵循了"新公共管理"改革潮流的核心哲学，坚持以结果为导向，通过对公共财政支持的公共服务项目发起、实施、过程控制、结果评价、及时干预等方面的规制，有效弥补了《政府绩效与结果法案》的不足。它致力于提供各类公共服务项目的所有绩效信息，以便政府机构能够因之做出正确的决策，对项目

---

[1]　胡业飞. GPRA 现代化法案：美国联邦政府绩效管理新发展 [J]. 公共行政与人力资源，2013 (2)：42—48.

实施有针对性的监督与控制。在"结果导向"哲学下，虽然政府不需要频繁干涉公共服务项目的具体生产过程，但政府必须对其结果负责、对其所承担的公共责任负责，这就需要评估它的绩效是否实现了预期的预算目标。尤其对于那些实行了服务外包的公共项目，在政府完全不了解生产过程的情况下，更需要对其生产的结果（绩效）进行评估，考察它们是否实现了公共财政资金所应承担的委托责任和所应实现的公共利益。

4.《政府绩效与结果现代化法案》（GPRAM）

鉴于《政府绩效与结果法案》在实践中的不足，国会 2010 年颁布实施了《政府绩效与结果现代化法案》，使 GPRA 绩效管理框架得到进一步发展，并引入了新的绩效管理工具替换原有的 PART 工具。相比原法案，《政府绩效与结果现代化法案》主要包含三方面的新内容：

一是将"优先绩效目标"（Priority Goals）作为新的绩效管理工具。该法案要求《首席财务官法案》所涵盖的 24 个联邦机构必须设置"优先绩效目标"，并鼓励其他联邦机构使用"优先绩效目标"这一绩效管理工具。优先绩效目标工具的设计目的是为突显联邦机构的核心业务，使机构人员更加清晰地认识本机构责任，集中优势资源实现目标。优先绩效目标工具的执行细则由两份联邦政府文件《第 13576 号总统令：打造高效率、高效益、高责任感的政府》 （Executive Order 13576 "Delivering an Efficient，Effective and Accountable Government"）和《预算管理办公室关于第 13576 号总统令的备忘录》 （The OMB Memorandum on Executive Order 13756）确定。

二是《政府绩效与结果现代化法案》增加了信息管理的内容。法案要求联邦机构采取措施，确保机构绩效计划与绩效报告中所用数据的准确性与可靠性。此外，《政府绩效与结果现代化法案》还要求联邦政府利用信息技术提升政府绩效管理信息的透明度。法案要求预算管理办公室在 2012 年 10 月 1 日之前建设一个独立网站，用于发布项目绩效信息，并至少以季度为单位对网站信息进行更新。网站发布的信息以"优先绩效目标"为重点，必须包含以下内容，如下表 4-1-1。

表 4-1-1　绩效信息公开内容要求

序号	公开内容
1	描述联邦政府的优先绩效目标
2	阐述优先绩效目标怎样将国会磋商所得的意见建议包含在内的
3	公布与优先绩效目标相关的绩效目标与绩效衡量指标
4	确认每一优先绩效目标的主要负责官员
5	发布最近几个季度的绩效结果以及总绩效结果数据，与计划的绩效水平进行比较

序号	公开内容
6	明确实现每一优先绩效目标所涉及的联邦机构、组织、项目运作、管理工作、费用开支、相关政策以及其他相关工作
7	对有关机构、组织、项目运作、管理工作、费用开支、政策以及其他工作对实现优先绩效目标的贡献程度进行评估,并予以公开
8	确认当前有哪些优先绩效目标预计难以实现,并予以公开
9	绩效改进有关的各方面信息

三是增加了人事安排内容。法案要求联邦机构进行人事制度改革,设置专门官员对机构的绩效管理负责。法案要求每个联邦机构的副长官担任机构的首席运营官。首席运营官须对机构的绩效改进与绩效目标执行工作进行统筹管理,协助机构长官实现机构优先绩效目标,并负责与绩效工作涉及到的本机构其他人员(如首席财务官、首席人力资源官等)进行沟通。法案还要求联邦机构长官参考本机构首席运营官的意见,任命一位高级行政官员为机构的绩效促进官。绩效促进官直接向首席运营官报告,协助机构长官与首席运营官完成机构的全部绩效工作。

(二)组织架构

美国作为三权分立的国家,由立法、司法和行政机关共同对预算进行管理。预算编制由总统、总统管理与预算办公室(Office of Management and Budget,OMB)和财政部合作进行,财政部负责编制相关预算草案;OMB负责具体支出内容的编制;总统审核通过后提交至国会。国会内部分为参、众议院,其下辖的国会拨款委员会、筹款委员会以及审计总署(Government Accountability Office,GAO)等机构分别对预算展开审查,确保审核结果的公信力。①

为了更好地实现公共受托责任,美国绩效评价组织类型主要有两类,分别是责任总署主管型和政府受托评估型。

责任总署主管型组织由组织内专职公务人员组成,其实施绩效评价的一般路径是审计总署绩效评估办公室依照科学原则,结合部门职能和责任遴选关键绩效指标,确定合理的绩效评价方法,搜集有效数据,通过匹配数据与评价指标获取评价结果,并与事先设定的绩效目标进行比较之后得出绩效评价结论,最后公布绩效评估结果。

政府受托评估型组织是联邦政府部门受国会责任总署委托成立的"计划与评估办公室",较之于责任总署主管型组织,政府受托评估型组织内不仅包含"计划与评估办公室"公务人员,还吸纳了一部分来自高校、社会的第三方专家。②该组织根据绩

① 杨颖.政府预算绩效管理:模式与路径[D].武汉:华中师范大学,2015.
② 高小平,贾凌民,吴建南.美国政府绩效管理的实践与启示:"提高政府绩效"研讨会及访美情况概述[J].中国行政管理,2008(9):125-126.

效目标的分解情况编制绩效评估指标体系，寻找目标数据，在充分论证的基础上得出绩效评估结果并公布。

（三）管理体系

1. 全过程的绩效预算管理链条

美国政府绩效预算管理过程分为编制、审核、执行、评估和结果应用五个阶段。

（1）编制阶段。联邦政府各部门需要根据项目情况设定一份详细的计划，计划步骤包括：为组织建立一个项目表；根据项目构建一个账户表，以便后续项目预算的执行和成本会计方法的实施服务；根据服务项目设立目标和绩效指标等绩效相关信息。最后，由 OMB 将联邦政府各部门提交的预算汇总成联邦政府预算草案，交总统审查。为从源头将绩效和预算编制融为一体，美国政府要求项目管理者在提交年度预算申请时一并提交相应的绩效信息，并且这份绩效信息中要提供足够充分的绩效数据用以佐证支持新项目的实施或者暂停甚至取消现有项目执行是正确的决定。

（2）审核阶段。国会收到总统提出的联邦预算草案后，将组织对支出有管辖权的委员会以及两院筹款委员会进行审议。对下年度预算，国会预算局将会在本年度 2 月份向两院预算委员会提出预算报告。两院的各专门委员会则在收到总统预算案的六周内，提出关于预算收支的意见和评估。4 月，两院预算委员会提出国会预算决议案，提交众、参两院讨论，并通知总统。4 月至 6 月期间，总统对预算决议案提出修改意见，并报告国会。在第一个预算决议案通过后，两院拨款委员会和筹款委员会即按照决议规定的指标，起草拨款和征税法案。国会需在本年度 6 月 30 日前完成所有拨款方案的立法工作，在 9 月中旬前通过规定预算收支总指标的具有约束力的第二个预算决议案，并将其提交给总统。

（3）执行阶段。预算由国会通过并经总统签署后，就以法律的形式规定下来。行政部门在执行预算过程中，某些特殊情况下可以推迟或取消某些项目的支出，但必须向国会报告。联邦政府各部门主要借助信息化管理技术，通过绩效评估系统、财务管理系统和成本会计系统对项目的实时绩效实施动态管理。

（4）绩效评估阶段。国会责任总署（审计署）绩效评估办公室以结果为导向，通过选用合适的评估工具，对项目的绩效开展全面评估，对已经取得的项目绩效与编制阶段的绩效目标进行对比，对于尚未实现的绩效目标进行说明，列示绩效评估中的创新点以及评价机构和公众对于年度绩效目标实现情况的评论，在此基础上出具年度绩效报告。

（5）结果应用阶段。联邦政府各部门对实际取得的绩效成绩和年度绩效计划中的绩效指标进行比较。如果没有达到绩效目标，必须说明没有达到目标的原因，以及将来完成绩效目标的计划和时间表。如果发现某个绩效目标是不实际或不可行的，要说明改进或终止目标的计划。

2. 绩效评估体系

(1) PART 评分体系

政府各部门和管理预算办公室评估和评价一个项目的目的、设计、计划安排、管理、结果与责任，为的是评估其整体有效性。因为政府项目通过不同的机制来提供产品和服务，PART 作为绩效评估的有效工具，是根据项目的分类量体裁衣的。PART 的 7 个分类分别是：直接联邦项目、竞争性补贴项目、大额或公式化补贴项目、研发项目、资本资产或服务获得性项目、信贷项目和管制性项目。在 www.ExpectMore.gov 网站上，项目还按照特定的领域（如环境、交通、教育等）进行分类。

每一份 PART 包含 25 个基本问题和根据项目类型设计的附加问题，分成四个部分。第一部分的问题评估的是一个项目的设计和目的是否明确、是否值得支持。第二部分包括战略计划，并且衡量机构部门是否为项目建立起可靠的年度和长期目标。第三部分对部门的项目管理进行评级，包括财务的监管和项目改进的努力。第四部分的问题集中在是否可以准确而连贯地披露结果。PART 问题的四个维度具体内容如表 4-1-2。

表 4-1-2　PART 问题的四个维度

维度（权重）	定义	问题
项目目标和设计（20%）	主要评估项目的目标和设计是否明晰和良好	a_1 项目的目标是否清楚？
		a_2 项目集中于一个特定的、现实存在的问题、利益和需求吗？
		a_3 该项目是否与其他联邦、州、地方或者私人部门的项目重复？
		a_4 项目设计中是否存在一些影响其效率和效益的缺陷？
		a_5 项目是否具有清晰的目标，以使资源能够直接服务于项目目标或者到达项目的预期受益人？
战略规划（10%）	主要评估项目是否具有正确的长期和年度的标准和目标	b_1 项目是否具有一定数目的、具体的、集中于结果和反馈项目目标的长期绩效标准？
		b_2 项目是否有针对长期标准的挑战性目标和时间进度表？
		b_3 项目是否有一系列特定的年度绩效标准，以便清楚地表明长期目标的实现程度？
		b_4 对于年度措施，项目是否具有基线和宏伟的目标？
		b_5 所有的合作者（包括受让人、次受让人、承包人、成本分担者和其他的政府合作者）都承诺项目的长期和年度目标并为其实现而努力工作吗？
		b_6 足够数量和质量的独立评估能否建立在一种常规的基础上？这些独立评估是否能够支持项目的改进、评估项目效果，以及与问题、利益和需求相关？
		b_7 预算请求与年度和长期绩效目标之间有着清晰的联系吗？所需资源是以完全和清晰的形式呈现在项目预算中吗？

続表

维度（权重）	定义	问题
战略规划（10%）	主要评估项目是否具有正确的长期和年度的标准和目标	b_8项目是否采用了一些有意义的措施来补救战略规划的缺陷？
		不同项目类型下的特殊战略规划问题（Specific Strategic Planning Questions By Program Type）
		b_{RG1}：项目或者机构所有的相关规章是否满足了项目的既定目标？所有规章能够清楚表明它是怎样有助于项目目标的实现吗？（制定规则项目）
		b_{CA1}：机构或者项目是否已经对替代品进行了最新的、有意义的、可靠的分析，包括成本、时间进度、风险和绩效目标之间的平衡，以及利用结果来引导结果导向的行动？（资产和服务采购项目）
		b_{RD1}：如果可能，项目是否评估和比较了其潜在的利益，以及是否与其他具有相关目标的项目进行过比较？（研发项目）
		b_{RD2}：项目是否使用一个优化程序来介绍预算请求和财政决策？（研发项目）
项目管理（20%）	主要评定项目管理的等级，包括财务检查和项目改进成果	c_1项目定期收集及时的和可信的绩效信息（包括主要合作人的信息），并用来管理项目和提高绩效吗？
		c_2联邦管理者和项目的合作者（包括受让人、次受让人、承包人、成本分担者和其他的政府合作者）对成本、进度和项目结果负有责任吗？
		c_3资金是否被用到既定的目的上，是否准确报告了？
		c_4在项目执行过程中，项目是否有一些程序（例如竞争性外包/成本比较、IT技术提高、适当的激励等）来测量并实现项目效率和成本有效性？
		c_5该项目是否与相关项目进行了有效的合作和协作？
		c_6项目是否推行了强有力的财务管理实践？
		c_7项目是否采取一定的方式来处理管理中的缺点？
		不同项目类型下的特殊战略规划问题（Specific Strategic Planning Questions By Program Type）
		c_{CO1}：资助是否基于竞争程序（包括一个高质量的价值评估）来获得的？（竞争性补助项目）
		c_{CO2}：项目是否有监督程序以提供给受资助人行为的足够信息？
		c_{CO3}：项目是否收集到受资助人年度的绩效数据并使之能够以透明和有意义的方式公布？（竞争性补助项目）
		c_{BF1}：项目是否具有监督程序以提供被资助者行为的足够信息？（分类补助项目）

维度（权重）	定义	问题
项目管理（20%）	主要评定项目管理的等级，包括财务检查和项目改进成果	c_{BF2}：项目是否收集到受资助人年度的绩效数据并使之能够以透明和有意义的方式公布？（分类补助项目）
		c_{RG1}：当制定重要规章时，项目是否寻找和重视各方利益相关者（顾客；大、小规模的企业；州、地方和镇政府；受益人和一般公众）的观点？（制定规章项目）
		c_{RG2}：该项目是否按照《12866 号行政命令》的要求来准备充足规则影响分析？是否会按照《规则灵活性法则》和 SBREFA 来进行规则灵活性分析？是否会依《非资助项目规则改革法案》来进行成本收益分析？以及这些分析是否符合 OMB 的指南？（制定规章项目）
		c_{RG3}：在完成项目目标时，项目是否会系统地回顾当前的规章来保证与所有规章制度保持一致性？（制定规章项目）
		c_{RG4}：通过使该制定规章行为净利益最大化，制定规章在多大程度上能有助于实现项目的目标？（制定规章项目）
		c_{CA1}：是通过保持明确定义的交付标准、能力/绩效特征和适当的、可靠的成本以及进度目标来管理项目的吗？（资源和服务采购项目）
		c_{CR1}：项目是否在一个正在执行的标准下管理，以此来保证高质量的信用贷款、按时支出与回收以及履行报告请求？（信贷项目）
		c_{CR2}：项目信贷模式是否向政府提供了可靠的、一致的、精确的和透明的成本和风险评估？（信贷项目）
		c_{RD1}：对于非竞争性拨款的研发项目而言，该项目是否分配资金和使用管理程序来保证项目质量？（研发项目）
项目结果和责任性（50%）	根据战略规划部分对目标和标准的评价和通过其他评估，来划分项目绩效的等级	d_1 在完成长期目标方面，项目是否表现出足够的进步？
		d_2 项目（包括项目合作人）是否完成了年度目标？
		d_3 项目在完成每年的目标时，是否都提高了效率和成本的有效性？
		d_4 是否将该项目的绩效与其他政府、私人等部门具有相似目的和目标的项目的绩效进行过比较？
		d_5 对充足的范围和质量的独立评估是否表明该项目是有效的和具有结果导向的？
		不同项目类型下的特殊战略规划问题（Specific Strategic Planning Questions By Program Type）
		d_{RG1}：项目目标是否在最小程度上增加社会成本的基础上实现的？项目是否使净收益最大化？（制定规章的项目）
		d_{CA1}：项目目标的实现是否在预算成本和已建立的进度中实现的？（资源和服务采购项目）

上述问题的答案分别对四个部分产生一个数字的分值，从 0 到 100（100 分为最高分值）。因为仅仅报告一个单一的加权分值可能导致不准确，或可能将注意力从真正需要提高的领域转移，数字的分值被认为是量化的评级。这些分值和对应的评级如表 4-1-3 中所列，没有可接受的绩效度量方法或者没有绩效数据的项目被评为"结果无法评价"。

表 4-1-3　分值和对应评级

分值范围	评级
85～100	有效
70～84	比较有效
50～69	基本有效
0～49	无效

PART 评级并没有自动地产生资金决策。很明显，资金应该被分配到能够证明实现可度量结果的项目。但是在一些案例中，"无效"或是"结果无法说明"的 PART 评级可能表示需要投入更多的资金来克服一些已经发现的缺陷，而"有效"可能表示该项目即将削减资金，因为它已经不是需要优先考虑的目标或是已经完成的使命。但是，大部分时候，"有效"的评级只是表示这个项目很好地使用了资金，不需要做大的改动。

（2）平衡计分卡评分体系

平衡计分卡起源于 20 世纪 90 年代美国关于评价企业经营业绩财务与非财务指标体系的课题研究。在 20 多年的时间里，平衡计分卡在理论方面有了极大的发展，在实践领域也得到了越来越多的认可。平衡计分卡提供了一种全面的评价体系，从财务、客户、内部流程和学习增长这 4 个维度视角向组织内各层次的人员传递组织的战略目标及每一步骤中他们各自的使命，并最终帮助组织达成其目标。平衡计分卡能使组织管理层有效地跟踪财务目标，同时关注关键能力的进展，并开发对未来成长有利的无形资产，以达到将财务指标描述历史的准确性、完整性与未来财务绩效驱动因素保持平衡。之所以被称为"平衡计分卡"，不仅在于其包含着平衡 4 个维度之间的关系——平衡外部压力（外部人员）和内部需求（内部人员）、平衡长远发展（战略管理）和近期目标（经营管理），而且还关注组织发展的财务指标和非财务指标、动因（前置）指标和结果（滞后）指标、定量指标与定性指标之间的平衡。

根据平衡计分卡的基本思想，在组织实施战略管理时，要以人力资源管理为基础，将组织的战略目标与各部门的管理目标及绩效指标进行综合考量，设计 4 个维度的平衡计分卡，以客观测量和分析各部门及个人的绩效状况，从而为实现组织的战略目标奠定基础。其内在的逻辑是组织的使命决定了组织的战略和愿景，而组织的战略则可以区分为财务、客户、学习与成长及内部流程 4 个维度的目标。4 个维度不是孤立的，都源于组织的战略和愿景，相互联系，构成一个平衡系统，即财务与非财务、近期与远期、外在与内在的平衡。

① 财务指标——企业或组织的获利能力

财务数据是管理业绩评价不可或缺的重要组成部分。企业经营的目的是追求利润。企业管理者的管理业绩水平如何，通过财务数据就能得到一个比较直观的认识。通常情况下，企业的财务指标是和企业的获利能力紧密联系在一起的，它包括营业收入、销售增长速度或产生的现金流量、投资报酬率等，甚至可以是更新的一些指标，如经济增加值（EVA）。

② 内部经营——企业或组织的综合提升力

传统的业绩评价体系对企业内部经营过程所确定的目标通常是控制和改善现有职能部门的作用，主要依据财务指标评价这些部门的经营业绩，还包括评价产品品质、投资报酬率和生产周期等指标。但它仅仅是强调单个部门的业绩，而不是着眼于综合改善企业的整体经营过程。平衡计分卡强调评价指标多样化，不仅包括财务指标，还包括非财务指标，因此能够综合地反映企业内部的管理业绩水平。其指标可以包括企业推出新品的平均时耗、产品合格率、新客户收入占总收入的比例、生产销售主导时间和售后服务主导时间等。

③ 客户——企业或组织的竞争能力

竞争优势归根到底来源于企业为客户创造的超过其成本的价值。价值是客户愿意支付的价钱，而超额价值产生于以低于对手的价格提供同等效益或者所提供的独特效益弥补高价后的盈余。所以，满足客户的需要是企业成功发展的必要条件。在平衡计分卡的客户子模块中，企业管理者要确定企业所要争得的竞争性客户和市场份额，并计算在这个目标范围内的业绩情况。对于企业客户管理业绩水平的评价，其核心指标应包括客户满意程度、客户保持程度、新客户的获得、客户赢利能力，即在目标范围内的市场份额和会计份额。假如这些指标数据所反映出来的情况良好，则表示企业的客户管理是卓有成效的，企业也由此取得了一种重要的核心竞争力。

④ 学习与创新——企业或组织的持续后劲

企业实现目标、取得成功的重要保证是客户管理和内部经营过程，而企业现有生产能力与业绩目标所要求的实际生产能力之间往往存在着巨大差距。为了缩小这一差距，企业必须在平衡计分卡中确定学习与创新的目标和评价指标，这是企业实现长期目标的力量源泉。一个企业要创新，其管理者的推动作用不可轻视，而管理者要推动企业学习与创新的发展，自己首先必须学会学习与创新。同时，其他相关主要指标还包括：为员工提供各种培训、提高信息技术、改善信息系统、营造良好的企业文化氛围等。

平衡计分卡不仅是企业绩效考核的重要方法，也是政府部门实施绩效管理的有力工具。虽然美国的计分卡评级并没有与任何决策结果直接相关，但不难理解的是它可以作为机构管理强弱的指标。政府所有机构进展的计分卡报告都按季度公布在互联网上，网址是：www. results. gov/agenda/scorecard. html。

（3）优先绩效目标工具

奥巴马政府认为绩效工作的改革应当回归 GPRA 框架，框架本身就是核心方法。同时，要将联邦政府的绩效管理重点从项目的评级得分上拉回到项目绩效的发展趋势上来。在这一理念的指导下，奥巴马政府坚持以 GPRA 框架为核心地位，以多层次目标绩效系统为绩效管理方法，重点使用优先绩效目标工具反映联邦项目的绩效发展趋势。

GPRA 绩效管理框架是优先绩效目标工具的生态基础，可简单总结为联邦机构每五年编订一次机构战略计划书，并至少每隔三年对战略计划书进行一次更新与修订；以战略计划书为指导，联邦机构每年制定年度绩效计划，根据年度绩效计划的完成情况，联邦机构提交年度绩效报告。

其中，"战略计划"是联邦机构在绩效方面的一项长期计划。战略计划书中的内容编订要求如表 4-1-4。

表 4-1-4　联邦机构战略计划书内容编订要求

1	对联邦机构主要职能和工作任务的综合性描述。
2	对机构主要职能和工作总体目的与目标的描述。
3	描述机构绩效目标如何推动联邦政府优先绩效目标的实现。
4	描述实现机构目标的方式。具体包括：一是运作过程、技能、技术以及包含人力、资本、信息在内的各类所需资源；二是联邦机构如何与其他联邦机构合作实现包括优先绩效目标在内的各类目标。
5	描述绩效目标如何体现国会的观点，如何将从国会咨询渠道获得的建议包含在内。
6	阐述年度绩效目标（包括机构优先绩效目标）如何推动战略计划的绩效目标得以实现。
7	对机构无法控制的、对机构总体目标实现存在重大影响作用的外部关键因素进行确认。
8	确认项目绩效评估的关键性指标、确定项目绩效评估的日程安排。

资料来源：Government Performance and Results Modernization Act of 2010.

"年度绩效计划"则是联邦机构在绩效方面的一项年度短期计划。在功能上，"年度绩效计划"要服务于联邦机构的"战略计划"，是联邦机构围绕各类绩效目标开展工作的指导性计划书。年度绩效计划书的内容编订要求见表 4-1-5。

表 4-1-5　联邦机构年度绩效计划书内容

1	设定绩效目标,以体现出项目活动所应达到的绩效水平。
2	以客观、量化、可测量的方式对绩效目标进行阐述,除非是经过许可的特殊情况。
3	描述机构绩效目标的实现如何来推动机构战略计划目标的实现,如何推动梁邦政府绩效计划的实现。
4	在机构绩效目标种,明确何为机构优先绩效目标。
5	描述如何实现绩效目标。包括:一是明确项目运作过程、所需技能技术以及包含人力、资本、信息在内的各类所需资源进行描述;二是明确绩效里程碑;三是绩效实现所需的内外部机构活动、政策与规章;四是明确机构之间的合作方式;五是明确绩效目标领导负责人(Goal Leader)。
6	建立有效的绩效指标,用以监测项目绩效进展。
7	提供一个有效的基础平台,以便进行实际绩效表现与预设绩效目标之间的比较。
8	阐述联邦机构如何保证所用数据的可靠性与准确性。
9	描述联邦机构所面临的管理方面的挑战。
10	明确机构非优先绩效目标对机构任务完成的贡献。

资料来源:Government Performance and Results Modernization Act of 2010.

三、美国绩效预算管理模式的典型特征

(一)美国政府预算编制全面、严谨

鉴于美国三权分立的政治体制,预算从草案的形成至最终审批的通过,要经历总统、财政部、总统预算管理办公室等多个部门多个环节的相互制衡,最后还需公布并接受公众的监督。从预算公开的内容来看,基本依照总分的思路,先总体概述预算,包括主要经济政策和财务政策的实施,在此基础上对预算具体内容展开详细说明,按照功能、部门、项目三个类别分别列示预算相关数据。在多维度展示预算信息的基础上,还有以下要求:一是按照既定的标准,最大程度上细化预算编制的内容,需精确到具体的人和物;二是列明每个类别下的近一两年的历史预算数据,以便于公民比照、分析和理解;三是要求政府所有的收支活动均反映在预算内容中,不得有预算外收入或支出活动。通过这样的预算编制安排,不仅能够确保预算编制的严谨性,还能够保证美国公民有效地理解上述各项预算信息,为预算和后续绩效信息的公开奠定扎实的基础。

(二)以结果为导向,构建州和地方政府的绩效评估体系

从美国政府部门职能转变的历程来看,绩效预算管理在政府部门调解公共部门、私营部门和非营利部门之间的竞争关系、创造就业机会、提升政府履职效率等方面表现出色。之所以取得显著成果,是因为绩效评估背后所承载的公共责任机制:保证项目管理人员对政府活动的结果负责、对公众负责;保证政府管理质量并提高公共管理的效率和效益。[①] 正是这一责任机制的推动,使得美国政府逐步建立了以结果为导向

---

① 韩凤芹,王胜华. 典型国家财政支出绩效管理的经验及启示 [J]. 中国党政干部论坛,2018 (10):89-92.

的州和地方政府绩效评估体系，为改善公众和政府部门之间关系、增加公众对政府的信任感、强化政府部门的责任心、提升执政效率提供了有效的路径。

（三）注重绩效信息的整合应用

美国政府还十分注重绩效评价信息的整合与应用。美国州审计局在战略规划和战略预算系统中负责检查绩效评价信息的准确性。实际操作过程中，州审计局首先对绩效评价数据的有效性进行识别和判断，随后将其列入审计目标范围内。倘若不能判断绩效评价报告的结果是否属实，那么，相应的政府部门将会被出具"受到限制的审计报告"。最后，通过自动操作系统将绩效评价报告的审计结果进行公开，以接受必要的公众监督。

四、美国绩效预算管理实践对我国的启示

美国绩效预算改革取得了显著成就，但不可否认的是绩效预算改革是一个长期的渐进过程。美国预算制度从最初的分项排列预算逐步演变到新绩效预算制度，经历了80余年。期间先后引入项目预算、零基预算等理念，并实施了一系列自上而下的改革进程，然而失败居多，成功鲜寡。即便是备受全球推崇的新绩效预算，历经十几年的改革，其核心目标"整合绩效与预算"并未得到较好的贯彻。这也意味着，预算制度的改革涉及面广，需要理顺多重关系，这绝非一日之功。

与美国相比，我国预算制度改革无论是时间跨度还是改革深度上都处于起步阶段。部门预算改革、国库管理制度改革、政府采购改革、政府收支分类改革等措施奠定了预算制度改革的基础，"预算绩效"理念逐步深入人心，财政支出绩效得到显著改善。尽管取得了一些成绩，但预算与绩效整合、预算责任整合等重大问题仍需进一步落实。预算制度改革绝非一项简单的管理技术革新，只有跳出财政条线基于整个政府治理与职能转变的高度，才能理顺财权与事权的关系。对此，一方面需要积极汲取国内外先进的制度架构，不断突破既有范式；另一方面，需要充分考虑到本国复杂国情，在改革的过程中做到因地制宜，做好新制度与既有制度架构的衔接。

以上这些，无疑是一个漫长且艰巨的过程。这里以美国得克萨斯州为例，着重介绍其战略规划和预算绩效系统，通过阐述美国绩效预算管理领域成效显著州的具体做法，展示这一具有结果导向、使命和目标驱动特征的系统如何与绩效评价的具体应用紧密相连。

五、案例：得克萨斯州的战略规划和绩效预算系统

在美国各州中，得克萨斯州的绩效改革走在靠前的位置。该州建立了战略规划和绩效预算系统，旨在向政策制定者提供一个良好的工具，使其能够更好地理解怎样才可以更有效地使用公共资金。

（一）战略规划和绩效预算系统的概念

战略规划和绩效预算系统（Strategic Planning and Performance Budgeting System）是一个将得克萨斯州的战略规划、绩效预算和州政府的拨款程序结合起来的，具有结果导向、使命和目标驱动特征的系统。州政府和州议会利用该系统对州内各政府机构达成预期目标的情况进行评价，并以此为依据做出拨款决定。

（二）战略规划和绩效预算系统的构成

该战略规划和绩效预算系统由战略规划、绩效预算（包括常规拨款法案和机构运营预算）和绩效监控三个主要部分组成。其中，各政府机构的战略规划是一个五年期的计划文件，它包括该机构的使命、目的、预期目标以及能够衡量结果的绩效标准；常规拨款法案会对资源进行分配，并根据战略规划中已确定的战略为政府机构确立绩效目标；政府机构的运营预算会提供由常规拨款法案所分配的资金的细目分类信息和该机构的绩效计划；各政府机构需要提交经常性的绩效报告，而预算办公室则需要进行经常性的绩效监控。在战略规划和绩效预算系统中，每一个组成部分都具有内在的联系，并且都包含了绩效评价这一关键要素。

（三）战略规划和绩效预算系统与绩效评价

战略规划和绩效预算系统可分为四个相互关联的阶段，包括：战略规划、预算编制、预算执行和绩效监控，如图 4-1-1 所示。在圆周外列出的活动是在战略规划和绩效预算系统各个阶段中与绩效评价相关的主要活动。这四个阶段的活动详情如下：

1. 战略规划阶段

在战略规划阶段，各政府机构制定含有绩效评价标准的五年战略规划。这些规划包含了由州议会预算委员会（Legislative Budget Board，LBB）和州长预算、规划与政策办公室（Governor's Office of Budget，Planning and Policy，GOBPP）批准通过的，由目的、目标和战略所构成的战略预算框架。这些预算框架将会成为各政府机构战略规划的重要组成部分，同时也会成为决定机构拨款水平的依据。

2. 绩效预算编制阶段

在绩效预算编制阶段，GOBPP 和 LBB 会一起为正在准备拨款申请的政府机构制定指导说明。各政府机构会准备它们的拨款申请，并在申请中列明申请的资金数额和详细描述该机构的目的、目标和战略规划。

3. 绩效预算执行阶段

在绩效预算执行阶段，GOBPP、LBB 与州审计局（State Auditor's Office）对绩效目标和战略规划等进行修正，并一起回应由州议会制定的预算框架变更方案。各政府机构则着手准备各自的运营预算并建立收集支出信息和绩效数据的系统。

4. 绩效监控阶段

在绩效监控阶段，各政府机构会提供最终的相关信息给各自的理事会和其他的监管机构。GOBPP、LBB 会对各政府机构的支出和实际绩效进行监控，并把它们与拨款金额、绩效目标进行比较。LBB 会为州议会和州长准备信息摘要。而州审计局则会对报告的绩效信息进行审计，以确保信息的准确性。

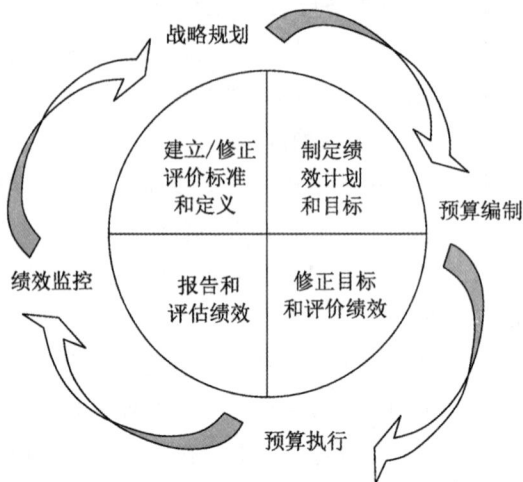

图 4-1-1　战略规划和绩效预算系统

|第二节|　英国绩效预算管理相关实践

英国是较早进行系统绩效预算探索的国家，随着绩效预算改革深入以及政府绩效改革逐步完善，它被称为"政府行政改革最系统和最有成效的国家"。目前，英国已建立了较为完善的绩效预算制度框架和运行机制，在强化政府责任、提高财政支出的效率和效果、增加政府活动的透明度、改进政府绩效等方面发挥着积极作用。[①]

一、英国绩效预算管理的产生与发展

20 世纪 70 年代，英国公共部门的绩效评估被用来考核其执行能力，仅仅是初步的、并不完善的改革政府的配套措施。当时英国国内经济严重衰退，生产力大幅下降，导致政府财政入不敷出，而此时随着社会的发展，社会公众要求政府提供更多的公共服务，政府面临着严重管理问题的同时，政府能力也被公众质疑。为了减轻沉重的财政压力和债务负担，重拾公众信任，英国政府将绩效预算引入政府管理范畴，并先后开展了三次绩效预算管理改革。

1. 撒切尔政府的绩效改革

撒切尔时期的绩效改革重点是以经济效率为中心，以提高政府运行和效率为目

---

① 郑德琳. 从公共服务协议到部门业务计划——英国新绩效预算改革对我国的启示 [J]. 财税论坛，2018 (3)：5－9.

的，分为效率评审阶段和以服务质量为重点的绩效评估初期阶段，主要包括雷纳评审计划（Rayner Scrutiny Program）、部长管理信息（Management Information System for Ministers）、财务管理新方案（Financial Management Initiative）以及下一步行动方案（The Next Steps），以下将分别展开介绍。

（1）雷纳评审计划

雷纳评审计划，是撒切尔夫人执政后设立，由雷纳爵士担任顾问、负责行政工作改革的效率小组。雷纳评审计划主要对政府活动的实施方案进行考虑，全面、深入地调查政府各部门的运作情况，并对政府机构的经济和效率水平进行重点评审。通过对评审结果的分析，从节省开支、提高效率和效益的角度，提出对所发现问题的解决方案及建议，实现公共组织效率水平的提高，同时也降低了政府部门开支和运营成本。雷纳评审计划在英国的行政改革中取得了成功，并通过对政府部门产出和结果的关注，初步树立了绩效理念和成本意识。

（2）部长管理信息

部长管理信息，是1980年英国大臣赫索尔廷（M. Heseltine）在环境事务部率先建立的能够将规范化信息提供给部长的管理信息系统。部长信息系统通过逐步建立目标管理、绩效考评和信息反馈制度，促使英国公共部门的工作效率大幅度提升，为后来的绩效预算管理提供了条件。财务管理新方案（Financial Management Initiative），是为使公共部门树立浓厚的绩效意识，提高效率，降低公共开支而设立的。财务管理新法案是公共部门引入绩效评估制度的标志性事件。

（3）下一步行动方案

1988年，伊布斯接替雷纳的内阁小组，开展关于改进政府管理的评审活动，并提交了《改进政府管理：下一步行动方案》的报告，对下一步改革的基本原则、具体意见和行动计划进行指导。该方案明确提出设立专门的"执行机构"提供公共服务的职能，将传统体制下直接控制的"权属关系"转变为适当控制的"绩效合同关系"，在定期对执行机构的绩效进行评审并建立惩罚制度的基础上，给予执行机构更多的自主权。下一步行动方案为英国公共部门管理改革找到了新的突破口，促进了绩效预算的深入发展。

2. 梅杰政府的绩效改革

1991年，梅杰先后开展了公民宪章运动（Citizen's Charter）和竞争求质量运动（Competing for Quality），改革的重心转移到质量、效果和公共服务。公民宪章运动与中国社会服务承诺制度相似，政府要求建立包括内部和外部监督机制的服务承诺机制，向公众做出承诺；竞争求质量运动通过市场对政府管理活动做出评估，努力提高公共服务质量和公众满意度。

3. 布莱尔政府的绩效改革

1997年，布莱尔政府执政后，以"最佳价值"为公共服务的指导理念，对公共部门的预算支出进行全面评审，按照优先顺序重新对资源进行配置，舍弃掉了不必要的支出，改善了公共服务提供的质量；2003 年，建立了包括综合评价、资源使用评价、服务评价和发展方向四个方面的"综合绩效评估"体系，对政府预算的执行进行更全面的绩效评估；2009 年，建立了包括整个地方政府的绩效评估体系；2010 年，废除公共服务协议制度，开始实施部门业务计划（Business Plan）；2014 年，由预算责任办公室（The Office for Budget Responsibility）对英国政府的"福利上限"（Welfare Cap）进行正式评估。2010 年以后，英国政府将绩效预算由集中监测转向分权管理，并且将公众的参与作为进一步提升绩效预算管理的重要突破点之一。[①]

二、英国绩效预算管理模式

（一）制度体系

1. 综合支出审查

1997 年，布莱尔政府出台《综合支出审查法案》，首次针对政府部门的预算管理制定了较为全面、系统、详细的绩效目标体系，标志着英国政府由传统的"支出审查"转变为新的更加符合时代预算管理要求的"综合支出审查"。

2. 公共服务协议

为了进一步提升财政资金的使用效率，使得综合支出审查更加有据可依，英国政府在 1998 年出台"公共服务协议"（Public Service Agreement），要求每个部门在公共服务协议的大框架下制定清晰的公共服务改进目标。协议的主要内容：一是宗旨，协议首先对部门职责进行总括性描述，表明该部门所提供服务的方向和重点，所有的公共服务内容都将围绕部门宗旨展开；二是目标，协议从广义上描述该部门要取得的成效，为绩效管理体系提供了基本框架。该协议在 2010 年 6 月被政府废除。

3. 预算责任与国家审计法

2011 年，英国议会通过《预算责任与国家审计法》（The Budget Responsibility and National Audit Act）。该法案对预算责任和预算报告等做出了规定，同时提出设立预算责任办公室（Office for Budget Responsibility）来权威地分析英国的财政运行情况。作为独立于财政部的公共机构（Executive non Departmental Public Body），预算责任办公室有两个重要职能：一是每年发布两次详细的经济和财政 5 年预测，也就是中期预测。预测报告发布的具体时间与预算报告时间保持一致，通常在 11 月和 3 月。二是评估政府财政绩效，主要是结合中期预测来评估政府实现财政目标和公共福利支出目标的绩效。

---

① 英国国家审计办公室. 政府绩效管理报告[EB/OL]. (2016-07-21)[2021-03-18]. https://www.nao.org.uk/wp-content/uploads/2016/07/Governments-management-of-its-performance.pdf.

（二）组织架构

英国绩效预算涉及的参与方主要有财政部、议会、内阁公共服务和公共支出委员会与国家审计署。其中，财政部作为英国政府的综合性经济管理部门，负责编制和执行年度财政预算、制定经济及财政政策，承担英国国民经济的日常管理；各部门预算支出在财政部审查完成之后，上报议会审批，尤其是追加的各项支出，必须得到议会的批复；内阁公共服务和公共支出委员会主要负责中央政府绩效评估与绩效审计工作的指导和监督，并提出相应的改进建议；公共支出委员会下设国家审计署，负责具体的绩效评估和绩效审计工作。

作为政府绩效评估活动主要实施主体的国家审计署完全独立于政府之外，组成人员不具有公务员身份，由议会专项拨付审计经费。国家审计署每年向议会下院公共账目委员会提交多份政府绩效报告，指出政府工作中存在的问题，就提高工作绩效提出各种建议并回答所有议员的咨询。

英国开展绩效评估的组织机构主要有两类，除去负责中央政府部门绩效评估工作的国家审计署之外，还有负责地方绩效评估活动的地方自治审计委员会（Audit Commission）。

英国地方绩效管理组织是地方自治审计委员会，对地方政府传来的指标测量值报告及实际成效进行查询和监督。地方自治监察机构是在 1983 年设立的自律性组织，委员由内阁机关任命，是独立的第三方组织。地方自治监察机构基于地方行政法确定的绩效标准，对地方政体进行绩效指标的统一测量，并以出版的形式予以公布。此外，地方自治监察机构针对指标值较低的地方政府继续进行后续的教育和诱导等各种努力。地方自治监察机构通过绩效指标模式的基础研究及监察委员的教育和训练等，提高了地方监察委员的品质和地方政府绩效指标的行政改革。

（三）管理流程

1. 支出评审

支出评审由财政部主持编制并向议会呈报，目的是结合政府优先政策目标，对未来五年的收入和支出进行预测和评估。支出评审结束后，最终形成《支出评审报告》，阐明本届政府的优先政策目标、行动纲领、资源配置，并一一开列支出评审所涉及的每个财政年度各部门支出上限。支出评审完成后，政府各部门根据确定的支出上限，编制本部门在政府任期内的业务计划，称为"部门单一计划"。

2. 单一部门计划

2015 年，新一届政府引入单一部门计划（Single Departmental Plan）以达到改善部门计划质量的目的。单一部门计划必须与支出评审和预算程序紧密结合，作为绩效实施框架，其涵盖的期间与支出评审所包含的期间一致。单一部门计划设定部门在本届政府任期内的绩效目标，如何动员可用资源，以及部门绩效如何测量等，并根据形势变化每年进行修订。如果某项业务涉及多个部门，则这些部门协商一致，在各部门的计划中明确各部门承担的具体职责。单一部门计划必须征得内阁办公厅和财政部同意，以保证其目标与政府优先政策目标一致，并且在支出评审确定的支出上限内能够实现。在每个财政年度结束后，单一部门计划实施的产出和成果反映在其年度报告中。

3. 预算报告

预算报告是财政部长向下议院陈述国家财政经济状况、收支变动情况及经济预测的重要文件。每份预算报告都辅之以预算责任办公室做出的财政政策效益和成本预测。在预算报告中，财政部会根据政府优先政策变化情况，对支出评审报告中确定的部门支出上限进行适当调整，部门根据调整后的支出上限修订部门单一计划，以反映政策和预算变动情况。下议院用4天时间对预算报告展开辩论，每天集中辩论一个政策主题。同时，下议院财政专责委员会组织专家、收集证据，对预算报告提出的政策建议进行审查，并发表审查结论和意见。

4. 支出概算

支出概算是政府各部门在一个财政年度内的用款计划，分为主要支出概算和补充支出概算。支出概算金额不得突破支出评审过程中确定的部门支出上限。支出概算文件由财政部提交给议会审查，包括下议院专职委员会审核，个别重要支出需要经过下议院辩论。一旦议会审议通过概算文件，即成为《支出法案》，政府部门便可动用国库资金。国家审计署和公共账目专责委员会分别对各部门的支出活动进行审计和核查，确保部门用款在规定限额之内（不超支），并达到相应的绩效目标。

5. 对预算绩效完成情况进行监督

财政部、内阁委员定期对各部门和机构在完成绩效任务过程中存在的风险进行检查和监控。负责公共支出的内阁委员会，每年两次召集各部门负责人汇报该部门当前绩效目标的完成情况、存在的风险及控制风险的计划。如果某个部门的绩效下降，内阁部长会与该部门找出解决办法，确保绩效回到正常轨道上来。财政部每季度收集一次各部门绩效任务的进程信息，定期发布，并向内阁委员会报告。

6. 进行绩效审计

绩效审计是绩效预算的重要内容，通过绩效审计可以准确了解各个部门预算支出所取得的实际效果，通过与预期绩效目标对比，可以发现部门是否完成预期任务。权力机构通过审计机构提交的绩效报告加强对政府的监控，同时绩效报告也为未来政府部门预算决策提供了参考依据。在英国，每预算年度结束后，各部门根据各自预算执行情况，提交部门绩效报告，并由隶属于议会的国家审计办公室进行绩效审计。审计结果向议会公共账目委员会报告，并反馈给政府部门，同时也对外公布。

7. 使用绩效信息

各部门的绩效信息为下一轮预算资金分配决策提供了科学依据。英国在绩效结果与预算之间建立了直接联系，对于绩效好的部门或地方政府，实行适当的奖励。如果地方政府在未来三年里绩效良好，将得到奖励，一部分是财政利益奖励，另一部分是扩大地方自治权。这样给各部门和地方政府提供了更大的激励，促使他们关注支出结果，不断提高支出绩效。而对于绩效不好或未完成规定绩效任务的部门，内阁委员会将给该部门提供支持和建议，帮助其分析原因、找出改进方法和措施，以保证按规定完成绩效任务。

（四）第三方评价

在政府自上而下组织的绩效管理活动之外，独立于政府的第三方机构也积极参与绩效评价。自2017年起，英国政府研究院联合英国特许公共财政与会计协会每年对2010年之后的历年政府绩效完成情况实施评价，并公布《绩效跟踪报告》。《绩效跟踪报告》聚焦占财政支出份额绝大部分的民生服务领域，肯定了政府财政政策实施成效，同时指出了这些领域存在的困难和问题，提出了相应的政策建议。[①]

三、英国绩效预算管理模式典型特征

（一）以权责发生制为主要特征

1995年，英国财政部正式提出在政府实施权责发生制的预算与会计，经过近10年的历程，2001—2002财政年度，英国开始在中央政府部门实施权责发生制的预算与会计制度。权责发生制与收付实现制相对立，不以现金收入和支出来确认政府部门的收入和支出入账时间，而是以权利和义务的完成确认收入和费用的归属期。基于权责发生制，英国政府会计和预算提供了更加完整的政府财务信息，全面和准确地反映了政府资源的耗费和占用情况，明确了产出和效果，促进了对政府业务活动和政策的成本效益分析，推动了政府政策的选择、调整和优化，进一步促进了政府进行科学的绩效预算规划、目标指标制定、绩效评估和绩效结果评价。

（二）赋予部门较大的灵活度，开展以部门为主的绩效预算管理

财政资金的使用过程中，英国政府部门被赋予较大的灵活性和自主权，即在保证一年支出计划不得超过总限额的情况下，财政年度内允许财政资金拨转以及灵活地进行资源配置。与此同时，考虑到部门自身具备的先天信息优势，英国政府制定以部门为主的绩效目标和评价指标，并实施以部门为主体的绩效预算管理活动，既避免了预算管理机构和部门在制定绩效目标过程中可能出现的分歧或摩擦，也较大程度地提升了部门开展绩效预算管理活动的积极性。

（三）注重信息公开，增强公众信任度

英国政府将各部门绩效信息数据按照月度、季度的时间规律公布在财政部网站，预算责任办公室在年末预算声明发布当天公布下年度经济与财经展望报告，并同时公开下一年度的绩效预算目标。绩效预算信息的公开，促进了英国政府部门财政信息透

---

① 英国绩效预算及启示[EB/OL]. (2018—11—29)[2021—04—18]. http://www.msweekly.com/show.html? id=105188.

明度的提升，使公民可以显著感知到政府执政效率的改进，有效地提升了政府部门的公信力。

四、英国绩效预算管理实践对我国的启示

以部门为中坚力量推动预算制度改革的实施，是英国绩效预算改革进程中的主要亮点之一。绩效预算改革推进过程中，英国政府敏锐地察觉到，单纯依靠财政部门单线推进和中央部门大包大揽的方式实施改革，不仅有悖于分权式公共管理改革的理念，也往往容易造成预算管理与绩效管理的脱节。由此，英国政府赋予部门较大的灵活度，以部门为主，推进本国的绩效预算管理。预算管理方面，在保证一年支出计划不得超过总限额的情况下，财政年度内允许部门财政资金的拨转以及灵活地进行资源配置；绩效管理方面，英国政府制定以部门为主的绩效目标和评价指标，并实施以部门为主体的绩效预算管理活动，不仅充分考虑了部门的个体性差异，还为部门绩效预算管理活动的推进注入了有效的激励因子。

我国当下预算绩效管理工作大多还处于财政部门主导推进、预算部门（单位）配合落实的状态，预算部门（单位）主体责任并未得到有效落实。要实现预算部门（单位）由被动消极的"要我有绩效"状态向主动积极的"我要有绩效"转变，首先要赋予预算部门（单位）更多的管理自主权，为部门（单位）整体支出绩效管理的深入推进注入有效的激励因子。其次，在充分激发部门（单位）自主责任意识的基础上，要以部门为核心逐步构建符合各部门（单位）管理需要的、具有行业特点的预算绩效管理体系，将部门（单位）预算绩效管理主体的责任真正落到实处。最后，应明晰预算部门（单位）和财政部门的权责边界，明确归属本部门（单位）的预算绩效管理权利与职责，建立责任约束机制，做到"花钱必问效，无效必问责"。

绩效目标作为部门履职绩效的体现，是决定部门绩效预算管理成效的重要因素，也正因如此，本节选取了英国部门绩效目标制定的案例，以期阐明英国公共服务协议与部门绩效目标之间的逻辑关系。

五、案例：英国绩效目标的制定

（一）公共服务绩效四项原则

从1998年第一次综合支出审查开始，英国政府在设定三年部门支出限额时，同时设定了一系列政府利用这些支出完成的多年期的结果导向型目标的承诺。这些目标被明确写在公共服务协议中，与政府的三年支出计划一同公布。公布服务协议的核心思想是纳税人和政府之间就一系列特定的目标达成所签订的多年"合同"，其目的是提高公共资金使用的责任意识，同时，给予管理者更多的自由来找到更有效的方法完成政府目标。这种绩效管理框架建立在公共服务绩效四项原则的基础之上。这四项原则具体如下：一是清晰的、以结果为导向的国家目标由政府设定；二是责任由公共服

务提供者承担，并赋予其工作范围内变革所需最大的自由裁量权，以及足够的动机来满足当地社会的需求；三是通过独立而有效的审计、检查来提高责任意识和制度；四是确保成果透明公开，更好地披露地方和国家层面的绩效信息。

（二）公共服务协议与绩效目标

尽管英国公共服务协议的数量结构和组成部分在过去的 10 年中逐渐演变，但以下基本的组成部分仍然保持不变：

（1）政府在公共服务领域努力达到的高水平目标以及为这个目标实现负责的人（一般是相关的国务大臣）。

（2）就单个目标实现制定的一系列更具体的子目标（如提高成人功能性读写能力和计算能力掌握比例）。

（3）与每个操作性目标相关的一组延伸的、有时间限制的、结果导向的绩效指标（例如：2003 年成人识字率是 84％，2011 年之前提高到 89％，2020 年提高到 95％）。这些指标应该是明确而具体的（specific）、可衡量的（measurable）、可实现的（achievable）、相关的（relevant）和具有时效性的（time-bound），简称 SMART 原则。它们应覆盖绝大多数，但不必是全部子目标。

（4）描述如何针对每个指标对绩效进行度量、监督和披露。这份附件列出了明确的基准和指标，用来跟踪进展的数据来源、披露的频率、负责检查数据质量的官员的详细信息，使用 95％ 的置信区间来确定是否进步。

（5）一份详细的实施战略。对于愿景目标，操作性目标和具体指标，列出每个政府部门或机构的贡献。尽管这些文件最初是政府内部使用的，但是公共服务协议连同最近一年的支出审查都包括了实施战略，如图 4-2-1 所示。

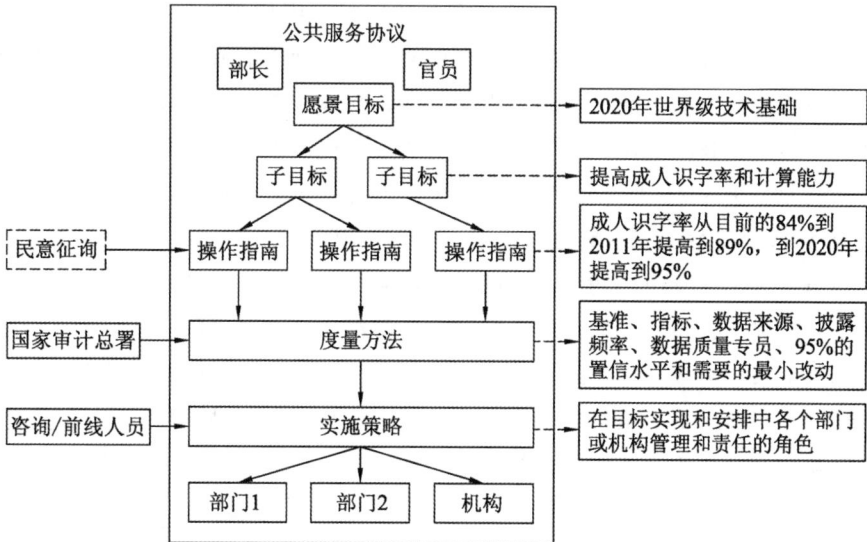

图 4-2-1 公共服务协议：关键因素

2004 年英国财政部的白皮书指出，公共服务协议还应包括以下内容：一是底线 (Floor) 目标，重点关注的是贫困地区，确保人人都能享受到公共服务改善带来的福利。二是标准目标 (Standards)，确保之前制定的公共服务协议目标已经实现或是将要实现，能够持续地进行绩效监控或汇报，以确保已经实现的绩效能够保持。例如，英国卫生部已经引入了"标准目标"，实现了在意外事故和急救时最多等候时间为 4 小时这一目标，但是如果还需要进一步改善，就不得不投入大量的成本（需要从其他优先项目中调拨资源）。

经过各支出部门与财政部的协商，公共服务协议已经得到很大程度的完善。在中央层面已经形成了一套初始的指标体系，并允许支出部门进一步细化，包括精确的目标、基准、专家咨询、提交程度和必须提交的内容等，以确保年度支出审查报告中能够有效地反映绩效衡量结果，这种方法被世界经合组织描述为"自上而下的、全覆盖的"管理方法。

|第三节| 澳大利亚绩效预算管理相关实践

一、澳大利亚绩效预算管理的产生与发展

（一）澳大利亚绩效预算的产生背景

二战后，澳大利亚长期奉行凯恩斯主义。在经济萧条时期，通过增加支出、扩张公共部门来刺激就业；但在繁荣时期，却无法降低政府预算，结果导致政府规模不断扩大。

1976 年，为了加强财政管理，澳大利亚政府对国库部进行了拆分，将政府会计、控制和公共支出管理等职能从国库部分离出来，组成独立的财政部。这样，澳大利亚就有了专门管理政府支出的机构。自成立以来，财政部围绕加强预算控制、控制国库开支进行了一系列新的尝试，取得了一定的成效，但并没有从根本上解决财政支出不断膨胀的问题。进入 20 世纪 80 年代，澳大利亚开始了系统的财政改革。

（二）澳大利亚绩效预算管理的发展

1983 年，霍克领导的工党上台执政。当时，霍克政府面临着严峻的经济形势，一方面，政府赤字远超过预期；另一方面，经济继续面临衰退的迹象。为此，霍克总理与国库部部长、财政部部长组成强有力的"三驾马车"，共同推动了广泛的财政管理改进计划 (Financial Management Improvement Progran，FMIP)。[①] 20 世纪 80 年代澳大利亚的绩效预算改革主要包括两方面内容。

---

① 张俊伟. 澳大利亚的绩效预算改革及经验[EB/OL]. (2013-10-22)[2019-01-20]. https://www.chinathinktanks.org.cn/content/detail/id/epvi6w10.

1. 加强支出控制，削减财政赤字

一是重建政府支出审查委员会，控制政府支出增长。霍克政府重建了政府支出审查委员会（ERC），其主要职责是制定总支出限额、确定各支出机构削减预算支出的目标、审查各部门的年度预算提案、审查现有资源的配置制度和项目支出情况等。

二是设立效率监管小组（ESU），减少资金使用浪费。1986年，澳大利亚政府效仿英国，设立了效率监管小组（ESU，1987年被管理改革小组取代），其主要职责是：调查和监督公共服务行为以减少浪费，使预算过程合理化，优化政府的行政管理。效率监管小组隶属于总理和内阁部，直接向总理和支出审查委员会报告，是政府控制支出增长、提高政府效率的重要依托。

三是发布中期滚动预算，遏制各部门支出扩张冲动。严格、可靠的预测程序有助于消除各支出部门扩张支出的欲望。1983—1984年度，澳大利亚政府首次公布了未来三个财政年度的预算估计数。在此基础上，政府要求各部门将本部门的预算按照项目结构重新编制，并上报新的预算提案以及今后年度的预算估计数。与此同时，财政部也在测算各部门的资金需求，并就具体的预算支出额与执行部门进行谈判。一旦双方达成协议，就成为财政部和各支出执行部门资金安排的基础。

2. 以资金使用绩效为中心，加强预算管理

一是实行部门预算。澳大利亚政府并没有刻意追求建立以部门为基础的预算体系。但由于澳大利亚已形成了以部门为单位配置资源、维持预算体系运转的传统，政府最终还是选择了以部门为单位来编制预算。部门预算的最大特点就是，一旦支出审查委员会决定了各部门的支出限额，各位部长也就相应获得了在既定的资源范围内自由调配资源的权力。

二是实行项目预算。包括项目的产出目标，所需资源投入、项目管理等内容。实施项目预算，有助于推动各部门去识别项目的结构，对不同政府行为进行合理搭配才能取得最佳政策效果。借助项目管理的桥梁，政府绩效同财政管理联结在一起。

三是推行项目评估。财政部和公共服务委员会共同颁布了全面的项目评估方案。推行项目评估的目的，是帮助决策者和管理者判断项目投入是否合理，实现目标的途径是否最优，项目目标能否最终实现以及明确项目的优先顺序。项目评估的引入，最终形成了覆盖预算、实施、评估乃至反馈提高的全过程预算管理的新格局。

二、澳大利亚绩效预算管理模式

（一）制度体系

（1）制定发布《财政管理和责任法》和《联邦机构和联邦企业法》，修订《审计长法》。这些立法活动取消了对各支出部门在资金使用上详细的、强制性的要求和指令，同时赋予各部门主要负责人以更大的自由裁量权，不仅使支出部门能够根据效率、效果和符合道德的原则完善内部管理程序，提升公共服务的绩效，更重要的是指

明了部门绩效管理改革的方向。

（2）制定发布《预算报表诚信法》。该法规定了财政报告和经济发展报告的形式与内容，并明确要求应把财政报告建立在权责发生制的会计基础之上。根据这些法律，澳大利亚进行了权责发生制政府会计制度改革，使政府报表能够更加真实、全面地反映政府活动的成本，也让绩效评价过程中的成本测量有了科学的支撑。

（3）制定发布《公共服务法》。在肯定1992年《基于绩效的支付协议法案》基本精神的基础上，《公共服务法》进一步明确了各支出部门的自由裁量权，再次突出强调了部门绩效管理改革的大方向，为调动支出部门的积极性、提升公共服务的效率和效果奠定了法律基础。

（4）制定发布《公共治理、绩效和责任法案》（2013）。该法案用于替代《财务管理和责任法案》（1997）和《联邦机构和联邦公司法案》（1997），进一步明晰联邦各实体间的治理责任和建立绩效管理框架。2014年再次出台《公共治理、绩效和责任条例》，对该法案实施过程中的权责做出具体规定。

（二）组织架构

澳大利亚是一个高度分权的联邦制国家。政府主要分三级，分别负责各自层面的事务。在澳大利亚，虽然健康、教育、公用设施与社区服务等事业的资金主要来自联邦政府的转移支付，但服务的提供者主要是州（专区）和当地的政府。所以，绩效管理（包括绩效测量和项目评估）主要是各支出部门的事务。

澳大利亚政府要求每个政府机构都要确定全面的、详尽的产出和结果目标，明确衡量政府活动数量、质量以及政府活动有效性的方法，并在预算和决算报告中报告相关事宜。

财政部通过发布绩效管理政策指引，来引导各机构准备并提交高质量的绩效报告，推动预算绩效管理工作。财政部还就政府支出的总体优先顺序向政府提出建议。

议会里负责审查预算、监督预算执行的机构主要是公共账户与审计联合委员会和参议院财政与公共管理委员会，它们负责审查、通过相关规定，对各部门年度报告中所应包含的绩效信息提出要求。所有的联邦机构和企业都必须遵守联邦机构和联邦企业法所确立的业绩报告要求。

审计长有权对机构和项目发起财务和绩效审计，并向国会报告。

（三）澳大利亚绩效预算管理体系

澳大利亚绩效评价强调评估主体的多元化和公民的广泛参与。主要有以下三种方式：

一是综合绩效评价。综合绩效评价即全国政府服务整体绩效评价，每年一次。由总理内阁部内设的政府服务筹划指导委员会组织对政府部门提供的服务进行绩效评价，强调政府的整体服务情况和经济建设、社会发展的综合指标，是在政府职能定位、公众满意程度等方面对政府服务综合绩效的一种考核，主要针对教育、卫生、司法（包括警察和法院）、应急管理、住房等 7 个重点领域进行。该项评价由筹划指导委员会对外公布报告内容，并提交总理内阁部，作为安排政府未来战略规划、预算的参考。例如，该委员会在全国 2009—2010 年警察服务领域的报告中，从公平性、效率性、效果性三个方面，对 6 个州和 2 个领地的警务预算收支、警察结构、公众满意度、犯罪率、案件平均费用等方面共 21 个绩效指标进行了评估和测评。

二是部门绩效评价。澳大利亚联邦财政部规定，各个部门在绩效信息、绩效考评办法、绩效评估和绩效报告等方面，都应当依据财政部制定的原则进行管理。各部门按季度提交部门绩效评价报告，主要包括本年度计划绩效指标与实际执行情况的对比、与以往年度绩效指标实现情况的比较、对年度绩效计划的评价等内容。财政部门先对各部门提交的绩效评价报告进行审核，年度报告将报议会审议通过。年度报告主要评价绩效目标的完成情况与所使用资源的匹配情况、各项支出的合理性、绩效信息的可信度以及评价方法的科学性等内容。评价结果及时反馈给各部门，并将作为下一财政年度战略目标和预算安排的参考。

2010 年以后，随着越来越多的权力下放，澳大利亚政府改变了对部门绩效评价的一些强制性要求，允许各部门自行准备评价方案。为指导部门开展绩效评价工作，联邦财政部会不定期向部门提供一整套"做得更好的绩效评价案例"，供各部门参考。评价方案每三年需要重新进行一次调整和测算，如果部门在一个财政年度有新的预算开支项目，也需要重新准备评价方案。

三是绩效审计。澳大利亚《审计长法》（Auditon-General Act）规定，联邦审计署可以对政府任何机构、企业、项目、行业进行绩效审计。绩效审计是通过检查和评估资源使用、信息系统、风险管理、提供产品和服务、遵守法规和职业道德、监督控制和报告系统以及运营考核等，来衡量公共部门管理的经济性、效率性和效果。其目标在于通过有效的审计过程和《良好实务指南》等审计成果，强化公共机构的行政效率及社会责任，并帮助公众对这些机构和事业进行有效的监督。

三、澳大利亚绩效预算管理模式的典型特征

（一）引入中期支出框架，从制度上控制支出膨胀

澳大利亚自 20 世纪 80 年代起开始引入滚动预算。滚动预算（中期支出框架）的引入，为控制政府支出增长提供了有力的工具。目前，对预算收支的预测已成为衡量财政部工作绩效的重要指标。通常情况下，预算预测同实际运行结果的差距不应超过 0.5％。在预算确定性水平显著提高的情况下，各部门很难通过追加预算的方式获得额外的资金来源，这样就有效地把各部门的精力转到了加强内部管理上，有效遏制了各部门争夺有限财政资源的冲动。

（二）集中决策与分散管理相结合

在澳大利亚，预算决策过程高度集中。先是各部门根据政府施政纲领提出支出限

额申请，随后由总理、国库部部长、财政部部长及各部部长对支出申请进行审查，确定各部门的预算额度。在内阁确定各部门预算额度之后，各部部长可以在预算限额内灵活安排资源，从而保证了资金使用上的灵活性，提高了资金使用效率。

（三）强调部门的绩效预算管理权责

澳大利亚绩效预算管理确定部门战略计划、绩效目标、评价指标、预算规模，赋予部门预算管理自主权，以绩效目标为约束手段，强化部门绩效责任。也就是说，财政部门对部门预算规模进行总量控制，赋予部门预算资金的使用权，重点督促部门注重结果和目标，部门可以灵活地选择实现绩效目标的途径和方法，进而实现政策（目标和结果）与管理（产出和激励）的有机融合。

四、澳大利亚绩效预算管理实践对我国的启示

绩效预算改革和行政管理改革相互促进是推进澳大利亚绩效预算改革的特色做法。澳大利亚的绩效预算改革，始终贯穿着控制政府支出、提高政府效能的主题。在近30年的发展过程中，绩效预算改革和行政管理改革紧密联系在一起：一方面，巨大的财政收支压力迫使政府完善相关机制（如中期支出框架、"三驾马车"的集中决策机制、部门预算等），以加强支出控制，提高资金使用效益；另一方面，行政管理体制的变革也推动了预算改革的发展，为最终确立注重结果、充分放权、高度灵活的预算管理新模式创造了良好的外部条件。

改革的本质即理顺关系的过程，我国亦如此。改革过程中各种关系的梳理涉及方方面面，尤其是新制度与原有基础制度架构的衔接。在我国预算绩效管理改革实施的过程中，加快建立现代财政制度，推进财政事权和支出责任划分改革，建立权责明晰、财力协调、区域均衡的中央和地方财政关系，是夯实新预算绩效管理制度落实的重要基础。只有建立良好的政策制度土壤，才能有力保障预算制度改革的成果。

为进一步说明财政管理机制的完善对于绩效预算管理改革的促进作用，本节选取了澳大利亚《诚信章程》与中期财政框架的案例，以期阐明财政制度框架与预算管理之间的密切关系。

五、案例：澳大利亚《诚信章程》与中期财政框架

2008年全球性主权债务危机的爆发，使各国普遍认识到国家拥有严格、有效的财政纪律的重要性，尤其是强有力的财政纪律对稳定金融市场并给予其信心的重要性。自1998年《诚信章程》公布实施以来，澳大利亚严格控制公共支出规模，确保公共支出总规模不会损害到国家中期经济发展规划，它还借助严格的法律框架确保历届政府都不能偏离其中的制度要求。[①]《诚信章程》包含的法律框架非常复杂，该框

---

① 赵早早. 澳大利亚政府预算改革与财政可持续 [J]. 公共行政评论，2014，7（1）：4—22.

架为制定财政政策和推动政策执行提供了法律依据，具体规定了两方面内容：一是如何制定财政政策及目标；二是如何报告财政目标的实施情况。

（一）《诚信章程》的主要内容

1. 内容框架

《诚信章程》包含两个目标：第一，为政府制定财政政策提供一个框架。该章程明确指出澳大利亚联邦政府所制定的财政政策的基本宗旨是保持国家经济的持续繁荣和澳大利亚人民的福祉，为此财政政策必须放在一个可持续的中期框架内进行考虑和制定。这种打破了经典预算年度性原则的新规则，成为澳大利亚财政预算管理的基本原则。第二，推动财政政策产生更好的实际效果。实现章程目标的基础主要有两个：一是财政战略必须基于健全的财政管理原则；二是促进公众对财政政策及其绩效的实际监督。为了更好地接受监督，联邦政府有责任向公众及时发布财政预算等相关信息。《诚信章程》明确了健全财政管理的基本原则和三类报告的基本要求。其中，三类报告包括财政战略声明（Fiscal Strategy Statements）、常规财政报告（Regular Fiscal Reporting）、代际报告（Intergenerational Reports）。《诚信章程》规定健全的财政管理原则主要包括审慎性、可调节性、科学性、完整税制要求、充分考虑未来财政影响等五方面内容。财政战略声明（Fiscal Strategy Statements）旨在阐明联邦政府的财政政策及其目标，通过建立一个衡量和评估政府财政战略实施效果的标杆，以增加公民对于长期财政战略的理解；常规财政报告（Regular Fiscal Reporting）指每个预算年度的预算报告或者每一届政府提交的第一个预算报告，通常包括近四年预算信息、年度绩效评价指标及预测结果、财政风险预测等内容；代际报告（Intergenerational Reports，IGR）是澳大利亚政府绩效预算管理领域的一大创新，旨在从长期视角考察政府战略和政策的可持续性。

2. 代际报告（IGR）

代际报告，一般是将当前政策放在未来 40 年的时间里进行考查，并且在评估中会考虑人口（Population）、参与（Participation）和生产率（Productivity）的影响，简称"3P 规划"。其中，人口规划需要考虑生育率、死亡率和移民情况对拥有劳动能力的人口规模及性别比例的影响；参与指标主要指劳动力市场的参与度，因为人口构成会转而影响劳动力参与度与劳动时间，因为不同的年龄与性别组合对劳动力市场状况产生直接影响。图 4-3-1 为代际报告预测方法示意图。

前瞻预测 （Forward Estimates）	中期规划期 （Medium-term Projection Period）	长期规划期 （Long-term Projection Period）
2018—2021	2022—2028	2029—2058

图 4-3-1　代际报告预测方示意图

以 2018 财政年度为例，代际报告编制的过程中，以时间为界限，将 40 年划分成三个阶段，分别是前瞻预测期（2018—2021 年）、中期规划期（2022—2028 年）和长期规划期（2029—2058 年）。报告需对 2018—2021 年期间财务报告展开前瞻性预测，对 2022—2028 年开展趋势性分析，并基于人口、参与与生产率因素等对 2029—2058 年期间的总体趋势实施预测。

（二）中期财政框架

按照《诚信章程》的要求，从 1998 年开始，澳大利亚联邦政府年度预算报告必须按照中期财政框架的要求进行编制，涵盖当年和之后三个财年在内的四个财年预算。为此，澳大利亚国库发展出了一套财政总预测模型用以进行中期财政预测，并以此为模版发展出了代际报告编制模型，见图 4-3-2。

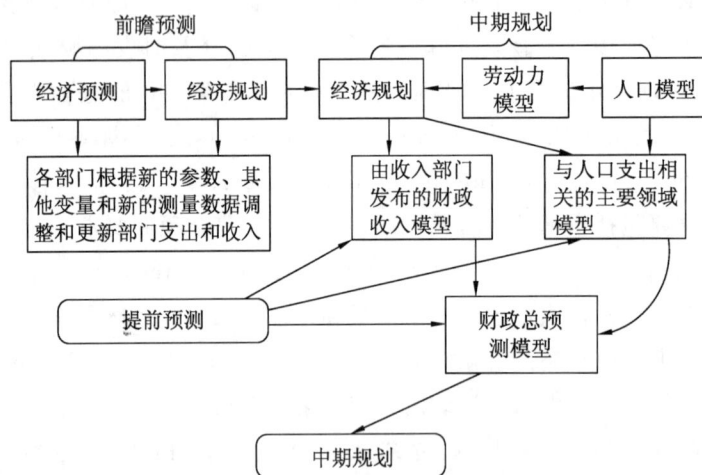

图 4-3-2　澳大利亚财政总预测模型

财政总预测模型的起点是已经公布的上期预算数据和当期预算数据。同时包括由财政部门颁布的今后三年的财政和经济预测数据和规划数据。在财政预测基础上，再加上包括人口、社会参与和生产率在内的各类规划模型之后，就形成了代际报告。而这些规划又成为各种相互独立且彼此联系的各类模型的基础。这些相互独立又彼此相关的模型包括财政收入模型、健康模型、收入补助模型、教育与培训模型、老年人看护模型、政府雇员的退休公积金模型等。

在《诚信章程》中期预算框架要求下，澳大利亚联邦政府对支出规模有比较好的控制。在自上而下的预算编制程序中，加入对联邦政府预算支出总额的严格控制，同时也给各支出部门规定了严格的、不能随意突破的支出上限。以 2008 年的全球债务危机为例，澳大利亚政府为解决经济下行、就业率下降等问题，制定了《中期财政框架 2008—2009》，并提出"国家建设与就业计划"，在中期预算框架内严格遵守预算支出总额控制的原则，设立"澳大利亚建设基金"。

澳大利亚政府强调，即使处于不得不通过增加财政支出来推动经济发展和维护社会稳定的关键时期，也必须对财政支出的增长规模、速度和中期发展做出明确的预期；因短期内推行的经济刺激计划所增加的财政支出，一定不能成为增加未来政府支出规模的基础。基于上述思路下施行的一系列改革措施为澳大利亚未来财政状况的可持续性奠定了良好的基础，根据测算，澳大利亚联邦政府在 2020—2021 财年将重新实现净债务为"0"的目标。

|第四节| 丹麦绩效预算管理相关实践

一、丹麦绩效预算管理的产生与发展

（一）丹麦绩效预算管理产生的背景

丹麦的行政改革源于 20 世纪 80 年代及 90 年代早期经济危机时经费控制的压力。如许多 OECD 国家一样，丹麦面临严重的经济危机，为解决财政赤字和社会公众对政府的信任危机，丹麦政府从 1983 年开始实施综合预算改革，通过建立规范的绩效管理制度，推行权责发生制政府会计和预算，全面、完整地反映政府预算信息和支出成本，广泛接受社会公众的监督。

（二）丹麦绩效预算管理的发展演变

丹麦的绩效预算管理改革分为四个阶段：

第一阶段，20 世纪 80 年代至 90 年代初，推行综合预算改革，实行自上而下的预算控制。在这一阶段，丹麦推行综合预算改革，实行自上而下的预算控制，通过预算制度对每个部门的支出进行控制。

第二阶段，引入合同管理范式。1993 年，丹麦通过相关法案，将基于结果的合同管理范式引入预算管理。各部门在绩效规划的基础上，设定绩效目标，绩效合同的目标和项目条款在部门和机构的最高决策者之间讨论。

第三阶段，提交年度绩效报告。1997 年，所有的中央政府机构被要求必须提交年度绩效报告，用于整体评估中央政府部门。年度绩效报告要提供关于公共资源利用的信息，绩效合同中设定目标的完成，并要求在每个财政年度结束后的 3 个月内出版。年度绩效报告由机构负责撰写，并经主管部门批准，然后将其提交给丹麦议会（首相府）并向社会公布。

第四阶段，引入绩效规划和权责发生制会计和预算。2000 年以来，丹麦将绩效规划和权责发生制会计和预算引入政府部门，更加重视实行绩效评估来改善公共服务。2004 年以来，所有的部门被政府要求公布一项覆盖整个部门所有领域的绩效规划。绩效规划关注改善效率和效益的活动。2005 年，政府启动了一个全面的工作方案，在大多数政策领域设置了具体目标和指标，作为政府绩效的一个基准，对所有政

策领域目标的投入与产出产生影响。

丹麦中央和地方政府的财政预算可以称为一种"转移性预算"：约一半的国家税收返回给公众，只有少部分被公共事业单位用来维持运作和资本金方面的开支。在丹麦，所有的公共部门必须公开预算和开支情况，并设立一个独立的机构（即国家审计局），负责调查、研究这些预算和开支。从而，使每个市民都可以看到所有公共资金的分配和使用情况。

二、丹麦绩效预算管理模式

（一）制度体系

作为一个制度化的福利国家，多党制的政治形态与预算立法传统的缺失使丹麦30年来的公共预算改革的节奏与选民的偏好基本保持一致，也致使丹麦公共预算改革缺乏系统性与制度保障。

丹麦公共预算改革既缺乏预算法或其他立法的保障，又没有中央政府正式规章计划的指导，《宪法》中有关预算的规定也被有意或无意地搁置一旁。2012年出台的《丹麦预算法》对绩效预算改革也只字未提。丹麦多党派、多层级的政治现实要求其预算改革必须具备一定程度的弹性与灵活性，以避免政治僵局，而刚性约束的缺乏使丹麦预算改革具备了相当的弹性与灵活性。由于缺乏"顶层设计"，财政部的参与度较低，加之分权性的政治体制，丹麦的绩效预算改革的实施战略呈现出明显的自上而下的、局部的、渐进式的特征。[①] 财政部的预算职责与行政效率责任的割裂，是财政部核心角色的一个制度特征。行政改革措施中的很多方面都是与预算程序相分离的。

（二）管理体系

1. 以结果为导向的管理和绩效协议

以结果为导向的协议管理包含三个方面的核心要素：设定目标、确定协议和年度报告。协议管理旨在满足以下几个目标：首先，期望能通过提高对产出的关注，使决策者区别对待政府不同目标；其次，关注产出可以提高政府服务的质量和效率；最后，通过减少部门间的信息不平衡来提高效率。绩效协议通过报告体系加以补充，每个机构必须准备年度报告，列明协议中预设目标的完成情况。年度报告是对中央政府部门进行彻底的绩效评估的基础材料。

绩效协议包括四部分：协议方、机构使命、机构任务与目标、可选择部分。为阐明机构的特殊任务和主要目标间的关系，从目标和活动的层级上分析机构的行为，依序为：财政手段、投入（资源）、分项活动、整体活动、服务、产出和结果。由于最终目标在预算案中有明确并相应的预算分配，这种对活动的阶段划分有助于预算编制向权责发生制转变。目标和绩效协议条款由机构和部门的决策者协商制定，部长们一

---

① 朱海. 丹麦预算绩效管理的实践及启示 [J]. 行政事业资产与财务，2009（4）：26—29.

般不直接参与协商，财政部也没有正式的角色来评判目标的适当性。

2. 衡量和评估绩效

丹麦公共项目绩效评估，主要运用项目等级评价工具对政府项目进行比较评价，从而为项目的管理和预算安排提供依据。丹麦项目绩效评估的主要做法如下：一是建立了层级式的绩效评估体系，即构建了"项目评价—部门评价—跨部门评价"的评价层级；二是实施比较绩效评估，将项目的评价结果在政府部门内部予以公开，引入激励因子，形成政府内部各个部门之间彼此比较、相互竞争的良好态势；三是将预算安排与绩效评估紧密结合，为项目和部门绩效的提升提供内在动力。

3. 预算程序中整合绩效信息

一般来看，预算程序中的信息来源于年度报告、绩效协议、评估和效率战略。在丹麦，没有严格的绩效检查体系直接对预算进行反馈。然而，通过预算分析、年度报告、效率战略和财政部与支出部门间的双边协议所获得的绩效检查信息，将会影响对预算的投入。

机构的年度报告阐明了针对所有特定产出/结果的目标实现情况，报告在每个财政年度结束后三个月公布。为了更便于操作，财政部将年度绩效报告纳入机构年度财政报告中。产出和结果已经纳入损益表、资产负债表和现金流量表，报告描述机构既定目标的完成情况。

绩效管理法案要求各部门有义务出具年度报告，以评价与预算相关的绩效以及与部门主要职责相关的外部目标的绩效状态，即所有的政府部门都应拥有一份绩效合同。财政部颁布绩效合同的指导规定，将合同作为部门制定绩效规划行为准则工作的一部分。丹麦将年度报告、绩效合同、评价和效率战略作为一般预算流程的内容，通过预算分析、年度报告、效率战略以及财政部和有关部门的双边接触所获得的特定绩效审查信息，在一定程度上影响预算的投入。

根据绩效协议内容，年度绩效报告提供有关资源运用的信息和目标完成的情况，这需要根据权责发生制的会计准则和预算要求改进报告。年度绩效报告最多不能超过20页，必须包括以下主要内容：

（1）简介，介绍目前机构、结果和期望值。

（2）绩效报告，包括外部既定目标、实际绩效、绩效完成与否的分析、对预算节余的解释。

（3）会计，会计原则、结果、资产负债、现金流和拨款账户情况。

（4）批准，签署年度报告。

（5）附件，包括备注、收入来源、收费、财产转移、投资、会计原则说明和修正说明等。

年度报告由机构起草，经负责部门批准后提交给议会并公布。

三、 丹麦绩效预算管理模式典型特征

（一）建立了以活动为基础的预算拨款模式

丹麦在预算安排上至少存在两种基本模式：一种是用于教育部门的平均价格预算模式；另一种是用于医疗保健部门的边际预算模式。以活动为基础的预算安排将引导学校等机构更加关注结果和产出，能从根本上保持对节余更有效的管理，而且财政部也不再像过去一样在复杂的年度预算争端上与机构纠缠不清。这种预算模式有利于机构确定预算分配的优先次序，提供了极大的灵活性，并且易于管理，在已运用的许多领域，这种预算模式已明显激励了机构提高产出和效率。

（二）机动灵活的绩效评估体制

丹麦早期的大多数评估主要是围绕一些政策部门进行的大规模主题评估活动，运用了许多变量的社会模型。但是近几年丹麦的评估活动趋于小型化，开始向项目评估集中，同时，他们还经常利用外部的咨询机构进行评估，[①] 而且评估方式灵活，针对不同的部门选择不同的评估方式。

（三）实行权责发生制会计和预算

为了取得更好的管理信息，提供更多的财务激励，进一步增强成本意识，2004年丹麦政府决定在中央和地方政府实行权责发生制会计。权责发生制不仅在会计领域采用，在预算方面也同样被采用。从 2006 年起，丹麦在中央部门尝试编制权责发生制预算，为了与 2007 年联邦预算法案相衔接，试点单位的所有拨款都被转换为新的以权责发生制为基础的预算。权责发生制会计的基本原则是关注成本分摊和资源的使用，这也为绩效管理开启了一扇新的机会之窗，由于权责发生制对每一项活动都能够分摊成本，因此可以获得用于绩效预算的信息，而且由于实行权责发生制预算，费用和产出之间的联系明显增强。对中央政府来说，这项改革从政府宏观层面改善了管理行为，提高了工作效率。

四、 丹麦绩效预算管理实践对我国的启示

丹麦绩效预算改革的过程中，以政策评估作为工具推动本国绩效提升的做法十分值得学习。作为一个十分重视生态环境保护的北欧国家，丹麦环境政策评估框架的设计成为各国借鉴的典范。2004 年，丹麦制定了《策略性环境评估法例》（The Act on Environment Assessment of Plans and Programmes），对环境有显著影响的计划和活动实施环境政策评估。更为重要的是，政策策略性环境评估的法律框架由《丹麦首相办公室通告》（Prime Minister's Office Circulars）予以具体明确。由此，丹麦的策略性环境评估系统既拥有了政策层面的支持，又有了具体的计划和活动层面的保障。

---

① 李燕，朱春奎. 丹麦预算改革的工具、成效与启示［J］. 地方财政研究，2014（11）：68－73.

在相对完善的立法框架支持下，丹麦的环境政策评估受到了广泛的政治支持，也取得了良好的实施效果。

随着公共产品和服务种类的增加，政策总量持续加大，政策风险也不断提升。尽管我国现阶段政策绩效评价积累了一定的实践经验，但评价制度尚不规范，评价指标、评价程序、评价结果等缺乏规范性，尤其是政策评价活动的开展尚缺乏相关法律法规的支撑。尽管《中共中央国务院关于全面实施预算绩效管理的意见》指出了开展重大政策绩效评价的重要性，但由于缺少专门法规的指导，我国政策绩效评价试点工作虽然开展多年，但成效相对有限。因此，只有从顶层制度设计上自上而下地理顺政策评价的体制机制问题，才能突破瓶颈，进一步释放政策绩效评价的潜在效力。

现阶段，我国正大力推行"绿水青山就是金山银山"的生态环境保护政策，丹麦的环境政策评价体系无疑对我国有着十分重要的参考意义。

五、案例：丹麦环境政策评价体系

（一）丹麦环境政策评价案例

政策评价体系可以分为综合政策评价和单项政策评价两种类型。现阶段实行综合评价的国家主要有日本、韩国、英国和法国等，在这种评价体制下，能够明确一个具体部门负责，并且体现全面性和系统性，制定具体法律规章作为保障。实行单项政策评价的国家主要有美国、荷兰、加拿大、西班牙、德国、丹麦、挪威、澳大利亚、新西兰等，特别是丹麦实行了环境政策评价。目前国外坏境报告指南如表 4-4-1 所示。

表 4-4-1　国外环境报告指南

类型	发布机构
参考型指南	UNEP（联合国环境规划署，1994） WBCSD（世界可持续发展工商理事会，1994，2000） CICA（加拿大特许会计师协会，1994） ACCA（英国特许注册会计师协会，1997） FEEM（意大利环境经济研究所，1995） DIN（德国准则学会，1997） 环境报告书指南（日本环境省，1997，2001） 自愿计划（日本经济贸易产业省，1992，1995，2001） 环境活动评估规划（日本环境省，1996）
自主标准型指南	CERES（环境责任经济联合体，1989，2000） PERI（公共环境报告行动，1993）
环境管理监察型指南	EMAS（欧盟环境管理和审计计划，1993，1998） ISO14000（环境管理标准体系，1996） ISO/TC207（世界标准会议，2004）

类型	发布机构
法规管制型指南	丹麦、挪威、荷兰、瑞典
可持续报告型指南	GRI（全球报告倡议组织，1999，2000，2002）

丹麦实施法规管制型报告，丹麦政府于 2007 年 1 月颁布了国家《能源政策建议书》(*A Visionary Danish Energy Policy 2025*)，期望能够有效地改造及达到整个能源政策的目标，包括供应保障、环境影响与竞争力；并且制定了 2025 年前所要达到的目标，与现时的用量相比，最少减少 15% 的化学燃料使用量。该建议书中还包括以下内容：(1) 为保持经济可持续增长及避免能源消耗的增多，将以 1.25% 的比率逐年提高可节约的能源量；(2) 至 2025 年，可再生能源的用量须提高至占总能源消耗量的最少 30%；(3) 2010 年起，政府给予研究、发展及能源技术展示的公共资助基金，将增至每年拨款 10 亿丹麦克朗。

自 20 世纪 70 年代早期，丹麦政策性环境评估已经经过强大的计划系统得以实施。策略性环境评估的法律框架由《首相办公室公告》(*the Prime Minister's Office Circulars*) 进行规定。所有提交给议会审批的政府方案和建议书，凡是对环境有显著影响的都需要进行评估。

政策层面的策略性环境评估要求，由《首相办公室通知》规定，自 1998 年起受法律保护。以下是进行评估的四个步骤：

(1) 筛选，识别那些可能对环境有潜在的显著影响，并需要进一步评估的建议书。

(2) 设限，识别该议案或政策的主要或累积的环境影响的属性和范围。

(3) 评估，具体分析那些估计对环境有显著影响的项目，并在报告中阐述评估的结果。

(4) 公示，在议案或其他政府建议书提交给议会时，应附有一份说明环境影响的报告。

上述评估步骤将作为注释的一部分。该报告应非技术声明，应易于公众理解，与报告相关的其他背景评估资料也要易于被公众获取。如果建议书没有显著的环境影响，则必须在议案的数据中加以指出。丹麦能源政策与行动及策略性环境评估现状如表 4-4-2 所示。

表 4-4-2　丹麦能源政策与行动及策略性环境评估现状

能源政策与行动	政策： 《能源政策建议书》(*A Visionary Danish Energy Policy 2025*) 《丹麦气候战略》(*Danish Climate Strategy*) 行动： 分配二氧化碳排放：《丹麦国家计划》(*Danish National Plan*) 二氧化碳排放权交易计划

能源指引与立法	不适用
评估类型	策略性环评
要求机制	行政性（针对政策） 法规性（针对计划和活动）
环境评估/策略性环境评估法案	《首相办公室公告》（*Prime Minister's Office Circulars*）（针对政策） 《环境评估法案》（*Act on Environmental Assessment*）（针对计划和活动）
应用	政策、计划和活动

（二）丹麦绩效预算管理面临的关键挑战

丹麦绩效管理系统实施所面临的主要挑战来自技术和制度方面，来自政治方面的挑战较少。绩效改革受到了广泛的政治支持，政治家们也没有直接干预机构间的绩效协议。

1. 技术挑战

需要围绕机构核心业务设定足够的相关指标，找到准确的绩效指标，搜集适当的数据来评估绩效。丹麦政府预算绩效改革的重点已经转向衡量特定的产出和结果，而各支出部门还在为找到相关、有效和可靠的指标而努力，结果往往取决于诸多部门间的相互配合情况。一方面，如果目标和标准不当，就容易误导机构去完成那些最容易实现和衡量的目标，以美化绩效结果。另一方面，如果有太多目标，就会导致信息超负荷，从而不可能区分项目优先性并集中关注核心业务。

2. 制度挑战

丹麦政府部门高度分散、管理体系自治，导致不允许集中和系统的绩效管理项目实施。依靠各部门的支持，绩效改革已经取得了稳步发展。财政部不能避免存在如下风险：支出部门设定的目标过低，或是支出部门仅仅去衡量那些最容易实现的结果。然而，丹麦的分权制度也有其一定优势，支出部门往往更倾向于拥护改革。原因在于：改革可以使他们根据自身特定的需求来修订绩效系统，并使他们拥有发展的成就感，挑战则在于如何找到责任和灵活性之间的平衡点。

3. 绩效指标和预算体系间的关系也是一项挑战

一方面，引入以绩效为基础的部门间协议的原因在于促使公共部门更为公开地运用资源，绩效管理系统毫无疑问能确保支出部门进行更有效的规划和实施，并将盈余的资源运用到其他用途。另一方面，资源数量和资源运用及其透明度，将会影响到部门间协商获得更多拨款的政治程序。在这一点上，以绩效为基础的协议可用于向财政部申请更多拨款。已经有迹象表明，支出部门会偶尔设定其专有领域内的高目标，并申请更多的拨款来完成这些目标。在这个意义上，绩效衡量并不能持续推进对公共支出的有力控制。

（三）解决办法

对于衡量结果的技术挑战，并没有简单的解决办法。分解目标和行为能够用于厘清投入、产出和结果的价值流动，这有助于支出部门决定目标和绩效指标，并找出和解决系统中可能存在的不能创造价值的浪费。丹麦财政部已经公布了相关指导原则，目前也正在评估绩效协议中目标和绩效指标的设定，以识别在衡量结果和产出方面的进展，并区分出最佳实践案例，推进权责发生制预算，使提交未来的年度报告成为可能。这样就可以使得大量的基准变成可能，并且能产生未来数年的持续、具体的数据。其中一个重要的发展项目是建立管理信息系统，具体包括财政信息和一个建立在可靠信息基础上的标准"平衡计分卡"模式。另一个发展项目是财政部运用这些大量的信息来建立账户资料库，强化目前的预算。2005年，丹麦政府着手在健康、社会福利、老年福利、儿童福利、种族融合等关键政策领域，建立一个新的衡量能力发展的项目，以弥补跨部门管理的不足。在各个政策领域的工作人员被授权设定这些领域结果的衡量目标和指标，在绩效协议中落实这些目标，以确保政府层面的整体目标与部门层面的目标相关联。

（四）经验和教训

丹麦的绩效协议中纳入了过多的目标和任务，其中绝大多数是不能衡量的。而且，几乎所有的目标都涉及信息技术系统发展、工作流程、能力提高等机构内部事务，这就意味着机构不能充分地为市民和私人公司服务。

整体目标下各个子目标没有优先排序，这就使得整体目标没有完成时，很难对子目标进行跟踪分析。

机构的绩效协议和机构负责人的协议间没有关联，这使得两者间可能在战略上存在差异，且负责人协议中的激励因素会不起作用。

近年来，支出部门设法由偏重以投入为导向的衡量体系转变为偏重以结果为导向的衡量体系，这种转变很大程度上督促了机构将自身行为聚集于关键性优先项目，并更有效地运用资源。随着效率战略的引入，支出部门会论证和规划如何来实现和跟踪绩效目标，也因此证明效率战略是一套提高公共服务质量和效率的有效工具。

权责发生制会计和预算改革将会为绩效信息融入预算程序提供新的机会。

总体而言，绩效信息并不能直接维护和提高财政纪律，这也从不是其最重要的总体目标。在一定程度上，绩效信息关注于拨款产出和结果的数量与质量，且提高了纳税人对资金使用效益的关注度。绩效信息增加了各层面公共经营和管理的责任和义务，这提高了公共效率，并间接改善了财政纪律。然而在宏观经济背景下，绩效信息的影响主要是通过自上而下的财政定期跟踪来直接控制支出。

|第五节| 　日本绩效预算管理相关实践

一、日本绩效预算管理的产生与发展

（一）日本绩效预算管理产生的背景

日本 20 世纪 70 年代经历了两次石油危机，20 世纪 70 年代末期经历了泡沫经济的崩溃，政府经常性支出对国债的依存率高达 396％，超过了公认的 30％ 的"警戒线"。为应对危机，政府最初企图通过增加法人税以消除赤字，但该举措立即招致社会公众的不满，因此，日本在增收与节支之间不得不选择后者，即通过精简政府行政机构，提高运行效率，以节约开支。为此，日本政府于 1981 年 3 月再次成立临时行政调查会（以下简称"二次临调"），进行"财政再建"，以推进行政改革。后又于 1983—1990 年成立临时行政改革推进审议会，提出"小而能政府"的理念，希望精简政府组织，减轻政府财政赤字负担。

（二）日本绩效预算管理的发展

自 20 世纪 90 年代初期泡沫经济崩溃以来，日本财政的入不敷出成了常态，"政官财"的共生体系难以为继，"赶超型"经济发展模式亟待转型，在财政方面，各部门都在竞争尽可能多的财政资金，大藏省只负责汇总各部门预算，并不去深入分析支出项目的必要性和轻重缓急，造成财政资金分配形成了各部门固有的利益格局。[①] 各领域的投资也不会按照经济形势的变化进行，调整政府中长期以来奉行的僵化的官僚制，成为当局推行政治改革以缓解经济衰退的突破口，在中央层级，政府将中央省厅按行政目的重新进行了职能划分，并建立了吸纳社会各方人士广泛参与的审议会，使公众能够全方位、多层次地参与政府决策。

在地方层面，1995 年，静冈县、北海道、三重县地方自治体政府也率先进行了辖区内的事业事务评价；1997 年，中央政府开始在六省厅范围内实施公共事业评价；2001 年，日本政府制定"政策评价法"（即《关于行政机关实行政策评价的法律》，2002 年施行），对政府评价的目的、原则、对象、方针、方法及报告制度进行了系统规定。在评价方法方面，要求采用目标管理的事后评价方法，即对某一项具体政策的目标完成情况以三年为一周期展开评价，对于可量化指标分为目标值 150％ 以上，目标值 90％ 以上、150％ 以下，完成目标的 50％ 至 90％，完成目标的 50％ 以下四类，在各部提交的评价报告中须包括指标完成情况、总体目标实现程度、对指标变动的原因分析及下一阶段所采取的工作措施等内容。表 4-5-1 是日本政府绩效改革历程中的

---

① 袁娟，沙磊. 美国和日本政府绩效评估相关法律比较研究 [J]. 行政与法制，2009 (10)：39—42.

重要改革举措及内容。

1998年，日本成立了中央省厅行政改革推进本部，在该机构的推进下，政府将职能相近或具有密切关系的机构重组为大部。1999年，日本内阁会议通过将总务省的行政监察局改为行政评价局，其主要职能包括：搭建行政评价的基础框架，选择具体领域制定行政评价相关程序，行使中央政府层级的行政评价职能，编写、汇总年度评价总报告，推进评价工作开展等。

表 4-5-1   日本政府绩效改革历程（1981—1998）

时间	名称	内容	效果
1981年	第二次临调	以"行政改革不是财政再建的手段，财政再建是行政改革的手段"为基本思想，实施国企民营化改革	将行政改革拓展至公共服务部门和企业，引入专业的评价
1993年	放宽限制计划	细川内阁在1993年9月提出放宽1995至1997年间住宅公共服务领域的市场限制	1995至1997年间，在住宅、金融等领域放宽1091项限制
1997年	财政结构改革	在社会保障、公共投资、文教卫生等领域压缩支出，削减制度性财政补贴，控制国债发行并简政提效	一定程度上减少了支出规模，提高了投资效率
1998年	行政机构改组	《中央省厅等改革基本法案》颁布，设立独立行政法人制度以提高效率	从2001年开始的10年内，国家公务员人数缩减10%

从2012年开始，日本行政评价局就重大政策的事后评价引入了标准的呈报格式，使得各部的评价报告更具可比性。各部还须准备政策的实施情况、目标及实现情况的初步分析。2014年，日本行政评价局又针对各部评价工作标准化和主要政策制定了共同规则，并建立了网站，提供评价信息的链接和基础数据，方便公众在线查询。政策评价对于日本改进政策治理效果发挥了重要作用，成为日本政府有力的政绩检验工具。2015年，日本行政评价局就个别部门提出的在2015财年进行税制改革的建议，开展了144项针对现行政策的评价，要求其中133项评价进行补充和辅助说明，并将相关结果提交税收主管部门。

二、日本绩效预算管理模式

（一）制度体系

自20世纪90年代以来，日本各级政府进行了不同程度的行政改革，政策评价制度的形成是行政改革的核心内容。日本政府的政策评价制度的形成是以一系列法律法规体系建立为基础的。日本政府政策评价各府省联络会议在2001年先后通过了《关于政策评价的标准指针》和《政策评价基本方针》，对政策评价的主体、对象、方式做出了明确规定，自此，日本政府政策评价制度揭开了序幕。2001年6月，日本政府制定了《关于行政机关实施政策评价的法律》（以下简称《政策评价法》），并于

2002 年 4 月开始正式实施。《政策评价法》为有序开展政策评价建构了基本框架，使得政策评价工作有章可循，保障了政策评价的可操作性和实效性，进一步取得了全国国民的信赖。日本政府又于 2005 年对《关于政策评价的标准指针》和《政策评价基本方针》进行了修改。《政策评价法》《关于政策评价的标准指针》和《政策评价基本方针》三者构成了日本政策评价法律制度体系，规范了政策评价制度的主体、程序、评价目的、评价原则、评价对象、评价方法等制度内容，使日本政府政策评价制度具有较高的规范性和权威性。

（二）组织架构

日本中央政府的绩效管理职能机构主要有两类，分别是总务省和各府省。总务省负责评价跨部门的政策，各府省自评本部门的政策。

总务省是日本政府绩效评价的职能主管机构，其内部设有行政评价局和政策评价与独立行政法人评价委员会。其中，行政评价局承担总务省在政策评价方面的职能，在日本的政府绩效评价实践中发挥着中枢和核心的作用。政策评价与独立行政法人评价委员会由具有较高学识和社会名望的人士组成，是设置在总务省的审议会，它的主要职能是：对行政评价局政策评价的重要事项进行调查审议，对各府省的独立行政法人评价委员会进行的评价表述意见。此外，总务省在全国各地区设有"管区行政评价局"，各管区行政评价局都在该管区设有若干个"行政评价事务所"。管区行政评价局和行政评价事务所作为总务省的分支机构，接受总务省的垂直领导。

各府省依法建立相应的政策评价组织领导机制，制定政策评价的基本方针，撰写评价报告，提交给总务省，接受监督检查并向公众公布，各府省的评价结果运用在政策和预算编制之中。

（三）管理体系

1. 评价方法

政策评价的方式主要有三种：事业评价、业绩评价和综合评价。各政府部门可根据所辖政策的特点及各领域对政策评价的不同要求，采用适当的评价方式加以实施。

事业评价方式的评价对象是政策体系中的基础层次的行政事务和公共事业，事前阶段进行评价，进行中期或事后阶段验证，提供有助于行政管理的信息。

业绩评价方式的评价对象是政策体系中的"对策和措施"。具体方法一般采用目标管理法，以行政管理领域的"对策和措施"为对象，预先设定完成目标，定期监测其业绩，评价完成度，目的是提供评价信息以便改进政策措施。

综合评价方式以特定行政项目的行政工作、政策和对策措施为对象，对于特定的政策主题，从各个角度进行综合评价，明确政策效果并提供有助于解决问题的多种信息。

2. 评价准则

无论是总务省的评价还是府省的评价都要着眼于必要性、效率性、有效性、公平性和优先性展开。

3. 评价指标

评价指标设计的原则是：①重视测定成果（或产出）的指标；②使用能真实反映事实的数据；③指标要体系化。

对于政策、措施和事业三个不同层级的评价对象，相应的指标设计方法不同。对于政策评价一般采用目标达成方式，运用定性描述或评语进行评价。对于措施的评价指标设计有三种方式：针对特定措施设定独立的效果指标；从事业评价的效果指标中选取有代表性的指标；将事业评价效果指标进行综合或合并计算的结果作为措施评价指标。对于事业的评价，首先对具体事业进行分解，进而使用成本指标和活动指标对更细化的事务或项目进行评价。

三、日本绩效预算管理模式的典型特征

（一）政府绩效评估注重实效

日本政府绩效评估不是为了评估而评估，评估结果应用在预算管理、政策管理和人事管理等方面：在预算管理中应用，与预算挂钩，目的是解决财政问题；在政策管理中应用，清理政策，目的是提高行政效率；在人事管理中的应用，目的是提高政府的公信力。

（二）为促使公民成为评估主体铺路

日本对直接参与评估的公民实施"有识之士"的判别界定，同时，为了避免信息不对称，促使普通公民参与评议，日本采取了公开透明的做法，将政府绩效评估的详细信息予以公布，随时接受公众监督并听取改进建议。

（三）中央集权下的高度统一

日本政府绩效评估的立法体制是中央和地方分别立法实施。由于日本具有根深蒂固的中央集权思维方式，尽管实施地方自治体制，且政府绩效评估由地方政府始发，然而，一旦中央政府制定并实施了政府绩效评估相关政策，各个地方政府都不约而同地以国家政策为模板进行设计。

四、日本绩效预算管理实践对我国的启示

预算必须回应责任，这是日本绩效预算改革推进过程中遵循的重要原则。公共产品与服务的提供绕不开复杂的委托—代理问题。① 这不仅是因为公共支出数额庞大、内容繁杂，还涉及公共产品和服务的成本收益难以衡量的问题。日本政府作为新行政法理念下的责任政府，在行使社会管理职能的过程中主动就自身行为向公众负责并回应是其作为责任政府价值的核心体现。对此，在中央层级，日本政府将中央省厅按行

---

① 周实，褚楚. 日本政策评价法的特征及启示 [J]. 法学（汉斯），2015，3（1）：7-14.

政目的重新进行了职能划分，并建立了吸纳社会各方人士参与的审议会，使公众能够全方位、多层次地参与政府决策；在地方层级，日本政府引入"基于政府外部视角的外部评价"方式，以具有专业知识的专家和普通公众为主体展开绩效评价，通过多层次多渠道拓展公众参与程度的方式，不仅充分汲取了民间智慧的力量，还对公众关心的问题做出了良好的责任回应。

目前，我国绩效评价通过自评和外部评价相结合的方式，对预算执行情况开展绩效评价，并回应相应的履职责任。其中，自评价主要回答绩效目标实现情况；外部评价通常由财政部门组织并委托第三方中介实施，对预算的准确性、绩效目标合理性、相关制度合理性以及管理过程中存在的问题进行阐述，进而督促政府部门责任的履行。需要引起注意的是，无论是哪种评价方式，目前我国公众参与渠道都很有限，参与度也较低，这是后续需要进一步改进的地方。

五、案例：日本札幌市的绩效评价与公众参与

日本札幌市将该市的政府绩效评估分为"市政府自我开展的内部评价"和"基于市政府外部视角的外部评价"两种，将外部评估进一步细化为由外部专家构成的"行政评价委员会"的绩效评估以及公众直接参与的"市民参加"方式的绩效评估两种。其中较为重要的是，还将这一外部评估的结果作为"输入"项作用于政府内部评估中的评估课题的提出、自我评估、政府活动的修正与完善，反馈到下年度预算中，并以此构成内部和外部评估联动的评估循环过程。[①]

在这一评估循环过程中起到主导作用的外部评估，应该说是由具有专业知识的专家和普通公众为主体展开的。外部专家的主体性具体体现在《札幌市行政评价委员会设置要纲》中：政府绩效评估制度的目的在于保证客观性和可信性，为此要基于外部专家和市民的视角进行评估（第1条）；外部委员的权限涵盖了基于外部专家及公众视角的评估、评估对象的选定、关于政府绩效评估制度的探讨、市长认为重要的事项（第2条）；任期一年的委员人数不超过12人，由市长从具有学识经验以及认为合适的人选中任命，委员长由委员互选产生，委员会由委员长召集委员召开，一般为公开的评价委员会会议（第3、5、7条）。特别是关于评估视角、评估对象的自由选定以及参与评估制度的建构等，可以提升其外部评估的自主性、主体性以及权威性。

实务操作过程中，札幌市外部评估委员会的评估活动分为三个环节：（1）委员会通过调查来选定评估对象；（2）根据市政府内部评估的结果，对相关部门进行访谈确认；（3）将"参与型会议"得出的公众意见和建议作为外部评估结果的方案与相关部门沟通，外部评估委员会在此基础上合议出最终评估结果。由此来看，外部评估委员

---

① 日本财税立法及执法研究报告（二）[R]∥日本预算管理制度研修报告[EB/OL]. [2019－01－20]. http://fwzx. mof. gov. cn/mofhome/tfs/zhengwuxinxi/faguixinxifanying/201212/t20121221_719310.html.

会的评估结果，在很大程度上是根据公众的"参与型会议"的讨论结果得出的。从札幌市 2013 年度政府绩效评估结果来看，涉及公众参与的外部委员会做出的完善建议中，近半数是由"参与型会议"得出的。另外，札幌市还实行了由公众主导的判定下一年度政府项目存废与否的外部绩效评估活动（被称为"市民评价"），结果废止了众多政府项目，实现了较大规模的评估效益。这一"市民评价"，还被称为"事业分类"，进入 21 世纪之后，在日本地方政府中被广泛推行，其目的主要在于通过当地公众直接参与绩效评估来优先选择或削减政府项目，以达到减少政府成本以及使政府活动更符合公众需求的效果。

如表 4-5-2 所示，2010 年 977 个引入政府绩效评估的地方政府中，358 个地方政府实施了行政外部主体的政府绩效评估，而且大多采取了外部专家或专家与普通公众共同参与组成的第三方外部评估机构所进行的政府绩效评估，突出强调了外部评估的作用。然而，根据同年日本总务省的调查显示，实施政府绩效评估的地方政府中，半数以上规模较大的地方政府具备了将公众意见反馈到政府绩效评估中的机制，但在占大多数的规模较小的基层政府中，这一比率则较低。因而如何进一步拓宽公众参与，更大范围地实现以公众主体、公众视角、公众"起点"为内容的政府绩效评估，对日本而言仍然显得非常必要。

表 4-5-2　2010 年日本行政机关以外评估主体分布情况[①]

	都道府县	指定都市	市区	町村
第三方机构	20(43.5%)	11(61.1%)	168(27.9%)	48(17.1%)
非政府组织	2(4.3%)	0	4(0.6%)	5(1.8%)
议会	1(2.2%)	0	8(1.2%)	4(1.4%)
居民	0	5(27.8%)	73(11.7%)	32(11.4%)
其他	3(6.5%)	1(5.6%)	20(3.2%)	5(1.8%)
引入评估的地方政府数	46	18	623	280

总之，虽然政府绩效评估存在追求效率性、经济性的宏观背景，技术性、专业性的客观要素无法回避，但赋予公共治理语境下的绩效评估合法性、妥当性的公众参与同样需要不断强调。在这里，政府绩效评估与公众参与并不是机械地联系或联动，政府绩效评估与公众参与如何结合这一问题意识对于民主行政目标的实现而言具有更重要的意义。政府绩效评估与公众参与的直接结合，也是人们对民主决策的诉求。

虽然关于这一课题的讨论经常会引发人们对公众主体的政府绩效评估存有诸多质疑，但也正说明这不仅是政策实施过程，即行政活动领域的绩效评估存在的课题，更

---

① 袁娟. 日本政府绩效评估模式研究 [M]. 北京：知识产权出版社，2010.

是政策过程整体的公共治理课题，特别是与政府绩效评估密切相关的决策过程的公共治理课题。当然，这也构成了当代公共治理变革的基本表征和情态。

|第六节| 韩国绩效预算管理相关实践

一、韩国绩效预算管理的产生与发展

（一）韩国绩效预算管理的产生

韩国政府于 20 世纪 60 年代引入政府部门的计划审查制度，并创立了绩效评估的理念，但是绩效评估理念真正发展并走上制度化，是在 20 世纪 90 年代韩国行政体制改革的过程中。此次行政改革正值 1993 年民选政府和 1997 年金融危机。缩减政府预算，提高行政效率成为韩国缓解金融危机的重要目标。

1998 年金大中政府组建以后，进行了大规模的行政改革，着力解决"权威主义政权"和"军事统治"的弊端。为了应对国家面临的多重危机和政府效能的新要求，金大中政府朝着掌舵型政府、市场导向、顾客中心、成果控制方向进行改革，以期建立一个廉价、高效、服务的政府。

韩国将预算与绩效结合起来始于 20 世纪 90 年代初期，此时，西方预算绩效的框架逐渐清晰。韩国政府对绩效与预算的探索经历了一系列努力。2000 年，韩国为了实现加快恢复经济主权、提高财政项目的效率和预算编制合理化的目标，积极引进财政项目的绩效管理制度。① 在此期间，韩国坚决执行财政改革，构筑了国家财政运作规划、总额分配与自律编制制度、财政预算绩效制度和数字预算会计系统，以推行国家预算管理四大创新。同时还设立了以 5 年为单位的国家财政运营规划，以期建立中期财政规划，明确中长期国家发展战略，并提交国会讨论。依据此规划，能够将预算和基金联系起来，强化在个别项目检查中心的预算与基金编制过程中应充分考虑的战略性资源分配功能。

（二）韩国绩效预算管理的发展

韩国政府绩效评估发展经历了五个阶段：

第一阶段：按照基本运营计划审查分析（1962—1981 年）

韩国政府业务评价制度开始于 1962 年。1962 年 9 月，陆军的基本运营计划制度被全方位引入于行政部门。国务总理室企划调整室负责实施审查分析该制度，以评价这一制度的执行成果。各部门建立以每年预算为前提的基本运营计划，按季度进行审查分析。基本运营计划审查分析制度是韩国政府首次反映于政府组织法上的发挥对政

---

① 方振邦，葛蕾蕾，李俊昊. 韩国政府绩效管理的发展及对我国的启示 [J]. 烟台大学学报（哲学社会科学版），2012（3）：90—97.

府政策进行评估功能的制度。虽然缺乏具体的评估方法，判断基准的体系也尚未确立和开发，在评价内容的价值性问题上着重于外形和量化标准，但还是对行政部门的内部文化产生了很大影响。

第二阶段：按照主要业务计划审查分析（1981—1994 年）

1981 年 11 月，韩国政府在大幅度组织改编工作中，为审查分析功能的充实化而废除企划调整室，在经济企划院内新设审查分析局，代替企划调整室，接管审计分析工作。为了改善之前的审查分析制度的问题，促进审查工作的灵活性，废除了基本运营计划制度，而对主要业务施行计划实施审查分析。其运营体系是各中央部门自行负责对自身业务的审查分析，经济企划院审查分析局的主要工作是综合调整各部门的审查分析结果。

第三阶段：国务调整室的政府业务评价（1994—2000 年）

1994 年 12 月，通过政府组织改编工作，原属于经济企划院的审查分析职能转移到国务总理行政调整室，与 1990 年 4 月设置于总理室的政策评价职能相整合，由国务总理行政调整室负责审查评价业务。重新整顿之前的审查分析相关规定，并且定期或者不定期地改善审查评价制度。为了确保审查评价的客观性和专业性，聘用外部专家来操作审查评价工作。这些新的制度和规定，从原来以进度分析为主变为以综合评价工作计划、执行、成果等工作推进为主。另外还新增了地方自治团体的审查评价制度运营的自律化。2001 年 5 月起施行《有关政府业务等评价的基本法》，这部法律基本解决了审查评价上的这些问题，并且在审查评价上特别强化了总理的作用。另外，针对现有审查评价上忽略机关评价的状况，《有关政府业务等评价的基本法》在审查评价种类中新增机关评价，均衡地实施政策评价和机关评价。

第四阶段：绩效评估多元化发展（2000—2006 年）

韩国政府先后引入和发展针对部门和公务员的多种绩效评价制度。成果管理制度成功实施的核心是开发适合本国状况的制度。金大中政府执政后，成果主义预算制度被引入政府部门。此外，韩国政府从 2000 年开始以政府组织中具有事业性、执行性特征的机关为对象，引入和施行了责任运营机关制度。从 1994 年开始实施针对四级以上公务员进行绩效评价的目标管理制度。2000 年开始在财政部门引入成果管理制度，赋予责任运营机构的负责人以行政和财政上的自律责任。2001 年 1 月制定了《关于政府业务等评价基本法》，对政府的各个部门逐渐推行绩效评估制度。2003 年，韩国政府对中央行政机关的四级以上公务员实施“目标管理制度”（Management by Objective）。2004 年开始对 4 级以上公务员实施职务成果契约制，评价个人的工作成绩，将绩效评价体现于晋升、奖金等激励机制中。

第五阶段：整合各种业务绩效评估制度（2006 年至今）

为了统合依据现有法令形成的个别的或者重复的各种评价，使之体系化，强化由自我评价为基础的政府业务评价能力，形成政府（包含公共机构）全方位的业务构筑统合性成果管理体系，提高政府业务运营绩效，从 2006 年 4 月开始，韩国政府开始施行《政府业务评价基本法》。该法对韩国政府绩效评价的主体、内容、标准、程序等均做出了规定。例如，"政府业务评价基础部分的自我评价部分划分为主要政策过程部分（国务调整室）、财政成果部分（企划预算处）、人事部分（中央人事委员会）、组织部分（行政自治部）、情报化部分（情报通讯部），指定各评价总括关联机构"（施行令第 12 条），确认检验自我评价，提高中央行政机构的评价力量和强化责任性，活跃评价结果的反馈。目前，《政府业务评价基本法》虽还处于试行阶段，但是我们可以看到，韩国的绩效评估制度正日趋多维化和系统化。

二、韩国绩效预算管理模式

（一）制度体系

韩国政府于 1962 年在政府部门引入计划审查制度，20 世纪 80 年代初发展为对政府部门主要业务计划进行审查分析。随着韩国政府绩效管理的多元化发展，逐步形成了以财政部门的成果管理制度、责任运营机构制度，以及针对公务员个人工作绩效的职务成果契约制度构成了韩国政府绩效管理制度的主体。[①]

1. 政府业务评价制度

政府业务评价制度是韩国政府绩效评估体系中最为核心的制度，是最早引入且发展最完善的，针对中央和地方政府的一项绩效评估制度。政府业务评价制度的目的是综合评价分析政府业务的推进状况及执行成果，把结果反映于执行过程及今后工作计划的树立。2001 年 5 月，随着《有关政府业务等评价的基本法》的颁布施行，原先的审查分析制度发展成为了综合管理全体机构的政府业务评价制度。2006 年 4 月，《政府业务评价基本法》的施行把原先依据不同法令进行的片面的或者重复的各种评价制度统合为一体，使之体系化，以期提高政府业务运营的绩效以及责任感。政府业务评价制度的建立，为韩国政府绩效预算管理的推进奠定了扎实的业务框架，对韩国预算管理工作产生了深远的影响。

2. 财政部门成果管理制度

财政部门成果管理制度是一项脱离了以投入为中心的预算，其设定财政事业目标和成果指标，依据指标评价事业目标及其成果完成情况，并在预算编写中加以反映，以期提高预算执行效率的绩效评估制度。成果管理制度由财政部的企划预算处负责推行。

成果管理与"预算编定—执行—结算"一样，以 3 年为一个周期，依照"拟订成果计划书—年度事业执行—拟订成果报告书"的体系。在此基础上再细分为"战略目标—成果目标—成果指标"的体系化结构。这一体系化结构由包括机构的目标、价

[①] 朴钟权. 中韩政府绩效管理的现状、特点与比较研究 [D]. 杭州：浙江大学，2007.

值、功能的机构任务以及象征中长期重点政策方向的"战略目标",通过主要财政事业(或事业人)完成的作为"战略目标"下位概念的多个具体"成果目标",还有作为判别成果目标完成与否的尺度"成果指标"构成。

3. 责任运营机关制度

责任运营机关制度是一种为了保障责任运营机关负责人运营机关的独立性和自律性,给其成果赋予责任,谋求提高行政效率和行政服务质量的成果管理为基础的制度。20世纪80年代后期和90年代初期,经济合作发展组织成员国广泛引入责任运营机关制度。韩国从2000年开始,以政府组织中具有事业性、执行性特征的机关为对象,引入并运营此制度,从2006年5月开始,韩国厅级中央行政机构中的特许厅也指定为责任运营机关进行运营。根据正在修改实施的《责任运营机关设置运营法》,原统一指令性的管理机关实行责任运营以后,主要发展方向是独立性、自律性、契约性和经营性。机关人员的公务员身份仍继续维持不变;人事任用、报酬支付和组织管理方面由机构自我运筹;经协商后由行政自治部部长或厅长与责任运营机构的长官就事业发展计划、财政目标等形成协议;所属各中央行政机关分别设立"责任运营机关运营审议会"对责任运营机关实施评价。在行政自治部设立责任运营机关评价委员会,负责审议评价责任运营机关的存续与否及改善责任运营机关有关制度的重要事项。

4. 职务成果契约制度

职务成果契约制度是部长、副部长等机关负责人和室、局长,室、局长和课长之间签署公文式的成果契约(Performance Agreement)。协议成果目标及成果指标根据当年的《职务成果契约》设立,并依此评估个人的工作成绩,把评估结果反映于奖金、晋升过程的人事管理制度。

职务成果契约制度的对象原则上限于四级以上的公务员,对于公务员个人的成果目标、评价指标、主要推进等,以1年为期签订契约。订立成果契约的公务员的直接上级或前辈,根据被评价公务员的素质、能力及日常综合表现,按照评判标准对其进行评价。为了促进个人成果目标的实现和适应环境变化,年中进行一次以上的部门内部中间检查,以12月31日为终点,到次年1月末进行最终评价。评价方法是评价者提出对被评价者的业绩相关情况及问题,通过讨论完成最终评价书。评价之后,如果被评价公务员要求公开评价结果,则设定一定的时限公开其评价结果。如果对自己的评价结果不满意,可以申诉。关于成果契约执行度的最终评价结果记录在个人成果管理卡上,反映在升迁、保职管理等人事管理工作上,同时也是决定支付成果奖金的基础资料。

(二)组织架构

韩国预算的编制、审批、控制与监督等活动紧紧围绕国民大会开展。预算编制阶段,计划与预算部将预算指标送达各部门,供其预算编制工作参考。各个预算办公室随后收集各个部门的预算评估书，启动预算编制程序，并达成预算分配协议，经过内阁和总统审议通过后，由国民大会审批。预算审批阶段，国民大会内部组建一个50人的预算决算特别委员会，负责质询政府预算部门长官预算编制的相关问题。整个质询程序十分严格，并且遵循着只减不增的原则调整预算。预算控制与监督阶段，各部门需提交决算报告，由计划与预算部汇总并经内阁和总统同意之后，提交至审计与监察委员会审批，最后由审计与监察委员会向国民大会报告。

作为韩国绩效预算管理工作的主管部门，政府业务评价委员会归属国务总理领导。该委员会的主要职责：一是制定国家的中长期绩效评估制度，并负责推进绩效实施计划的执行；二是制定政府业务评价基本计划和实行计划；三是指导、组织、调整和管理政府业务评价；四是及时反馈政府业务评价结果并调整评估制度。政府业务评价委员会有两名委员长，一名是政府委员长，由国务总理担任，另一名是民间委员长。政府委员会下设3个部门，分别是企划财政部、安全行政部和国务调整室。

为了更好地推动政府业务评价制度的落实，韩国政府国务总理同时下设了政府业务评价室，整个业务评价室由国政课题管理官室、政策评价管理官室、成果管理政策官室组成。国政课题管理官室下设综合科、企划科、支援科、情况科和运营科；政策评价管理官室下设综合科、评估一组和评估二组；成果管理政策官室下设综合科、管理一科和管理二科。每个科室分别对接不同的业务部门，构筑了以政府业务评价委员会为核心的一元评价管理体系。该委员会将指挥权赋予掌管一切政府业务的国务总理，以履行对政府组织的既统一又系统的管理职责。

（三）管理体系

1. 韩国绩效预算管理全流程

韩国绩效预算管理过程由政府绩效计划、绩效执行检查、绩效评价和结果应用环节构成，具体见图4-6-1。

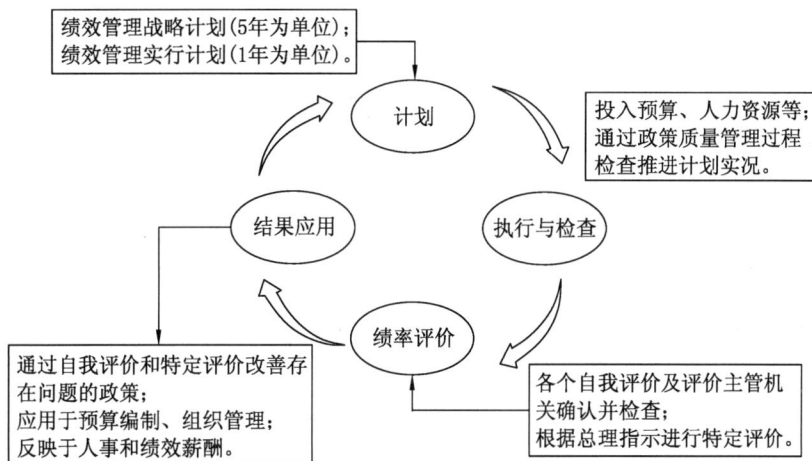

图 4-6-1 韩国绩效预算管理流程

（1）政府绩效计划

从2007年起，韩国中央行政机关需要制定以五年为一个周期的"绩效管理战略计划"，对于部门的使命、愿景、战略目标及下一个五年的绩效目标进行说明。与此同时，需配套制定相应的"绩效管理实施计划"，以明确当年的绩效目标及绩效指标。政府业务评价委员会协助中央行政机关调整并建立各个部门相匹配的绩效目标和指标体系，并对每年的绩效预算管理计划和预算编制的时间、周期等进行统一规定。

（2）绩效执行与检查

中央行政机关应有效地分配已有的资源以推进政策，并通过检查绩效目标的推进过程、考察跟踪期间的政策绩效等确保绩效目标的实现。

（3）政府绩效评价

韩国政府部门的绩效评价建立在全面自评价的基础上。各个部门在每年1—3月间根据绩效管理实施计划中的绩效目标和绩效指标对于上年度的部门绩效情况开展自我评价，由评价主管机关对自评的结果进行确认并实施检查。最后的评价结果汇总到总理手中，由总理根据自评的综合情况挑选出部分部门实施特定评价。

2.评价方法体系

韩国绩效评价主要有两大类，分别是自我评价和自治体政府业务评价（见表4-6-1），以下将分别展开介绍。

表4-6-1　韩国绩效评价方法体系

分类	评价方法	评价组织	备注
中央行政机关评价	联合评价	联合评价委员会	行政安全部主管，各中央行政机关协助
	个别评价	个别中央行政机关	
地方政府自我评价	自我评价	地方政府自治体长	

（1）自我评价

自我评价主要由地方自治体长（地方自治体最高行政长官）根据《政府业务评价基本法》对所属机关的全部业务进行评价。评价对象应在地方政府的室、局、科等各部门的主要业务中选定评价的内容。同时，为了提高评价的公正性和客观性，行政安全部长官可在评价指标、评价办法、评价基础的构建、强化自我评价能力的培训等方面向地方自治体提供帮助。自我评价应以自我评价委员会为中心实施自我评价计划，并应将其结果通过电子综合评价系统及网络等渠道予以公开。

（2）自治体政府业务评价

由中央行政机关执行的自治体评价是指对地方政府受中央政府委托而处理的国家委任事务、国库辅助业务及总统令规定的国家主要工作等（除地方政府原有业务外）进行的评价。为了提高管理效率，必要时需要由行政安全部长官同相关中央行政机关的长官一起联合评价。这类联合评价由联合评价委员会主管并组织实施。但由于业务的特殊情况和评价时间等原因而不得不另行评价时，可与政府业务评价委员会协商，由有关中央行政机关实施个别评价。

三、韩国绩效预算管理模式的典型特征

（一）绩效管理目的和理念明确化

在韩国，绩效评估并非仅仅被当作是对公务员进行惩罚的简单手段，而主要被看作是收集信息、检讨战略计划的科学性和可行性的重要手段，这有利于决策者和高层管理者宏观地把握行政管理方向，有利于对管理过程进行及时和有效的控制。效率和公共责任应该是韩国政府绩效评估所遵循的基本理念。公共部门在社会竞争中提供公共服务，有助于提高效率，降低成本。通过科学合理的绩效评估和管理，能保证公共部门在竞争中对公众负责，提高服务质量。

（二）形成了丰富的制度支撑体系

韩国政府为了提高政策和财政事业的效果性、政策执行的效率性和责任性、顾客指向性，制定并实施了各具针对性的绩效管理制度。除去政府业务评价制度、财政部门成果管理制度、责任运营机关制度、职务成果契约制度之外，还有监察院的成果监察制度，国会预算政策处的政府预算执行分析，企划预算处的对公企业的经营评价等。目前韩国政府把绩效管理看作为财政改革的主要课题，为扩大预算编定的自律权就要使用评价管理系统，通过绩效评价得到预算编定成了必需的过程。

（三）评估主体和对象特定化

纵观韩国政府的主要绩效评价制度都由相应的主体负责制度的具体运作。《政府业务评价基本法》明确规定："主要政策过程部分由国务调整室负责，财政成果部分由企划预算处负责，人事部分由中央人事委员会负责，组织部分由行政自治部负责，信息化部分由情报通讯部负责，指定各评估总括关联机构。"国务调整室政策评价委员会负责政府业务评价制度，企划预算处负责财政成果管理制度，中央人事委员会则负责职务成果契约制度。对于评估对象，即接受评估的部门和个人也是特定的、有选择性的。评估的部门主要是那些具有事业性、执行性特征的公共部门，而对于那些所从事项目的结果比较有偶然性的，比如防止犯罪、火灾、疾病等公共部门则不是绩效评估制度的适用对象。同样地，针对公务员个人绩效的职务成果契约制度，原则上也仅限于四级以上的公务员。

四、韩国绩效预算管理实践对我国的启示

政府绩效目标的履行最终需要落实到具体的行政人员，因此，韩国政府将公务员的个人绩效评估作为绩效预算改革的重要内容。政府的履职目标最终需要交办至具体的行政人员去落实，也就意味着，政府的整体绩效最终取决于每位行政人员的个人绩效。对此，韩国政府十分重视政府公务员的绩效评价，专门设置了针对公务员个人绩

效的职务成果契约制度，并引入绩效目标管理与绩效工资制，将公务员的绩效评估结果直接与公务员待遇与仕途升迁挂钩。

近年来，我国政府也逐步加强了对于公务员绩效考核的重视，各个地方政府都在积极探索一套可操作的新的公务员考核办法，但实务操作过程中尚存在一些不足。打分的主观性较强，考核指标不够精细等问题，限制了公务员考核机制效能的发挥。对于公务员的考核，不能一概而论，要充分考虑到不同岗位、不同职责、不同任务等个性化因素，科学地确立各项指标权重系数，建立健全激励约束机制，这是后续我国预算绩效管理保障机制建设的重要内容。

公务员绩效评估是韩国政府部门自我评价的重要组成部分，以下将以案例的方式对韩国中央政府部门的自我评价方式展开详细介绍。

五、案例：韩国中央政府部门的自我评价

根据《政府业务评价基本法》的规定，韩国政府绩效管理是指基于政府机关的任务和愿景、中长期目标、年度目标及绩效指标，从经济性、效率性、效果性等角度进行管理的一系列活动。政府绩效管理的最终目的在于塑造具有责任感的政府，为社会公众提供优质的行政服务。中央行政机关对主要政策课题、财政、人事、组织、信息化等部门实行自我评价，评价结果由政府业务评价委员会确认和检查。国务总理对管理对象的业务、顾客满意度及特定措施实行特定评价。韩国中央政府机关政府业务自我评价如表 4-6-2 所示。

表 4-6-2　韩国中央政府机关政府业务自我评价

评价方式	指标	评价机关	协助机关
自我评价	主要政策	中央行政机关长官（自我评价委员会）	国务调整室
	财政事业		企划财政部
	人事		行政安全部
	组织		
	信息化		

自我评价过程分为自我评价计划的制订与实施、确认与检查、再评价等几个阶段。各部门需组成以民间专家为核心的自我评价委员会。自我评价委员会要审议自我评价计划，进行中期检查，并于年底实施自我评价，提出评价报告书。自我评价委员会每季度至少召开一次会议，总结和管理会议结果，并将其内容通报委员会或公之于众。政府业务评价委员会通过电子综合评价系统对各部门的自我评价结果进行确认及检查。最后由政府业务评价委员会审议并通过有关自我评价结果的确认及检查事项。自我评价的业务流程如图 4-6-2 所示。

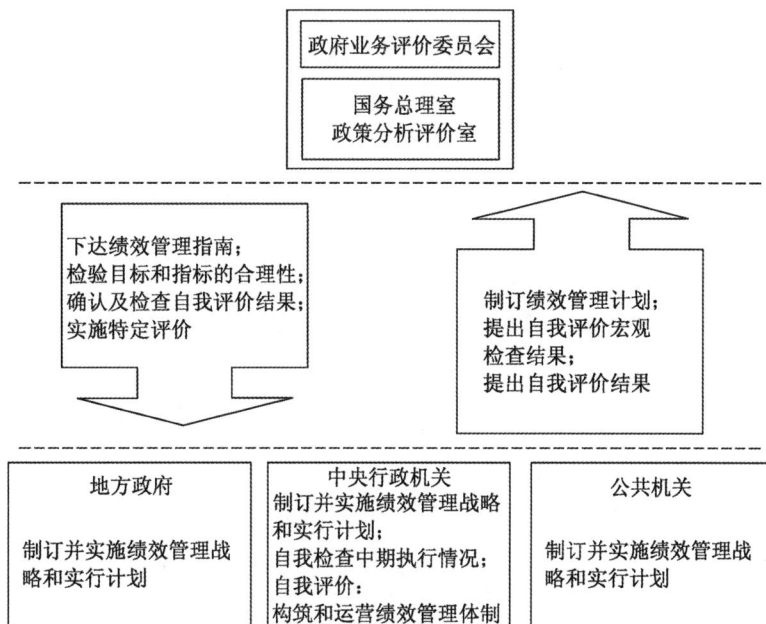

图 4-6-2　自我评价业务流程图

　　尽管现阶段中央部门的自我评价已基本形成了一定的流程与体系,但实务操作过程中,依旧存在一些问题。主要体现在以下几个方面:

　　一是目标不够清晰,难以具体量化。因为公共部门需要为多样的利害关系者服务,很多情况下,很难定义"什么是目的"。在审核部门预算时,各部门所设定的绩效目标往往都是非常普遍、互相交织、难以衡量的,甚至部长们会列出一大堆目标,在未来施政过程中,总能达到其中的若干目标,或者根据自己的需要对这些目标进行取舍,而且部长们还会以存在合理的误差为由,使目标变得不清晰。此外,由于政府提供的许多公共产品具有不可测量性和不可计算性,而韩国的绩效评估体系对成果的计量化过分执着,在现实中,使部门和公务员为了应付评估而出现了"策略性"行为,进而也妨碍了公众对政府部门的信任。

　　二是评估制度冗余度较高。目前韩国政府绩效评估体系内有很多制度,各项制度有各自的对象、指标和流程等,或者交叉,或者重合,交织于整个评价体系内。重复的和过剩的评估,主要是由于评估制度的统合和体系化程度不够。在政府部门中有不少公务员抱怨,接受的评估考核太多,他们需要花很多精力来应付考核评估,以至于不能正常工作。

　　将预算绩效作为一套广泛的综合性改革的一部分,有助于减少抑制和解决制度问题。尽管韩国在引入预算绩效方面经验还不很丰富,但依旧可以为我国预算绩效管理提供有益的参考。

我国预算绩效管理实践

较之于发达国家，我国预算绩效管理实践起步较晚。在财力资源有限的前提下，为了提高财政资金的管理效能和使用效益，20世纪末，我国政府开始试点绩效考评工作，通过试点过程中的反复摸索与实践过程中的不断完善，将绩效考评逐步拓展到绩效评价、目标管理、绩效监控直至全面实施预算绩效管理。从理论研究到实践活动，从中央部门到地方政府，我国预算绩效管理历经数十年的积累，逐步形成了一整套适合我国特殊国情的实践模式。本章分别从中央层面、地方层面以及行业层面讨论我国预算绩效管理实践的发展历程。

　　从中央层面看，我国预算绩效管理先后经历了近20年的发展，基本建成了预算绩效管理制度框架，大体实现了绩效目标全覆盖、绩效监控试点工作有序推进、绩效自评全面实施、重点绩效评价范围逐步扩大等目标。我国预算绩效管理工作逐步体系化、规范化，形成了预算绩效管理的一般做法和配套保障体系。

　　从地方层面看，各地在中央框架模式下，结合地方实际，均在摸索适合自身的预算绩效管理模式。本章第二节针对我国部分地区预算绩效管理的典型实践和创新经验展开重点介绍，包括上海、山东、四川、广东、海南等，以期能够尽可能地全面展现地方预算绩效管理的模式与经验，为其他地区预算绩效管理工作的推进与深化提供借鉴。

　　从行业（部门）层面看，不同行业（部门）在财政框架的基础上，融入本行业（部门）个性要素，开展了不同程度的行业（部门）预算绩效管理模式探索。本章第三节选取了政务信息化、公安、公交、文化、乡村振兴等五大行业（部门），通过展示不同行业（部门）预算绩效管理的模式与经验，为预算绩效管理在行业（部门）的延伸拓展提供有益参考。

|第一节| 中央预算绩效管理的探索

一、中央预算绩效管理制度体系

　　2002年，《中央本级项目支出预算管理办法》（财预〔2002〕356号）的出台明确了对预算项目的实施过程和结果开展绩效考评的要求。2005年，财政部出台《中央部门预算支出绩效考评管理办法（试行）》（财预〔2005〕86号），对绩效评价指标体系的建立、考评内容、考评流程、考评手段等进行了较为详细的规定。2011年，财政部下发《关于推进预算绩效管理的指导意见》（财预〔2011〕416号）和《财政支出绩效评价管理暂行办法》（财预〔2011〕285号），明确提出推行全过程预算绩效管理；随后发布《预算绩效管理工作考核办法（试行）》（财预〔2011〕433号），提出开展绩效工作考核试点，提高部门预算绩效管理的积极性。2012年9月，财政部制定了《预算绩效管理工作规划（2012—2015年）》（财预〔2012〕396号），提出要建立全过程预算绩效管理机制，建立学者库、中介库和监督指导库，并开展扩面增点工程，以期实现预算绩效管理在所有部门单位的全覆盖。

2014年修订的《中华人民共和国预算法》要求，各级预算应当遵循"讲求绩效"原则，并对绩效目标管理、绩效评价、绩效结果应用等做出明确规定。围绕推进全过程预算绩效管理，财政部印发了《预算绩效评价共性指标体系框架》（财预〔2013〕53号）、《中央部门预算绩效目标管理办法》（财预〔2015〕88号）等一系列具体制度办法，强化了对预算绩效管理工作的规范和指导。2018年出台《中共中央 国务院关于全面实施预算绩效管理的意见》（以下简称《意见》），明确了我国预算绩效管理的实施路径：构建全方位预算绩效管理格局，建立全过程预算绩效管理链条，完善全覆盖预算绩效管理体系，健全预算绩效管理制度，硬化预算绩效管理约束并配套相应的保障措施等。随后，财政部颁发《关于贯彻落实〈中共中央 国务院关于全面实施预算绩效管理的意见〉的通知》（财预〔2018〕167号），进一步强调了加快建成全方位、全过程、全覆盖预算绩效管理体系的重要意义，并从方案的贯彻落实、预算绩效管理重点环节的把握、绩效管理监督问责的强化、工作协调机制的健全等方面为全面实施预算绩效管理的贯彻落实提供了有价值的参考路径。2019年，为有效落实全面实施预算绩效管理的相关要求，财政部陆续出台《中央部门预算绩效运行监控管理暂行办法》（财预〔2019〕136号）、《财政部关于委托第三方机构参与预算绩效管理的指导意见》（财预〔2021〕6号）、修订形成《项目支出绩效评价管理办法》（财预〔2020〕10号）等配套制度，明确了中央部门绩效运行监控的具体要求，项目支出绩效评价的三种方式、评价对象及内容，以及第三方机构参与预算绩效管理的行为规范。相关主要制度文件见表5-1-1。

表 5-1-1　中央部门预算绩效管理相关制度文件概览

序号	时间	文件名称	关键词
1	2002年	《中央本级项目支出预算管理办法（试行）》（财预〔2002〕356号）	项目支出、绩效考评
2	2005年	《中央部门预算支出绩效考评管理办法（试行）》（财预〔2005〕86号）	预算支出、绩效考评

序号	时间	文件名称	关键词
3	2009 年	《财政支出绩效评价管理暂行办法》（财预〔2009〕76 号）	绩效评价
4	2009 年	《财政部关于进一步推进中央部门预算项目支出绩效评价试点工作的通知》（财预〔2009〕390 号）	绩效评价
5	2011 年	《财政支出绩效评价管理暂行办法》（财预〔2011〕285 号）	财政支出、绩效评价
6	2011 年	《关于推进预算绩效管理的指导意见》（财预〔2011〕416 号）	预算绩效管理
7	2011 年	《预算绩效管理工作考核办法（试行）》（财预〔2011〕433 号）	预算绩效管理工作考核
8	2012 年	《预算绩效管理工作规划（2012—2015 年）》（财预〔2012〕396 号）	预算绩效管理
9	2013 年	《财政部关于印发〈预算绩效评价共性指标体系框架〉的通知》（财预〔2013〕53 号）	绩效评价指标体系
10	2014 年	《中华人民共和国预算法》	讲求绩效
11	2015 年	《中央部门预算绩效目标管理办法》（财预〔2015〕88 号）	部门预算绩效目标
12	2016 年	《关于开展 2016 年度中央部门项目支出绩效目标执行监控试点工作的通知》（财办预〔2016〕85 号）	绩效目标执行监控试点
13	2018 年	《关于全面实施预算绩效管理的意见》（中发〔2018〕34 号）	全面实施预算绩效管理
14	2018 年	《关于贯彻落实〈中共中央 国务院关于全面实施预算绩效管理的意见〉的通知》（财预〔2018〕167 号）	全面实施预算绩效管理
15	2019 年	《关于印发〈中央部门预算绩效运行监控管理暂行办法〉的通知》（财预〔2019〕136 号）	预算绩效运行监控
16	2020 年	《中华人民共和国预算法实施条例》	绩效评价
17	2020 年	《项目支出绩效评价管理办法》（财预〔2020〕10 号）	项目支出、绩效评价
18	2020 年	《关于印发〈政府和社会资本合作（PPP）项目绩效管理操作指引〉的通知》（财金〔2020〕13 号）	预算绩效管理
19	2020 年	《关于印发〈政府性融资担保、再担保机构绩效评价指引〉的通知》（财金〔2020〕31 号）	政府性融资担保、再担保机构、绩效评价
20	2021 年	《财政部关于委托第三方机构参与预算绩效管理的指导意见》（财预〔2021〕6 号）	第三方机构参与预算绩效管理
21	2021 年	《关于印发〈第三方机构预算绩效评价业务监督管理暂行办法〉的通知》（财监〔2021〕4 号）	第三方机构预算绩效评价

二、中央预算绩效管理内容建设

一是绩效目标基本实现全覆盖。自 2016 年开始，中央部委的本级项目、中央对地方专项转移支付、部分中央政府性基金和中央国有资本经营预算项目均设置了绩效目标。绩效目标编报环节，中央部委的绩效目标与预算编制必须同步，未按照要求设定绩效目标的项目支出，不得纳入项目库管理，也不得申请部门预算资金。绩效目标评审环节，由财政部组织，对绩效目标采用"面对面"集中会审的方式开展。绩效目标批复环节，财政部将绩效目标随同预算批复同步下达，有效强化了资金使用单位的主体责任。

二是绩效监控开展试点。2016 年我国开始组织开展绩效目标执行监控试点，2018 年起全面扩大到所有中央本级项目，对预算执行情况和绩效目标实现程度进行监控，跟踪查找薄弱环节，堵塞管理"漏洞"，纠正执行偏差。中央部门根据绩效监控结果及时调整预算，改进管理，提高财政资金使用效益。

三是绩效自评全面实施。中央部委绩效自评主要针对部门预算项目开展。绩效评价经过长期的试点摸索与经验沉淀，已经形成了较为成熟的做法。自 2017 年起，财政部组织中央部门对上年所有本级项目开展绩效自评，2018 年组织地方对专项转移支付全面开展绩效自评。在此基础上，财政部会同审计署对中央部门本级项目绩效自评结果进行抽查，倒逼部门和资金使用单位提高绩效管理水平。到"十三五"末，中央部门基本实现了一级项目和二级项目绩效自评全覆盖。绩效自评公开范围也有所扩大，2019 年随同中央决算向全国人大常委会报送的项目绩效自评表数量同比增长48.7％。2020 年，财政部要求对政府预算管理的所有项目支出开展单位自评。

四是重点绩效评价范围逐步扩大。中央部委重点绩效评价主要针对重大政策和项目开展。自 2016 年开始，财政部建立了重点绩效评价常态机制，每年选择部分重点民生政策和重大专项支出，由财政部预算评审中心、驻各地财政监察专员办事处组织第三方机构开展绩效评价。目前，已针对 150 多个重点项目和政策开展了绩效评价，涵盖教育、环境保护、农林水、社会保障等领域，部分绩效评价结果已应用于预算安排和政策调整。近三年中央部委重点绩效评价开展情况如表 5-1-2 所示。

五是部门预算整体绩效评价工作有序推进。2017 年，财政部选择中国气象局作为中央部门试点单位，率先开展部门整体支出绩效评价，从宏观层面全面分析部门整体支出与部门职责、工作任务、产出及效果的匹配性与气象部门的工作实绩；2018年，财务司着手启动文化部 2017 年度单位整体支出绩效评价试点工作，并制定了《2017 年度文化部直属单位整体支出绩效评价试点工作方案》，为单位整体支出试点范围的逐步扩大奠定了良好的基础。2019 年，财政部预算评审中心对水利部、国家统计局、人力资源和社会保障部、国家粮食和物资储备局等 4 个部门开展部门预算整体绩效评价，涉及年度中央财政资金 255.15 亿元，对于推动财政支出结构优化，促进部门更好地履职具有重要意义。

六是其他主题绩效评价工作逐步启动。其一，针对服务项目政府采购进行绩效评价，2014 年，财政部出台《关于推进和完善服务项目政府采购有关问题的通知》（财库〔2014〕37 号），明确要求对服务类政府采购绩效评价进行全过程预算绩效管理。截至目前，政府采购绩效评价基本形成了包含采购资金使用规范性、节约率以及采购方式合理性、采购程序规范性等内容的评价体系。其二，针对政府购买服务绩效进行评价，2018 年，财政部出台《关于推进政府购买服务第三方绩效评价工作的指导意见》（财综〔2018〕42 号），选取了天津、山西、吉林、上海、江苏、浙江、河南、四川、贵州、深圳等 10 个省、直辖市、计划单列市开展政府购买服务绩效评价工作试点，以期完善政府购买服务绩效指标体系，探索创新评价形式、评价方法、评价路径等，稳步推广第三方评价。其三，针对政府债务的预算绩效管理也开始启动，34 号文件提出，将政府债务项目绩效管理纳入一般公共预算绩效管理体系范畴，为地方政府债务绩效管理的推进进一步提供了方向性指引。财政部《关于做好 2018 年地方政府债务管理工作的通知》（财预〔2018〕34 号）中指出，要建立政府债务资金绩效管理机制。《政府债务预算绩效管理研究》作为财政部部省共建课题之一，其成果为地方政府开展债务预算绩效管理提供了有益参考。2020 年，财政部《关于加快地方政府专项债券发行使用有关工作的通知》（财预〔2020〕94 号）进一步指出，"提高债券资金使用绩效，决不能乱花钱"。其四，开展政府投资基金绩效评价。2019 年开展 7 项政府投资基金绩效评价，涉及资金规模 2318.65 亿元。

表 5-1-2　中央部门重点绩效评价开展情况

内容	2017 年	2018 年	2019 年
评价数量和资金规模	35 个 （3786 亿元）	51 个 （7469 亿元）	32 个 （2785.71 亿元）
（其中：转移支付）	19 个 （3550 亿元）	28 个 （5892 亿元）	12 个 （1657.86 亿元）
覆盖领域	教育、文化、卫生、社保、农业、水利、扶贫、环保、经济、科技、国防等	教育、科技、社保、卫生、交通、环保、国企改革、创业创新、信息化等	—
绩效评价报告报送全国人大情况	10 个重点项目（政策）涉及资金 1502.8 亿元	15 个重点项目（政策）涉及资金 1690.2 亿元	12 份绩效评价报告
（其中：转移支付）	3 个（保障性安居工程、义务教育营养改善、农村水电增效扩容改造补助）	8 个（电信普遍服务、农村危房改造、公交车成品油补贴、公共体育场馆免费开放等）	—

三、 中央预算绩效管理约束机制与保障措施

一是初步形成多主体参与的预算绩效管理模式。我国预算绩效管理由多主体参与，包括财政部、预算主管部门、预算单位、人大、第三方等。此外，监察、审计等部门也通过监督、绩效审计等方式越来越多地参与到预算绩效管理工作中来。其中，财政部作为预算绩效管理的监督指导部门，主要负责制定预算绩效目标管理工作要求，审核中央预算部门（单位）报送的绩效目标并安排部门预算支出，组织开展预算支出绩效评价工作等。预算主管部门负责编制部门预算支出绩效目标，审核下属预算单位申报的绩效目标，组织开展预算绩效管理的各项工作等。预算单位负责编报本单位预算支出绩效目标，配合财政和主管部门开展各项预算绩效管理活动，按要求实施部门预算支出绩效自评价等。人大、监察、审计等部门对绩效结果展开监察并实施问责，合力推动工作机制完善，共同推进绩效管理工作的全面落实。第三方（包括第三方机构及专家）主要协助绩效管理体系及机制设计，如指标库、标准库建设，实施重大项目、政策绩效评价等。

二是绩效信息公开力度不断加大。2016—2019 年期间，财政部将 96 个中央部门本级重点项目和除涉密项目外的中央对地方专项转移支付绩效目标、55 个重点民生政策和重大项目绩效评价报告、687 个项目绩效自评结果提交全国人大常委会参阅或审议，其中中央本级重点项目绩效目标、绩效评价报告、绩效自评结果随同部门预决算向社会公开。

三是引入激励约束机制，逐步落实绩效问责。针对中央部门预算绩效管理积极性普遍不高的情况，财政部积极引入激励约束机制，将绩效评价结果作为预算安排的重要依据。随着 34 号文件的颁布，财政部积极完善绩效管理的责任约束机制，将中央部门和单位作为预算绩效管理的责任主体，并确定相应的负责人，对重大项目的责任人试点执行绩效终身责任追究制。与此同时，加强绩效管理监督问责。财政部门在积极推进绩效信息公开的同时，将重要的绩效目标、绩效评价结果与预决算草案同步报送人大并向社会公开。

四是第三方机构参与预算绩效管理机制逐步完善。财政部在各地管理实践经验的基础上，不断完善第三方机构参与预算绩效管理的相关制度。2021 年，《财政部关于委托第三方机构参与预算绩效管理的指导意见》（财预〔2021〕6 号）及《关于印发〈第三方机构预算绩效评价业务监督管理暂行办法〉的通知》（财监〔2021〕4 号）对各地财政部门和预算部门委托第三方机构参与预算绩效管理提出了具有指导性、方向性的工作要求：一是各方责任划分清晰。二是市场培育导向明确。三是委托方式多样。四是严格第三方机构执业质量监督管理。

|第二节| 地方预算绩效管理的探索

一、 上海市预算绩效管理模式与经验

（一）上海市预算绩效管理的发展历程

上海市绩效评价工作于 2003 年开始试点，由闵行、浦东与长宁三区先行先试，并于 2010 年成立市绩效评价管理处，对全市绩效评价工作进行统筹布局和全面推进。2013 年，上海市以加快"创新驱动、转型发展"为目标，开始全面推进预算绩效管理，出台了《上海市人民政府办公厅转发市财政局〈关于全面推进预算绩效管理意见〉的通知》（沪府办发〔2013〕55 号），提出构建覆盖所有财政性资金，贯穿预算编制、执行、监督全过程的预算绩效管理体系。2014 年，上海市财政局进一步出台了《关于印发〈上海市预算绩效管理实施办法〉的通知》（沪财绩〔2014〕22 号），明确了对纳入政府预算管理的所有财政性资金开展绩效目标管理、绩效跟踪管理和绩效评价管理的具体要求，同时对评价结果反馈和应用管理等活动进行了规定。该办法的出台为上海市预算绩效管理工作指明了方向。2019 年，上海市印发《中央上海市委 上海市人民政府关于我市全面实施预算绩效管理的实施意见》（沪委发〔2019〕12 号），进一步明确推进方向。2019 年起，为落实全面实施预算绩效管理的有关要求，又陆续出台了部门（单位）整体支出、财政政策和财政项目支出预算绩效管理等实施办法，并进一步强化绩效指标和标准约束，印发《关于推进市级预算部门开展行业绩效指标和标准建设的通知》（沪财绩〔2020〕7 号）等文件。2020 年，还制定了政府性基金预算和国有资本经营支出预算的绩效管理办法，将预算绩效管理向其他三本预算拓展。同时，不断完善预算管理工作考核体系。上海市预算绩效管理主要制度性文件见表 5-2-1。

表 5-2-1　上海市预算绩效管理主要制度文件汇总（2011 年至今）

序号	年份	制度文件名称
1	2011 年	《上海市财政支出绩效评价管理暂行办法》（沪府办发〔2011〕1 号）
2	2011 年	《关于贯彻落实〈上海市财政支出绩效评价管理暂行办法〉的实施意见》（沪财绩〔2011〕3 号）
3	2011 年	《上海市财政支出绩效评价聘用第三方评价机构管理暂行办法》（沪财绩〔2011〕5 号）
4	2011 年	《上海市财政支出绩效评价聘用评审专家管理暂行办法》（沪财绩〔2011〕6 号）
5	2011 年	《上海市财政局关于财政支出绩效评价结果应用内部职能分工的通知》（沪财办〔2011〕28 号）

序号	年份	制度文件名称
6	2011 年	《编制绩效目标的若干要求》（沪财预〔2011〕92 号）
7	2013 年	《关于印发〈上海市预算绩效管理工作规划（2013—2015 年）〉的通知》（沪财绩〔2013〕1 号）
8	2013 年	《上海市财政局关于印发〈本市财政支出项目绩效目标跟踪评价实施方案（试行）〉的通知》（沪财绩〔2013〕15 号）
9	2013 年	《关于印发〈上海市预算绩效管理实施办法〉的通知》（沪府办发〔2013〕55 号）
10	2014 年	《关于印发〈上海市预算绩效管理实施办法〉的通知》（沪财绩〔2014〕22 号）
11	2017 年	《关于印发〈上海市市本级项目支出预算管理办法〉的通知》（沪财预〔2017〕76 号）
12	2018 年	《上海市市级财政项目预算评审管理办法》（沪财预〔2018〕93 号）
13	2018 年	《关于印发〈上海市第三方机构财政支出绩效评价工作质量评估办法（试行）〉的通知》（沪财预〔2018〕17 号）
14	2019 年	《中央上海市委 上海市人民政府关于我市全面实施预算绩效管理的实施意见》（沪委发〔2019〕12 号）
15	2019 年	《关于印发〈上海市市级预算部门（单位）整体支出绩效管理办法（试行）〉的通知》（沪财绩〔2019〕19 号）
16	2019 年	《关于印发〈上海市市级财政政策预算绩效管理办法（试行）〉的通知》（沪财绩〔2019〕20 号）
17	2019 年	《关于加强本市政府投资项目绩效管理有关工作的通知》（沪发改规范〔2019〕14 号）
18	2020 年	《关于印发〈上海市财政项目支出预算绩效管理办法（试行）〉的通知》（沪财绩〔2020〕6 号）
19	2020 年	《关于推进市级预算部门开展行业绩效指标和标准建设的通知》（沪财绩〔2020〕7 号）
20	2020 年	《关于印发〈市级部门财政管理工作绩效考核办法〉的通知》（沪财绩〔2020〕8 号）
21	2020 年	2020 年《关于印发〈区级财政管理工作绩效考核办法〉的通知》（沪财绩〔2020〕9 号）
22	2020 年	《关于印发〈上海市政府性基金预算绩效管理办法（试行）〉的通知》（沪财绩〔2020〕10 号）
23	2020 年	《关于印发〈上海市市级国有资本经营支出预算绩效管理办法（试行）的通知》（沪国资委评价〔2020〕466 号）

（二）上海市市本级预算绩效管理的突出经验

历经多年摸索与经验积淀，上海市已初步形成具有地方特色的预算绩效管理模式，即"以实践为基础，完善制度机制，以创新为驱动，促进绩效融合；以绩效联动和强化预算部门主体责任为抓手，打造立体化的预算绩效管理体系；以强化绩效目标为导向，推进全过程预算绩效管理；以信息化建设和培育第三方机构为支撑，提升绩效管理质量"。上海市预算绩效管理工作的主要经验有以下四点：

一是创新开展方式，率先实行"市、区、乡镇"三级预算绩效管理联动模式。市级层面，上海市财政局每年制定预算绩效管理工作要点，明确市区财政、各预算部门的预算绩效工作目标，包括绩效目标编报、绩效跟踪、绩效评价、结果公开等项目资金比例，细化工作计划，明确工作职责。同时，上海市积极推进市、区绩效评价工作联动，掌握重大项目在全市范围内的绩效情况，开展同类项目的绩效比较，建立和完善绩效资源库，实现市与区在绩效目标、指标框架、评价标准、专家、第三方机构等方面的资源共享。乡镇层面，上海市早在2013年就印发了《关于加强镇（乡）财政预算绩效管理的实施意见》，要求镇（乡）建立预算绩效管理制度，编制项目资金绩效目标，开展项目资金绩效评价，实施绩效评价结果应用，由各区负责推进本区乡镇财政绩效管理工作。此后，上海市各乡镇在各区财政的统一组织下，按照要求稳步有序地开展预算绩效管理。目前，上海市已形成市、区、乡镇三级联动开展绩效管理的局面。

二是依托信息化平台，提升预算绩效管理绩效。开展预算绩效管理信息化平台建设是上海市预算绩效管理的重要手段。2011年以来，上海市分四期推进预算绩效管理平台的信息化建设工作，到2017年基本形成了涵盖绩效目标、绩效跟踪、绩效评价、结果应用、指标库、智库、第三方在线应用平台等在内的信息化管理体系。2019年，上海市启动财政预算管理一体化平台建设，积极推进预算绩效一体化工作。2020年底，上海市进一步优化预算管理一体化平台，完善不同类型预算绩效的系统管理功能，从而进一步推进预算管理和绩效管理的融合。与此同时，上海市积极推进各区及乡镇绩效管理信息化应用，截至2020年年底，区绩效管理信息化应用已实现全覆盖，主要乡镇绩效管理信息化应用工作推进面已超过80％，市、区、镇（乡）多级贯通的绩效信息化管理架构基本形成。

三是落实保障机制，强化预算部门绩效责任。上海市开展绩效管理工作之初，就明确了预算部门和单位作为绩效管理主体，主动开展此项工作。通过不断强化预算单位绩效理念，使其自觉承担起"用钱必问效，低效必问责"责任。预算主管部门要建立和完善本部门预算绩效管理的相关制度、工作计划、配套措施；组织实施本部门的预算绩效管理工作，研究并建立本行业绩效评价指标体系；按规定编报绩效目标，对预算执行进行绩效跟踪，组织开展本部门和所属单位绩效自评工作，实施结果应用和绩效信息公开；开展对下属预算单位的绩效管理工作的考核等。通过近10年的推进，部门绩效意识不断增强，讲求绩效的氛围逐步形成。

四是重视评价质量，积极探索绩效管理成果质量提升路径。随着预算绩效管理工作不断增点扩面，当前绩效评价报告质量良莠不齐的情况较为突出。为进一步强化绩效评价工作的过程控制，提升绩效评价报告质量，规范第三方机构的工作行为，上海市探索建立了绩效评价质量管理机制。首先，强化绩效评价工作过程管理，加强各方协同配合和有效融合，以关键环节为切入点，细化控制内容，提升绩效评价报告质量；其次，强化监督局的组织协调、引领、把关作用；再次，强化绩效专家过程指导，发挥参谋、智囊作用；最后，强化对第三方机构质量控制和评价，以各类量化指标，规范评估第三方机构的工作质量，为完善第三方机构的遴选机制提供依据，切实提高绩效评价工作自身的绩效。

（三）上海市金山区预算绩效管理的创新实践

上海市金山区预算绩效管理工作由预算科牵头管理，自 2019 年开始，金山区成立专门绩效相关科室负责预算绩效管理相关工作。金山区财政局针对"预算编制'争盘子''抢资金'，预算安排与项目计划脱节，预算执行前松后紧、前慢后快"等问题，于 2017 年开始推进部门项目支出预算前评审工作，即以部门所有申报项目为评审对象，以新增一次性项目和重点经常性项目为重点，评估和审查项目设置、立项的必要性和预算的匹配度，同时预算评审的结果作为下一年度部门项目预算安排的重要参考依据。2020 年，金山区财政局又出台《金山区财政项目支出预算绩效管理办法（试行）》，进一步拓展管理范围、健全管理流程、规范工作内容完善评价体系、增强问责约束，并调整了工作表式。

2017—2018 年，金山区选取预算资金体量较大、预算执行进度较慢、预算调整较为频繁的部门，优先开展预算前评审工作，完成了 30 家预算部门的项目整合及对应预算安排的梳理，涉及 272 家下属预算单位、673 个项目、资金 118.25 亿元，经评审，共计核减预算 33.30 亿元，预算核减率达 28％。通过此举措，金山区财政局一方面强化了预算编制过程中的目标导向作用，切实将绩效目标应用于预算编制过程中；另一方面提高了评审部门对项目绩效目标管理的重视度，强化了其绩效责任意识，推进了绩效管理与项目管理的有机结合。

相较于传统的事前评估，金山区推行的整体项目支出预算前评审能系统地覆盖部门所有项目，涉及面更广，发挥的效益性更大，应用度更高。其绩效管理特色创新点主要体现为以下几方面：

一是将绩效理念嵌入预算管理，促进绩效预算一体化融合。在预算申报阶段进行预算评审，运用绩效管理理念，帮助部门充分梳理职能，精准摸清定位，合理安排预算。评价环节前移有利于从源头上把好资金分配关，实施财政预算、项目绩效"双监控"。

二是推进预算评审标准化建设，解决评审格式不一致问题。在 2017 年探索应用的基础上，2018 年金山区财政局研究并制定了《关于金山区预算前评审报告格式的操作指南》，进一步明确了金山区预算评审报告格式及框架要求，并举办专题培训会部署预算评审工作要求，提高了评审结果的科学性和可应用性。

三是强化部门整体合理性把控，创新部门预算评审模式。将预算部门所有申报项目作为评审对象，以部门职能为导向规范项目分类，避免部门间项目重复安排、拆分安排等的不合理安排，确保同类项目实施标准统一。

（四）上海市闵行区预算绩效管理的创新实践

上海市闵行区自 2003 年开始绩效评价试点工作，逐步调整并形成了"自上而下"的顶层制度设计。闵行区将预算绩效管理工作作为公共预算改革的重要内容，从推动政府行政效能建设的高度定位公共预算改革，各项决议以区委全委会表决形式进行决策。2008 年 7 月，中共闵行区委审批通过了"以结果为导向"的绩效评价改革，同年 8 月首次将涉及民生的 5 个大类 9 个领域绩效评价项目以月公示的方式主动向社会公开。2009 年 5 月，中共闵行区委通过扩大绩效评价范围的决议，要求将区级各预算单位专项项目中凡涉及民生、公共产品等预算金额在 2000 万以上的项目全部纳入各单位以结果为导向的预算绩效管理中去。2013 年，闵行区制定了《绩效跟踪评价指标体系框架》，规范了跟踪过程中的投入、管理指标，统一了指标体系评分规则、指标设计思路，明确了绩效跟踪考察重点，具备较强的实用性。

闵行区作为全国率先开展预算绩效管理工作的区县之一，经过数年的预算绩效管理实践，形成的主要经验与创新做法有四点：

一是以结果为导向构建预算绩效管理模式。闵行区要求各部门根据闵行区委区政府制定的战略目标，确定本部门的工作目标，并进一步细分至具体项目的绩效目标，再基于细分目标计算所需的财政投入，从而将各种要素通过目标有机地协调统筹起来。

二是以流程再造为基础形成预算绩效管理闭环系统。闵行财政将传统的"供给型财政流程"转变成"绩效目标""绩效预算"和"绩效评价"三位一体的绩效管理流程，较好地满足了财政支出绩效目标管理的要求，具体可概括为"三个层面"和"三个维度"的有机整合，如图 5-2-1 所示。

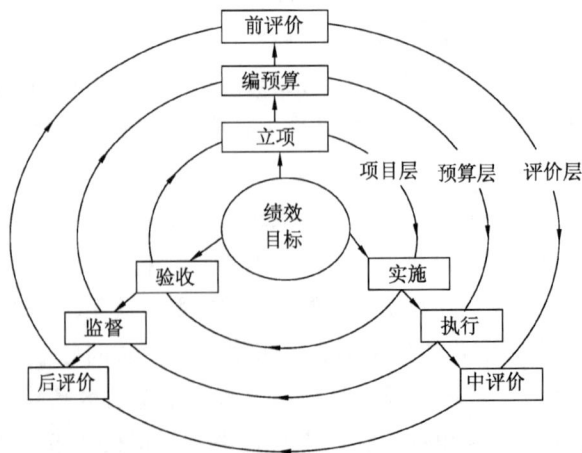

图 5-2-1　预算绩效管理闭环系统

"三个层面"是指围绕项目绩效目标展开的项目层、预算层和评价层，三个层面环环相扣、层次分明；"三个维度"是指在三个环节上的绩效管理流程。每个维度上的流程再造都是以绩效目标为原点，以绩效评价为工具，对项目绩效管理流程的改造过程。

三是强化以人大为主导的民主参与预算绩效机制。闵行区预算绩效决策的典型特色是坚持以人大为主导，强调民主参与。在预算编制过程中，区政府和区财政部门根据人大对预算审议的要求，提交分层分类、清晰易懂、重点突出的预算信息供区人代会审议；在项目绩效评价过程中，闵行区邀请人大、政协的代表和相关专家共同参与对绩效目标和指标的论证、评价报告的评审等。通过上述方式，充分发挥人大的主要作用，也进一步促进了绩效评价结果的落实，有效地推进了预算决策的科学化和民主化。

四是建设长效机制，完善管理程序。首先，闵行区通过出台预算绩效管理相关办法，明确年度工作要点，制定工作指南，建立健全相关参与方的管理和考核机制，促进预算绩效管理工作制度化。其次，与年度预算管理的环节及时间节点相匹配，实现绩效管理与预算、市级财政管理要求及政府年度工作重点的同步，推进预算绩效管理机制常态化。最后，按照评价管理要求分类管理，明确各类评价的程序，强化结果应用，完善预算绩效管理方式的程序化，从而确保绩效管理工作具有持续推动力。

（五）上海市奉贤区预算绩效管理的创新实践

2011 年，奉贤区财政局成立了专门的机构负责绩效管理工作，随后又陆续出台多项管理制度，确保预算绩效管理工作有序推进。作为财政管理工作的重点，在全面实施预算绩效管理的相关要求下，奉贤区财政局坚持以预算绩效一体化为中心，高度重视管理机制创新与信息化应用，落实预算绩效管理链条"四个融合"：将事前绩效评估与预算安排相融合、绩效目标管理与预算编审融合推进、绩效目标与预算执行融合监控、绩效评价和下年度预算安排相融合。2017—2020 年，通过事前绩效评估与预算安排融合，财政部门组织开展的事前绩效评估项目数累计 90 个，预算资金核减金额总计 76987.66 万元，初步形成事前绩效评估与预算安排并举推进的态势；通过绩效目标与预算申报、审核、批复、公开同步，奉贤区实现了区各预算部门（单位）和各镇绩效目标编报全覆盖；通过绩效目标跟踪与预算执行关联实施，绩效跟踪的项目资金规模比重从 2017 年的 81.38％上升至 2020 年的 92.29％，财政部门组织的重点绩效跟踪项目数则常年稳定在 100 个左右，涉及资金数大约 30 亿元；通过决算阶段加大绩效评价力度、评价结果和下一年度预算安排相融合等举措，财政部门重点评价涉及项目累计 131 个，资金量累计达 86.51 亿元，评价结果应用于下一年度预算合计调减资金 12.24 亿元。

此外，奉贤区在推进本地区预算绩效管理工作方面，有以下几个方面的经验：

一是积极联动人大力量。一方面是在每年年中的区人代会上，区财政局将财政部门组织开展的部分项目绩效评价结果和预算部门组织开展的部分项目自评结果随同决算材料提交人大代表审议，并于 2020 年首次尝试在人代会期间报告当年财政绩效管理情况，主动接受人大代表的审议监督。另一方面在区财政局的积极配合下，奉贤区人大自 2019 年起尝试开展人大决算审查绩效监督指标体系建设，基本遵循"整体绩效—领域绩效—专项绩效"的逻辑路径，以医疗卫生和教育为突破口，初步搭建形成了"1＋X"的决算审查绩效监督体系。

二是做深政策集群评价，瞄准政策调整优化。与现有的政策评价相比，奉贤区财政局通过推进政策集群评价，真正实现了"三个转变"，即从关注单个政策向关注多个同属性政策转变，从单纯资金评价向资金与政策评价相结合转变，从关注工作完成度和投入效果向政策制定端的合理性和可行性转变。通过对可能分散在多个部门的同属性政策集群进行政策评价，以政策调整整合为目的，以"废改立"为抓手，废除当前已经不符合奉贤区区域引导要求的政策或政策重点中的某些内容，整合重复的政策，调整优化当前已有政策，新增设立空缺引导政策，并同步进行预算审核，成果应用较为显著。

三是做细部门专业能力提升，创新开展"三结对"。为了进一步做细部门专业能力提升，培养和提高区级预算部门的预算绩效管理水平，奉贤区积极创新开展"三结对"，即财政部门、预算主管部门和第三方机构进行三方结对。由财政部门牵头，预算部门和第三方机构之间进行一对一结对帮扶，点对点地进行互相交流学习和咨询研究讨论。在加强绩效管理业务培训的同时，建立对绩效管理相关人员的考核约束机制，结对周期结束后对部门相关人员进行考核，将考核结果全面公开并作为后续选聘第三方机构的主要依据，既达到促进部门预算绩效管理能力提升的目的，也促进第三方机构选聘方式的创新完善。

二、 山东省预算绩效管理模式与经验

（一）山东省预算绩效管理发展历程

山东省自 2008 年启动专项资金绩效评价试点，近几年不断拓展实践深度与广度。2012 年之前，山东省预算绩效管理一直处于起步探索阶段，主要按照国家、省及财政部要求，推进专项资金的绩效评价试点工作。自 2012 年起，山东省财政厅成立了预算绩效管理处，具体负责开展预算绩效管理工作，为全省预算绩效管理工作的开展提供了有力的组织保障。同年年底，山东省财政厅召开了主题为"加强绩效管理"的全省财政局长座谈会，并将 2013 年确立为"绩效管理年"，由此打开山东省预算绩效管理的新篇章。2014 年，山东省财政厅全面推进预算绩效管理制度建设，先后出台了关于综合评价方案、绩效目标管理等制度办法，有力推动了全省预算绩效管理工作的步伐。2017 年，《山东省人民政府办公厅关于转发省财政厅〈山东省省直部门预算管理绩效综合评价实施方案（试行）〉的通知》（鲁政办字〔2017〕185 号），文件要求实施部门预算管理绩效综合评价，进一步强化部门责任意识和绩效观念，整体提升市直部门预算编制、执行、监督和绩效管理的能力和水平。2018 年，山东省财政厅制定《山东省省级预算支出项目第三方绩效评价工作规程（试行）》（鲁财绩〔2018〕7 号），进一步明确省级预算支出项目第三方绩效评价工作要求，细化评价指标体系，规范第三方绩效评价行为。2019 年，山东省印发《中共山东省委 山东省人民政府关于全面推进预算绩效管理的实施意见》（鲁发〔2019〕2 号），明确了山东省全面推进预算绩效管理的实施要求，此后，山东省财政厅进一步印发了一系列配套办法，落实预算绩效管理工作开展。2020 年是山东省"预算绩效管理改革攻坚年"，山东省财政厅提升改革力度，落实改革责任，形成了预算绩效管理的"山东经验"。山东省预算绩效管理主要制度性文件见表 5-2-2。

表 5-2-2 山东省预算绩效管理主要制度文件汇总（2007 至今）

序号	年份	文件名称
1	2007 年	《山东省省级预算重点项目支出绩效考评管理办法（试行）》（鲁财预〔2007〕40 号）
2	2011 年	《山东省省级财政支出绩效评价暂行办法》（鲁财预〔2011〕67 号）
3	2013 年	《关于全面推进预算绩效管理的意见》（鲁财预〔2013〕86 号）
4	2014 年	《山东省省级财政项目支出绩效目标管理办法（试行）》（鲁财绩〔2014〕2 号）
5	2014 年	《山东省省级预算绩效管理委托第三方机构评价管理办法（试行）》（鲁财绩〔2014〕4 号）
6	2015 年	《关于印发〈山东省省级股权投资引导基金绩效评价管理暂行办法〉的通知》（鲁财预〔2015〕57 号）
7	2016 年	《关于印发〈山东省省级专项转移支付绩效目标管理暂行办法〉的通知》（鲁财绩〔2016〕3 号）
8	2016 年	关于印发《山东省水利部门项目支出绩效指标评价体系框架》的通知（鲁财绩〔2016〕4 号）
9	2016 年	关于印发《山东省卫生计生部门项目支出绩效评价指标体系框架》的通知（鲁财绩〔2016〕5 号）
10	2017 年	《山东省人民政府办公厅关于转发省财政厅〈山东省省直部门预算管理绩效综合评价实施方案（试行）〉的通知》（鲁政办字〔2017〕185 号）
11	2017 年	《关于印发〈山东省城镇保障性安居工程财政资金绩效评价实施细则〉的通知》（鲁财综〔2017〕14 号）
12	2018 年	《关于印发山东省人力资源社会保障部门项目支出绩效评价指标体系框架的通知》（鲁财绩〔2018〕3 号）
13	2018 年	《山东省省级预算支出项目第三方绩效评价工作规程（试行）》（鲁财绩〔2018〕7 号）

序号	年份	文件名称
14	2019 年	《中共山东省委 山东省人民政府关于全面推进预算绩效管理的实施意见》（鲁发〔2019〕2 号）
15	2019 年	《山东省省级部门单位预算绩效管理办法》（鲁政办字〔2019〕20 号）
16	2019 年	《山东省省对下转移支付资金预算绩效管理办法》（鲁政办字〔2019〕20 号）
17	2019 年	《山东省省级政策和项目预算事前绩效评估管理暂行办法》（鲁财绩〔2019〕5 号）
18	2019 年	《山东省省级预算绩效管理三年行动方案（2019—2021 年）》（鲁财绩〔2019〕6 号）
19	2020 年	《山东省省级项目支出绩效单位自评工作规程》（鲁财绩〔2020〕4 号）
20	2020 年	《山东省省级项目支出绩效财政评价和部门评价工作规程》（鲁财绩〔2020〕4 号）
21	2020 年	《山东省省级政策和项目预算事前绩效评估工作规程》（鲁财绩〔2020〕5 号）
22	2020 年	《山东省省级部门单位预算绩效运行监控管理暂行办法》（鲁财绩〔2020〕5 号）

（二）山东省省本级预算绩效管理的突出经验

山东省预算绩效管理的创新与突出经验主要包括以下五个方面：

一是明确工作目标和重点任务。2019 年，《山东省省级预算绩效管理三年行动方案（2019—2021 年）》（鲁财绩〔2019〕6 号）出台，明确了山东省全面实施预算绩效管理的推进目标和 14 项具体任务，确定了改革时间表、路线图和责任书，按照"一个目标、两个支撑、三个环节、四个层次"的总体思路展开预算绩效管理工作。

二是多举措推动各级各部门预算绩效管理责任落实。为落实各级政府和各部门各单位预算绩效管理主体责任，山东省主要采取了以下三个方面的措施。其一，加强预算绩效管理工作考核。将省直部门预算绩效管理水平纳入省直机关绩效考核内容，将市县预算绩效管理工作纳入省对市、市对县经济社会发展综合考核体系。其二，通过建立绩效评价结果与部门项目预算安排挂钩的机制，建立区域绩效与专项资金分配挂钩的机制，引导省直部门和各市县落实绩效责任。其三，通过建立绩效信息向人大报送和向社会公开，以及加强审计监督倒逼部门单位落实绩效责任。

三是强化基础支撑，推进部门绩效指标体系建设。绩效指标和标准体系是绩效管理的基础也是各级各部门开展绩效管理面临的难点之一。自 2016 年起，山东省采取培训先行、专家辅导、财政牵头、部门为主的构建思路，开展部门绩效评价指标体系建设，初步建成了分行业、分类别的项目支出绩效指标体系框架，由财政和部门联合行文颁发，对推进部门绩效评价工作开展发挥了重要作用。目前，省级已出台普通国省道建设养护、地质勘查和博物馆、美术馆、科技馆运维等 11 项预算支出标准，并对乡村振兴、科技创新和新旧动能转换等 38 个专项、60 个部门，建立了分行业、分领域、分层次的绩效指标标准体系。

四是绩效管理关口前移，向事前绩效评估要财力。山东省积极探索建立事前绩效评估机制细化操作规程，完善评估方式。其一，研究出台了《省级政策和项目预算事前绩效评估工作规程》，规范评估程序和流程。其二，突出绩效导向，创新评估模式，将事前绩效评估与预算评审融合，解决两者工作关联和交叉的问题，实现信息共享。其三，强化事前绩效评估结果应用，调整项目支出结构和资金使用方向，提出政策改革建议，完善政策和项目内容，从而提高资金投向的精准度。2019 年以来，全省各市县开展财政事前绩效评估项目 1632 个，共核减预算资金 29.3 亿元。

五是推动绩效评价服务供给侧改革，引导整合多方资源。作为预算绩效评价工作的重要组织者和参与者，山东省预算绩效评价中心不断完善制度建设，通过深入调研，强化责任，进行人才培养等方面引导多方协同，探索多种预算绩效评价开展模式。比如，对于常规性项目，采取合作型，即"中心＋第三方"评价的模式；对于涉密性项目，采取独立型，即"中心＋行业专家"评价模式；对于财政资金分级投入（转移支付）项目，采取联动型，即上下联动评价模式，要求省市县三级联动，以干代训，推进全省工作推进；对于复杂项目，采取协同型，即"中心＋主管部门＋市县＋第三方＋专家"等多方合作评价。

（三）山东省济南市预算绩效管理的创新实践

针对预算管理面临的主要问题，济南市深入贯彻落实中央和省全面实施预算绩效管理的工作部署，大力深化预算绩效管理改革，济南市向绩效管理要财力的做法，已经取得显著成绩。其预算绩效管理的突出和创新实践经验主要体现在以下方面：

一是高点站位、高位谋划。济南市委市政府高度重视，不断深化市级预算管理改革，将绩效管理作为改革的重要抓手。济南市把预算与绩效管理一体化作为根本出发点，通过高位推动，引导各部门（单位）和区县科学、精准编制预算，落实预算绩效主体责任。

二是财政统筹规划，坚持制度创新。在省级预算绩效管理的大框架下，济南市聚焦部门单位和对下转移支付资金两个关键实施对象，配套制定《济南市市级部门单位预算绩效管理办法》和《济南市市对下转移支付资金预算绩效管理办法》，从 5 个方面制定 17 条改革举措，细化工作要求举措，强化绩效成果应用，硬化预算绩效约束，提高预算绩效管理的科学性和规范性，建立全覆盖、全过程、全方位的预算绩效管理制度体系。

三是内部流程再造，实行预算精准编制、精准执行、精准盘活、精准考核的预算管理流程。首先，实施预算精准编制，实行项目预算安排与事前绩效评估、绩效目标及上年预算执行绩效情况"三个挂钩"机制。其次，实施预算精准执行。设定预算执行进度、预算支出率、预算到项目率 3 个反映预算执行效率的基本共性绩效指标，对市直部门进行考核约束，并严格实行按项目实施进度及支出进度分期拨款，有效提高预算执行精准度。最后，实施精准盘活。建立"项目绩效跟踪监控＋支出进度和资金闲置预警整改＋动态精准盘活"机制，实施绩效预警，对问题严重或整改不到位的予以暂缓或停止预算拨款直至收回已拨资金，对预计年底无法支出的项目资金及时进行精准调整和收回，有效增加可用财力。

四是多方协同推进。在党委领导下，济南建立了人大、纪检监察、组织部、财政、审计等协调配合的"五方协同精准联控"机制。市人大重点审查监督支出预算、政策和项目实施效果，加大绩效目标、绩效结果全过程预算绩效监督，建立了市人大代表参与重大政策和项目事前评估工作机制；市纪检监察部门将财政资金使用绩效情况纳入每年巡察和专项监督，促进预算绩效管理工作的全面落实；市委组织部门将预算绩效管理水平纳入全市经济社会发展综合考核体系；市财政部门负责指导各部门单位开展预算绩效管理工作，对实施情况进行督导考核；市审计部门依法对预算绩效管理情况开展审计监督，并将预算绩效管理情况纳入领导干部经济责任审计范围。形成了财政牵头组织，预算部门主责实施，多部门联合推动的大分工、大协作工作格局。

（四）山东省威海市预算绩效管理的创新实践

为深入贯彻党的十九大及"34号文件"精神，威海市以"绩效管理提升年"为契机，以"全面开花、齐头并进、突出重点"为原则，以"夯基础、重规范、提效率、上台阶"为目标，统筹谋划全面实施预算绩效管理工作。2018年，威海市先后制定颁布了《威海市市级财政专项资金绩效管理办法》（威政办发〔2018〕25号）、《威海市市直部门预算管理绩效综合评价实施方案（试行）》（威政办字〔2018〕38号）、《威海市全面推进预算绩效管理工作方案（2018—2020）》以及四项操作指南等一系列预算绩效管理政策文件和配套制度，对威海市原有预算绩效管理工作的组织管理、工作模式、保障机制等进行了进一步的完善、优化和加强，旨在通过制度建设将绩效理念和方法深度融入预算编制、执行、监督全过程，构建全过程的绩效闭环管理体系。近年来，威海市把全面实施预算绩效管理作为财政管理工作的重要抓手，将绩效当作"指挥棒"，在夯实基础重构制度框架，做好人才培养和储备，营造浓厚绩效氛围的基础上，结合本地区实际开展预算绩效管理工作，其绩效管理开展特点主要体现在以下三个方面：

一是精准定位，打造绩效评价"1＋1＋1＋N"的威海模式。根据预算绩效管理工作现状，威海市选择了一批资金量大、覆盖面广、社会关注度高的重点项目及专项资金政策，开展涵盖部门整体评价、政策评价、项目评价三层次评价试点，形成了以财务主管部门、业务主管部门、评价开展方及其他相关主体联动的"1＋1＋1＋N"模式。评价工作由市财政绩效科牵头，企业科、信息中心、预算科等相关科室配合，以被评单位项目负责人为纽带，以经验丰富的专业第三方机构为主导，以当地资质优良的第三方机构为辅助，以项目和财务监管方为督导，以行业专家为智囊，以人大、政协等部门为监督，多方参与、协同工作，充分发挥各方优势，有力保障绩效评价的全面性、专业性和权威性。同时，通过以评促建、以干代训的方式形成良性循环，规范业务流程，形成报告范本，积累业务经验，加快人才培养。

二是系统建设，数据支撑，形成"大数据＋绩效"新格局。威海市以平台系统为先导，通过系统组织开展预算绩效目标的编报、绩效跟踪监控和绩效综合评价工作。同时，威海市大数据中心将全市已有的政府内部政务（系统）数据和外部的企业信息数据、互联网数据、社会统计数据、第三方绩效管理服务平台数据等纳入数据采集范围，打通了财政部门和预算部门单位、第三方机构的数据链，实现横向和纵向数据互联共享。目前，大数据中心已通过省共享交换平台共享 32 个省级部门的 2.3 亿条数据，通过市共享交换平台整合共享全市 57 个部门的 3.1 亿条数据，通过互联网和绩效管理服务平台采集了 2000 多万条数据，累计归集各类数据 5 亿～6 亿条，初步建立起了绩效大数据采集系统。

三是深化创新，全面实施预算绩效管理。2020 年，威海市按照"三全"预算绩效管理体系建设要求，完善"全方位"预算绩效管理层级，深化"全过程"预算绩效管理链条，进一步扩大预算绩效管理覆盖范围。首先，推进部门整体绩效管理试点，采取市县联动方式推进部门整体绩效管理，并探索开展市对区市财政运行综合绩效评价试点。其次，加大财政重点评估力度，将事前绩效评估结果作为项目入库和申请预算的必备条件；完善项目支出绩效目标和指标标准；按照分层管理要求，督导部门（单位）对项目支出绩效运行监控实行全覆盖，对重大政策和项目进行重点跟踪监控，并于疫情期间对涉及疫情防控、支持企业复工复产保障经济运行的财政支持政策和资金全部实行绩效跟踪管理。再次，扩大预算绩效管理范围，研究制定社会保险基金、政府投资基金、政府购买服务等领域绩效管理办法。最后，通过加大绩效信息公开力度，加强预算绩效管理信息化建设，推进大数据在绩效管理中的运用，加强绩效管理工作考核等措施进一步保障全面实施预算绩效管理工作落地。

三、 四川省预算绩效管理模式与经验

（一）四川省预算绩效管理发展历程

2005 年，四川省开始绩效评价试点工作。2008 年重点评价了产业类项目和民生类项目。随着时间的推移，四川省逐渐从单一项目的评价发展到主要对大类项目的评价，从对评价结果的项目层面应用发展到部门层面的应用。2009 年，预算绩效管理覆盖四川省绝大部分市州。同年底，四川省政府办公厅印发《关于印发省级预算编制审批程序试行的通知》（川办函〔2009〕289 号），进一步规范完善省级预算编审程序，全面启动省级预算编审程序改革。2010 年，四川省进一步拓宽绩效评价范围。一是从省级财政安排的产业发展、民生保障、行政运行和基础设施四大支出板块选择 80 个大类项目开展绩效评价。二是开展部门管理绩效评价工作。重点对 56 个省级部

门"机关节能降耗""勤俭廉洁行政""预算执行时效"和"执行财经纪律"等四项成本效益指标进行考核，为省政府实施省级部门年度绩效评价提供依据。这一期间，四川省成立绩效评价管理处，并启动部门支出绩效评价试点，选择建设厅、商务厅、旅游局、中医局、畜牧局等五个部门进行部门预算绩效评价试点，探索项目支出绩效评价向部门支出绩效评价深化的思路和方法。2019 年，四川省委省政府印发《中共四川省委 四川省人民政府关于全面实施预算绩效管理的实施意见》（川委发〔2019〕8号），推动四川省预算绩效管理开启新篇章。同年，四川省财政厅印发《四川省省级产业发展投资引导基金绩效评价管理暂行办法》（川财规〔2019〕8号），从基础管理、政策目标、投资管理、基金效益等方面构建了一套完整系统的绩效评价指标体系，将绩效评价结果与基金管理费、业绩奖励等挂钩，着力建立以评价结果为导向的激励约束机制。

近几年，四川省及时落实财政部和省政府最新工作要求，不断修订完善制度办法和业务规程，加大绩效目标公开力度，规范预算绩效管理工作。四川省预算绩效管理主要制度性文件见表 5-2-3。

表 5-2-3　四川省预算绩效管理主要制度文件汇总（2009 年至今）

序号	年份	文件名称
1	2009 年	《关于印发省级预算编制审批程序试行的通知》（川办函〔2009〕289 号）
2	2009 年	《四川省财政支出绩效评价管理暂行办法》（川财预〔2009〕92 号）
3	2012 年	《四川省人民政府关于印发〈四川省人民政府绩效管理过错问责及结果运用办法（试行）〉的通知》（川府发〔2012〕13 号）
4	2014 年	《四川省人民政府关于印发四川省人民政府部门绩效管理办法的通知》（川府发〔2014〕25 号）
5	2015 年	《委托第三方机构参与省级财政绩效评价管理办法》（川财预〔2015〕140 号）
6	2016 年	《四川省财政支出绩效评价管理办法》（川财绩〔2016〕1 号）
7	2018 年	《四川省省级财政第三方机构预算绩效管理工作质量跟踪办法》（川财绩〔2018〕6 号）
8	2018 年	《2018 年省级财政全面实施绩效管理工作要点》（川财绩函〔2018〕3 号）
9	2019 年	《中共四川省委 四川省人民政府关于全面实施预算绩效管理的实施意见》（川委发〔2019〕8 号）
10	2019 年	《四川省省级产业发展投资引导基金绩效评价管理暂行办法）》（川财规〔2019〕8 号）
11	2019 年	《财政厅关于印发〈四川省省级财政预算绩效结果应用管理办法〉的通知》（川财绩〔2019〕15 号）
12	2020 年	《四川省预算绩效管理工作考核暂行办法》（川财绩〔2020〕2 号）

（二）四川省预算绩效管理的突出经验

近年来，四川省按照财政部和省政府的安排部署，在预算绩效评价实施的实践过程中，立足省情和工作实际，分析总结绩效评价工作经验，归纳提炼出既体现四川特色又具有普遍推广性的预算绩效评价实践和理论方法，即四川省"四个导向，四项功能"的四维属性绩效评价方法。

一是基于绩效评价的目标导向开展调研。科学的抽样方法和最优抽样比例能有效支撑绩效评价和数据分析。四川省在绩效评价实践中，根据省情和评价项目实际，动态运用分层和聚类抽样方法，刚性要求绩效评价抽样一级点位必须达到10%以上，对全覆盖民生项目而言，全省一级点位至少18个（在一级点位以下，根据评价需要还会进行二次抽样，以此类推向下延伸）。同时，点位选择必须统筹考虑各地政策覆盖、资金规模、项目管理等多种因素，评价点位必须兼顾平原、丘陵和高原山区，确保点位具有代表性和典型性。据此，四川省逐步形成了"点面结合，深度调研"的多角度、多来源、多方法的典型样本调研模式，突出从"多维视角"切入、以"多元数据"支撑、以"多重分析"求证的评价实施特征，通过试点大数据分析评价，有效提升数据质量和分析结果的说服力，从而全面反映项目政策设计缺陷、管理漏洞、资金效益和公众意识，提升绩效评价整体水平。

二是基于绩效评价的问题导向实施诊断。四川省预算绩效评价以问题导向为基点，在政策和项目绩效评价全流程中，探索试行"问题导向三分法"，即按照绩效评价流程将问题分为三部分：前期收集资料预设问题，现场评价发现问题，评价结束统筹问题。其次，"解决问题"是根本。按照问题的普遍性和特异性，四川省财政厅将绩效评价问题一般分为共性问题和个性问题两类，根据问题类别分析推理、实践验证，从而由表及里，通过共性问题挖掘项目政策不足，修订完善政策制度；剖析个性问题反映个体差异，坚决整改落实，力争做到"标本兼治"。比如绩效评价发现某项目资金存在结余较大，使用率低的问题，如果抽样点位普遍存在以上问题，那么将会进一步分析项目政策是否存在缺陷，资金分配及方式是否科学合理，财政资源供给是否与需求相匹配等，用以进一步完善政策及管理。

三是基于绩效评价的需求导向展开咨询。随着四川省预算绩效管理工作的纵深开展以及绩效评价的深度推进，绩效评价的咨询属性在四川以需求为导向的绩效评价结果运用中日趋凸显。主要经验包括：第一，为政策制定者提供决策建议。绩效评价提供的咨询建议通常基于大量数据支撑和基础实践，具有可操作性和实效性，决策者在下一步的政策评估中会充分吸纳相关咨询建议信息，统筹完善政策决策。第二，为项目管理者完善管理措施。绩效评价会对相关制度机制进行动态跟踪和综合分析，及时反馈制度执行成效并提出合理化建议，发现问题并帮助解决。第三，为实施主体方提出改进办法。政策执行的实施主体个体差异性较强，四川省在开展绩效评价时也会选择具有代表性的个体进行政策评价，为实施主体提出因地制宜的改进办法，提升个体成效，推动全面实施。第四，为政策受益者构建诉求渠道。绩效评价通过对样本受益者需求的收集甄别，分析提出财政资源分配与受益者需求之间的最优化匹配方案，既构建了政策受益者合理表达诉求的新机制，又为政策制度及时修订完善提供了最真实、最直接的参考依据。

四是基于绩效评价的服务导向拓展公共功能。公共服务是政府行政和政府改革的核心理念，绩效评价作为政府公共服务管理的手段，其公共的属性源于政府公共服务的本质要求，更多地体现出绩效信息的公开与共享，用以满足政府服务对象关于绩效信息的需求。四川省在这一方面的主要经验包括：第一，向人民代表大会报送绩效结果。四川省财政决算内容正在由"记账单"向"成绩单"转变，从 2017 年起，四川省建立了绩效目标提交省人民代表大会审议，财政重点绩效评价报告报送省人大常委会审议的机制。第二，向社会公众公开绩效评价报告。从 2017 年起，四川省建立了财政重点绩效评价报告向社会公开的机制，绩效管理实现了主要由政府内部监督向社会监督的转型。第三，进一步加强绩效评价资料公开。最近几年，四川省通过政府采购，推动高等院校、咨询公司、事务所等第三方机构独立实施了几十个重大财政政策和重大项目的绩效评价，并在获取基础资料、沟通交流、拟订方案、现场评价、调研分析、征求意见、形成报告等多个环节获得了各级各部门开放友好的合作与支持，从而为提高绩效评价的质量提供了更加坚实的基础保障。

四、广东省预算绩效管理模式与经验

（一）广东省预算绩效管理发展历程

2003 年，为配合财政部门进行绩效预算改革试点，广东省成为我国第一个实行绩效预算改革试点的省份。为做好预算绩效管理工作，广东省专门成立绩效评价处（后更名绩效管理处），对财政数据进行编制和分析，承担预算绩效管理和会计决算工作，拟定财政预算绩效管理的有关政策和制度、绩效评价指标体系、评价标准及业务规范等。2004 年，广东省财政厅绩效评价处出台《关于印发〈广东省财政支出绩效评价试行方案〉的通知》（粤财评〔2004〕1 号），对定量指标与定性指标为一体的项目支出绩效评价管理机制进行了明确规定。2011 年，广东省对省级部门预算项目支出绩效目标管理进行规范，内容涵盖了"申报－审核－下达－调整－确认－结果应用"等详细流程，项目绩效目标管理得到进一步规范。2012 年，广东省进一步对项目实施预期效果及最终衡量产出的标准做出了详细要求，以促进资金使用的合理性、有效性。2017 年，广东省以"深化预算绩效管理改革"为中心，重点实施预算绩效管理相关规程建设，推进全过程预算绩效管理各项体系工作内容。2018 年，广东省制定《关于印发〈广东省财政预算绩效指标库〉和〈广东省财政预算绩效指标库管理暂行办法〉的通知》（粤财绩〔2018〕3 号），着力构建体系完整、分类科学、设置规范的预算绩效指标和标准体系，建立预算绩效指标和标准体系。2019 年，广东省委、

省政府印发《关于全面实施预算绩效管理的若干意见》，明确广东将推动构建贯穿预算编制、执行、监督全过程全覆盖全方位的预算绩效管理机制。同年，广东省财政厅印发了《广东省省级财政预算安排"四挂钩"试行办法》，明确除补助到个人的民生资金和部分符合条件的刚性支出，其他支出要将次年预算安排与当年项目入库率、绩效评价结果、审计意见和预算执行进度挂钩，对未达到要求的按比例进行扣减、调整、撤销。2020年，《广东省财政厅关于印发〈关于推进政府购买服务第三方绩效评价工作的实施意见〉的通知》（粤财行〔2020〕18号），省财政厅选取广州市、珠海市、佛山市、东莞市开展深化政府购买服务第三方绩效评价试点工作。广东省预算绩效管理主要制度性文件见表5-2-4。

表5-2-4　广东省预算绩效管理主要制度文件汇总（2003年至今）

序号	年份	文件名称
1	2003年	《广东省政府转发省财政厅〈关于进一步加强财政支出管理意见〉的通知》（粤府办〔2003〕100号）
2	2004年	《关于印发〈广东省财政支出绩效评价试行方案〉的通知》（粤财评〔2004〕1号）
3	2005年	《广东省财政厅关于做好省级部门预算单位2005年度财政支出项目自我绩效评价工作的通知》（粤财评〔2005〕73号）
4	2008年	《广东省省级财政专项资金竞争性分配绩效管理暂行办法》（粤财评〔2008〕53号）
5	2008年	《关于印发〈广东省产业转移竞争性扶持资金绩效管理暂行办法〉的通知》（粤财评〔2008〕55号）
6	2011年	《广东省省级部门预算项目支出绩效目标管理规程》（粤财评〔2011〕1号）
7	2012年	《关于开展政府绩效管理试点工作的通知》（粤办函〔2012〕7号）
8	2018年	《关于印发〈广东省财政预算绩效指标库〉和〈广东省财政预算绩效指标库管理暂行办法〉的通知》（粤财绩〔2018〕3号）
9	2019年	《中共广东省委 广东省人民政府关于全面实施预算绩效管理的若干意见》（粤发〔2019〕5号）
10	2019年	《关于印发〈广东省省级财政预算绩效目标管理办法（试行）〉的通知》（粤财绩〔2019〕11号）
11	2019年	《广东省省级财政预算安排"四挂钩"试行办法》
12	2020年	《广东省财政厅关于印发〈关于推进政府购买服务第三方绩效评价工作的实施意见〉的通知》（粤财行〔2020〕18号）

（二）广东省省本级预算绩效管理的突出经验

近年来，广东省财政厅以"深化预算绩效管理改革"为中心，借助第三方中介力量，着力建设业务支持体系，使得全省预算绩效管理工作取得了显著成效。这一过程中，广东省预算绩效管理工作中有三大突出经验值得学习。

一是形成"1＋1＋1"管理模式，积极借力第三方中介。对于如何从规范引导、操作管理和质量控制层面促使第三方中介力量更好地参与预算绩效管理工作，强化绩效报告的客观性和公信力，广东省财政厅在摸索中逐步形成了"1工作规程＋1业务指南＋1质量控制和考核指标"的管理模式，有效提升第三方中介业务能力。"1工作规程"是指《预算绩效管理委托第三方实施工作规程（试行）》。该工作规程以财政部门和预算部门视角，立足开展委托工作的指导性，对委托第三方实施预算绩效管理工作的行为进行了规范，确保了第三方机构客观、公正参与预算绩效管理，提高了预算绩效管理的公信力。"1业务指南"是指《预算绩效管理委托第三方实施业务指南》。该指南以第三方机构和主管部门视角，立足具体的预算绩效管理工作，从具体操作层面引导第三方机构参与预算绩效管理工作的开展，有效控制绩效评价实施各环节的规范性和评判标准的一致性，从而提高绩效评价结果的质量。"1质量控制和考核指标"，是指《广东省财政绩效评价报告质量控制和考核指标》。该文件以委托部门视角，立足考核绩效评价报告的水平，对财政绩效评价报告质量控制设置了一套指标，从质量上严控财政资金使用挂钩第三方评价报告，切实提升了绩效评价报告的水平，从而提高绩效评价报告的权威性。

二是以指标库为依托，助力预算绩效管理工作的深化推进。2018年9月，广东省完成《广东省财政预算绩效指标库》编制，该指标库由省财政厅与省业务部门共同建设，使用对象包括各级财政部门、业务主管部门、监督部门、第三方中介机构等参与预算绩效管理的主体。指标库共收录20个行业大类、52个子类、200多个资金用途、2000余个绩效指标，包括"1个库＋N个集"。"1个库"即广东省财政预算绩效指标库，"N个集"即精准扶贫绩效指标集、污染防治绩效指标集等功能库。广东省财政预算绩效指标库建设的特点包括：第一，较合理的构建路径。一方面，在充分调研的基础上搭建横向为资金用途、纵向为绩效指标具体信息的指标库框架体系，囊括了绩效指标名称、解释、标准等基本信息，以及指标值、指标出处、指标使用范围等信息；另一方面，邀请绩效专家与行业专家参与设计共性与个性指标，并对业务主管部门逐个开展上门调研优化指标，通过线上和线下两种途径对绩效指标库进行专业论证，逐一分析，补充完善，最终形成兼容中央财政资金绩效管理指标体系、突出地方财政资金绩效管理特色的绩效指标库。第二，相对科学的建设内容。一方面，指标标准值注重采集定量数据，并且依托系统对有关绩效数据信息特别是绩效指标信息进行自动收集、识别和比对；另一方面，允许根据实际情况对指标进行动态调整。第三，较强的应用性与可操作性。应用范围上，支持项目绩效目标申报、跟踪和绩效评价；

应用方式上，可通过类型检索，如"社会保障与就业类"，直接抽取该分类下可用的个性绩效指标，同时可通过关键词搜索，如"农业农村""经济发展"等共 300 多个关键词，筛选出各功能指标集，供特定用途参考。

三是依托绩效评价，强化结果应用提高预算约束力。广东省优化相关制度，着力强化绩效评价结果应用，在 2019 年发布了《广东省省级财政预算安排"四挂钩"试行办法》，强调预算安排要与绩效评价结果相挂钩。对于重点绩效评价的项目，将评价结果较好的同类项目在下年资金分配时予以优先考虑；将评价结果较差的项目在下年资金分配时相应调减或不作安排，并予以通报批评，同时将其纳入审计、投资审核等部门的重点检查范围，强化绩效理念，有利于有效发挥激励约束的作用。另外，在信息公开方面，在每年"两会"开始前，将重点项目的绩效评价结果向人大、政府及上级财政部门报告，公开财政资金使用情况，接受群众和媒体监督，保障财政资金分配公开公正，增强政府行为控制，促进社会公平。

五、海南省预算绩效管理模式与经验

（一）海南省预算绩效管理发展历程

2005 年，海南省财政厅从财政支出项目绩效考核视角切入，实施部门自评价和项目重点评价，逐步摸索适合海南实际的预算绩效管理模式。2005 年 9 月，海南省财政厅印发了《海南省省本级财政支出项目绩效考评管理试行办法》（琼财预〔2005〕1211 号），首次提出要对省本级预算安排和中央补助的专项资金项目的实施过程及其完成结果开展综合考核与评价。次年 6 月省政府办公厅出台了《关于认真做好财政支出绩效评价工作的通知》（琼府办发〔2009〕101 号），要求各省直部门拟定自我评价的实施办法，组织本部门的自评工作。2009 年 10 月，海南省财政厅成立绩效评价处，负责建立绩效评价制度体系、指标体系、组织体系，组织、指导和检查各地各部门的绩效评价工作，并负责重点项目的绩效评价工作。2010 年，海南省基于之前的试点经验，总结并制定了《财政支出绩效评价操作指南（2010 版）》，对本省预算绩效管理工作的推进予以进一步规范。2011—2018 年，海南省先后出台了多项制度性文件，基本形成了较为完整的预算绩效管理制度框架。2019 年，海南省加快推进全面实施预算绩效管理工作，出台了《中共海南省委 海南省人民政府关于全面实施预算绩效管理的实施意见》（琼发〔2019〕18 号），明确了实施预算绩效管理的工作目标、时间表、路线图，全面实施预算绩效管理约束机制和责任。2020 年，《海南省财政厅关于印发〈海南省本级财政支出预算事前绩效评估管理办法〉的通知》（琼财绩〔2020〕186 号）进一步明确了事前绩效评估的范围和内容、评估方式和方法、工作程序等内容。海南省预算绩效管理主要制度性文件汇总见表 5-2-5。

表 5-2-5　海南省预算绩效管理主要制度文件汇总（2005 年至今）

序号	年份	文件名称
1	2005 年	《海南省省本级财政支出项目绩效考评管理试行办法》（琼财预〔2005〕1211 号）
2	2009 年	《关于认真做好财政支出绩效评价工作的通知》（琼府办发〔2009〕101 号）
3	2009 年	《海南省财政厅关于印发〈海南省财政支出绩效评价实施意见〉的通知》（琼财绩〔2009〕2206 号）
4	2011 年	《海南省人民政府办公厅关于推进预算绩效管理的实施意见》（琼府办〔2011〕184 号）
5	2013 年	《海南省财政厅转发财政部关于印发预算绩效评价共性指标体系框架的通知》（琼财绩〔2013〕785 号）
6	2013 年	《海南省财政厅关于印发市县财政支出管理绩效综合评价方案和市县财政预算绩效评价方案的通知》（琼财绩〔2013〕2289 号）
7	2013 年	《海南省财政厅印发市县年度预算绩效管理工作考核方案》（琼财绩〔2013〕221 号）
8	2013 年	《海南省财政厅关于印发部门整体支出绩效评价方案的通知》（琼财绩〔2013〕2290 号）
9	2015 年	《海南省财政厅关于开展 2014 年市县财政管理绩效再评价工作的通知》（琼财绩〔2015〕424 号）
10	2015 年	《海南省财政厅关于开展 2014 年市县财政管理绩效再评价工作的通知》（琼财绩〔2015〕424 号）
11	2015 年	《海南省财政厅关于开展 2015 年预算绩效管理工作的通知》（琼财绩〔2015〕623 号）
12	2016 年	《海南省人民政府关于印发〈海南省省级财政专项资金管理办法〉的通知》（琼府〔2016〕117 号）
13	2017 年	《海南省财政厅关于印发〈海南省财政专项资金绩效评价暂行办法〉的通知》（琼财绩〔2017〕1361 号）
14	2019 年	《中共海南省委 海南省人民政府关于全面实施预算绩效管理的实施意见》（琼发〔2019〕18 号）
15	2020 年	《海南省财政厅关于印发〈海南省本级财政支出预算事前绩效评估管理办法〉的通知》（琼财绩〔2020〕186 号）

（二）海南省预算绩效管理工作的突出经验

海南省预算绩效管理的工作创新与突出经验主要包括以下四方面：

一是建立评价结果与预算安排相结合应用机制。海南省积极推进了部门整体支出绩效评价工作，建立了评价结果与预算安排相结合机制，以强化激励与约束效应。第一，实现了评价结果与部门预算安排挂钩。海南省整体支出评价工作于 2015 年已经实现省直一级预算单位全覆盖。对综合评价得分前 6 名的单位报经省政府同意予以通报表扬，对得分后 3 名的单位在安排下年度经常性项目预算时核减预算，实现了评价结果与部门预算安排挂钩。第二，实现评价结果与转移支付资金安排挂钩。2013 年起海南省每年均组织对市县财政管理绩效实施综合评价，评价范围已经实现全覆盖。根据市县财政管理绩效综合评价结果，在安排转移支付资金时给予适当奖惩，在对均衡性转移支付资金和县级基本财力保障奖补资金分配中，将评价结果作为一个重要参考依据参与分配，对排名前 6 名的市县给予适当奖励，对后 3 名市县给予一定核减，对市县加强财政管理工作起到了一定的激励和约束作用。

二是建立评价结果反馈与整改机制。评价结果反馈与整改是绩效评价工作的重要内容和组成部分。海南省积极建立健全评价结果反馈与整改机制，将评价项目绩效情况、存在的问题及相关建议反馈给被评价单位，要求被评价单位根据财政部门的反馈意见，针对项目实施中存在的问题和建议落实整改，并在收到评价意见文件之日起一定期限内，将落实整改情况以整改报告书的形式反馈给财政部门，以增强绩效评价工作的约束力和权威性。对加强项目管理、提高预算编制水平起到了一定的促进作用。

三是建立评价结果公开机制。按照政府信息公开的有关规定，海南省积极建立绩效评价结果公开机制，通过适当方式公开财政支出项目绩效评价结果，接受公众评判，强化对财政资金支出的监控，增强公共财政支出的公正性和透明度。第一，实行内部共享。在项目库中导入项目评价报告并评定项目绩效评价结果，将结果共享给主管预算分配的业务处室，实现评价结果内部共享，方便主管预算分配的业务处室在安排下年度项目预算时予以参考，对合理安排项目支出，优化财政支出结构，提高资金使用效率提供了有效保障。第二，实行通报制度。为督促项目单位加快预算支出进度，加强项目管理，如期完成项目建设，定期对项目单位上报的项目组织开展、实施进度和完成质量等情况进行通报，促使其自觉地、保质保量地实现项目的绩效目标。第三，实行报告制度。海南省每年都将绩效评价工作的开展情况以及重点评价项目绩效评价结果、存在的问题和改进建议等有关情况向省政府报告，并抄送省委办公厅、省人大办公厅、省政协办公厅、省人大财经委、政府效能办和审计厅等，为政府决策和行政问责提供参考依据。第四，向社会公开。将社会关注度高、影响力大的民生项目支出绩效情况，在省政府门户网站上公开，接受社会公众的监督。

四是开展预算管理一体化系统建设。海南省财政厅重视预算管理一体化建设工作，将《预算管理一体化规范（试行）》要求的各种业务控制规则嵌入到一体化系统，以"N＋2＋1"模式设计数据存储结构，支撑全省大数据集中部署，并通过建立"三保"、分配支付、合同付款预警机制实现线上实时监督管理。依托信息化技术提高工作效率，以问题为导向，以项目为基础，全力做好功能完善、运转高效、安全可靠的预算管理一体化系统，实施项目全生命周期管理，为提高预算管理水平提供有力支持。

|第三节| 预算绩效管理在行业（部门）中的探索

一、政务信息化行业预算绩效管理模式与经验

（一）政务信息化行业基本情况

进入 21 世纪，随着我国政府向公共服务型政府、数字政府的转型，政府对政务信息化项目的投资规模逐年增大。2008 年以来，我国电子政务市场规模每年保持 15％以上的速度增长，到 2019 年电子政务的投资规模近 3366 亿元，占当年国民生产总值的 0.34％，是 2008 年规模的 4.55 倍，远高于同期 GDP 增速。从政务云建设情况看，截至 2018 年年底，我国目前 30 个省级行政区已经建成或在建政务云，235 个地级行政区已经在建或在建政务云。

随着政务信息化项目的大量开展，信息系统建设及运行维护类项目大量申报，如何结合信息化项目绩效水平对信息化项目进行审核、管理，退出低绩效信息化项目，直接影响地区信息化建设水平，进而影响财政资金使用绩效。当前，信息化项目在管理方面还存在以下几个实际问题：第一，尚未形成系统的全生命周期管理制度体系，对项目的建设前、建设后、运维期间缺乏统一的管理制度；第二，尚未形成细化至管理要素、评价标准统一的评价指标体系；第三，流程管理中的时效性较差，缺乏项目运行效果的动态监控及退出机制；第四，项目建设前未设立统一的评审指标体系；第五，尚未形成有关政务云项目的管理机制及评价机制，信息化项目审核效率与信息化系统的高速发展无法完全匹配。

（二）政务信息化行业预算绩效管理相关实践

针对信息化项目存在的问题及管理难点，目前已有多地积极开展了信息化项目预算绩效管理实践探索。

部分地区明确提出对信息化项目开展绩效评价的要求。如，2015 年成都市出台的《成都市政府系统信息化项目管理办法》（成办函〔2015〕117 号），指出项目建设单位应组织开展信息化项目绩效评估，对信息化项目成本效益、应用效果、协同共享、安全保密、创新服务等方面展开绩效评价，并将绩效评价结果作为项目运维和后期建设的重要参考。

还有部分地区财政部门专门出台信息化项目绩效管理相关制度文件。如，2008 年北京市结合信息化项目预算管理工作实际，印发了《北京市信息化项目预算支出绩效考评管理办法（暂行）》（京财绩效〔2008〕1510 号），对信息化项目的分类、考评方法、考评内容和指标、组织实施以及工作程序等进行了明确的规定，为后续其他省市或地区信息化项目预算绩效管理工作的开展起到了良好的示范作用。

少数地区由业务主管部门牵头尝试构建信息化项目综合绩效评价体系。如 2018 年 9 月，上海市经济和信息化委员会联合上海市财政局制定并发布了《上海市市本级信息化项目绩效评价管理办法》（沪经信推〔2018〕562 号），指出要以绩效为导向，建立多维度的信息化绩效评价体系以开展信息化项目的绩效评价工作，并将评价结果应用于项目审核和预算安排。

总体来说，目前全国各地均对信息化项目开展了不同程度的预算绩效管理，其中财政部门牵头组织开展的部分信息化项目绩效评价是主要管理方式。但这一单一项目绩效评价的方式，无法建立有效的信息化项目动态监控及退出机制，同时也无法系统整合地区信息化项目财政投入资源，切实提升地区信息化项目运行绩效。系统性地建立信息化领域预算绩效管理体系，是提升信息化项目预算绩效的关键。

（三）政务信息化行业预算绩效管理先进经验

本节通过上海市政务信息化行业主管部门关于建立信息化项目综合绩效管理体系的经验介绍，为全国各地系统开展信息化项目绩效管理提供借鉴。

针对当前信息化预算项目审核工作现状和面临的挑战，上海市信息化项目绩效管理体系建设围绕信息化项目申报、建设、运维生命周期，开展包括绩效前评估、绩效目标管理、绩效运行监控、绩效评价管理、评价结果反馈与应用在内的全过程预算绩效管理。其中，项目申报阶段，在项目提交行业主管部门进行项目申报时，要求同时完成绩效目标申报工作，由第三方协助完成建设项目事前绩效评估，事前绩效评估不合格的项目不予立项。项目实施阶段，拟根据要求完成建设项目绩效运行监控，监控不合格将会影响项目验收。项目运维阶段，每年对运维项目进行后评价，既是对上一年的运维工作的总结，同时也为第二年运维项目的预算申报提供决策支持。各环节绩效管理结果将函告相关部门，并直接应用于项目当年度及下年度预算申报。

相关经验做法总结为如下三点：

一是建立信息化项目分类体系。由于信息化项目内容复杂、涉及资金量大，在开展信息化项目绩效管理之前，上海市先对信息化项目进行分类，根据不同的类型再设计不同的管理内容。根据信息化项目主要特点及预算绩效管理要求，确定"生命周期"和"项目类型"两个维度作为信息化项目的分类标准。其中，生命周期维度主要分为"建设项目"和"运维项目"；项目类型则根据信息化项目特点，划分为行政审批系统、社会服务系统、数据采集与数据治理及辅助决策系统等 13 种标签。对于单个项目而言，主要从"逆向选择"的角度出发，每个项目根据自身特点进行各"标签"的自由组合，对所有项目采用"标签化"的分类方式，即通过赋予每个项目多个属性标签的方式，对所有项目进行分类识别。

二是建立信息化项目指标标准体系。针对信息化项目开展绩效管理，在建立分类指标体系的基础上，上海市还建立了各项指标目标值测算方法体系。主要做法是：先对所有信息化项目进行摸底，收集指标当年的基础数据，并对所有数据进行数据清洗和处理；在此基础上，结合指标历史数据，进行数据分析与建模，并且最后确定单个指标的标准值，具体的标准化方法包括 Z-score 标准化、Min-Max 标准化及数据转换模型等。

三是建立基于云服务信息化项目的绩效管理体系。云服务信息化项目是指将软件模块和信息资源以标准云服务组件的形式集约提供的政务信息化项目，与一般信息化项目管理存在差异。因此，上海市在一般信息化项目绩效管理体系建设的基础上，进一步开展了云服务信息化项目的绩效管理。根据目前的架构体系，云服务主体包括云服务商和云使用单位。根据云服务内容的差异，上海市主要开展三种形式的评价，包括云服务商纳入服务目录的资质评价，云服务商提供的信息化服务评价以及云使用单位申报的信息化服务的项目评价。具体如图 5-3-1 所示。

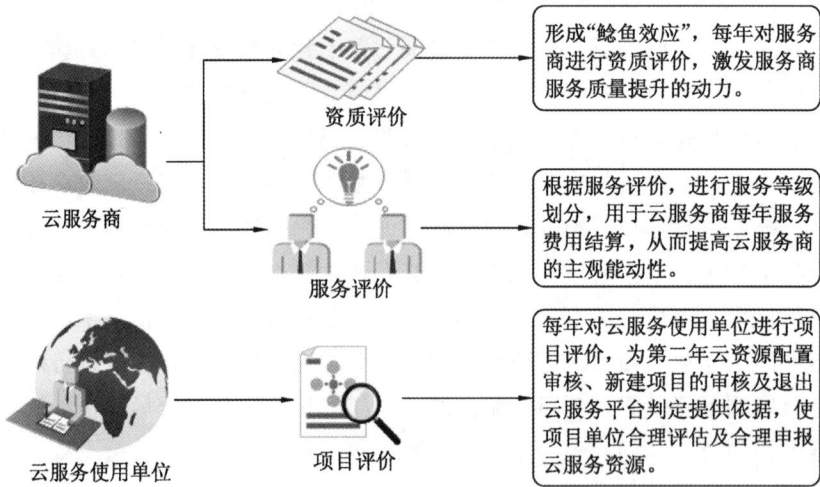

图 5-3-1　政务云绩效评价体系图

四是建立信息化项目预算绩效管理技术支撑平台。传统的信息化项目预算申报审核及评价以线下方式为主，随着信息化项目数量的不断增多，人工审核、人工评价的方式已经不适用目前的信息爆炸时代，为有效应对政府对信息化项目越来越高的管理要求，全面提升项目管理水平与质量，上海市建立了信息化项目综合绩效评价系统，并与信息化项目预算申报系统、信息化项目库实现了有机结合。整个系统方案均围绕核心信息化项目库建设，根据信息系统所处生命周期，涵盖信息化项目的事前评估、事中监控、验收管理及运维期的定期绩效考核。通过信息化项目综合绩效评价系统，上海市信息化项目实现了项目自动分类，线上数据采集，智能测算指标得分，项目自动排序，有效提升了信息化项目综合绩效评价的效率性、科学性与准确性。

（四）政务信息化行业未来展望

政务信息化行业预算绩效管理工作的推进是一个需要汇聚多方力量共同参与的长期过程。落实到具体的信息化项目管理层面，需要做到以下两点：

一是强化结果应用，实现闭环管理。进一步优化政务信息化项目绩效评价流程，形成全面评价、专业评价与重点评价相结合的绩效评价模式，提高绩效评价结果的可靠性，加强绩效评价结果的可应用性。

二是构建政务信息化大数据，深化数据分析手段在信息化项目预算审核中的运用，为预算评审工作提供决策依据。逐步形成政务信息化项目绩效评价标准；不断优化项目标签和评价指标，提高指标的针对性、可行性和可量化性；通过多年信息化项目绩效评价数据的不断积累，实现推荐目标值的动态调整与不断优化，形成标准的政务信息化领域绩效评价指标体系。

二、 公交行业预算绩效管理模式与经验

（一）公交行业基本情况

城市公共交通是与人民群众生产生活息息相关的重要基础设施，不仅是人民群众日常出行的主要方式，也是政府解决日益严重的交通拥堵、空气污染等城市问题的重要途径。城市公共交通具有公益性与营利性的双重特点，其公益性体现在低票价政策，向群众提供较低出行成本的基本保障，而其营利性则体现于企业化运营，具有逐利的特征。截至 2019 年年末，全国拥有公共汽电车 69.33 万辆，公共汽电车运营线路 65730 条，运营线路总长度 133.6 万公里，全年完成客运量 691.76 亿人。据财政部数据估算，我国城市公共交通每年获得各级财政资金补贴约 880 亿元。随着时代的发展，公交企业存在的现实问题日益显现，主要体现在以下三个方面：

一是公益性与营利性的矛盾形成巨额亏损，表现为城市公共交通的成本持续攀升，但公益性低票价政策已有十余年无大幅变动，公交企业入不敷出，亏损也随着时间推移越来越严重。

二是公交行业监管体系有待完善。目前大部分地区公交行业监管体系中各部门职责划分不明确，职责边界不清晰，在实际管理中通常出现交通主管部门"放权"企业，财政部门过多参与企业内部管控，国资委、交通主管部门多重考核，考核指标部分重合甚至冲突等情况，不利于当地公交事业的整体发展。

三是早期公交多为民营，粗放式管理的负面影响尚存。当前各地公交陆续开始国有化，但原先粗放式管理仍延续，包括内部管理架构不合理，人员冗杂，管理手段落后，资源利用效率不高等。

大约从 2010 年起，随着全国各地公交亏损问题日益严重，政府开始对公交企业以专项补贴的形式每年安排预算，公交专项补贴重点包括购车补贴及亏损补贴两大类，此外还有中央油价补贴、场站建设补贴等。

购车补贴额度通常是补贴购车款的 30%～50%，为鼓励公交低碳出行，对新能源车辆购车款补贴比例更高。在实际操作过程中，购车补贴存在的主要难点在于：一是车辆购置数的审核科学性不足，多是政府部门及公交企业协商确定车辆购置数，少

有引入第三方专业机构评估；二是审核依据不合理，部分考核指标与当地实际配车需求存在冲突，不合理的考核指标使得公交企业不断扩大车辆规模，徒增闲置成本，造成财政资金浪费。

亏损补贴的目的在于保障企业正常运作，提供公交服务。早期阶段亏损规模较小时，政府多以财政兜底形式予以补贴；随着时间推移，亏损规模日益增大，政府财力承受度有限，采取定额补贴模式。深圳市最早开始试行公交成本规制，这一做法使得补贴标准更加科学化，各地纷纷效仿，继而逐步形成了以定额补贴或里程单价补贴为主的补贴模式。亏损补贴在操作过程中存在的主要难点在于：一是清算流程复杂，成本规制难度大。二是服务质量考核指标设计存在难度，考核操作耗时长、难度大，部分考核指标受限于信息化程度不高，基础数据获取困难。公交亏损补贴模式发展变革历程见图 5-3-2。

为有效提高公交运营效率，提升公交收入，降低公交运营成本，从而降低公交亏损缺口，近几年，我国多地针对公交补贴政策及补贴资金、公交运营效率等开展了绩效评价，并对公交成本规制以绩效为导向进行优化更新，对提高公交补贴资金绩效进行了路径探索。

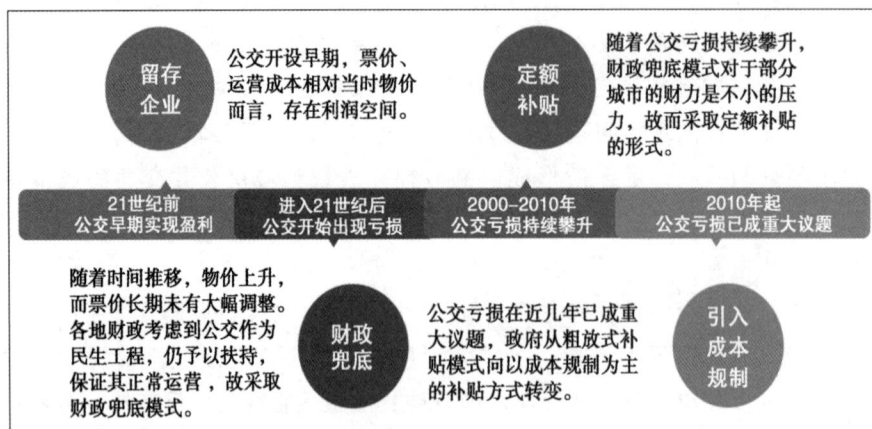

图 5-3-2　亏损补贴模式发展变革历程

（二）公交行业预算绩效管理相关实践

我国各地政府在公交行业绩效管理上，通常以几种方式进行：一是对公交亏损补贴资金开展绩效评价，如上海市、苏州市通过委托第三方机构，从财政资金使用角度出发，对资金管理规范性，资金效果的效率、效益进行分析；二是成本规制办法的制定及修订，成本规制是通过厘清公交运营合理成本完成的，发达地区如上海市、深圳市早已完成成本规制办法的制定并以此作为公交补贴的重要依据；三是开展行业监管机制绩效评价，这是在常规绩效评价上，委托第三方针对公交行业相关参与方、监管方的组织架构、职责分工进行深入的探讨，并提出优化的方向性建议，这是通过对监管模式的绩效管理，从根本上解决目前公交行业的困境，进一步完善公交行业的整体监管体系，督促公交企业提高公交服务绩效。目前，嘉兴市、宜兴市等地已有相关行业监管机制绩效评价的实践，并计划投入结果应用。

（三）公交行业预算绩效管理先进经验

从各地实践经验来看，公交行业预算绩效管理体系构建的重点在明确组织架构和构建绩效管理内容两个方面。

一是明确组织架构。对于公交行业而言，政府机关部门设置的原则是不会出现组织架构不清晰甚至冲突的情况，因此，明确组织架构可以结合政府各部门的职能定位，并通过政府购买服务等管理手段形成政策制度文件，明确其职权边界及责任。即由市政府负责统筹调度政府多项资源，综合考虑公交整体发展规划及资源投入的顶层设计制定者；交通主管部门以政府购买公交服务的方式，落实其行业监管的职能，并负责公交企业相关补贴的预算申请；财政部门负责预算审核及资金拨付；公交日常工作中由交通主管部门根据行业发展需求或企业需求，协调城市规划、交警等相关部门进行支撑。

嘉兴市通过政府购买公交服务的形式明确各个相关部门的职责，其中，公交企业只需对接交通主管部门，杜绝了政府部门多重考核以及"无人管"的现象。对于财政部门，公交相关补贴作为交通主管部门预算进行安排，管理上更加规范。嘉兴市管理架构具体见图 5-3-3 所示。

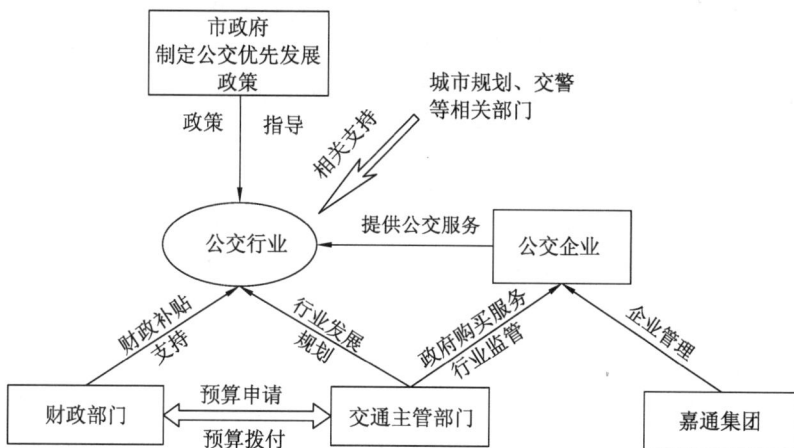

图 5-3-3　政府购买公交服务体系下的管理架构（以嘉兴市为例）

二是构建绩效管理内容。不同于常规绩效管理维度从项目决策、项目管理、项目绩效出发，公交行业绩效管理维度通常关注政策与行业监管体系建设、企业内部管理、公交运营绩效三个方面，如图 5-3-4 所示。

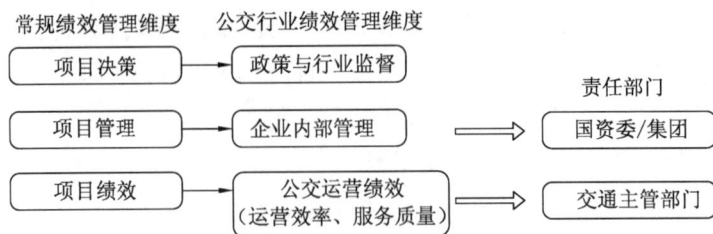

图 5-3-4　公交行业绩效管理维度与责任部门归属

其中，政策与行业监管体制建设的管理，可基于企业内部管理及公交运营绩效的整体考核结果，由市政府统筹整体市政规划、交通行业发展、财政财力等诸多方面，进行政策与行业监管体系建设的管理，主要针对未来规划及现有管理中存在的不足进行调整优化。企业内部管理及公交运营绩效管理内容，可从一系列市政公交政策出发。企业内部管理是保证公交运营绩效的重要手段，在管理过程中，应避免国资委/集团及交通主管部门考核内容冲突的情况发生。

以嘉兴市公交企业管理现状为例，交通主管部门及国资委下辖的嘉通集团均涉及对公交企业的监管，国资委/嘉通集团对应负责的是对企业内部管理进行监管，交通主管部门则重点对公交运营绩效（运营效率、服务质量等方面）进行考评。该模式下，责任部门职责边界清晰，是目前公交行业中较合理的管理模式。

（四）基于大数据的公交行业新型综合治理体系

从目前公交行业的预算绩效管理情况来看，公交行业普遍存在粗放式管理、数据质量不佳的现实状况，难以有效落实"降本增效"等战略发展要求。而从整体城市交通出行结构来看，2017—2019 年三年全国公交客运量降低率达到 2.18％，公交吸引力持续下降，多是公交线网规划不够合理，无法满足市民出行需求。

因此，未来公交行业绩效管理体系建设与应用，应当解决数据质量问题，并从整体城市交通治理规划中，寻求公共交通的定位及未来发展方向，形成以公交数据治理为基础，以"顶层设计—行业管理—运营绩效"为分析路径的新型综合治理体系。

从这一要求及方向看，由于公交生产数据的体量庞大，分析的复杂度与难度较高，导致传统的预算绩效管理咨询服务难以及时、高效地找到当前公交发展的症结并提出有效建议。而随着智慧城市、大数据治理等概念的兴起及试点推进，基于大数据概念及技术，可以高效对数据进行治理、整合、分析，为企业日常运营、政府行业监管、亏损补贴测算起到自动计算、实时分析、动态可视等重要支撑作用。同时，借助大数据 AI 学习技术、站点、客流画像、算法模型搭建，还可以结合城市规划、市民出行需求，对现有线网健康状况进行研判，分析线网存在问题，提出多策略解决方案，并预测对客流增长、亏损降低的趋势，实现数据赋能协助政府进行政策调控及资源投入等决策，支撑公交企业高效运营、优化管理水平，见图 5-3-5。

图 5-3-5　公交绩效—线网优化—策略和预测—策略配置—线路优化

当然，公交行业新型综合治理体系的搭建，任重而道远，其投入之庞大，建设难度之高，不仅需要各级政府高度重视、财政资金全力保障，更需要公交企业的积极响应，以借助大数据手段的技术力量，共同助力公交行业提质增效。

三、公安系统预算绩效管理模式与经验

（一）公安系统基本情况

公安机关是国家重要的行政司法力量和执法力量，肩负着巩固党的执政地位、维护国家社会稳定、维护人民财产生命安全的三大历史使命，主要职责包括刑事司法、行政治安管理、交通管理以及应急保障等方面。2018 年 12 月，中共中央办公厅、国务院办公厅印发《行业公安机关管理体制调整工作方案》，按照"警是警、政是政、企是企"原则，调整完善行业公安机关管理体制，将铁路公安、森林公安、交通公安调整为直接归属公安部领导，因此行业公安也成为了公安系统较为重要的一部分。与其他系统相比，公安业务具有以下几个特点：一是复杂性，公安业务涉及不同层次、不同单位，业务类型较多、内容较复杂；二是保密性，公安机关有很多业务是涉密的，因此较多业务信息无法公开；三是系统性，尽管公安业务类型多样，但彼此之间既有区别也有联系，公安系统是一个整体，通过各个独立分散的业务开展指向共同的目标，即维护国家社会安全稳定；四是应急性，公安业务的特殊之处还在于很多业务是应对突发状况，在预算时很难充分预计到。

（二）公安系统预算绩效管理相关实践

目前，全国多地公安系统都开展了不同程度的预算绩效管理工作，包括公安部，以及上海市、四川省、湖北省等。

公安部近几年不断深入推进部门预算改革，预算项目大幅归并、整合，对预算绩

效管理进行了比较全面的探索，具体包括：建立项目分类体系，一级分类包括：公安行政管理、公安执法办案、公安特别业务、公安信息网络构建和公安信息网络运行维护等，此外按照资金用途将项目分为工程建设及维护类、信息化建设及维护类、设备购置类、事业专业类、政策补贴类，对不同类型项目实行分类管理；在指标建设方面，在项目分类基础上构建了适用于本部门的约450条绩效指标，形成最能体现公安系统特色的相对科学、规范的指标库，并每年根据应用反馈进行更新和调整，供单位在申报项目时根据项目类型参考使用；在标准建设方面，公安部尝试将国家、地区或行业标准和货物、服务、工程等采购单价的标准及经验数据进行汇集，建立以绩效信息为基础的部门数据库；借助项目库完善全过程项目预算绩效管理体系，包括开展项目支出绩效目标管理、绩效运行监控、事后绩效评价，并积极开展部属单位的部门整体支出绩效评价试点工作。在制度制定出台方面，公安部于2019年及2020年分别出台了《公安部关于贯彻落实〈中共中央国务院全面实施预算绩效管理的意见〉的实施意见》。

上海市公安局高度重视项目绩效管理工作，先后开展了绩效目标申报、绩效跟踪及绩效评价等工作。做法上，上海市公安局注重绩效管理的结果应用，专门开发了上海市公安局预算绩效管理系统，通过系统建立行业指标库，并与财政预算绩效管理系统无缝衔接，以绩效指标体系和项目管理为基础，全面掌握项目绩效信息，对于绩效结果较好的项目优先安排经费，并申请适度增加预算，对于绩效较差的项目与该单位年度预算申请挂钩，对于认识不到位、整改不落实的项目暂缓立项或予以预算核减，大大提高了单位整体的项目绩效管理工作水平和效率。

此外，四川省、湖北省等地公安部门则注重整体支出和项目支出绩效目标的编制及自评；安徽省安庆市公安局设立了项目库，注重对项目立项的目标管理。

目前，由于公安业务自身的特点以及预算绩效管理的要求不断提高，从实践情况看，公安系统尚未建立起真正有效的"全过程"管理，预算绩效管理链条各个环节都还有待加强，项目、预算和绩效管理存在相互割裂的现象，未形成一体化管理。主要体现在以下三个方面：

一是绩效目标编制还比较粗糙。原因主要在于：公安业务自身比较特殊，有保密性和应急性的要求，较难在预算时明确绩效目标；业务人员参与程度太低，目前主要还是财务人员在完成绩效目标编制工作，但实际上了解该项工作最清楚的还是业务负责人，业务人员的参与程度直接影响绩效目标编制质量。

二是事前绩效评估机制还未完全建立。由于预算编制时间紧，很多单位项目准备时间短，项目评审往往流于形式或者比较粗糙，与绩效目标的结合不够紧密，做实事前绩效评估难度更大。

三是绩效运行监控还未真正有效执行。目前的项目运行监控还主要侧重于预算执行层面，对于绩效目标的实现情况还未真正考察，并且未将绩效目标的实现程度与预算执行挂钩。

四是信息采集不完善，评价科学性和专业性不足，绩效责任难以落实。一方面项目大都是面向最基层的单位和个体，项目和资金信息采集难度大，另一方面缺乏科学的分类绩效标准和绩效分析手段，上述两方面都影响了绩效管理工作的科学性和规范性，评价结果难以对决策发挥支撑作用，绩效责任难以落实。

（三）公安系统预算绩效管理先进经验

通过公安部和各地公安系统开展的相关预算绩效管理实践，总结公安系统预算绩效管理的相关先进经验有如下四点：

一是建立项目分类体系。项目的分类体系是多维度分类方式的集合，通过多种分类能共同界定一个项目的属性，从而建立起项目的绩效管理规范。公安系统的项目类型较多，建立项目分类体系有利于构建不同类型项目的绩效评价指标体系，从而针对不同类型项目有针对性地开展预算绩效管理工作。

二是建立并完善行业指标体系。行业指标体系包括核心绩效指标和标准体系，建立行业指标库有利于提高预算绩效管理效率。公安系统指标库的构建从职能活动出发，通过指标建立项目与预算之间的关联关系，即"职能—活动—项目—（成本）—预算"的逻辑路径。通过梳理各部门（单位）的职能，结合部门的战略目标及工作任务，在项目分类基础上构建适用于本部门的绩效指标，从而形成最能体现公安系统特色的相对科学、规范的指标库，每年根据应用反馈进行更新和调整，供单位在申报项目时根据项目类型参考使用。

三是探索建立支出标准体系。公安工作的特殊性导致很多项目的目标难以准确预计，因此，可将国家、地区或行业标准，以及货物、服务、工程等采购单价的标准和经验数据进行汇集，建立以绩效信息为基础的部门数据库，并通过信息系统开展持续性项目的数据积累，结合部门预算支出标准，制定具有部门特色的绩效标准以及定额标准，为绩效目标的测算及预算制定提供依据。

四是借助项目库开展项目信息整合。目前，公安部重点针对三级项目开展预算绩效管理，涉及工作量大且三级项目常常存在的信息相关性高的问题，因此，建立项目库管理信息系统，对所有三级项目的相关信息进行自动汇总，在此基础上财务部门再进行数据信息加工与利用，大大降低了推进全过程绩效管理工作的难度。

（四）公安系统预算绩效管理未来方向探讨

公安系统预算绩效管理推进既有整个预算绩效管理工作推进过程中存在的共性问题，也有公安系统的个性问题。未来可以从以下四个方面着重推进：

一是要健全预算绩效管理制度。当前以财政为主导的预算绩效管理工作中，制度建设相对完善，但部门内部管理相对薄弱，公安部门也不例外。从公安部的工作实践来看，今后需要结合项目库管理办法完善预算绩效管理制度，以文件形式将主体责任、流程等予以明确和规范。

二是强化业务人员责任主体意识。绩效管理最重要的问题是要先明确责任主体，按照谁使用谁负责的原则，项目具体实施的业务负责人为预算绩效管理的责任主体，负责的业务部门为责任部门。目前公安系统预算绩效管理质量不高的最重要原因是业务人员参与度不够，责任主体意识不强。今后需要结合制度文件、培训等方式强化业务人员责任主体意识。

三是完善项目支出标准。公安业务保密性、机动性的特点给标准体系建设带来了较大的困难。目前，公安业务费类项目是预算绩效管理的重点和难点，对此可以探索建立以制定分项定额标准为着力点的预算资源配置机制，使项目预算编制和绩效目标更为清晰和匹配，同时实现同类项目间横向可参照、同一单位年度间纵向可比较。此外，公安机关还有一些项目难以确定相对准确的支出定额标准，如侦查办案费、境外追逃经费等，对此可以探索以单位该类业务的整体绩效评价为切入点，通过对历年单位履职情况和整体支出的评估，确定一个单位年度单位业务经费的大致预算规模。

四是行业公安体系绩效管理研究。目前，各个行业公安预算绩效管理水平参差不齐，且各有特色，既具有公安体系的要求，又具有自身行业的特点。对此，可以针对不同行业公安体系分别开展绩效管理的研究，从绩效管理模式、特点、指标差异、支出标准等方面入手，在传统公安体系预算绩效管理的基础上，建立其特有的预算绩效管理模式。

四、文化领域预算绩效管理模式与经验

（一）文化领域基本情况

改革开放以来，我国始终坚持发展社会主义先进文化，加强社会主义精神文明建设，培育和践行社会主义核心价值观，传承和弘扬中华优秀传统文化，文化艺术日益繁荣，国家文化软实力和中华文化影响力大幅提升。

文化行政部门不断加大对艺术创作生产的引导扶持力度，艺术创作生产持续繁荣，公共文化服务体系不断完善，一系列重点文物保护工程稳步实施，文物保护力度持续加大，由法规体系、名录制度、记录研究、传承实践等构成的非遗保护工作格局日趋健全，非遗保护传承水平不断提升，文化产业总量规模显著增长。2019 年，文化产业增加值达 44363 亿元，占 GDP 比重为 4.5％，有专家预计 2020 年文化产业增加值有望达 5.2 万亿元。政府文化投入效果明显，全国文化事业费由 1978 年的 4.44 亿元增至 2018 年的 928.33 亿元，增长了 208.1 倍，年均增长 14.3％，持续保持快速增长态势。中央财政通过转移支付方式，实施了"三馆一站"免费开放、非物质文化遗产保护、公共数字文化建设等多个文化项目，对文化事业建设和发展起到了重要的示范和引领作用。截至 2019 年年底，全国共有公共图书馆 3196 个、文化馆（站）44073 个，每万人拥有公共图书馆面积和群众文化设施面积分别为 121.4 平方米和 322.72 平方米。与此同时，国家级重点文化设施建设规模不断扩大，服务功能逐步

完善。

虽然我国的文化领域正处于繁荣发展的大好局面，但与此同时，文化领域存在的一些现实问题也不容忽视。首先，部分省份的文化投入与经济发展水平不协调。与各省的地区生产总值和省级一般公共预算总支出相比，文化事业投入仍有较大提升空间。同时，省内地区间文化事业投入也存在较大差距。比较常见的情况是，省本级以及省会城市的文化事业投入占比较高，省内其他市（县、区）的文化事业投入难以满足地区文化事业发展需求。其次，现代公共文化服务体系建设仍有短板，具体表现为：基层文化人才较为欠缺，文化队伍的整体素质偏低，服务能力有待提高；由于管理和相关配套措施滞后，基础文化设施的利用率不高，作用发挥不充分；社会公共文化设施建设和管理的投融资体制不够健全，民营资本进入公共文化服务领域的门槛过高，政策和措施不配套。再次，文化产业发展存在提升空间。当下，我国文化产业整体规模偏小、集约化程度偏低、文化资源开发力度不足、缺乏复合型文化人才，这些因素在一定程度上制约着文化产业的进一步发展。为找准问题，有效提升文化事业建设成效，扩大文化产业规模，提升文化资源利用效率，实施预算绩效管理工作显得尤为重要。

在我国文化领域不断蓬勃发展的大环境下，文化领域预算绩效管理工作也已起步并在稳步有序地推进中。

（二）文化领域预算绩效管理相关实践

从中央层面来看，文化和旅游部在全过程预算绩效管理工作链条上，以绩效指标库建设和单位整体支出绩效评价为突破点，开展了一系列关于预算绩效管理的探索性工作。2016 年，文化和旅游部选取部分项目试编绩效目标，2017—2018 年，实现了部门预算项目绩效目标编制全覆盖。在这一过程中，文化和旅游部通过有计划地实施部门绩效指标库建设，提高了绩效目标管理的科学性和规范性。2017 年，文化和旅游部首次开展单位整体支出绩效评价试点工作，整体支出评价重点围绕三个方面开展：一是单位全部预算资金的投入、预算执行和管理情况；二是为实现整体支出绩效目标所制定的制度以及采取的相应措施；三是单位整体支出在有效履行单位职责中发挥的作用，整体支出绩效目标的实现情况及效果等。

从地方层面来看，各地也在积极探索建立文化领域预算绩效管理体系。例如，湖北省文化和旅游厅每年印发《全省公共文化服务体系建设绩效评价工作实施方案》，制定了全省公共文化服务体系建设绩效评价指标，以进一步加大文化体制改革督查问效力度，全面推进基本公共文化服务标准化均等化。在推进基本公共文化服务标准化方面，浙江省制定了《浙江省基本公共文化服务标准》，明确了今后浙江公共文化服务的发展方向，同时，浙江省对基层公共文化服务评估指数和文化发展指数进行排名，并将考核结果纳入对地方政府的年度绩效考核。

文化领域预算绩效管理是否完善与文化领域能否高效、有序发展息息相关，目前，文化领域预算绩效管理存在的主要问题有如下四方面：

一是绩效目标编制工作执行不到位。目前文化领域的项目绩效目标编制普遍比较粗糙，存在项目未申报绩效目标或项目绩效目标申报不完整、不合理的情况，绩效目标不能全面反映项目的产出、成本及效果情况。例如，绩效目标仅设置了产出指标，未设置效果指标、可持续影响指标和满意度指标。鉴于文化事业的特殊性，预期效益指标应当占有较大比重，但在实际情况中，预期效益指标常常处于被忽视的状态。

二是事前绩效评估实施难度较大。由于当前部分地区对于预算绩效管理的意识较为薄弱，且文化领域服务标准还未在全国范围内完全建立，因此，对于文化领域相关项目，落实事前绩效评估面对的阻力较大，尤其是对于项目立项必要性、绩效目标合理性的论证，往往因为服务标准的缺失而导致工作实际开展起来较为困难，因而项目评审难以达成准确判断预算合理性的效果。

三是绩效跟踪监控流于形式。预算绩效跟踪监控的目的是确保绩效目标如期保质保量实现，对于偏离绩效目标的情况，需要及时进行纠偏，甚至暂停项目实施或停止预算拨款。从实际情况来看，一方面，文化相关的专项资金管理办法未将绩效跟踪监控列入其中，项目实施过程中的监控也没有采取实质性的措施，如部分项目实施单位虽然建立了中期监督检查机制，但缺乏相配套的落实整改机制，造成绩效跟踪监控流于形式；另一方面，在对信息的分析、归纳方面，绩效跟踪监控多集中在既有产出的实现情况上，对既有效益预期实现情况关注不足，并且往往忽视了由于外部环境、条件变化等因素对于绩效目标的实现所可能产生的影响。

四是绩效评价体系不够完善。科学的评价指标、客观的评价标准、合理的评价方法是支撑高质量绩效评价的重要因素。当前，由于文化服务标准尚未完全确立，评价指标体系缺乏行业标准作为参照，这在很大程度上影响了评价指标的科学性。在评价方法的选择上，大部分评价采用的主要评价方法为公众评判法，即通过专家评估、公众调查问卷等形式进行绩效评价，对于因素分析法、最低成本法等多种分析方法的应用程度较低。

（三）基层公共文化服务标准体系建设的先进经验

为提升文化领域预算绩效管理水平，有效发挥预算绩效管理对于提高财政资金使用绩效、提高公共服务供给质量的作用，这里将通过介绍基层公共文化服务标准体系构建经验，探讨服务标准体系对于建设文化领域预算绩效管理体系的重要意义。

文化领域预算绩效管理体系建设思路需紧密围绕全过程预算绩效管理链条，而文化服务标准体系对于链条中事前绩效评估、绩效目标管理及绩效评价可以起到基础性的作用，这里以某省基层公共文化服务标准体系建设为切入点，探讨文化服务标准体系的构建思路、建设内容及其对于预算绩效管理体系建设的重要作用。

某省基层公共文化服务标准体系建设包括数量标准、质量标准、费用标准、管理标准四个维度。

（1）数量标准：指村（社区）综合文化服务中心基础设施以及公共文化服务的内容和数量。数量标准能为基层公共文化服务预算绩效管理提供科学合理的数量评价标准依据，数量标准主要参照《X省公共文化服务体系"十三五"建设规划》《X省基本公共文化服务实施标准（2015—2020年)》以及中宣部"百县万村"综合文化服务中心示范工程"七个一"标准等相关政策文件或标准，结合某省各级文化部门年度工作要求，参考各行政村（社区）综合文化服务中心基础设施建设情况数据，以及2017年公共文化服务平均水平数据，对这些资料进行提取、汇总、整理后制定相应标准。数量标准举例如表5-3-1所示。

表5-3-1　村（社区）综合文化服务中心建设数量标准举例

类别	文化活动广场
建设数量	1个
达标标准	面积1000平方米
测算依据	按照《X省基本公共文化服务实施标准（2015—2020年)》要求，城乡居民依托乡镇（街道）、村（社区）综合文化站、综合文化服务中心、文体广场、公园、健身路径等公共文化设施就近方便参加各类文体活动，根据2017年文化活动内容及群众参与程度确定建设数量及达标标准。

（2）质量标准：指村（社区）综合文化服务中心基础设施的功能要求以及年度基础服务目标的达标要求。质量标准能为基层公共文化服务预算绩效管理提供科学合理的质量评价标准依据，质量标准通过村（社区）综合文化服务中心功能全面性、中心开放时长、服务群体满意度、村民法规知晓率、党员教育完成度、年度考评结果等考核性指标的要求和历年水平进行确定。质量标准举例见表5-3-2。

表5-3-2　村（社区）综合文化服务中心服务质量标准举例

类别	文化活动广场	
服务质量标准	开放时间	8小时/天
	活动人数	10人/天
	活动时间	4小时/天
	演出活动场次	≥10场/年
	电影放映	≥1场/月
测算依据	按照《X省基本公共文化服务实施标准（2015—2020年)》要求，城乡居民依托乡镇（街道）、村（社区）综合文化站、综合文化服务中心、文体广场、公园、健身路径等公共文化设施就近方便参加各类文体活动，以X省已建成的文化活动广场的历年开放时间、活动人数、活动时间、演出活动场次、电影放映数据为依据，确定服务质量标准。	

（3）费用标准：指村（社区）综合文化服务中心提供的各项基础服务单价定额标准。费用标准能对基层公共文化服务预算绩效管理提供科学合理的成本评价标准依据，费用标准根据《X省基本公共文化服务实施标准（2015—2020年)》规定的基础服务内容，结合各市、县文化部门的要求，对村（社区）综合文化服务中心的成本进行核算。成本内容分为两类：基本成本和活动成本。其中，基本成本根据该村（社区）综合文化服务中心人员编制情况、基本运营情况，根据标准和历年经验直接进行测算；活动成本则根据该村（社区）综合文化服务中心年度服务目标，在摸清实际成本的基础上，对比同类型地区服务标准，结合市场询价、当地标准、实际发生等综合核算产生。结合两者，进一步测算得出基本公共服务的费用标准。费用标准举例见表5-3-3。

表5-3-3 村（社区）综合文化服务中心基本运营成本标准举例

类别	水电费	
标准	水费	川区2元/立方米
		山区6元/立方米
	电费	川区0.47元/度
		山区0.5元/度
年度补贴金额	800元（按照50立方米水，1000度电计算）	
测算依据	根据川区、山区水费、电费价格及已建成村（社区）综合文化服务中心的历年基本运营情况进行测算。	

（4）管理标准：指村（社区）综合文化服务中心的组织管理要求、制度建设以及上级部门的考核要求等。管理标准能对基层公共文化服务预算绩效管理提供科学合理的过程评价标准依据，管理标准通过收集村（社区）综合文化服务中心现行管理制度，包括人员管理、活动室管理、考核管理等制度文件，同时结合实际管理需求，借鉴其他省份基本公共文化服务管理经验，整理提炼形成核心管理标准。管理标准举例见表5-3-4。

表5-3-4 村（社区）综合文化服务中心管理标准举例

类别	人员管理	
标准	人员管理制度、文化管理员职责	健全
	专兼职管理人员数	1人
	集中培训	5天/年
	登记在册的文化志愿者数量	≥5人
	群众文化团队	≥1个
测算依据	根据村（社区）综合文化服务中心现行人员管理制度文件，结合实际管理需求，借鉴浙江等省份基本公共文化服务管理经验，制定人员管理标准。	

基层公共文化服务标准体系建立起了基层公共文化服务行业标准，为基层公共文化服务预算绩效管理提供了评价基准，有利于项目绩效目标管理、事前绩效评估及绩效评价，优化基层公共文化服务预算绩效管理全流程。以基层公共文化服务标准体系建设为切入点，放眼整个文化领域预算绩效管理，服务标准体系如同一把"尺子"，为预算绩效管理建立了行业标准，进而为整个行业的预算绩效管理建立了评价准绳，为文化领域预算绩效管理体系的进一步健全完善提供了强有力的支撑。

（四）文化领域预算绩效管理未来方向探讨

目前文化领域服务标准体系仍处于初步建设阶段，一方面，已建立的服务标准存在较大的改进空间，如标准的量化程度不够、涵盖的服务内容不够全面等；另一方面，部分地区，尤其是欠发达地区，行业服务标准体系建设的意识较为淡薄，建设工作启动较晚，甚至仍未启动。随着文化领域预算绩效管理工作的深入开展，行业服务标准体系的重要意义将逐渐凸显，各地区关于文化领域服务标准体系的建设步伐将持续加快，在预算绩效管理工作的实践推动下，文化领域服务标准体系将会日益完善，逐渐形成较为科学、成熟的文化领域标准，并助推文化领域预算绩效管理工作的进一步完善。

五、乡村振兴预算绩效管理模式与展望

（一）乡村振兴战略历史沿革

1. 扶贫开发阶段

新中国成立后，政府一直致力于发展生产、消除贫困。特别是改革开放以来，经历了农村经济体制改革、区域开发式扶贫开发、综合性扶贫攻坚三个阶段，我国的扶贫开发工作不断向纵深推进。进入 21 世纪，中共中央提出全面建成小康社会目标，制定实施了一系列扶贫开发新举措，扶贫开发工作以贫困县、贫困村为中心，扶贫开发政策与最低生活保障制度"两轮驱动"。2011 年，中共中央、国务院印发《中国农村扶贫开发纲要（2011—2020 年）》，中国的扶贫开发从"以解决温饱为主要任务的阶段转入巩固温饱成果、加快脱贫致富、改善生态环境、提高发展能力、缩小发展差距的新阶段"。

十八大以来，我国进入扶贫攻坚拔寨的冲刺阶段，汇聚全党全国全社会之力打响脱贫攻坚战。2013 年，习近平总书记在湖南湘西考察时首次做出"实事求是、因地制宜、分类指导、精准扶贫"的重要指示，明确"扶贫对象、项目安排、资金使用、措施到户、因村派人、脱贫成效"六个精准。2015 年，中共中央、国务院颁布《中共中央 国务院关于打赢脱贫攻坚战的决定》，提出到 2020 年稳定实现农村贫困人口不愁吃、不愁穿，义务教育、基本医疗和住房安全有保障；实现贫困地区农民人均可支配收入增长幅度高于全国平均水平，基本公共服务主要领域指标接近全国平均水平；确保我国现行标准下农村贫困人口实现脱贫，贫困县全部摘帽，解决区域性整体贫困。2020年底，我国新时代脱贫目标任务如期完成，现行标准下农村贫困人口全部脱贫，贫困县全部摘帽，易地扶贫搬迁任务全面完成，消除了绝对贫困和区域性整体贫困，创造了人类减贫史上的奇迹。2021年2月25日，全国脱贫攻坚总结表彰大会在北京人民大会堂隆重举行，庄严宣告我国脱贫攻坚战取得全面胜利。

2. 乡村振兴阶段

2017年，党的十九大报告创新提出了"实施乡村振兴战略"，提出产业兴旺、生态宜居、乡风文明、治理有效、生活富裕的总要求，对全面推进乡村振兴作出总体部署。2018年，李克强总理在《政府工作报告》中提出，要大力实施乡村振兴战略。随后，中共中央、国务院印发了《乡村振兴战略规划（2018—2022年）》，明确了乡村振兴的总体目标和重点任务，并对2018—2022年的乡村振兴工作进行了阶段性安排和部署，明确了82项重大工程、重大计划、重大行动。2019年，中共中央、国务院先后出台《中国共产党农村工作条例》《中共中央 国务院关于建立健全城乡融合发展体制机制和政策体系的意见》《关于加强和改进乡村治理的指导意见》《关于促进乡村产业振兴的指导意见》等一系列制度和政策文件，涵盖乡村振兴的方方面面，基本实现了基本构建乡村振兴制度框架和政策体系的目标。"十三五"期间，党中央始终把解决好"三农"问题作为全党工作的重中之重，全面实施乡村振兴战略，普遍建立了五级书记抓乡村振兴的领导机制，基本形成了规划先行、梯次推进的工作局面，重点任务和重大工程有序推进，乡村振兴取得了阶段性成就。进入"十四五"开局之年，在取得脱贫攻坚全面胜利的基础上，2021年中央一号文件《中共中央 国务院关于全面推进乡村振兴加快农业农村现代化的意见》发布，提出要举全社会之力全面实施乡村振兴战略。2021年2月25日，国家乡村振兴局正式挂牌，亦标志着我国"三农"工作迈入新阶段。2021年4月29日，第十三届全国人民代表大会常务委员会第二十八次会议通过《中华人民共和国乡村振兴促进法》，自2021年6月1日起施行，为实施乡村振兴战略提供了有力的法制保障。

（二）财政资金投入及管理现状

扶贫开发阶段，随着脱贫攻坚工作的逐步深入，我国财政专项扶贫资金投入逐年增加，无论是资金总量，还是分配及管理方式不断变化调整。

一是扶贫资金投入总量逐年上升，扶贫投入力度不断加大。自2013年"精准扶贫"战略提出以来，我国各级政府投入的扶贫资金总量呈持续跨越式增长，从2012年的690.78亿元增长至2019年的5561.48亿元，其中2016年、2018年的投入增长幅度分别达86.26％和49.68％。同时，年度扶贫资金支出在全国公共财政支出的占比从2012年的0.55％提升至2019年的2.33％。2016—2020年，我国连续五年每年新增中央财政专项扶贫资金200亿元，累计投入5300亿元专项扶贫资金，并带动地方投入8000多亿元。2020年中央财政专项扶贫达1461亿元。在资金投入的精准性方面，进一步加强对重点地区的支持，2018—2020年共安排支持"三区三州"等深度贫困地区增量资金 2800 亿元。

二是各级扶贫资金在地区间分配以因素法为主，支出方向及管理主体逐步清晰。中央财政专项扶贫资金分配方向主要包括扶贫发展、以工代赈、少数民族发展、"三西"农业建设、国有贫困农场扶贫、国有贫困林场扶贫等。地方在中央财政专项扶贫资金分配方向的基础上，根据地方扶贫地区、扶贫人口的实际情况设置地方扶贫专项。地区分配方面，中央财政专项扶贫资金主要向脱贫攻坚主战场聚焦，向西部地区、贫困革命老区、贫困民族地区、贫困边疆地区和连片特困地区倾斜，地方扶贫资金原则上参照中央。专项扶贫资金主要按照因素法进行分配，分配要素包括贫困状况、政策任务和脱贫成效等。各级政府每年分配资金选择的因素和权重，根据当年扶贫开发工作重点进行调整。

三是专项扶贫资金的管理主体为各级财政部门及业务部门。各级财政部门主要负责扶贫资金的预算安排、资金下达及监管、绩效评价工作，各级扶贫开发办公室、发展和改革委员会、民族事务委员会、农业部（农垦管理）、林业部等部门负责资金和项目的使用管理、绩效管理、监督检查等工作。

为加强和规范财政专项资金使用和管理，促进提升资金使用效益，各级政府和部门制定了一系列的资金管理制度、采取相关措施，对专项资金实施监管。

1. 扶贫开发阶段预算管理

财政部、发展改革委及国务院扶贫办在 2018 年以前，主要通过资金管理办法的形式对扶贫资金进行制度约束与管理。依据国家扶贫开发方针政策及相关资金管理办法要求，《财政专项扶贫资金管理办法（试行）》（财农字〔2000〕18 号）出台，该办法分别在 2011 年、2017 年进行了修订。2016 年，为优化财政涉农资金供给机制，进一步提高资金使用效益，国务院办公厅还印发了《国务院办公厅关于支持贫困县开展统筹整合使用财政涉农资金试点的意见》（国办发〔2016〕22 号）。办法多年的修订变化有以下三个特征：

一是在资金定义、分配程序、下达程序方面修订变化不大，体现了扶贫资金的程序稳定性，同时扩大办法使用范围，体现制度的广泛适用性。从办法使用范围分析，2011 年的办法修订实际仅适用于发展资金、扶贫贷款贴息资金的管理，其他类型资金分别适用其他管理办法。在 2017 年修订的办法中则将以工代赈、少数民族发展、"三西"农业建设、国有贫困农场扶贫、国有贫困林场扶贫等多项资金纳入管理办法适用范围内，避免了同一专项资金的"多制度管理"问题，提升扶贫专项资金的制度广泛适用性。

二是在资金来源、使用范围、资金管理方面，进一步扩大地方在专项扶贫资金的资金安排、资金使用、项目安排方面的自主权与主体责任，同时逐步明确业务部门对扶贫资金管理与项目管理的双重职责。从资金来源分析，2000 年对应的管理办法明确做出了地方配套资金的要求及配套比例，在 2011 年办法修订后，明确了中央及地方各级财政根据减贫工作需要和财力情况安排扶贫资金，这一规定的转变体现了扶贫资金的投入按需安排，地方各级在扶贫工作的资金安排上有了更大自主权。从使用范围分析，2011 年修订的办法中规定资金使用范围包括产业发展、改善基本生产生活条件、提高就业生产能力、缓解生产性资金短缺困难、特定项目管理费等；在 2017 年修订的办法中结合精准扶贫提出资金的使用需"因户施策、因地制宜"，主要列示资金的"负面清单"，明确严禁使用的方面，体现了地方各地在扶贫工作的资金使用上有了更大自主权。从资金管理分析，2000 年的办法明确了对扶贫资金的专户管理与封闭运行，在 2011 年修订的办法中则明确了财政部门对资金的日常管理和监督检查职责，明确了扶贫、发展改革、民委、农业等部门对项目的管理职责。在 2017 年修订的办法中则明确"中央财政专项扶贫资金项目审批权限下放到县级"，地方对项目安排有了更大自主权的同时，强调地方对中央财政专项扶贫资金的管理责任，同时明确扶贫、发展改革、民族、农业等部门对资金和项目的管理和职责。

三是分配依据逐步凸显脱贫成效理念，资金监督手段趋向多元化，突出绩效评价在扶贫专项资金分配与监督的重要作用。分配依据方面，2000 年试行的管理办法中分配依据主要是扶贫政策、贫困人口数、贫困县数、资金使用效益等。在 2011 年的办法修订中，明确了主要依据要素分配法进行资金分配，同时将要素分为客观要素和政策要素。政策要素中首次提出包含财政专项扶贫资金使用管理绩效评价情况。在 2017 年修订的办法中，则进一步凸显了资金绩效的理念，将分配要素划分为贫困状况、政策任务和脱贫成效，明确脱贫成效包括扶贫开发工作成效考核结果、扶贫资金绩效评价结果等。资金监督方面，2000 年试行的资金管理办法资金监督手段较为单一，主要强调做好监督检查，手段包括审计、检查、稽查。2011 年修订的办法在原有的检查和审计基础上，将政务公开与绩效评价纳入监督手段，明确评价结果作为资金分配的参考依据。2017 年修订的管理办法进一步明确，绩效评价结果以适当形式公布，并作为中央财政专项扶贫资金分配的重要因素，绩效评价结果的应用从"参考依据"提升为"重要因素"，突出了绩效评价在扶贫专项资金分配与监督中的重要作用。

2. 乡村振兴阶段预算管理

"十三五"期间是扶贫开发工作的攻坚期，中央层面未专门设立乡村振兴专项资金，坚持的是综合施策、系统推进的原则，与其他战略协同推进乡村产业振兴、人才振兴、文化振兴、生态振兴、组织振兴，不断完善农业农村投入优先保障机制，确保财政投入与乡村振兴目标任务相适应。

乡村振兴资金涉及多个行业领域、多个层级、多个地区。面对多来源、多用途的资金，对各级特别是县级政府统筹整合使用涉农资金的能力提出了更高的要求。2017 年 12 月，国务院出台《关于探索建立涉农资金统筹整合长效机制的意见》（国发〔2017〕54 号），提出加强涉农资金源头整合，实施"大专项＋任务清单"管理，赋予地方更大的资金统筹整合权限，充分调动地方工作积极性。我国财政支农政策正在从生产建设型向民生保障型转变，涉农资金使用从由上级部门指定用途向县级政府统筹整合使用转变。各地也在陆续探索建立健全涉农资金整合机制，不断提高财政支农资金的使用绩效。

2018年，财政部出台《财政部贯彻落实实施乡村振兴战略的意见》（财办〔2018〕34号），明确要通过完善农业农村投入优先保障机制、创新乡村振兴多渠道资金筹集机制和加快构建财政涉农资金统筹整合长效机制建立健全实施乡村振兴战略多元投入保障制度；通过大力支持农业高质量发展、支持乡村绿色发展、支持城乡基本公共服务均等化、推动建立健全现代乡村治理体系和全力支持打赢脱贫攻坚来构建完善财政支持实施乡村振兴战略政策体系；通过全面实施财政涉农资金绩效管理和加强财政涉农资金监管，从而着力提升财政资金管理水平和政策成效；并通过落实工作责任，加强协调配合等加强组织保障。为贯彻落实《中共中央 国务院关于实施乡村振兴战略的意见》精神，各省也陆续出台实施乡村振兴战略的相关意见，部分省份结合其"三农"工作的推进需求，设立了乡村振兴专项资金。

"十四五"时期，我国进入全面推进乡村振兴的阶段。《中共中央 国务院关于全面推进乡村振兴加快农业农村现代化的意见》在强化投入保障机制上也提出了明确要求。在财政投入上，明确了5条措施：第一，将农业农村作为一般公共预算优先保障领域；第二，中央预算内投资进一步向农业农村倾斜；第三，制定落实提高土地出让收益用于农业农村比例考核办法；第四，要进一步完善涉农资金整合长效机制；第五，支持地方政府发行一般债券和专项债券用于现代农业设施建设和乡村建设行动。除了财政性资金外，针对乡村振兴资金需求量大的问题，还提出支持以市场化方式设立乡村振兴基金等。针对农村贷款难、贷款贵问题，提出大力开展农户小额信用贷款业务，鼓励开发专属金融产品支持新型农业经营主体和农村新产业新业态，加大对农业农村基础设施投融资的中长期信贷支持。

为贯彻落实《中共中央 国务院关于实现巩固拓展脱贫攻坚成果同乡村振兴有效衔接的意见》精神，将原中央财政专项扶贫资金更名为中央财政衔接推进乡村振兴补助资金，用于支持巩固拓展脱贫攻坚成果同乡村振兴有效衔接工作。2021年3月，为加强资金使用管理，提升资金使用效益，财政部牵头国家乡村振兴局等5部门印发《中央财政衔接推进乡村振兴补助资金管理办法》，明确了衔接资金用于支持巩固拓展脱贫攻坚成果、支持衔接推进乡村振兴和巩固拓展脱贫攻坚成果同乡村振兴有效衔接的其他相关支出三方面，并提出"资金分配按照因素法进行测算，因素和权重为：相关人群数量及结构30%、相关人群收入30%、政策因素30%、绩效等考核结果10%，并进行综合平衡。"衔接资金应当统筹安排使用，形成合力，各省在分配衔接资金时要统筹兼顾脱贫县和非脱贫县，强调各地巩固拓展脱贫攻坚成果和乡村振兴项目库的建立和完善。2021年4月，财政部会同国家发展改革委等10个部门联合印发

《关于继续支持脱贫县统筹整合使用财政涉农资金工作的通知》，明确 2021—2023 年，在脱贫县延续整合试点政策；2024—2025 年，整合试点政策实施范围调整至中央确定的国家乡村振兴重点帮扶县，确保平稳过渡。

（三）我国乡村振兴预算绩效管理现状

1. 扶贫专项资金预算绩效管理

在扶贫开发阶段，随着全面绩效管理相关工作的推进，切实提高财政扶贫项目资金使用效益的需求日趋迫切，我国于 2005 年首次出台关于扶贫资金的中央层面的绩效考评办法，即《财政部 国务院扶贫办关于印发〈财政扶贫资金绩效考评实行办法〉的通知》（财农〔2005〕314 号），明确考评主要内容包括扶贫开发成果、财政扶贫资金管理情况、扶贫项目管理情况以及省级财政扶贫资金预算安排情况。同时，考评采取分级实施，财政部、国务院扶贫办对各省进行绩效考评，省、自治区、直辖市的财政厅（局）、扶贫办负责下一级的绩效考评工作，绩效考评的实施主体为财政部、国务院扶贫办、省级财政厅、省扶贫办等部门。此后，考评办法分别在 2006 年、2008 年进行了修订。

2017 年，我国首个关于专项扶贫资金中央层面的绩效评价办法出台，即《财政部 国务院扶贫办关于印发〈财政专项扶贫资金绩效评价办法〉的通知》（财农〔2017〕115 号）。绩效评价内容进一步明确为资金投入、资金拨付、资金监管、资金使用成效等方面。同时，强调县级财政部门和资金使用管理相关部门要组织做好财政专项扶贫资金绩效目标管理工作。

2018 年，《国务院办公厅关于转发财政部、国务院扶贫办、国家发展改革委扶贫项目资金绩效管理办法的通知》（国办发〔2018〕35 号）出台。该办法将原专项扶贫资金的绩效评价内涵延伸至绩效管理，明确对扶贫项目资金全过程绩效跟踪。由于首次提出扶贫资金的绩效管理，因此该办法与前述绩效评价办法保持一致，以绩效目标为主要抓手，将扶贫资金绩效管理的主体落实到市县级有关部门和资金使用单位，要求在预算编制阶段编制对应的绩效目标，绩效目标需经过审核，并将扶贫项目资金目标随资金使用单位预算一同批复。在项目实施过程中，以绩效目标为依据，借助动态监控信息系统对执行情况进行跟踪，在年度预算执行终了，开展自评或委托第三方机构开展绩效评价。

在实践中，各地区实施情况差异较大，扶贫开发项目数量庞杂，基层单位的绩效管理意识薄弱，管理水平和手段相对落后，导致管理规范性不足，管理标准不统一，各级政府难以对扶贫资金的运行、资金使用绩效进行有效的监控。此外，在扶贫资金的分配、管理和实际执行过程中，由于不同层级政府、不同部门对扶贫专项资金的管理目标和要求侧重点不同，预算绩效管理工作主要集中在绩效评价环节，以考察资金使用的合规性和脱贫目标实现程度为主。

2. 专项扶贫资金预算绩效管理存在的主要问题

专项扶贫资金的预算绩效管理体系在不断完善，主要以绩效目标的申报、审核、监控、自评作为绩效管理的重点。国家扶贫办主要通过统一范式的绩效目标申报表、绩效目标执行监控表、绩效目标自评表对中央财政专项扶贫资金开展绩效目标管理。同时，提供相关领域共性绩效指标模板用于各地填报时参考，所提供的共性指标为定性与定量相结合的产出、效果指标，且效果指标的指向较为宏观。

由于目前各地区扶贫资金预算绩效管理基础较薄弱，绩效指标申报经验不足，各项效果指标对应的基准值难以确定，因此，对应设置的增加率、增长值等绩效指标依据的充分性难以确认。同时，对于各项绩效指标实现情况的考察手段还需进一步明确。

此外，目前绩效目标的申报、监控与自评表中，主要对产出、效果指标进行考察，对于出现偏差的指标由各单位分别从经费、制度、人员、硬件、其他等方面进行原因分析。在扶贫项目实施过程中，各地管理水平和手段的差异较大，缺失从产出、效果的偏差向项目立项、决策、管理过程追溯的逻辑分析路径，容易使产出、效果指标的分析流于表面，难以切实通过绩效目标的监控提升专项扶贫资金的使用效益。

3. 乡村振兴专项资金预算绩效管理现状

《乡村振兴战略规划（2018—2022年）》不仅明确了五年的工作任务和目标，对开展评估考核等也做出了明确要求，还提出了22项具体指标，首次建立了乡村振兴指标体系。构建乡村振兴战略评价指标体系，有利于各级政府落实责任、调动各方积极性。财政部、农业农村部2019年出台的《农业相关转移支付资金绩效管理办法》（财农〔2019〕48号），规定了县级以上财政部门和农业农村主管部门应对中央财政预算安排的农业相关转移支付资金设定、审核、下达、调整和应用绩效目标，对绩效目标运行情况进行跟踪监控管理，对支出的经济性、效率性、效益性、公平性、规范性进行客观、公正的评价，并对评价结果予以应用的全过程绩效管理工作。

近年来，各地按照全面预算绩效管理的要求和扶贫专项资金预算绩效管理工作积累的经验在推进相关工作。不少地区在制定乡村振兴专项资金管理办法时，将预算绩效管理作为重要内容，强调乡村振兴专项资金全过程预算绩效管理。如《山东省乡村振兴重大专项资金管理暂行办法》提出省业务主管部门应按照全面实施预算绩效管理要求，按规定对新增重大政策和项目开展事前绩效评估，科学设定政策和项目绩效目标。未按要求开展绩效评估或绩效评估为差，以及绩效目标审核不通过的，不得列入中期财政规划和年度预算。对切块分配市县使用资金，各市县应统筹编制绩效目标，新增重大项目须开展事前绩效评估组织实施绩效评价，强化评价结果应用。资金下达后，各级财政部门按照有关规定，将资金及时纳入涉农资金动态监控平台，运用现代信息技术开展实时监控、风险预警和流程追溯，定期通报预算执行进度。省级财政部门组织开展涉农资金统筹整合综合绩效评价，综合绩效评价结果与以后年度预算安排和资金分配挂钩，对因统筹整合不力导致资金沉淀闲置的一律收回调整使用。

2021年，财政部、国家乡村振兴局、国家发展改革委、国家民委、农业农村部和国家林业和草原局六部门联合印发《中央财政衔接推进乡村振兴补助资金管理办法》（财农〔2021〕19号），衔接资金使用管理作出全面规定，以加强资金使用管理，提升资金使用效益。该办法中明确"各地要加强衔接资金和项目管理，落实绩效管理要求，全面推行公开公示制度，加快预算执行，提高资金使用效益"。同时明确了相关部门在资金管理方面的分工："各级财政部门负责预算安排、审核资金分配建议方案和下达资金，指导各级乡村振兴、发展改革、少数民族事务、农业农村、林草等行业主管部门及地方加强资金监管和绩效管理。各级行业主管部门负责提出资金分配建议方案、资金和项目使用管理、绩效管理、监督管理等工作，按照权责对等原则落实监管责任。"

（四）乡村振兴专项资金预算绩效管理经验

1. 扶贫开发阶段

总体来看，扶贫开发阶段我国对扶贫行业的预算绩效管理手段逐渐从资金管理办法过渡至绩效管理办法，绩效理念的重要性不断凸显。在制度层面，构建了目标申报、执行跟踪、绩效评价的全过程体系，但由于目前仍主要以专项扶贫资金的绩效目标申报和审核为主要抓手，通过信息化系统进行跟踪纠偏。从执行层面，由国家扶贫开发办公室领导小组组织，采用第三方评估、省际交叉考核、媒体暗访考核三种形式相结合，对各地扶贫开发工作成效进行年度考核，并对考核结果进行实际应用，通过专项扶贫资金分配适当倾斜，对考核结果优秀地区进行奖励，同时，对综合评价结果较差、问题突出的地区进行党政主要负责同志约谈。各地结合扶贫开发工作的推进情况，在扶贫开发领域绩效管理分别做出制度尝试和项目实践。这里选取甘肃省和上海市进行介绍。

甘肃省在2017年制定出台《甘肃省财政专项扶贫资金绩效评价办法》。该办法依据中央文件要求，结合甘肃省实际情况将考评主要内容调整为"资金投入、资金支出、资金监管、资金使用成效、项目管理、加减分指标"六大方面。其中，资金支出、项目管理为新增内容，资金支出重点关注当年项目资金结转结余和上年结转结余资金支出进度情况；项目管理重点关注项目论证分析、项目库建设、项目库动态管理和项目调项审批程序规范情况等，对专项扶贫资金构建了"投入—管理—产出效益"的绩效评价路径。同时，在中央文件要求组织做好财政专项扶贫资金绩效目标管理工作的基础上，甘肃省提出县（市、区）接受考评前要开展自评工作，将自评与绩效评价相结合，进一步压实县级对扶贫开发工作的主体责任及绩效管理职责。

上海市的扶贫开发工作主要为对口支援新疆喀什、西藏日喀则、青海果洛、云南文山、红河、普洱、迪庆四州市、贵州遵义、重庆万州和湖北宜昌夷陵10地。上海市为提升受援地绩效管理理念，充分调动受援地的积极性，自2015年起多次委托第三方机构，组织对受援地开展绩效评价。通过绩效评价及时总结对口支援项目的成绩经验，发现管理薄弱环节和效益实现的偏差度，构建"项目评价—分类评价—区域评价"的评价模式，形成自评与第三方评价相结合的实践经验。在对口支援项目的绩效管理过程中，上海方与受援方一起，将绩效理念融入对口支援计划编制、执行、监督的全过程，逐步建立"预算编制有目标、预算执行有监控、预算完成有评价、评价结果有反馈、反馈结果有应用"的对口支援项目预算绩效管理机制。

2. 乡村振兴阶段

乡村振兴专项资金预算绩效管理的整体要求与扶贫开发阶段一致，重点关注资金使用绩效，绩效目标的实现程度，开展全过程预算绩效管理。各地结合乡村振兴的要求和当地的管理特点探索绩效管理的创新模式。本书简要介绍上海市的做法。

上海乡村振兴预算绩效管理工作的重要抓手是信息化系统的使用，上海市开发建设了上海市乡村振兴目标管理系统，可以实现目标任务细化分解下达、跟踪任务进度、任务完成得分、预警滞后项目等核心功能。通过信息化手段实现各级主管部门对乡村振兴重点任务完成进度的实时跟踪，同时，也为年底乡村振兴工作考核提供了数据支撑。除借助信息化系统手段外，上海市农业农村委通过委托第三方的方式选择各涉农区重点任务进行现场核查和社会满意度调查。信息化系统填报和实地核查相结合，促进各涉农区及时保质保量完成乡村振兴任务，提高财政资金的使用绩效。

（五）乡村振兴专项资金预算绩效管理方向探讨

乡村振兴涉及"三农"工作的方方面面，资金体量大、支出范围广，总结专项扶贫资金预算绩效管理工作的经验，乡村振兴专项资金预算绩效管理的关键在于围绕"分级分类管理思路建立、分级分类指标体系建设、预算绩效管理大数据思维应用、乡村振兴支持政策决策体系搭建"，构建"目标明确、标准统一"的乡村振兴专项资金全过程预算绩效管理机制。基于对当前乡村振兴资金投入现状的分析，重点通过中央、省级、市县乡村振兴专项资金的梳理：

一是形成以实施层级、实施主体、实施流程、资金用途分类和资金投入目标等为标签的分级分类管理思路，逐步明确不同层级乡村振兴资金预算绩效管理的要点。以实施层级为例，不同层级对于乡村振兴管理的关注点存在差异，中央和省级层面更侧重政策决策和资金投入的整体效果，而市县层面则更加关注具体项目管理及对应的项目效益。以资金用途为例，不同的资金用途往往在资金管理和项目管理的重点上存在差异化特征。

二是以分级分类管理为原则，建立分级分类的目标指标和评价指标体系。以乡村振兴战略的实施层级和资金投入的发展领域为分类核心进行设计。在实施层级上，分为中央和省级、市县级及乡镇等三个主要层级。中央和省级多为乡村振兴相关政策的制定者，应坚持目标导向和结果导向，将重点放在支持政策制定和财政资金分配的合理性、乡村振兴相关政策实施的效果方面，不需要过多陷入细节；市县层面作为乡村振兴相关政策的执行者，则应加强过程管理，反映具体项目完成情况和资金执行进度等信息，再通过重点项目的效果体现市县乡村振兴战略目标的实现程度；乡镇一级作为具体项目的实施者，则应重点关注项目推进情况，确保资金使用的合规性。在发展领域上，将《乡村振兴战略规划（2018—2022年）》中明确的乡村振兴总要求"产业兴旺、生态宜居、乡风文明、治理有效、生活富裕"作为一级分类。对总要求中的每项要求的具体要求进行分解作为二级分类，并加以提炼。

三是贯穿乡村振兴专项资金预算管理、政策和项目管理的全过程，建立对应的全过程预算绩效管理链条。在乡村振兴政策设立和预算安排前期，开展事前绩效评估，关注政策及项目立项必要性、投入经济性、绩效目标合理性、实施方案可行性和筹资合规性；预算部门（单位）申报乡村振兴预算时，强调预算绩效目标管理，根据不同的层级设置核心绩效目标；预算执行过程中，通过统筹审计、财政监督等多方监管力量，对预算执行和项目绩效目标实施"双监控"；预算年度终了，针对各个层级开展上下联动的绩效评价，共享绩效评价结果，与下年度转移支付等资金安排挂钩。

四是以绩效指标为基础，建立数据采集规范和基于信息化手段的数据采集工具，逐步形成乡村振兴绩效大数据，建立健全乡村振兴预算绩效标准。基于各级各类数据库繁杂的现状，平台通过相关数据对接，覆盖乡村振兴战略实施资金投入、项目实施和发展状况等数据，构成完整的乡村振兴战略推进信息数据链。在此基础上建立数据校验模型，实现与各级乡村振兴主管部门数据的对比，一方面是加强数据质量管理，另一方面是通过整合提升数据的共享及应用，实现乡村振兴推进管理在横向部门间和纵向政府层级间的信息共享和反馈。

五是构建决策分析模型，为推进乡村振兴战略实施提供数据支撑。通过各级各部门乡村振兴战略资金、项目和成效等方面数据的分析，一方面针对全面实施乡村振兴战略的财力保障、组织管理、项目库建设及项目实施，以及推进成效分别进行考核，分析各地乡村振兴战略推进的短板；另一方面按照"投入—过程—绩效"的基本逻辑，综合分析投入与成效之间的关系，为资金投入规模和结构的调整提供参考。基于大数据思维的应用，创新智能诊断方式方法，实现多层次和多维度的数据分析，真正为后续工作提供决策支持。

综上，基于全过程预算绩效管理，建立绩效管理规范建设，自上而下对乡村振兴资金的使用情况和绩效形成全过程监督管理，并全面开展数据分析与应用，有效克服当前乡村振兴资金涉及面广、项目庞杂，评价标准不统一，难以有效监管等问题，推动建立起乡村振兴专项资金全方位、全过程、全覆盖的预算绩效管理体系，提高乡村振兴资金管理的覆盖面及精准度，从而提升财政资金使用成效。

主要参考文献

· · · ·
· · · ·

［1］BUCHANAN J M．An economic theory of clubs［J］．Economica,1965(32)：
1—14.

［2］MINOGUE EBM，POLIDANO C，HULME D．Beyond the new public
management：changing ideas and practices in government［M］．Cheltenham：
Edward Elgar,1998.

［3］OATES W E．Fiscal federalism［M］．New York：Harcourt Brace Jovanovich
Press,1972.

［4］MUSGRAVE R A,MUSGRAVE P B．Public finance in theory and practice
［M］．New York：Mcgraw-Hill College,1989.

［5］TIEBOUT C M．Pure theory of local expenditure［J］．Journal of Political
Economy,1956(64)：416—424.

［6］蔡汉波，彭浪．财政学概论［M］．上海：立信会计出版社，2009.

［7］财政部基层财政干部培训教材编审委员会．全过程预算绩效管理基本知识问
答［M］．北京：经济科学出版社，2013.

［8］财政部．关于推进预算绩效管理的指导意见（财预〔2011〕416 号）．2011—
07—05.

［9］财政部预算司．绩效预算和支出绩效考评研究［M］．北京：中国财政经济
出版社，2007.

［10］陈昌盛，蔡跃洲．中国政府公共服务：体制变迁与地区综合评估［M］．北
京：中国社会科学出版社，2007.

［11］程浩，管磊．对公共产品理论的认识［J］．河北经贸大学学报，2002 (6)：
10—17.

[12] 陈学安. 建立我国财政支出绩效评价体系研究 [J]. 财政研究，2004（8）：18－20.

[13] 崔方珍. 项目管理要素在绩效评价指标体系设计中的应用 [J]. 财政监督，2016（16）：69－71.

[14] 崔方珍. 中西方预算绩效管理的比较 [J]. 财政监督，2016（2）：53－55.

[15] 彼得·德鲁克. 管理实践 [M]. 毛忠明，译. 上海：上海译文出版社，1999.

[16] 戴维·奥斯本，特德·盖布勒. 改革政府：企业精神如何改革着公营部门 [M]. 上海：上海译文出版社，1996.

[17] 范柏乃. 政府绩效管理 [M]. 上海：复旦大学出版社，2012.

[18] 方振邦，葛蕾蕾. 政府绩效管理 [M]. 北京：中国人民大学出版社，2012.

[19] 方振邦，葛蕾蕾，李俊昊. 韩国政府绩效管理的发展及对我国的启示 [J]. 烟台大学学报（哲学社会科学版），2012（3）：90－97.

[20] 弗兰克·费希尔. 公共政策评估 [M]. 吴爱明，李平，等译. 北京：中国人民大学出版社，2003.

[21] 高小平，贾凌民，吴建南. 美国政府绩效管理的实践与启示："提高政府绩效"研讨会及访美情况概述 [J]. 中国行政管理，2008（9）：125－126.

[22] 顾钰民. 马克思主义制度经济学：理论体系·比较研究·应用分析 [M]. 上海：复旦大学出版社，2005.

[23] 韩凤芹，王胜华. 典型国家财政支出绩效管理的经验及启示 [J]. 中国党政干部论坛，2018（10）：89－92.

[24] 赫伯特·西蒙. 现代决策理论的基石 [M]. 杨砺，徐立，译. 北京：北京经济学院出版社，1989.

[25] 贺卫，伍山林. 制度经济学 [M]. 北京：机械工业出版社，2003.

[26] 侯江红. 公共组织财务管理 [M]. 3版. 北京：高等教育出版社，2012.

[27] 胡培兆. 有效供给论 [M]. 北京：经济科学出版社，2004.

[28] 蒋洪. 公共经济学：财政学 [M]. 上海：上海财经大学出版社，2006.

[29] 卢映川，万鹏飞. 创新公共服务的组织与管理 [M]. 北京：人民出版社，2007.

[30] 詹姆斯·M. 布坎南，理查德·A. 马斯格雷夫. 公共财政与公共选择：两种截然对立的国家观 [M]. 北京：中国财政经济出版社，2000.

[31] 李燕，朱春奎. 丹麦预算改革的工具、成效与启示 [J]. 地方财政研究，2014（11）：68－73.

[32] 厉国威，李连华，黄志雄. 新时代中国特色政府会计的改革与创新——第

九届"政府会计改革理论与实务研讨会"综述［J］. 会计研究，2018（6）：94－96.

[33] 王冬，李文思. 绩效评价和绩效审计的思路及方法在政策改革研究中的应用：以 Y 区城市养护作业市场化改革工作为例［J］. 财政监督，2015（22）：60－62.

[34] 李文思. 以 X 地区供热项目为例解读 PPP 项目前评价［J］. 财政监督，2016（4）：55－57.

[35] 刘国永，熊羽. 全面实施预算绩效管理视角下政府购买服务绩效评价体系构建［J］. 财政监督，2019（4）：10－20.

[36] 刘国永. 财政绩效评价指标体系建设探索［J］. 中国财政，2017（17）：17－21.

[37] 刘国永. 环保支出政策绩效评价探索与思考［J］. 中国财政，2018（4）：10－12.

[38] 刘国永. 构建政府决策大数据全面实施预算绩效管理［J］. 中国财政，2018（1）：40－41.

[39] 刘国永，蒙圆圆. 财政支出绩效评价技术标准体系建设路径探究［J］. 中国财政，2018（11）：6－9.

[40] 刘国永. 建立权责发生制政府综合财报制度，深入推进财政绩效评价工作：访海南省财政国库支付局局长郝传萍［J］. 财政监督，2016（20）：62－63.

[41] 刘敏，冯石磊，李晓姣. 财政支出预算绩效管理主体职能浅析［J］. 财政监督，2015（6）：57－59.

[42] 刘敏，王萌. 整体支出绩效评价指标体系设计方法初探［J］. 财政监督，2015（10）：50－52.

[43] 刘敏. 绩效指标策略：整体支出绩效评价指标体系的设计法则［J］. 新理财（政府理财），2016（1）：78－79.

[44] 刘敏，王萌. 浅议绩效审计与绩效评价［J］. 财政监督，2015（22）：57－59.

[45] 刘敏. 以目标为导向的公共预算编制路径探析［J］. 财政监督，2017（4）：86－88.

[46] 刘国永，等. 预算绩效管理概述［M］. 镇江：江苏大学出版社，2014.

[47] 刘国永，等. 预算绩效管理专业基础［M］. 镇江：江苏大学出版社，2014.

[48] 罗伯特·诺奇克. 无政府、国家和乌托邦［M］. 北京：中国社会科学出版社，2008.

[49] 埃里克·罗尔. 经济思想史 [M]. 陆元诚, 译. 北京: 商务印书馆, 1981.

[50] 马维斌. 以委托代理为中心的国有资产管理体制研究 [D]. 杭州: 浙江大学, 2004.

[51] 马国贤. 政府绩效管理 [M]. 上海: 复旦大学出版社, 2005.

[52] 马蔡琛, 朱旭阳. 从传统绩效预算走向新绩效预算的路径选择 [J]. 经济与管理研究, 2019, 40 (1): 86-96.

[53] 马海涛, 温来成, 姜爱华. 财政学 [M]. 北京: 中国人民大学出版社, 2012.

[54] 美国项目管理协会. 项目管理知识体系指南 (PMBOK 指南) [M]. 6 版. 北京: 电子工业出版社, 2018.

[55] 马旭晨. 项目管理工具箱 [M]. 北京: 机械工业出版社, 2009.

[56] 倪志良. 政府预算管理 [M]. 天津: 南开大学出版社, 2010.

[57] 欧文·E. 休斯. 公共管理导论 [M]. 3 版. 张成福, 等译. 北京: 中国人民大学出版社, 2004.

[58] 朴钟权. 中韩政府绩效管理的现状、特点与比较研究 [D]. 杭州: 浙江大学, 2007.

[59] 日本财税立法及执法研究报告 (二) [R]//日本预算管理制度研修报告 [EB/OL]. [2019-01-20]. http://fwzx. mof. gov. cn/mofhome/tfs/zhengwuxinxi/faguixinxifanying/201212/t20121221_719310. html.

[60] 沙秋. 部门整体支出绩效评价与部门行政效能评价的比较分析 [J]. 财政监督, 2017 (1): 84-86.

[61] 萨尔瓦托雷·斯基亚沃-坎波, 丹尼尔·托马斯. 公共支出管理 [M]. 张通, 译校. 北京: 中国财政经济出版社, 2001.

[62] 王玲. 资产评估学理论与实务 [M]. 北京: 清华大学出版社, 北京交通大学出版社, 2010.

[63] 王丹华. 投入产出分析法在绩效评价中的应用 [J]. 财政监督, 2016 (15): 64-67.

[64] 王丹华. 绩效分析在绩效评价中的应用与发展趋势 [J]. 财政监督, 2016 (23): 65-66.

[65] 李晓姣, 王萌. 绩效目标与指标设计的原理分析 [J]. 财政监督, 2015 (9): 52-55.

[66] 李晓姣, 王萌. 绩效跟踪的价值初探 [J]. 财政监督, 2015 (13): 54-56.

[67] 王传纶, 高培勇. 当代西方财政经济理论 [M]. 北京: 商务印书馆,

1995.

[68] 王桂娟. 绩效预算的经济学分析：兼论财政职能与政府效率 [M]. 上海：立信会计出版社，2013.

[69] 王海涛. 我国预算绩效管理改革研究 [D]. 北京：财政部财政科学研究所，2014.

[70] 王坤，宋卓展. 英国绩效预算的特点与借鉴 [J]. 经济研究参考，2018 (46)：23—27.

[71] 伍玥. 我国绩效预算改革研究 [D]. 北京：中国财政科学研究院，2017.

[72] 武睿. 国内外政府绩效管理制度发展综述 [J]. 行政事业资产与财务，2018 (15)：13—14.

[73] 萧鸣政. 现代绩效考评技术及其应用 [M]. 2 版. 北京：北京大学出版社，2007.

[74] 夏和飞，李文思. 人大参与预算绩效管理路径初探：人大参与 B 地区 2013 年度教育费附加转移支付绩效跟踪解读 [J]. 财政监督，2015 (24)：52—54.

[75] 熊羽. 绩效导向的对口支援模式研究 [J]. 财政监督，2017 (13)：93—94.

[76] 上海闻政管理咨询有限公司. 财政支出绩效评价个性指标设计思路研究 [J]. 财政监督，2017 (10)：82—85.

[77] 邢俊英. 预算会计 [M]. 大连：东北财经大学出版社，2012.

[78] 杨颖. 政府预算绩效管理：模式与路径 [D]. 武汉：华中师范大学，2015.

[79] 杨光焰. 政府预算管理 [M]. 2 版. 上海：立信会计出版社，2016.

[80] 叶文辉. 中国公共产品供给研究：理论、实践与改革 [M]. 北京：高等教育出版社，2004.

[81] 袁娟，沙磊. 美国和日本政府绩效评估相关法律比较研究 [J]. 行政与法，2009 (10)：39—42.

[82] 财政部：预算绩效管理工作规划（2012—2015 年）[J]. 预算管理与会计，2012 (12)：6—11.

[83] 岳军. 公共投资与公共产品有效供给研究 [M]. 上海：上海三联书店，2009.

[84] 张强强. 我国地方政府绩效预算改革研究 [D]. 呼和浩特：内蒙古财经大学，2018.

[85] 张俊伟. 澳大利亚的绩效预算改革及经验[EB/OL]. (2013—10—22)[2019—01—20]. https://www. chinathinktanks. org. cn/content/detail/id/

epvi6w10.

[86] 章贵桥. 政府会计功能、国家善治与政治信任 [J]. 会计研究，2017 (12)：19—23，96.

[87] 张成福，党秀云. 公共管理学 [M]. 北京：中国人民大学出版社，2001.

[88] 张少农. 在绩效管理试点工作动员部署会议上的讲话 [J]. 国土资源通讯，2012 (2)：16—18.

[89] 赵早早. 澳大利亚政府预算改革与财政可持续 [J]. 公共行政评论，2014，7 (1)：4—22.

[90] 曾峻. 公共管理新论：体系、价值与工具 [M]. 北京：人民出版社，2006.

[91] 中华人民共和国财政部预算司. 中国预算绩效管理探索与实践 [M]. 北京：经济科学出版社，2013.

[92] 中华人民共和国预算法（2014 年修正）[Z]. 2014—08—31.

[93] 中华人民共和国财政部. 关于印发《政府会计制度——行政事业单位会计科目和报表》的通知（财会〔2017〕25 号）[Z]. 2017—10—24.

[94] 中华人民共和国财政部. 关于修订 2019 年政府收支分类科目的通知（财预〔2018〕211 号）[Z]. 2018—12—25.

[95] 中华人民共和国国务院. 国务院关于加强地方政府性债务管理的意见（国发〔2014〕43 号文）[Z]. 2014—09—26.

[96] 中国共产党中央委员会，中华人民共和国国务院. 关于深化国有企业改革的指导意见（中发〔2015〕22 号）[Z]. 2015—08—24.

[97] 珍妮特·V. 登哈特，罗伯特·B. 登哈特. 新公共服务：服务，而不是掌舵 [M]. 丁煌，译. 北京：中国人民大学出版社，2004.

[98] 郑德琳. 从公共服务协议到部门业务计划：英国新绩效预算改革对我国的启示 [J]. 财税论坛，2018 (3)：5—9.

[99] 赵艳芹，宁丽新，朱翠兰. 西方公共产品理论述评 [J]. 商业经济研究，2008 (28)：70，100.

[100] 周实，褚楚. 日本政策评价法的特征及启示 [J]. 法学（汉斯），2015，3 (1)：7—14.

[101] 邹靖，梁永晋，王晓培. 美国政府绩效预算对我国预算绩效改革的启示 [J]. 财政研究，2015 (7)：107—110.

[102] 上海市公共绩效评价行业协会. 深度关注"部门、行业预算绩效管理"——全面实施预算绩效管理高峰论坛（2020o 上海）暨协会成立五周年大会顺利举行（上篇）[EB/OL]. (2020—01—14)[2021—03—17]. https://mp. weixin. qq. com/s/B_JRqR__jnQpYj4gUP5Yxg.

[103] 上海市公共绩效评价行业协会. 深度关注"部门、行业预算绩效管理"——全面实施预算绩效管理高峰论坛（2020o 上海）暨协会成立五周年大会顺利举行（下篇）[EB/OL]. (2020－01－14)[2021－03－17]. https://mp. weixin. qq. com/s/VV8QVlWdg QudE7N4A0bhWQ.

[104] 上海市金山区财政局. 第十期《金山区财政项目支出预算绩效管理办法（试行）》[EB/OL]. (2020－07－13)[2021－03－17]. https://www. sohu. com/a/405747987_120056237.

[105] 许海燕，吴也. 江苏构建"三全"预算绩效管理体系 确保资金花在刀刃上[EB/OL]. (2019－07－23)[2021－03－17]. https://baijiahao. baidu. com/s? id=1639804369468914278&wfr=spider&for=pc.

[106] 刘育莎. 南京市本级基本建成预算绩效管理"三全"体系[EB/OL]. (2020－02－20)[2021－03－17]. http://k. sina. com. cn/article_3233134660_c0b5b84402000ty2n. html? sudaref = www. baidu. com&display = 0&retcode=0.

[107] 山东省财政厅. 山东省全面推进预算绩效管理改革[EB/OL]. (2020－01－16)[2021－03－18]. http://czt. shandong. gov. cn/art/2020/1/6/art_21859_8540307. html.

[108] 山东省财政厅. 向事前绩效评估要财力 破解预算编制不精准难题——山东省预算绩效管理改革攻坚年系列报道之一[EB/OL]. (2020－11－12)[2021－03－18]. http://czt. shandong. gov. cn/art/2020/11/12/art_21859_10008908. html.

[109] 山东省财政厅. 山东省预算绩效管理改革攻坚年系列报道之三：山东绩效管理步入"全周期"时代[EB/OL]. (2020－11－12)[2021－03－18]. http://czt. shandong. gov. cn/art/2020/11/13/art_21859_10012273. html.

[110] 山东省财政厅. 山东省预算绩效管理改革攻坚年系列报道之四：聚多方之力谋绩效之势山东省预算绩效管理全面起势[EB/OL]. (2020－11－16)[2021－03－18]. http://czt. shandong. gov. cn/art/2020/11/16/art_21859_10018638. html.

[111] 山东省人民政府新闻办公室. 山东举行全面实施预算绩效管理推进情况新闻发布会[EB/OL]. (2021－01－12)[2021－03－18]. http://www. scio. gov. cn/xwfbh/gssxwfbh/xwfbh/shandong/Document/1696918/1696918. htm.

[112] 王泽彩. 预算绩效管理是推进国家治理现代化的内在要求[EB/OL]. (2020－07－04)[2021－03－18]. https://baijiahao. baidu. com/s? id=1671252831465920758&wfr=spider&for=pc.

[113] 威海市财政局. 把绩效当作"指挥棒"——威海市财政局推动预算管理科

学规范高效改革综述[EB/OL].(2020-11-26)[2021-03-18].http://czj.weihai.gov.cn/art/2020/11/26/art_19785_2466260.html.

[114] 孔祥智. 乡村振兴战略"十三五"进展及"十四五"重点任务[EB/OL]. (2020-11-13)[2021-04-06]. http://www.rmlt.com.cn/2020/1113/598796.shtml.

[115] 威海市财政局. 打造预算绩效管理威海模式 [J]. 民生周刊,2019 (10):72.

[116] 龚颖. 绩效评价报告质量提升路径探析——基于上海市的实践经验 [J]. 财政监督,2019 (14):58-61.

[117] 吴蓉. 构建预算绩效一体化的上海"奉贤模式"[EB/OL].(2021-04-03)[2021-04-06]. https://mp.weixin.qq.com/s/YKR63F)UN3DR-jLhOoAnUnQ.

[118] 李艳芝,孔进. 山东:担当作为 狠抓落实 确保全面实施预算绩效管理落地见效 [J]. 中国财政,2019 (17):55-56.

[119] 李昌林. 上海闵行:"以结果为导向"的预算绩效管理改革 [J]. 新理财(政府理财),2019 (7):42-44.

[120] 江苏省苏州市财政局. 苏州:预算和绩效管理一体化的实践与探索 [J]. 中国财政,2020 (19):55-57.

[121] 英国国家审计办公室. 政府绩效管理报告[EB/OL].(2019-11-21).[2021-3-3]. https://www.nao.org.uk/wp-content/uploads/2016/07/Governments-management-ofits-performance.pdf.

[122] 缑小平. 英国绩效预算及启示 [J]. 民生周刊,2019 (11):80.

[123] Australia Government Department of Finance. Commonwealth Performance Framework. [EB/OL]. (2019-11-15). [2021-3-3]. https://www.finance.gov.au/government/managing-commonwealth-resources/planning-and-reporting/commonwealth-performance-framework.

[124] 刘翠微. 澳大利亚联邦政府预算报告分析及借鉴 [J]. 财政科学,2019 (8):155-161.

后 记

　　《中共中央 国务院关于全面实施预算绩效管理的意见》发布以来的三年多时间里，各级政府各部门都在积极推进相关工作，在不断取得成果的同时，也面临着新形势下的各种新要求、新问题。总的来说，全面实施预算绩效管理正处在一个关键时期。在这个关键期里，过去的许多经验需要梳理，面临的许多问题需要回答，当下的最新要求需要分析，将来的发展形势需要研判。

　　上海闻政管理咨询有限公司（以下简称"闻政"）基于长期研究积累和过往经验，将这三年多来的工作进行系统性梳理总结，并尝试对学界和业界关心的一系列问题给出一些答案，为让更多的人能读懂全面实施预算绩效管理这部"巨著"贡献自己的力量。为此，我们在 2019 年出版的《全面实施预算绩效管理系列丛书》的基础上进行了修订和再版，形成了呈现在读者面前的这套全新的《全面实施预算绩效管理系列丛书》（修订版）。

　　作为上海财经大学等国内多个高校的"产学研"基地，闻政始终坚持以绩效为核心，以"驱动绩效 定义未来 给力政府"为己任。在多年的发展和实践中，闻政以苛求专业的精神、求真务实的作风积极为各级政府部门、业内第三方机构等提供专业的全方位绩效管理服务，是一家集"预算绩效管理研究、政府绩效咨询、绩效信息化产品开发与服务、绩效大数据建设与应用、政府绩效管理培训"于一体的智库型企业，并不断深入开展关于政府治理能力现代化大数据决策应用体系的研发构建。

　　本套修订版丛书由闻政团队结合实践经验和研究成果精心打磨、淬炼而成。其中，《全面实施预算绩效管理专业基础（第二版）》和《全面实施预算绩效管理实践指导（第二版）》由 2019 年版《全面实施预算绩效管理系列丛书》修订而成，内容上更加细致全面；《全面实施预算绩效管理案例解读（2021）》根据闻政近三年的实际案例全新编撰。此外，闻政团队还基于 2017 年财政部与共建高校联合研究课题"关于政府购买服务第三方绩效评价机制研究"上海财经大学研究成果编著了《政府购买服务绩效评价：理论、实践与技术》，基于 2019 年财政部部省共建联合研究委托课题"政府债务预算绩效管理研究"中国国债协会和上海财经大学联合研究成果编著了《政府债务预算绩效管理路径探索：基于代际公平和投融资机制的视角》，两本新书提供了实现预算绩效管理全覆盖的典型范例，是对当前预算绩效管理新要求的一种回应。

从书由刘国永担任主编，李文思、王萌担任副主编。丛书编委由孙晓霞、王华巍、姜蓉、张林、罗杰、王文才、何文盛、马蔡琛、华清君、李宜祥、俞红梅、任晓辉、彭锻炼、汤泉、刘敏、信俊汝、吴晶、夏和飞组成。具体来说，《全面实施预算绩效管理专业基础（第二版）》和《全面实施预算绩效管理实践指导（第二版）》由刘国永、李文思、王萌主导编撰；最新分册《全面实施预算绩效管理案例解读（2021）》由信俊汝、朱文、王春影、梁园园撰写；《政府购买服务绩效评价：理论、实践与技术》由熊羽、罗杰、刘敏撰写；《政府债务预算绩效管理路径探索：基于代际公平和投融资机制的视角》由孙晓霞、黄超、刘敏编撰。丛书再编过程中还参考、借鉴了国内外有关专家学者的最新研究成果。借此致敬前人的智慧，同时也对成书过程中给予关怀和支持的社会各界、领导同志、绩效同仁及读者表示深深的感谢。

本着"孜孜以求，不断探索"的精神，闻政深知绩效之路深远绵长，唯以匠人之心继往开来，敢于在实践中求证，方能近道。今后，闻政还将继续全方位多触角发力，陆续推出关于基层政府预算绩效管理改革，教育、公交、国企等行业绩效管理探索，以及地方实践模式创新等领域的更多成果，旨在为绩效行业发展献上自己的智慧果实，让绩效管理更专业、更科学，从而为政府的科学决策提供有力支持。

编者

2021 年 12 月